Behaviorismo radical

FUNDAÇÃO EDITORA DA UNESP

Presidente do Conselho Curador
Herman Jacobus Cornelis Voorwald

Diretor-Presidente
José Castilho Marques Neto

Editor-Executivo
Jézio Hernani Bomfim Gutierre

Conselho Editorial Acadêmico
Alberto Tsuyoshi Ikeda
Célia Aparecida Ferreira Tolentino
Eda Maria Góes
Elisabeth Criscuolo Urbinati
Ildeberto Muniz de Almeida
Luiz Gonzaga Marchezan
Nilson Ghirardello
Paulo César Corrêa Borges
Sérgio Vicente Motta
Vicente Pleitez

Editores-Assistentes
Anderson Nobara
Henrique Zanardi
Jorge Pereira Filho

Kester Carrara

Behaviorismo radical
Crítica e metacrítica

2ª edição revista e atualizada

© 2005 Editora UNESP

Direitos de publicação reservados à:

Fundação Editora da UNESP (FEU)
Praça da Sé, 108
01001-900 – São Paulo – SP
Tel.: (0xx11) 3242-7171
Fax: (0xx11) 3242-7172
www.editoraunesp.com.br
www.livrariaunesp.com.br
feu@editora.unesp.br

1ª edição – 1988, Marília UNESP Publicações

CIP – Brasil. Catalogação na fonte
Sindicato Nacional dos Editores de Livros, RJ

C299b
2.ed.

Carrara, Kester
    Behaviorismo radical: crítica e metacrítica / Kester Carrara. – 2.ed. rev. e atual. – São Paulo: Editora UNESP, 2005.

    Inclui bibliografia
    ISBN 85-7139-584-5

    1. Behaviorismo (Psicologia). I. Título.

05-0520
CDD 150.1943
CDU 159.9.019.4

Editora afiliada:

Asociaclón de Editoriales Universitarias
de América Latina y el Caribe

Associação Brasileira de
Editoras Universitárias

Creio que vale a pena ajudar as pessoas e, se for necessário, protegê-las da nossa ajuda, mas não devemos nos enganar, pensando que temos algo assim como a resposta final para todos os problemas.

(Ulrich, 1975, p.141)

Sumário

Palavras iniciais 9

1 Delimitando dimensões e estratégias de análise do behaviorismo e de sua crítica: uma introdução ao problema 13

2 Origens do behaviorismo: um cenário crítico para o manifesto de 1913 29

3 Hull e Tolman: discrepâncias proeminentes ao behaviorismo watsoniano 75

4 Dimensões preliminares do pensamento skinneriano 97

5 O percurso polêmico do behaviorismo radical 119

6 Crítica e metacrítica: temáticas e contextos relevantes 147

   Área conceitual-filosófica 152

   Área científico-metodológica 214

   Área ético-social 280

   Miscelânea: outras críticas e temas polêmicos 329

7 Os efeitos da audiência crítica: novas tendências para o programa behaviorista radical?   363

Palavras finais   379

Referências bibliográficas   411

Palavras iniciais

Este livro tem pretensões moderadas. Ocupa-se, principalmente, em oferecer ao leitor uma ideia bastante geral da literatura crítica acerca do behaviorismo. Nesse sentido, deve ser visto como não mais que um ensaio introdutório que se preocupa em facilitar o trabalho dos interessados em melhor entender algumas das principais polêmicas que envolvem essa abordagem, tenham elas como fundo preceitos éticos, dimensões metodológicas, alegações filosóficas ou dissensões conceituais. Procura caracterizar a crítica recuperando parte significativa da literatura científica publicada e reunindo-a sob critérios previamente enunciados. Apresenta algumas respostas de behavioristas a parte dessas críticas e acrescenta novas considerações sobre seu conteúdo e implicações a partir de alicerces internos do behaviorismo – daí um esboço de metacrítica. Todavia, insisto em que o leitor deve considerar o texto como ensaio incipiente dentro do contexto extremamente amplo da busca (intérmina) por uma Psicologia que dê conta integralmente do ser humano. Nessa perspectiva, não encontrará aprofundamento em várias questões que o mereceriam, fossem outros, que não introdutórios, os propósitos do livro.

Por conta dos objetivos mencionados, que priorizam revisitar a literatura crítica, o leitor deparará com número significativo de citações, consideradas absolutamente necessárias para caracterizar cada tema polêmico sob análise; eventualmente, aqueles familiarizados com a Análise do Comportamento poderão se queixar da ausência de menção a alguns artigos e autores que consideram importantes; as referências bibliográficas, nesse sentido, aludem apenas a uma amostra razoável do quadro teórico-crítico possível.

Fundamentalmente, a redação deste ensaio orientou-se por diferentes características e objetivos, de modo que o texto ora tem tom descritivo (como quando procura identificar a existência de controvérsias de fundo e superficiais), ora compilatório (como quando trata de aproximar-se, em virtude dos critérios explicitados, de um perfil da crítica), ora analítico (como quando tenta cotejar literatura crítica e behaviorismo, sugerindo encaminhamentos). No todo, entretanto, ainda que ciente dos riscos dos assuntos polêmicos, almeja ser minimamente provocativo: de sua leitura, espera-se que resulte crescente interesse, pesquisa e publicações acerca dos temas a que faz alusão.

O livro, a tese que o originou e os comportamentos que permearam sua elaboração têm como característica a multideterminação. O projeto inicial teve lugar no programa de doutorado na Unicamp, onde recebeu inestimável apoio e sugestões do prof. dr. Sérgio Vasconcelos de Luna e, com várias modificações, acabou transformando-se em tese (Carrara, 1996) na UNESP, sob orientação da dra. Maria de Lourdes Morales Horiguela. Nessa fase, foram valiosas as análises e sugestões da dra. Ana Maria Musiello (UNESP, Rio Preto), do prof. dr. Sadao Omote (UNESP, Marília), da prof[a] dra. Jerusa Vieira Gomes (USP, São Paulo) e do prof. dr. Júlio César Coelho de Rose (UFSCar, São Carlos); nem a todas as sugestões, embora pertinentes, fui capaz de atender. Por último, a transformação em livro decorreu do incentivo da banca e de meus pares analistas do comportamento. A primeira edição, apoiada pela Fapesp (processo 98/04759-0), publicada pela Marília UNESP Publicações, esgotou-se. Esta nova edição resulta da utilização do livro em vários contextos acadêmicos e profissionais, contempla sugestões de leitores acolhidas pelo autor, atualiza e amplia informações sobre novas dimensões conceituais e de pesquisa da Análise do Comportamento e do behaviorismo radical.

Finalmente, cabe acautelar o leitor para um fato que se torna evidente a partir das considerações anteriores: este trabalho não ambiciona conclusões; crê importantes as conjecturas e o amplo debate, desde que apoiado em argumentos bem estruturados, vez que são fontes inesgotáveis de inspiração para a pesquisa e a consequente ampliação do conhecimento na área. Além disso, convida-se à leitura sob o propósito final de contribuir para a edificação de uma ciência do comportamento comprometida com os ideais de construção de uma sociedade justa e amparada no melhor conceito de cidadania.

Kester Carrara

1
Delimitando dimensões e estratégias de análise do behaviorismo e de sua crítica: uma introdução ao problema

Desde a publicação do manifesto behaviorista de Watson (1913), o behaviorismo, nas suas diversas variantes, tem convivido com empecilhos diversos à sua aceitação, quer no âmbito da comunidade acadêmica, quer no das discussões públicas sobre a Psicologia. A literatura crítica, científica ou leiga, acumulou-se durante esse longo período e aglutinou-se em torno de temas específicos, os quais apenas em algumas poucas oportunidades os behavioristas mais conhecidos se detiveram em examinar e, sobretudo, em eventualmente incorporar os benefícios de algumas análises relevantes publicadas.

Ainda que sem generalizar, pode-se dizer que as respostas dos behavioristas têm priorizado o sentido quase exclusivo de tentar rechaçar toda e qualquer análise que aponte características negativas na abordagem. Ou seja, a ideia de avaliar teoricamente proposições críticas ou de viabilizar testes empíricos pela formulação de pesquisas alternativas ao modelo de delineamento de sujeito único tem sido impossibilitada na maioria das oportunidades.

Tal postura – supõe-se – tem levado o behaviorismo (analisa-se aqui prioritariamente o período Watson-Skinner, de 1913 a 1990, acrescido de algumas publicações relevantes até 2004) a manter uma atitude científica pragmática (e, por vezes, dogmática) com respeito às questões básicas da objetividade, filosofia de ciência e metodologia de pesquisa que diversas subordens behavioristas apresentaram. Esse pragmatismo, embora tenha produzido muitos frutos no campo do *dizer*, do *fazer* e do *escrever* científico (se essa adjetivação for possível), tem resultado em atraso no campo do *ouvir* científico (e isso é o que se pretende aqui desvelar quando se anuncia um exame mais detido das publicações críticas).

Com esse procedimento, enquanto estratégias de avanço de um programa científico complexo, foram conservadas algumas linhas gerais do behaviorismo clássico e alguns resquícios do behaviorismo metodológico, mantendo um padrão de pesquisas e argumentos que tentaram preservar um núcleo duro inegociável que, por essa razão, depara-se agora com questões de complexa superação, especialmente após o desaparecimento de seu último maior renovador, B. F. Skinner (1904-1990).

O paradigma, até por esses determinantes, tem convivido, nos últimos anos, com a inadiável incumbência de reorganizar e atualizar uma parte significativa de seus pressupostos e condutas sem, contudo, descaracterizar-se ou descaracterizar a parcela valiosa de suas conquistas atrelada à possibilidade de uma ciência objetiva do comportamento humano. Essa fase faz constatar a necessidade de uma revisão da literatura crítica acerca do behaviorismo (a princípio, de maneira mais geral – como é viável, por exemplo, num trabalho incipiente como este –, mas que deve, com o tempo, ganhar especificidade e aprofundar-se). Esse tipo de procedimento pode permitir gradativa verticalização da análise crítica entre todos os que compartilham de posturas de simpatia, antipatia ou mesmo de apenas velada empatia com a abordagem. Com essa ampliação de abrangência entre profissionais, supõe-se possível um preliminar entendimento (mas não um consenso) a respeito de novas estratégias behavioristas de ação destinadas a consolidar-se como alternativas científicas que podem compartilhar ainda muito mais dos principais valores de uma sociedade justa e igualitária.

Ressalvas quanto à pertinência crítica importam muito, na medida em que não se trata de ignorar noventa anos de pesquisas, trabalhos publicados, conjecturas, afirmações, técnicas e métodos, mas de redimensionar algumas ênfases behavioristas onde couber. E, para reformular, a negação do existente precisa ser apenas parcial; assim, parte significativa da espinha dorsal behaviorista deve permanecer, sob risco de que, de modo diverso, fiquem fora de controle algumas iniciativas parabehavioristas, como parcela de alguns segmentos designados cognitivo-comportamentais, que por vezes resvalam para a aceitação de estruturas cognitivo-mentais internas como eventos causais do comportamento. Naturalmente, a superação ou a busca do aperfeiçoamento do atual modelo teórico não se pode dar por simples substituição: parece falsa a ideia de um futuro que prescinda do passado. Nessa medida, veicula-se aqui, sobretudo, a ideia do transformar (melhorando) o behaviorismo radical a partir de uma das fontes mais férteis e (contraditoriamente) mais frequentemente deploradas de progresso científico, que é a literatura crítica. Torne-se transparente, já nestas considerações preliminares, que – em hipótese alguma – este trabalho tem a insólita pretensão de proceder a um *redimensionamento* do behaviorismo radical; muito menos que isso, apenas conduz sua argumentação no sentido de *indicar* que tal discussão é possível e necessária, podendo inspirar-se em análise criteriosa da literatura crítica pertinente. Avaliar, reconstruir ou revisar, neste caso, é tarefa de amplo espectro, que exige a contribuição teórica e de pesquisa de muitos profissionais e de programas de pesquisa bem-estabelecidos. Até pelas razões expostas, antecipe-se aqui que, embora este ensaio ouse algumas sugestões, *não responderá* com quaisquer fórmulas definitivas, motivo pelo qual não deve surpreender que alguns capítulos, trechos ou episódios sejam *fechados* pelo autor sem enunciar explicitamente soluções eventualmente esperadas. Mais que simples exclusões, serão priorizadas incorporações importantes, por vezes originadas da boa crítica. Por essa razão, adota-se aqui, por pressuposto, que entre os críticos habitam muitos profissionais sérios, competentes e capazes de representar orientações teóricas rigorosas e cientificamente profícuas, ainda que divergentes do behaviorismo. Obviamente, embora não se tenha aqui a pretensão de competência para interpor juízos prévios sobre a validade de cada crítica, criticastros de plantão não serão levados em conta.

Com certa frequência, repelir-se mutuamente constituiu prática corrente entre behavioristas e seus críticos. Como lembra Banaco (1997, p.547-8) no posfácio de um dos volumes de *Sobre comportamento e cognição*:

> Incapazes de proceder a uma análise funcional daquilo que estava acontecendo, os próprios behavioristas, também privados de seus reforçadores, que nesse caso seriam o reconhecimento de que suas práticas pudessem ter algum valor prático na solução de problemas, passaram igualmente a agredir quem os agredia através de rejeições de tudo o que se parecesse com mentalismo, fazendo críticas às outras teorias ... Assim, somos incapazes de perceber que comportando-nos dessa forma só acirraremos a rejeição que naturalmente já deveria existir pela frustração que causamos a nível teórico. Quando desrespeitamos os outros por não pensarem/trabalharem/estudarem/agirem como nós fazemos, comportamo-nos exatamente como eles ... Talvez também como decorrência dessas rejeições, agimos como se fôssemos autossuficientes. O conhecimento por nós produzido é por nós respeitado e o produzido pelos outros é desprezado. Aqui cabe uma ressalva: produzimos muito, é verdade, e muitas vezes não procuramos o conhecimento produzido por outras áreas única e

exclusivamente porque não temos tempo de consumir o que produzimos, quanto mais a produção alheia. Estou referindo-me aqui às oportunidades de troca de experiências que eventualmente se nos apresentam e que deixamos de aproveitar por preconceito.

Por certo, como já se frisou, o trabalho de reavaliação de tendências no behaviorismo radical deve ser precedido de uma análise da crítica através da história da Psicologia, mas, sobretudo, deve passar por uma postura transparente e maleável do próprio behaviorista: estar disponível para ouvir a crítica e expor-se ao debate é condição preliminar da tarefa. Uma tal análise exige estudo cuidadoso de cada publicação e de cada observação feita nessa publicação. Exige, ainda, que mais de um analista seja consultado sobre tal observação, porque esse trabalho é certamente uma tarefa a respeito da qual ninguém, por mais experiente, tem o condão de dar a palavra final sobre a justeza ou não da crítica, bem como sobre a propriedade ou não da afirmação ou a respeito da correção ou não de alguma proposição. Para ampliar garantias da fidedignidade das proposições sob análise, será necessária, com frequência, a *reprodução literal* das afirmações dos diversos autores. Não deve surpreender o leitor, portanto, o defrontar-se intérmino com referências e trechos de textos da literatura crítica analisada, porquanto esse procedimento constitui recurso que se elegeu apropriado para tornar mais efetiva a contextualização da análise. Nem sempre foi possível, desafortunadamente, levar em conta as publicações originais, ainda que na maior parte dos casos isso tenha sido conseguido; por vezes, algum cotejo entre obra original e tradução foi realizado.

Além disso, embora fique reservado o espaço para a pesquisa em que se testam afirmações gerais, não se trata aqui de um projeto do tipo "teste de teoria" aplicado ao behaviorismo, na acepção empregada por Bachrach (1969), até porque tal *teste* seria impossível de viabilizar-se "de uma vez por todas". A pesquisa das afirmações críticas deve ocorrer, sim, a princípio de forma fragmentada, com tentativas setorizadas, por absoluta questão prática. Mais adiante, torna-se emergencial um trabalho de articulação dos resultados, para garantir que nenhum analista se precipite em intento reducionista, fadado na crítica a demolir posições apenas momentaneamente, sem significação contextual maior.

Entretanto, retomando o empreendimento presente de constante avaliação dos rumos da abordagem behaviorista, não basta o trabalho (valioso) de testagem empírica das afirmações por meio da pesquisa. Faz-se imprescindível o traçado, mesmo que provisoriamente impreciso, porque incipiente, dos tipos gerais ou enfoques da crítica antibehaviorista: a quais aspectos ela se dirige prioritariamente? Neste livro, essa categorização das críticas foi feita de modo a se ter um esqueleto que oferecesse forma ao corpo das supostas deficiências apresentadas pelo behaviorismo, em todas as suas vertentes. Tal agrupamento de análises, feito de conformidade com o pressuposto, área e/ou tema a que cada qual se circunscrevia, visou facilitar uma apreciação conjunta da densidade da crítica: ou ela é mais incidente sobre determinado assunto, exigindo que esse ponto seja mais detidamente examinado, ou ela é mais condescendente com alguma questão, de maneira que em termos de prioridades esta poderá ser postergada na análise, e assim por diante.

Entretanto, agrupadas as críticas em temas e subtemas, como cuidado metodológico preliminar e imprescindível, configurou-se a necessidade de um esforço eminentemente *teórico* e não exclusivamente de pesquisa, até porque esta última nem sempre será possível por conta das próprias condições técnicas e mesmo práticas do assunto tratado. Assim, este livro mostra o resultado de um estudo que foi sempre antevisto como eminentemente (e necessariamente) polêmico, em razão de que seus frutos revelariam parcialmente o repertório teórico (com diversas deficiências e raras virtudes) do autor, ainda que este tentasse se valer de parcimônia e isenção ou mesmo bom senso indispensáveis em qualquer trabalho do gênero.

Nessa perspectiva de análise, pode-se declinar como sabido que o behaviorismo, abarcando todas as formas que já possuiu, tem hoje mais de noventa anos de existência e que sua convivência com a crítica, nesse tempo todo, sempre foi difícil, porque entremeada por análises ásperas e contundentes. Parece, agora, ser chegado o momento inadiável de se efetuar uma consideração mais aguda da literatura crítica desse período e, possivelmente, da absorção de uma parcela importante das restrições procedentes, com vistas ao traçado de novos delineamentos para o behaviorismo atual. Tal situação tornou-se oportuna pelo desaparecimento dos grandes nomes do behaviorismo e pela necessidade explícita de novos rumos a serem seguidos diante das exigências mundialmente requeridas de um novo tipo de vida comunitária.

Certamente, especular sobre novas tendências behavioristas em função da crítica exige um trabalho prévio, criterioso, de encarte e descarte das considerações avaliativas produzidas até aqui. Esse procedimento, para os efeitos deste estudo, sustentou sua factibilidade em premissas cruciais: primeiro, que seria possível identificar, no conjunto das críticas, uma parcela que não se configure circunstancial, nem fortuita, nem carente de argumentação sustentadora; segundo, que as fontes e a natureza da crítica são imensamente variadas, mas se mantêm cronologicamente sistemáticas durante toda a existência do behaviorismo.

Em razão da ausência de critérios externos que assegurassem precisão completa e isenção absoluta para qualquer escolha de particulares (entre inúmeros) tipos de crítica em função de sua relevância, os parâmetros para tal escolha carregaram necessariamente alguma espécie e frequência de erro. Essa possibilidade, no entanto, se reduziu na medida em que dois cuidados fundamentais foram adotados:

1) as críticas utilizadas para análise foram coletadas em função de sua incidência maior ou menor nos periódicos da literatura especializada na área (ainda que não se tenha procedido a um levantamento estatístico de publicações, priorizaram-se obras de referência e bases de dados de frequente acesso em Psicologia, além das citações de articulistas que levam a novos artigos: *Psychological Abstracts, Current Contents, PsycLIT,* o boletim *Sumários de Periódicos em Psicologia (USP), ERIC* e similares);

2) foram apreciados os problemas de que o behaviorismo dá ou não conta, cobre ou não, mas todos vistos (formalmente) em separado, em função, essencialmente, de aspectos relativos ao método, à filosofia de ciência, a procedimentos e a questões de caráter ético, como adiante se especificará.

Apesar desses cuidados com a redução de eventuais imprecisões a que um estudo como este está sujeito, não se mostrou possível, nem se pretendeu, qualquer aproximação com o que se convenciona designar como neutralidade científica. Ao contrário, possíveis vieses de análise devem ser sempre e necessariamente considerados quando de qualquer leitura deste material. Por paradoxal que possa parecer, não se pretende que seja possível nem uma redação neutra, nem uma leitura absolutamente isenta deste ensaio: pela sua própria natureza polêmica e em decorrência da liberdade de adoção de alguns pressupostos teóricos por quem se aventure a escrever ou ler sobre o assunto, não há como se eleger mais que parcimônia e bom acervo bibliográfico como critérios sustentadores do trabalho. A *ratio essendi* deste ensaio, em suma, é apenas *apontar* novas tendências e possibilidades para uma ciência renovada do comportamento, mais que sugerir qualquer pretensa solução isenta, neutra ou descomprometida de paradigma teórico.

Portanto, é fato que a própria natureza do trabalho inclui, nas críticas examinadas, até mesmo a própria conceituação de ciência, a questão mesma das técnicas de observação e coleta de dados, de análise de resultados de pesquisa, de método e metodologia, de epistemologia, teoria do conhecimento e filosofia de ciência. Outra razão para acautelar o leitor para a relativização de eventuais conclusões é o fato de que o autor está óbvia e necessariamente ligado ao enfoque que analisa (embora a ele faça reparos) e ao qual sugere, parcialmente em razão da própria crítica pertinente, reorientações de ênfase e eventuais incorporações e novas tendências. Por esse motivo, não há como dissociar a autoria e o resultado do estudo: não se trata de uma crítica por pares externos, sequer próxima de uma tendência neutralizante, mas de uma crítica interna que apreende o conteúdo da crítica externa e avalia novas tendências conceituais e de pesquisa à estrutura vigente da abordagem.

Tal caracterização do trabalho não deve, entretanto, ser prematuramente entendida como uma declaração de voto, na medida em que o reagrupamento de tendências – que se supõe estimulado em decorrência da execução do projeto que originou este livro – não se constitui exclusivamente em mera expressão de pontos de vista ou da formação profissional do autor, embora inegavelmente tais componentes devam se pressupor como fontes de variação neste como em qualquer ensaio do gênero. Pressupor radicalmente o inverso constituiria defesa desnecessária e inaplicável ao caso, mascarando resultados do procedimento analítico.

Necessário se faz esclarecer que se deu por sabido que o resultado final da tese que originou este texto, pela sua natureza, implicaria polêmica, como de resto é polêmico o behaviorismo e a própria crítica acerca dele. Por essa razão, mexer nesse *vespeiro* não deve animar o leitor a ponto de passar a esperar propostas que abriguem consenso por conta da absorção de parte da literatura crítica. Ao contrário, não foram pretendidas, desde o projeto, quaisquer soluções contemporizadoras dos problemas profundos que se antepõem a quem quer que pretenda melhorar a compreensão do comportamento humano. Como consequência, supõe-se apenas que novos ângulos de interpretação sejam vislumbrados a partir do desnudar o behaviorismo tradicional e seus críticos de algumas (por vezes, preconceituosas) defesas teóricas.

Dessa maneira, é importante ficar claro que, embora se privilegie o cuidado metodológico da análise, não é ainda seu resultado substantivo que se pretendeu importante. Importou, sim, como objetivo fundamental deste estudo, que ficassem claramente apontadas, ao final:

1) a existência da situação conflitiva permanente na relação behaviorismo-crítica; 2) a grande e variada extensão do campo onde proliferam as maiores controvérsias; 3) a possibilidade de delimitação (por temas, áreas, pressupostos, assuntos) de um *perfil* básico dos temas sob crítica, para facilitar a atuação dos analistas; 4) a indicação de algumas direções preliminares para onde poderá ser conduzida a análise do empreendimento behaviorista; 5) a clara necessidade e possibilidade de redirecionamento de tendências do behaviorismo pós-skinneriano.

Com esses objetivos, que se procura atingir de modo parcimonioso e compatível com o material analisado, supôs-se produtivo que se iniciasse com uma descrição e discussão da trajetória do desenvolvimento do behaviorismo entre 1913 e 1990, de modo que, tornado razoavelmente elucidado esse quadro referencial, emergisse clara a plataforma de onde o autor se coloca para fazer uma análise que considere razoavelmente os dois lados da questão: o interno (decorrente da própria dinâmica evolutiva do paradigma) e o externo (resultante da literatura crítica examinada). Daí, crítica e metacrítica *do* e *no* behaviorismo radical.

O percurso histórico da crítica ao pensamento behaviorista sempre foi repleto de oscilações, marcadas pelo aparecimento de novos e destacados estudiosos, novas escolas psicológicas e, até por isso, sempre esteve envolvido em acirradas polêmicas, cuja ocorrência é visível em periódicos científicos, livros e conferências em universidades. Para se saber como começaram a aparecer, é imprescindível retomar a história do behaviorismo, que teve no *manifesto* de 1913 sua primeira fonte oficial de controvérsias. O artigo, assinado por Watson no periódico *Psychological Record* sob o título "Psychology as the behaviorist views it", postulava rumos completamente diferentes para o campo que então se considerava como Psicologia. Reivindicava o abandono da introspecção como método oficial de coleta de dados sobre as ações humanas e propunha sua substituição imediata pela observação, como forma única de obter informação segura acerca não mais dos fenômenos da mente, mas do comportamento. Defendia que este deveria tornar-se o verdadeiro objeto da compreensão dos estudiosos, de modo que o elegeu como ponto central da nova ciência cuja filosofia chamou oficialmente de behaviorismo.

A solução watsoniana não continha, para os padrões da época, contornos de moderação. Atingia frontalmente uma tradição que mantinha a mente como pedra angular da Psicologia vigente. E a mudança brusca, ao mesmo tempo que arrastou seguidores e criou grupos de estudos com características completamente novas para a ocasião, produziu um grande número de protestos e de resistências, iniciando oficialmente o que se pode designar como percurso histórico polêmico do behaviorismo.

Esse caráter polêmico recebeu, ao longo do tempo, contornos os mais diversos, com acirramento ou abrandamento em diferentes situações e épocas. Todavia, por variadas razões, permanece até hoje dando um cunho dinâmico e exigindo constante aperfeiçoamento às proposições teóricas e práticas do próprio behaviorismo, sejam quais forem suas acepções.

Essa dinâmica do behaviorismo e da sua crítica faz ver a quem lê o amplo acervo de publicações sobre o assunto, que os behavioristas de todas as épocas, mas especialmente os adeptos do behaviorismo radical personalizado por Skinner, procuraram sistematicamente rebater as críticas que receberam, raras vezes admitindo absorver eventuais indicações construtivas e substantivas que poderiam servir como ponto de partida para um trabalho constante de aperfeiçoamento. Nesses mais de noventa anos, parte significativa dos profissionais da área foi inflexível contra mudanças e adaptações decorrentes da crítica. Mesmo mudanças de pequena intensidade, como admitidas na concepção de ciência normal de Kuhn (1975), sempre foram razões para fortes resistências no contexto histórico citado.

Contudo, não se cogita aqui, evidentemente, uma devassa nos pressupostos da Análise Experimental do Comportamento, nem de seus princípios básicos nem de sua filosofia subjacente, o behaviorismo radical. Por certo, isso não só a descaracterizaria por completo, como de resto, além de não ser competência de uma só pessoa e de um estudo apenas, não produziria efeitos favoráveis a um redelineamento funcional no contexto das ciências do comportamento. Para exemplo, serão vistos, mais adiante, alguns temas tratados em artigos históricos, que tentaram plantar, em épocas diferentes, marcos acenando com a queda definitiva do behaviorismo (como em Harrell & Harrison, 1938, e em Wyatt, Hawkins & Davis, 1986), sem que isso acabasse se consumando.

Como já se informou, vários escritos behavioristas tentaram responder (na verdade, rebater) a crítica. Mesmo Skinner, em *About Behaviorism* (1974), obra em que se ocupou das vinte principais restrições que comumente lhe foram feitas, acabou se circunscrevendo às críticas desarticuladas e que revelam, para ele, falta de conhecimento. Fica faltando aí, porém, analisar ou mostrar mais claramente *como*, efetivamente, sua abordagem trabalharia com diversos dos problemas apontados nas críticas mais bem estruturadas, algumas das quais até compõem parte das vinte a que ele responde. Ainda que sucintamente, sem que essa adjetivação consiga atingir sinonímia com clareza.

Mas a questão, aqui, envolve ainda outros aspectos: não se pretende estabelecer, por exemplo, ligações ou mesmo comparações sistemáticas entre os diversos tipos de enfoques, abordagens, sistemas teóricos ou escolas (o que deveria começar por uma caracterização destas quatro últimas expressões). Pretendeu-se – e isto constitui a síntese dos objetivos já expressos – a partir de um mapeamento histórico da crítica, levantado após exame de extensa bibliografia consultada, colher os indicativos que permitiram propor sugestões para assegurar o início de uma renovação de tendências no behaviorismo contemporâneo.

O momento histórico para tal propositura configurou-se o mais apropriado, na medida em que os nomes seculares da área desapareceram (o último deles foi Skinner, em 1990) e os mais proeminentes profissionais behavioristas têm frequentemente se perguntado sobre quais deveriam ser as prioridades nas pesquisas, no ensino e na aplicação prática geral esperada para as próximas décadas. As tentativas de modernização na aplicação tecnológica e o fortalecimento de compromissos político-ideológicos, com cada vez maior vinculação da abordagem à realidade social vigente precedem o desaparecimento de Skinner. Por exemplo, vieram à tona mais de quinze anos antes disso, com as contribuições de Holland (1974). Todavia, tal esforço teve tímidas repercussões nos departamentos de ensino e nos centros de pesquisa behavioristas mais proeminentes, embora tenham se constituído em fator importante no movimento em que se insere este ensaio.

O momento atual foi considerado oportuno, portanto, por cobrar exatamente o delineamento de futuras tendências, ou seja, convida a investigar sobre se o behaviorismo se enclausurará como filosofia de ciência que não vai se atualizar com a urgência exigida pela dinâmica crescente da sociedade atual; se o behaviorismo radical de Skinner, tal como ele o concebeu, é o que permanecerá, não abrindo mão dos requisitos fundamentais propostos pelo seu principal mentor; se a amplitude do campo de análise deve ser ou não mais maleável, passando a incorporar mais decisivamente, na prática, especialmente ao terceiro termo das tradicionais tríplices relações de contingência ou aos mais amplos paradigmas (cf. Todorov, 1987), dados da história socioeconômico-cultural do indivíduo ou grupo que está sendo objeto de análise; se o behaviorismo pode ou não, afinal, apresentar propostas concretas de como colocar suas descobertas e a tecnologia que lhe sobreveio à disposição, agora, da maioria dominada e/ou das minorias marginalizadas; em outras palavras, pergunta-se se estarão preparados os behavioristas, depois de Skinner, para adaptar o conhecimento produzido à realidade contemporânea, de modo a superar sua origem ancorada nas dimensões econômico-sociais favorecidas do berço capitalista norte-americano para colocá-lo, agora por novos prismas, inteiramente disponível a todo e qualquer tipo de condição social.

Antes de um envolvimento mais amplo com o trabalho eminentemente descritivo do cenário histórico do behaviorismo, propósito do próximo capítulo, é pertinente reiterar palavras de cautela, ainda que possam exigir fôlego extra do leitor. É certo que uma incursão sistemática pelo campo dos temas polêmicos do behaviorismo constitui tarefa que pode ser apenas parcialmente completada. Essa aventura esbarra, no mínimo, na complexidade e na extensão das controvérsias que, como já se antecipou, estão sempre presentes na literatura pertinente ao assunto desde que o próprio behaviorismo se originou e especialmente quando esse paradigma marcou presença na história da Psicologia como uma abordagem oficialmente manifestada, com o advento do artigo fundamental de Watson (1913). A complexidade do assunto é facilmente identificável a todos que se proponham ocupar-se com mais do que um simples levantamento bibliográfico, ou seja, pretendam cotejar afirmações teóricas dos behavioristas e afirmações (divergentes) dos seus críticos. Existem, por exemplo, temas que se repetem durante todo o tempo, com variações diversas, como é o caso do próprio objeto de estudo da Psicologia. Há temas que se tornam mais relevantes a partir de determinada ocasião ou a partir de circunstâncias específicas, como é o caso do delineamento cultural, que só foi profundamente tocado com o advento do behaviorismo radical de Skinner: mais particularmente, tal assunto começou a gerar polêmica intensa a partir da novela utópica *Walden Two* (1948), todavia recrudescendo nas décadas de 1960 e 1970 a partir de "novas leituras" do livro de Skinner feitas pelo público em geral e pelos especialistas, caracterizando um tema que vai e volta conforme a dinâmica da história e as circunstâncias sociopolíticas que tecem o pano de fundo para as discussões.

Por outro lado, a imensa extensão das controvérsias, embora possa ser delimitada pelo número de publicações em periódicos especializados e por artigos em jornais, revistas e livros que atingem a comunidade de cientistas e o grande público, é certamente reconhecível, na medida em que se torna inalcançável o propósito de cobrir, num trabalho incipiente, todo o imenso acervo sobre o assunto. Até porque este se encontra, atualmente, espalhado pelo mundo inteiro, uma vez que há periódicos especializados nas Américas, na Ásia, na Europa, na Oceania. Além disso, a complexidade e vastidão do tema são testemunhadas pela inexistência de trabalhos que tenham compilado pressupostos behavioristas num conjunto que pudesse ser caracterizado como um estado da arte. Quanto ao behaviorismo radical de Skinner, particularmente, bom trabalho foi publicado em 1984 nos *Cannonical Papers* (como tem sido habitual no *The Behavioral and Brain Sciences*), mas, como aí se frisou, não inclui os behaviorismos clássico e metodológico.

Não é conhecido, também, trabalho informatizado de catalogação que permita acesso fácil a todo o material disponível. As bases de dados têm coberto períodos mais recentes de importantes obras de referência, como é o caso do *Psychological Abstracts*. Embora a tecnologia necessária já esteja disponível, parte significativa dos artigos ainda está para ser compilada nas bases de dados.

Entretanto, a necessidade de compor um quadro razoavelmente sistemático do conteúdo crítico e controverso que cerca as teses behavioristas se faz sentir em todos os quadrantes acadêmicos da pesquisa comportamental, entre outros motivos, porque o direcionamento dos grupos de pesquisa e estudo sobre o assunto denota a importância atual de se começar a viabilizar novas tendências teóricas e de pesquisa para o behaviorismo, pelas razões previamente expostas neste trabalho.

Ou seja, uma revisão da literatura, uma contextualização histórica e uma análise da direção que tomam as controvérsias sustentam sua relevância no fato de que, se é possível um redimensionamento de tendências de pesquisa e de priorização de certos temas em detrimento de outros, este deve apoiar-se tanto no esforço para um esmero técnico-teórico como no comportamento da audiência crítica que se debruçou sobre o assunto nesses anos todos. Além disso, deve pautar-se por estabelecer, como parâmetro de construção e reconstrução do conhecimento científico em Psicologia, uma preocupação em extrapolar as dimensões econômico-sociais privilegiadas do capitalismo norte-americano e colocar-se, de maneira progressista e democrática, a serviço de toda e qualquer população, especialmente sob as condições atuais da vida humana no Terceiro Mundo.

2
Origens do behaviorismo: um cenário crítico para o manifesto de 1913

O pensamento watsoniano, quando oficialmente conhecido através de "Psychology as the behaviorist views it"(1913), revestiu-se de importante característica, qual seja, a de funcionar como a resolução natural de um conflito de caráter teórico no qual se encontravam os estudiosos das ações humanas desde o final do século XVIII. Como apontou Boring (1950), Watson acabou sendo o "agente dos tempos", incidentalmente representando, por seu artigo e posteriores manifestações, as aspirações de mudança no pensamento psicológico da época.

Na verdade, por essa ocasião os Estados Unidos da América já haviam aderido ao funcionalismo de William James, o que era um passo decisivo para bancar uma guinada ainda mais acentuada em direção à defesa da objetividade. Por essa razão, tornou-se iminente a mudança explícita nas tendências teórico-metodológicas da Psicologia americana, cabendo então a John Broadus Watson (1878-1958) a tarefa de condensar e ao mesmo tempo delimitar os parâmetros fundamentais da nova visão da Psicologia como um ramo das ciências naturais.

Incondicionalmente fadado a mudar, esse campo científico passou a ser considerado – como o próprio Watson (1913a, p.158) escreveu no manifesto behaviorista – perfeitamente passível de objetividade:

> A Psicologia, tal como o behaviorista a vê, é um ramo puramente objetivo e experimental da ciência natural. A sua finalidade teórica é a previsão e o controle do comportamento. A introspecção não constitui parte essencial dos seus métodos e o valor científico dos seus dados não depende do fato de se prestarem a uma fácil interpretação em termos de consciência ... a Psicologia terá que descartar qualquer referência à consciência ... ela já não precisa iludir-se crendo que seu objeto de observação são os estados mentais.

No inteiro teor do texto citado, que tem vinte páginas, fica clara a objeção de Watson ao uso de técnicas de introspecção como forma de obtenção de dados passíveis de análise do comportamento humano. Nessa época – e particularmente dentro do contexto cultural norte-americano –, procurar a fórmula para uma Psicologia objetiva parecia ser exatamente o *Zeitgeist*: muitos estudiosos tentaram, antes de Watson, encontrar a melhor maneira de expressar o exato sentido de uma interpretação objetiva da conduta. O artigo de Watson, assim, consolida a convergência de uma série de posições que ansiavam por essa mudança, mas não tinham encontrado o modo com que operá-la. Watson, com as limitações pessoais que seus biógrafos citariam mais tarde, acabou se tornando o agente a polarizar a questão: seu artigo foi exatamente ao encontro da expectativa presente no meio científico da época. Todavia, nem a todos contentava a solução watsoniana. Ao longo de décadas, os críticos do behaviorismo, e – então – de Watson em especial, antecipavam ou procuravam antever a queda da abordagem.

Já em 1938, Harrell & Harrison tentaram apresentar, no seu importante *The rise and fall of behaviorism*, um levantamento criterioso das origens históricas, bem como uma análise das influências filosófico-científicas que recebeu a abordagem, concluindo que poderia ser considerada como uma nova forma de materialismo sob influência, quase sempre indiretamente, de filósofos e estudiosos (materialistas/monistas/positivistas, *grosso modo* e ao ver dos autores mencionados) tais como Hobbes, Hume, Diderot, La Mettrie, Condillac, Helvétius, Vogt, Comte, Cabanis, Cournot, Moleschott, Buchner, Mach, Lewes, de Tracy, Herder, Haeckel e Huxley.

Apesar da citação preliminar desses nomes com influência genérica e supostamente certa no aparecimento do behaviorismo, Harrell & Harrison (1938) enfatizam alguns com especial cuidado. No referido artigo lembram, por exemplo, La Mettrie, em cujo *Man a machine* (1912) tentaria estabelecer a noção de que o ser humano teria suas ações totalmente governadas por uma instância fisiológica automática. Cabanis também é lembrado por produzir uma análise elaborada da mente em termos neurológicos, sendo considerado o pai da Psicologia fisiológica. Outro nome detidamente citado por Harrell & Harrison (1938) é o de Comte, que (ca. 1830) recriminava severamente a introspecção e o mentalismo, advogando a investigação das funções psíquicas como mudanças cerebrais e deplorando a consideração da Psicologia como uma última fase da Teologia. Aí, sem dúvida, Comte se referia à aplicação da sua lei dos três estados, que especificava que todas as ciências e o espírito humano desenvolvem-se em três fases distintas: a *teológica*, a *metafísica* e a *positiva*. A fase teológica, pela revelação dos autores recém-mencionados, mostrava o homem tentando explicar o mundo a partir da intervenção dos seres sobrenaturais. Sua divisão se fazia em fetichismo, politeísmo e monoteísmo. Já a fase metafísica concebia *forças* para explicar os diferentes fenômenos, em substituição às diversas divindades: nesse ponto, Comte fala de "força química", "força vital", "força física" (é nessa acepção que por vezes se configura o conceito freudiano de "energia psíquica"). Finalmente (e foi o que, segundo o já citado artigo de

Harrell & Harrison, influenciou marcadamente a configuração da ciência de modo geral e, particularmente, assegurou o lançamento das bases do behaviorismo na época), existe o estado positivo, que se caracteriza pela subordinação da imaginação e da argumentação à observação.

Seria essa tendência a privilegiar a observação, o objetivo, o físico, o positivo, que teria marcado a comunidade científica da Psicologia na época e que teria também motivado Watson a explicitar, no manifesto behaviorista de 1913, uma defesa veemente da inclusão da Psicologia como ramo das ciências naturais.

Muito mais tarde, Gianotti (1983), ao descrever o positivismo, explicaria que cada proposição enunciada de maneira positiva deve corresponder a um fato, seja ele particular, seja universal. Todavia, não parece ser possível depreender desse texto que Comte defendesse um empirismo puro, ou seja, a redução de todo conhecimento à apreensão exclusiva de fatos isolados, aliás, interpretação por vezes ainda encontrada na literatura de Filosofia e Psicologia. A visão positiva parecia abandonar a procura de causas remotas para os fenômenos, ou seja, causas supostamente localizadas em passado distante eram desclassificadas, em razão do fato de que não apenas tinham menor probabilidade de ligar-se a um evento presente, mas que, fundamentalmente, a amplitude temporal reduzia extremamente as chances de qualquer relação causa-efeito, particularmente no campo da Física, da Química e de quaisquer áreas que se enquadrassem no campo das ciências naturais, como agora seria o caso da Psicologia.

De outro lado, ainda segundo Harrell & Harrison (1938), a filosofia positiva considerava impossível a redução causal de todos os fenômenos da natureza a um princípio único, tal como Deus ou a Natureza. Ao contrário, entendia que a experiência nunca mostra mais do que uma limitada interconexão entre determinados fenômenos, cada ciência ocupando-se apenas de um certo grupo deles, irredutíveis uns aos outros. O "ver para prever", lema básico do positivismo da época, evidentemente influenciou o pensamento psicológico que estava para se firmar brevemente.

É em parte ancorada nessa garantia (informada na literatura da ocasião) de influência comtiana no pensamento behaviorista que muitos críticos ainda hoje afirmam ser o positivismo a marca registrada do behaviorismo, considerado aqui o positivismo como sinônimo de estreiteza científica e filosófica, que limita e reduz qualquer objeto de estudo. Naturalmente, embora o positivismo de Comte tenha, inegavelmente, inebriado os objetivistas do começo do século XX, ao longo de noventa anos sua influência foi bem dissipada e suas ideias fortemente depuradas, de modo que hoje, por exemplo, as relações de contingência já alargam grandemente os horizontes para que o psicólogo behaviorista procure outros fatores além dos objetivos entre aqueles que influenciam na determinação do comportamento.

Entretanto, voltando a Harrell & Harrison (1938) e seu modo de ver o surgimento do behaviorismo no começo do século XX, novas influências são listadas, como a de Cournot, que rejeitava o estudo do processo consciente em troca de uma apreciação do que chamava de "necessidades humanas", lançando luzes sobre a influência dos aspectos motivacionais no comportamento, considerados mais importantes do que os caminhos também supostamente obscuros das conjecturas sobre o que se passava naquilo que entendia por consciência humana.

Na mesma época, Lewes, segundo Harrell & Harrison (1938), estava convencido de que a Psicologia podia reduzir todos os fenômenos mentais a correlatos orgânicos, o que era encarado, igualmente, como uma tendência objetivista, embora invertida em termos de prioridades: Watson viria a priorizar os eventos externos como determinantes fundamentais da conduta humana e não a subjacente neurofisiologia.

Esses nomes, entre inúmeros outros predecessores de Watson, são alguns dos quais a influência para o aparecimento do behaviorismo pode ter sido exercida de maneira indireta. Pairam dúvidas, todavia, sobre quanto Watson teria bebido nessas fontes. Quantificar essa influência é impossível, mas sabe-se por Harrell & Harrison (1938) que Watson teria reconhecido que, na sua formação básica, pesou mais o estudo da Filosofia do que da própria Psicologia, ou seja, seu trabalho de 1913 teria tido bases filosóficas a suportar uma Psicologia objetiva. Com essas influências, diretas e indiretas, criou-se um espírito de época diverso do até então vigente, que no final do século XIX ainda privilegiava os caminhos da introspecção. Isso se deu a ponto de os autores mencionados assinalarem que o surgimento do behaviorismo foi um desvio à esquerda em relação ao funcionalismo americano, que por seu turno já havia sido uma guinada importante em relação à influência do pensamento alemão.

Uma análise atual da mesma questão (se o behaviorismo – suposição impraticável – surgisse hoje) diferiria obviamente, até porque o modelo tradicional de Watson nasceria já sob um réquiem determinado por sua exacerbação purista quanto à neutralidade e à objetividade científica absolutas que sonhava para o estudo do comportamento. Porém, há que se considerar o aspecto histórico: na época, vigoravam o mentalismo, a consciência e a psique como objetos de estudo da Psicologia, bem como a introspecção enquanto método oficial para viabilizar o conhecimento do interior humano.

Ainda na perspectiva de obtenção de um quadro que esclareça o contexto dentro do qual surgiu o manifesto behaviorista de 1913, devem ser lembrados mais fatos que ocorreram no fim do século passado e no começo deste. Na França, por exemplo, Pierón, já em 1904 e anos próximos, advogava o uso de instrumental técnico mais objetivo de investigação. No mesmo ano, no Congresso de Artes e Ciências de Saint Louis, Cattell anunciava a necessidade de objetivação em Psicologia como um fato devidamente consumado.

Antes deles, em 1899, Woodworth já houvera defendido a importância da extensão dos métodos objetivos à Psicologia, o que foi mais tarde severamente condenado por Titchener. Em 1911 surgiu *The fundamental laws of human behavior*, influente publicação de Max Meyer, frequentemente citado como um dos precursores mais diretos do behaviorismo, inclusive por Skinner. Com as citações anteriores, acompanhando Harrell & Harrison (em publicação de época), é possível notar mais que a influência pessoal e direta de cada estudioso em cada área (Neurologia, Fisiologia, Filosofia): todos juntos foram, incidentalmente, capazes de – conscientemente por vezes e sem intenção precípua, em outras – criar o *Zeitgeist* a que já se fez alusão. Watson teria aparecido como a pessoa capaz de reunir de forma dinâmica – conquanto conviesse à objetividade pretendida no behaviorismo – as influências até então dispersas.

Harrell & Harrison invocam como testemunhos da passagem natural do funcionalismo ao behaviorismo tanto G. H. Mead como J. R. Kantor (este na sua fase inicial, antes de se lançar definitivamente às concepções interbehavioristas que o celebrizaram). Esses autores, embora tivessem seus escritos principais publicados depois do lançamento do manifesto behaviorista, enunciaram muito cedo seu reconhecimento à importância definitiva da objetividade científica em Psicologia. Embora fossem de difícil categorização na época (já que muitos permaneciam em transição de uma composição teórica a outra), esses e outros estudiosos mantinham de início o entendimento funcionalista dos seres vivos, que seriam estruturados como organismos psicofísicos, em que as funções do psíquico e do físico estavam inter-relacionadas, sem inicialmente uma discussão mais aprofundada sobre o estofo (se igual ou diferente) de que se constituiriam o psíquico e o físico nem da possibilidade ou impossibilidade de duas dimensões divergentes manterem qualquer relação de dependência ou causalidade.

Kantor, tanto quanto Watson, procedeu à separação, ou mais claramente ao isolamento do físico para efeito de estudo científico, negligenciando o psíquico entendido como parte interna e entranhada, por assim dizer (e que no fim do século XIX era objeto da análise psíquica, mediante a introspecção). Em outras palavras, pretenderam (Kantor e Watson), de início, a redução de todo o estofo psicológico à condição física, excluindo o psíquico (entendido no preliminar e rústico sentido de *animae* que comandaria o físico).

Quanto à originalidade, indicam Harrell & Harrison que parecia ser tônica dos trabalhos de Watson, no seu início, extrair ou tomar emprestadas ideias de outros estudiosos e dar a elas uma expressão vigorosa, ao mesmo tempo que as cercava de uma lógica fortemente ancorada nos parâmetros de seu behaviorismo clássico. Com isso, Harrell & Harrison não parecem pretender desmerecer Watson por falta de originalidade. Ao mesmo tempo que anunciam que Watson abraçava um conjunto de ideias quase prontas e as reunia de forma bem organizada, informam que ele era a pessoa realmente mais indicada a fazê-lo – e o fazia com naturalidade, uma vez que efetivamente compartilhava das citadas ideias.

Conforme ainda Harrell & Harrison (1938), Diehl, em ensaio publicado no primeiro quarto do século XX, registra um momento dessa passagem do funcionalismo ao behaviorismo e da consequente influência nos escritos watsonianos. Lembrando uma ponta de influência decisiva de William James na nova abordagem, diz que ele era um dos líderes entre os pensadores americanos da época e entendia de modo claro que o behaviorismo era tipicamente um produto americano e que James já discutia alguns de seus futuros pressupostos no meio universitário da época. Assim, em 1904, ele publicava seu conhecido artigo *Does consciousness exist?*, que era, sugestivamente, a última negação da consciência antes do manifesto de Watson.

Além do exposto, alguns dos propositores das correntes pragmatistas da Filosofia norte-americana, contemporâneos de Watson, mantinham uma tendência a argumentar que *psyche* e *somma* eram duas faces da mesma realidade fundamental. Em outras palavras, o estofo de que eram feitas as duas supostas realidades seria praticamente o mesmo, ou seja, o que esses filósofos da ciência estariam propondo é que ambas as faces se compunham da mesma realidade palpável, que poderia, com metodologia apropriada, ficar à mão de quem ousasse propor técnicas de investigação coerentes com os objetos de pesquisa almejados. De certo modo, seus pontos de vista estavam em perfeita consonância com o monismo materialista de Watson, embora não fossem tão radicais no expressar-se em artigos científicos e conferências como este o era.

Compartilhando a ideia da possibilidade de análise dos fenômenos *mentais* conforme as proposições watsonianas, já em 1911 Singer (apud Harrell & Harrison, 1938) analisava a questão da mente dentro de uma antevisão behaviorista, sem, contudo, ter sido confirmada pela autobiografia de Watson uma autêntica influência sobre seus escritos posteriores.

É sabido que Watson, no *manifesto* e em algumas publicações iniciais – ou por desconhecer, ou por convencer-se, preliminarmente, ou por qualquer outra razão –, vislumbrava a possibilidade de que grande parte dos fenômenos do comportamento pudesse ser reduzida à Fisiologia. Dito de outra forma, o funcionamento biológico do corpo, em última instância, poderia ser responsável por ampla configuração de comportamentos. Todavia, Watson, contraditoriamente, viria mais tarde a expressar sua insatisfação com a hipótese de qualquer reducionismo neurofisiológico que pudesse extrapolar sua proposição de comportamento como unidade de análise.

No entanto, parece ter sido mantida uma convicção inicial acerca de que o funcionamento biológico do corpo, em última análise, poderia ser responsável por ampla gama de ações, sendo que quanto a essa posição Watson teria mantido débito fundamental para com Loeb, Donaldson e Sherrington. Loeb foi professor de Watson e seu orientador nos primeiros trabalhos, o que, por si, é fato esclarecedor da reconhecida influência. Loeb mantinha um materialismo mecanicista e ridicularizava as velhas concepções teleológicas de instinto, ou seja, recusava a ideia até certo ponto fatalista, mas certamente diretiva, de instintos decidindo a orientação do comportamento. De certo modo, Loeb reduzia grande parte dos comportamentos humanos a uma naturalidade simplista quando lhes atribuía causa assentada prioritariamente em feixes de reflexos, contraditoriamente numa lógica de *determinismo fatalista* tão recusável quanto a dos instintos.

A origem da concepção reflexológica de Jacques Loeb é frequentemente creditada a Ernst Mach, que teria, portanto e indiretamente, exercido influência sobre Watson (é certo, por outro lado, que Skinner declinaria sua apreciação pela obra de Mach na questão das relações funcionais, mas no caso de Watson faltam dados mais precisos). Além disso, está fora de dúvida que o agente causal mais importante para o nascimento do behaviorismo foi o fascínio de Watson pela experimentação em Psicologia animal, um campo cultivado igualmente por Lloyd Morgan e Edward Lee Thorndike.

Foi em um cenário que retratava a expectativa uniforme e unânime de mudanças que, por volta de 1903, Watson teria iniciado a formulação de suas concepções, inicialmente versando apenas sobre observação animal, mas não Psicologia humana. Ele divulgou alguns de seus resultados numa conferência realizada no departamento de Psicologia da Yale University, em 1908, quando já desposava uma forma moderada de behaviorismo, ou seja, a concepção de que o behaviorismo existiria apenas para descrever comportamentos (tese parcialmente absorvida por Skinner mais tarde, naturalmente acrescentando os objetivos da predição e controle).

Depois do *manifesto*, o artigo seguinte de seu incipiente movimento foi "Image and affection in behavior", publicado no mesmo ano. Já em 1914 ele escrevia sobre o behaviorismo como um princípio metodológico definitivo e que deveria ser seguido pela comunidade científica como nova escola psicológica.

Como já se frisou, a consciência humana, estudada pela técnica da introspecção, era na época o objeto de estudo da Psicologia. Muita gente já consagrara sua posição no cenário científico e profissional fundamentando-se nesse mecanismo de acesso às ações humanas: a interpretação baseada na incursão à consciência por meio da ferramenta da introspecção. Era natural, então, que qualquer um que viesse a quebrar lanças contra essa posição encontraria resistências. Parece ter sido o caso de Watson. Quando publicou o *manifesto*, ao mesmo tempo que teve atrás de si um significativo número de seguidores, obteve à sua frente a resistência daqueles que já tinham suas posições consolidadas em função da simpatia à introspecção.

O caráter polêmico do behaviorismo nasce com o próprio *manifesto* e começa a intensificar-se – assim como o número de seguidores – com a publicação de novos artigos e a realização de debates e conferências. Ao menos, torna-se impraticável ficar indiferente à nova proposta: contra ou a favor, todos são compelidos a manifestar-se. Os velhos psicólogos se perguntavam qual era o verdadeiro propósito da Psicologia, a que ela levaria, de vez que não se usaria mais a metodologia introspeccionista para estudar a consciência. E também o questionamento sobre o que se convencionava chamar de Psicologia animal decorria do particular gosto de Watson pelos experimentos de laboratório, onde supunha poder controlar melhor as variáveis em jogo. Quanto mais explicava tratar-se de passo preliminar à compreensão do comportamento humano, mais as resistências dos psicólogos tradicionais se lhe antepunham.

Mas Watson, por seu turno, também perguntava, em conferências, debates e artigos, qual era o verdadeiro objetivo da velha Psicologia. Castigava duramente os métodos introspectivos, no que foi parcialmente interpretado como defensivo. Ou seja, estaria contra-atacando para defender-se.

O cenário do começo do século XX, que serviu de fundo ao surgimento e desenvolvimento do behaviorismo, teve ainda mais uma característica marcante que pode ser útil à compreensão do acirramento da crítica ao longo do tempo. Ocorre que os estudiosos do comportamento animal tinham severas limitações e dificuldades para adaptar-se ao novo modelo, recém-saídos do introspeccionismo como eram. A maioria, embora agora tentando utilizar técnicas e métodos da nova ciência, não conseguia permanecer no âmbito descritivo ou interpretar os resultados de pesquisa respeitando a limitação dos dados. Não conseguia furtar-se a inferências feitas sem base de dados adequada. Em outras palavras, permanecia, mesmo nos experimentos com animais, tendo dificuldade de explicitar suas descobertas em termos comportamentais, sem apelar ao conceito de consciência para entendê-las; na verdade, a maioria acabava tentando insistentemente relacionar seus achados com os conceitos vigentes de consciência humana: eram sinais de uma tendência para a antropomorfização explicativa do comportamento animal.

Contra essa situação – e aí se vai vislumbrando como é inerente ao behaviorismo o caráter polêmico – Watson passa a rebelar-se e argumenta que o estudo do comportamento animal era legítimo em si próprio. Provavelmente o fez como uma forma de defesa daquela área de estudos e acabou causando extrema sensação negativa, ou seja, descentralizar da cena a figura do homem e permitir que a Psicologia animal fosse relevante em si mesma era, para a época, uma revolução inaceitável (como, de resto, muita crítica no mesmo sentido até recentemente era veiculada contra a Etologia animal, ao menos até que se tomasse consciência da importância que esta adquiriria, no mínimo por prover inovações metodológicas valiosas para a Etologia humana).

A produção literária watsoniana prosseguia. Sua próxima (e ambiciosa) exposição sistemática sobre o behaviorismo saiu com a edição, em 1919, de *Psychology from the standpoint of a behaviorist*. Instaurou definitivamente a era desse modelo com seu *Behaviorism* (1925), seguido de *The ways of behaviorism* (1928a) e *Psychological care of the infant and child* (1928b).

Foi por essas publicações e sob essas condições que Watson acabou sendo considerado unanimemente como o fundador do behaviorismo, embora seja consenso que as ideias da nova escola já estavam no ar mesmo antes do *manifesto*. Até a ideia da conceituação da Psicologia como "ciência do comportamento humano" já teria sido antecipada, de certa maneira, por McDougall, por volta de 1905, embora esse autor não pretendesse exatamente o mesmo significado que o dado por Watson. Também outro autor, Pillsbury, segundo Harrell & Harrison (1938), teria usado mesmo conceito em 1911. Ninguém, todavia, até então (1913) houvera preparado um suporte conceitual tão bem arranjado quanto Watson, especialmente excluindo os dados e a terminologia introspeccionista.

Não é fácil traçar o que seria um ponto de vista estável ou definitivo de Watson acerca da questão da consciência, já que seus escritos apresentaram mudanças sutis de tempos em tempos e o fizeram especialmente em relação a algumas questões delicadas, essa entre elas. Em 1913, a consciência e a introspecção foram criticadas por serem supostamente não científicas, não verificáveis, inverossímeis, intangíveis. Diante desses argumentos, deveriam permanecer fora de uma ciência natural, que lidaria exclusivamente com o observável, o palpável, o tangível. Apenas o comportamento humano poderia ser objeto de estudo do novo modelo de ciência (e, ao excluir o que mais tarde poderia ser conhecido como comportamento implícito e/ou eventos privados, Watson estava praticamente – e apressadamente – excluindo o conceito de *mente*, nesse sentido, do behaviorismo). Dito de outra forma, Watson, ao excluir parte das ações humanas (aquelas que não "via", não "observava", não "tocava"), estava privilegiando o *método* acima do *objeto de estudo*. Watson como que "cortava" uma parte do próprio comportamento: o que não é diretamente observável não faz parte da ciência do comportamento. Como se verá em outra parte do livro, ainda hoje alguns "behavioristas", lamentavelmente, procedem de modo análogo: resta muito mal-entendido sobre o que seja o behaviorismo radical e o que o distingue de outras acepções, como o behaviorismo metodológico.

De modo geral, ao longo do tempo Watson rejeitava o estudo da consciência, mas faltavam-lhe à obra postulados claramente definidos sobre sua postura teórica. Suas considerações a respeito sempre foram julgadas incompletas, ou no mínimo relativamente mal desenvolvidas. Como Watson – ao que supostamente se sabe – tivesse se valido de muitas ideias já prevalecentes ao seu behaviorismo, isto é, ideias que não seriam de sua própria criação, mas bem aproveitadas por ele, era de esperar que, ao tentar dar corpo teórico sistemático ao behaviorismo, encontrasse alguma dificuldade. Assim o informam Harrell & Harrison (1938).

Watson foi, pelas razões expostas, acusado de ter *removido* a consciência como objeto central do estudo científico, sem colocar no mesmo lugar alguma forma de análise daquelas ações humanas não visíveis a olho nu, mas de cuja existência e relevância ninguém duvida (o pensamento, sentimentos e algumas emoções mais sutis, por exemplo). Watson não tinha uma resposta clara a essas questões, embora especulasse sobre elas. Estudos mais sérios e aprofundados só vieram muito mais tarde, no que se poderia consolidar como uma "segunda fase" de Skinner (depois de 1945, *grosso modo*).

Como forma de defesa diante da situação, Watson teria, ao remover a consciência do seu sistema, manifestado o desejo de "não entrar em disputas metafísicas", o que uma vez mais consolidava o que viria constituir uma das distinções fundamentais do seu trabalho (um behaviorismo clássico compreendido por alguns críticos como um behaviorismo ortodoxo com prenúncios enfáticos de behaviorismo metodológico) em relação ao de Skinner (o behaviorismo radical).

Por causa de sua resistência em clarificar partes significativas de sua posição, Watson foi por vezes mal-entendido e até ridicularizado: há, ainda, que se ponderar que a guinada dada pelo behaviorismo era extrema, considerada a época. Watson sempre resistiu às tentativas de retrocesso ao modelo mentalista anterior, negando a existência de qualquer estofo não corpóreo. Aliás, uma de suas afirmações centrais, subscrita por muitos homens de ciência da época, era a de que a pesquisa psicológica deveria lidar, em última análise, com a descrição em termos bioquímicos ou físico-químicos de todos os chamados fenômenos naturais. Era exatamente a aplicação à Psicologia do materialismo reducionista da última metade do século XIX o que estava acontecendo: uma vez mais, a briga em torno da inclusão ou exclusão da consciência como objeto de estudo da Psicologia era a questão.

Era difícil aceitar que as técnicas de condicionamento usadas por John Broadus Watson pudessem suplantar a introspecção como método central da Psicologia. Mais que isso, era extremamente complexo até mesmo imaginar como isso poderia ser feito na prática. Os reflexos condicionados, entretanto, já eram um fértil campo de atuação uma década antes do lançamento oficial do behaviorismo. Isso se dava na União Soviética, mas os psicólogos americanos possuíam um rarefeito conhecimento do andamento de tais pesquisas, especialmente em razão das dificuldades linguísticas e de comunicação entre os dois países.

Com certeza, Ivan Petrovich Pavlov foi a mais importante figura entre os pioneiros do condicionamento reflexo, mas Watson cita ter conhecido mais de perto os trabalhos de Bechterev, o que é reconhecido até porque os behavioristas empregavam mais o condicionamento de reações motoras do que os reflexos salivares investigados por Pavlov. Todavia, essa asserção parece válida apenas antes do reconhecimento ao trabalho de Skinner; este, certamente, foi quem efetivamente demarcou a divisão operante-respondente e conhecia de perto a obra de Pavlov.

Watson, entretanto, mesmo tomando conhecimento dela, negava alinhamento com a escola reflexológica de Bechterev, assim como negara antes alinhamento com o objetivismo alemão: ambos estariam, segundo ele, sob o domínio do paralelismo psicofísico, o que certamente contrariava sua posição, a de um monismo materialista que, todavia, excluía eventos privados (aos quais se atribuía, então, a designação de consciência).

Quanto à questão candente dos instintos humanos, bem tarde Watson escreveu rejeitando sua existência definitivamente. O behaviorismo inicial que propôs não lidava bem com o assunto, embora outros autores já tivessem duvidado de sua necessidade ou de sua própria existência duas décadas antes do lançamento do *manifesto*. Loeb já havia reduzido os instintos a meros feixes de reflexos. Condillac, quando perguntado sobre uma definição de instintos, teria respondido: "L'instinct n'est rien". Mas teria sido Dunlap, cerca de 1919, com seu *Are there any instincts?*, quem teria iniciado um verdadeiro trabalho a respeito entre os psicólogos. Nos seus escritos posteriores, Watson passou a condenar veementemente – a seu estilo – o uso de instintos como explicação do comportamento. Apenas a partir daí passou a ser mais radical e geral: denunciava a herança de capacidades, tendências, temperamentos, caracteres mentais e outros conceitos que considerava grosseiras superstições.

Um outro conceito importante, que pode ser citado por produzir até hoje entendimento polêmico, é a noção watsoniana de pensamento representado pela fala subvocal. Esse conceito, também frequentemente mencionado como sendo de autoria de Watson e encontrado não raro nos textos de história da Psicologia, parece ser de duvidosa autoria. No International Congress of Psychology (1920), Watson se defendia dos seus críticos afirmando que, se alguém tivesse registrado essa posição como pensamento seu, estaria enganado. Afirmava que só poderia ter dito isso como mera retórica para uma clarificação conceitual a estudantes, para explicar que o pensar ocorreria "como se" estivéssemos falando subvocalmente. Em escritos diversos, como *Psychology from the standpoint of a behaviorist* (1919), ele tenta explicar o mecanismo final do comportamento de pensar como incluindo performance de musculaturas corporais, mas ressalvando que o processo de pensar, obviamente, não se restringia à laringe, o que constituía um entendimento tendencioso.

Antes, em *Behavior, an introduction to Comparative Psychology* (1914), ele chegara a listar não menos do que nove tipos de instinto, o que mostra as mudanças de postura que intermitentemente teria adotado. Tida como procedente essa informação, alguns supõem possível que Watson, mesmo que em alguma conferência ou aula, tenha deixado escapar uma convicção inicial (depois corrigida) acerca da questão da fala subvocal.

Por conta das possíveis influências que Watson teria recebido, alguns críticos colocaram em dúvida sua originalidade em relação a muitos conceitos. Entretanto, essa é uma consideração que deve ser cautelosamente analisada. Encontra-se na literatura que os escritores anti-instintivistas incluíam Loeb, Dunlap e Müller e que estes teriam lançado as sementes da teoria muscular do pensamento, antes que Watson escrevesse sobre a fala subvocal. A resposta condicionada, todavia, emergiu nos laboratórios de Bechterev e Pavlov. A descrença na introspecção como técnica científica já fora apontada por Comte, Bechterev e tantos outros. Coube a Watson o mérito de reunir apropriadamente, sob a ótica do behaviorismo, tantos indicativos de que mudanças significativas eram iminentes.

Quanto às fontes em que bebeu Watson, parece que a literatura aponta Dunlap como quem talvez tenha sido um daqueles cientistas com quem Watson teria maior débito. Contribuiu para o behaviorismo com a análise de questões como a das imagens, limitações quanto à introspecção e instintos, além da teoria motora da linguagem.

Dunlap e Watson trabalharam juntos na Johns Hopkins University e provavelmente permutaram influências. Dunlap, até por essa influência, chegou a ser considerado como "pai espiritual" do behaviorismo. Mas como originalidade de ideias, embora importante, não é suficiente para o desenvolvimento científico, Watson é reconhecido também por outro tipo de colaboração: seu trabalho experimental em laboratório foi extenso, bem como a sistematização das ideias que – se recebeu de outros como enfatizam Harrell & Harrison – apresentou como postulados básicos do behaviorismo de 1913 com reconhecível competência diante das contingências da época.

Reitera-se que Watson, ao longo de toda sua conturbada carreira, sofreu muitas críticas. Para algumas delas, como as de Dunlap e Kuo, a respeito de sua preliminar lista de instintos (que depois aboliu), de início deu de ombros, mas aos poucos foi incorporando. É como aconteceu em seu *Behavior, an introduction to Comparative Psychology* (1914), em relação à aceitação do método pavloviano: ele o rejeitou, mas em 1916 passou a aceitar as reações condicionadas no seu sistema. Com a Psicanálise, que sempre negou, houve apenas amainamento: a princípio, chegou a considerá-la puro *voduísmo* ou "feitiçaria médica", para mais tarde abrandar as considerações e – mesmo rejeitando fortemente a teoria acerca da estruturação da personalidade em Id, Ego e Superego – ainda colocar fortes objeções, até porque o behaviorismo e a Psicanálise sempre apresentaram profundas diferenças teóricas. Apesar dessas divergências, as contribuições à Psicologia dadas pela Psicanálise certamente devem ser prontamente reconhecidas por qualquer behaviorista. Aliás, a importância dos desenvolvimentos psicanalíticos independe desse reconhecimento particular para estar garantida: mais que isso, testemunham a seu favor a imensa literatura e a influência prática que perdura até hoje entre os psicólogos de todo o mundo. Paradoxalmente, nesta obra o leitor não encontra referências suficientes e uma discussão mais ampla de toda a dimensão da Psicanálise, apesar da centralidade da questão da consciência. Naturalmente, isso se dá por duas razões principais: por um lado, em decorrência dos limites impostos a um texto introdutório; por outro, pelo fato de que a contraposição behaviorismo-Psicanálise certamente mereceria ocupar sozinha um estudo particular. Mais adiante, neste livro, ao menos se menciona a divergência Freud-Skinner acerca dos eventos causais das ações humanas. Um começo sugerido ao leitor interessado no assunto pode dar-se a partir da leitura de um texto de Skinner (1954) criticando conceitos psicanalíticos. Basicamente, por uma questão cronológica (Freud viveu de 1856 a 1939), registre-se que a crítica freudiana acerca do behaviorismo dá-se em direção à versão watsoniana, uma vez que Skinner, embora tivesse começado a publicar em 1930, configuraria de modo mais sólido seu behaviorismo radical a partir do texto de 1945 (*Terms*).

Retomando Watson, também sua personalidade foi objeto de análise na literatura. Alguns o consideravam um revoltado que mantinha um movimento de um só homem. Ele teria manifestado, a princípio, o desejo de seguir a carreira de cientista na área médica, o que, eventualmente, poderia explicar um pouco sua tendência preliminar aos escritos com tom fisiológico. Atribuiu-se a Watson, também, um certo "temperamento objetivo", considerando-o homem de atitudes práticas e diretas, menos que conjecturais. Todavia, julgaram-no por vezes simplista diante de algumas questões, especialmente a da consciência humana, para todos tão complexa e tão polêmica sempre, mas especialmente inacessível no começo do século XX.

Além disso, Watson era considerado como intransigente em relação a algumas querelas, como a da influência da hereditariedade no comportamento. Recebeu também sérias restrições por suas profecias exageradas e seus apelos às "glórias da redenção através do recondicionamento" (apud Harrell & Harrison, 1938, p.388). Essas convicções exacerbadas teriam excluído Watson muito cedo da vida acadêmica, para além do incidental romance com Rosalie Raynor, reprovado pela moral acadêmica da época. Além disso, acusavam-no de manter algumas hipóteses não verificadas e mesmo inverificáveis, apenas pelo fato de serem supostamente compatíveis com algumas convicções pessoais que mantinha obcecadamente.

Essa sua obsessão fazia o behaviorismo soar como a proposição de uma vida nova para os norte-americanos, ansiosos por mudanças democráticas: Watson, por intermédio do condicionamento e do recondicionamento, pensava poder mudar os homens e suas relações interpessoais, o que atingiria até mesmo o setor econômico do país. O auge dessa perspectiva aconteceu por volta de 1929, quando a crise econômica era a maior da história: o sonho não se realizou e a América sofreu pesadas perdas, apesar do behaviorismo, que nada conseguiu realizar para mudar a direção dos fatos.

Quando Harrell & Harrison escreveram seu artigo (1938), já anunciavam – até pelas razões agora expostas – a derrocada definitiva do behaviorismo e a desilusão dos psicólogos da época com suas proposições. Mais que isso, permaneciam todos com um grande número de indagações acerca das ações humanas que não haviam ainda sido respondidas pelo empreendimento watsoniano. Não se davam conta, mas viria no mesmo ano uma importante publicação, cujo teor só seria valorizado mais tarde: *The behavior of organisms: an experimental analysis* (1938), de Burrhus Frederic Skinner.

A suspeita de Harrell & Harrison acerca da queda behaviorista no final dos anos 1930 não se confirmou e o behaviorismo, apesar das limitações da proposta watsoniana, continuou florescendo. Sofreu, porém, profundas mudanças ao longo de sua evolução. Essas modificações são frequentemente muito sutis, mas o tomar conhecimento dos principais postulados watsonianos permite compreendê-las um pouco. Marx & Hillix (1976), autores de bem cuidado trabalho de descrição e abreviada análise do desenvolvimento histórico das escolas psicológicas, fornecem quatro pressupostos primários que emoldurariam o quadro teórico behaviorista clássico, ou seja: 1. elementos de resposta compõem o comportamento, que pode ser analisado por métodos científicos, naturais e objetivos; 2. o comportamento é redutível a processos físico-químicos, ou seja, compõe-se de secreções glandulares e movimentos musculares; 3. o comportamento é mantido por rigoroso determinismo, isto é, toda resposta ocorre em função de algum estímulo antecedente; 4. os processos conscientes, caso existam, não podem ser cientificamente estudados.

É sobretudo com base nesses pressupostos que Marx & Hillix (1976) depreendem da posição de Watson uma tendência associacionista que incorpora os conceitos de frequência e recenticidade. Não teria se sensibilizado com a lei do efeito de Thorndike, já que voltava sua atenção mais aos mecanismos antecedentes de estimulação que produziriam respostas do que às consequências destas. Nesse sentido, em termos de paradigma, Watson estaria muito mais próximo de Pavlov e Bechterev, enfatizando e reconhecendo o que em parte se tornaria o condicionamento clássico, numa perspectiva associacionista de grande parcela da aprendizagem. Todavia, embora a influência de Thorndike sobre o behaviorismo não se tivesse procedido tanto via Watson, certamente ela aconteceu por meio de outros autores, como Skinner, Tolman e Hull. A Psicologia sistemática de estímulo-reação de Thorndike (mais contemporâneo de Watson que de Skinner, pois viveu entre 1874 e 1949) representou uma aproximação às ideias originais do associacionismo inglês. Sua lei do efeito, criticada parcialmente por suas referências ao binômio *agradável-desagradável* das consequências, será base de importantes discussões nas versões neobehavioristas, como se verá em outra parte deste livro.

Confirmando a autoconfiança de Watson atribuída por Harrell & Harrison, tem-se em *Behaviorism* (1925, p.13) talvez seu mais forte exemplo de convencimento da efetividade do condicionamento diante da complexidade do comportamento humano:

> Um dos problemas do behaviorismo é o que poderíamos chamar de amplitude cada vez maior de estímulos a que um indivíduo responde. De fato, isso é tão notável que, à primeira vista, poderíamos duvidar da formulação que apresentamos antes, a saber, de que a resposta pode ser prevista. Se observarmos o crescimento e o desenvolvimento do comportamento no ser humano, verificaremos que, enquanto uma grande quantidade de estímulos provoca respostas no recém-nascido, muitos outros estímulos não o fazem. Em todo caso, não provocam a mesma resposta que suscitarão mais tarde. Por exemplo, não obteremos a resposta esperada e não iremos muito longe se mostrarmos a um bebê recém-nascido um lápis, uma folha de papel ou uma partitura impressa de uma sinfonia de Beethoven...
>
> Dado que o condicionamento tem lugar muito cedo na infância, o problema de prever uma determinada resposta será sumamente difícil para o behaviorista.

Mas a declaração mais contundente de Watson, que Marx e Hillix atribuem a uma conferência, ao passo que outros acham que era parte do texto original de *Behaviorism*, indo além do que permitem os fatos, seria de 1925 ou 1926, conforme a fonte. Ainda hoje suas afirmações seguintes chocam algumas pessoas (especialmente as que pensam que elas são mantidas pelo behaviorismo atual):

> Gostaria de avançar mais um passo esta noite e dizer: deem-me uma dúzia de crianças saudáveis, bem formadas, e um ambiente para criá-las que eu próprio especificarei e eu garanto que, tomando qualquer delas ao acaso, prepará-la-ei para tornar-se qualquer tipo de especialista que eu selecione – um médico, advo-

gado, artista, comerciante e, sim, até um pedinte ou ladrão, independentemente de seus talentos, pendores, tendências, aptidões, vocações e raça de seus ancestrais... É favor notar que, quando esse experimento for realizado, estarei autorizado a especificar o modo como elas serão criadas e o tipo de mundo em que terão que viver... (apud Marx & Hillix, 1976, p.244-5)

Na verdade, a crítica sobreveio sobretudo porque Watson foi tomado ao pé da letra. Não lhe abrigaram a metáfora usada para mostrar a importância das circunstâncias, do contexto que cerca os comportamentos. As reações foram inúmeras e violentas, especialmente por conta do que mais tarde se configuraria como as clássicas acusações de objetificação e manipulação deliberada do comportamento.

Ao tentar mostrar o valor das condições ambientais que cercam o comportamento, Watson acabou despertando a ideia de um mago pretensioso que poderia manipular como quisesse toda a sociedade. Recebeu a crítica de simplista, por uma facção, bem como a de manipulador, por outra. O acirramento da crítica a que se aludiu preliminarmente, portanto, fica aqui demonstrada *in totum*.

Um ano antes dessa conferência, Watson (1925, p.258) já escrevera em seu *Behaviorism* um trecho que combinava com o gosto do americano médio da época, o que uma vez mais mostrava a oscilação entre apoio e rejeição de que ele e sua linha teórica desfrutavam. Afirmava, deixando entrever o utópico que há em todo estudioso da Psicologia:

> Penso que o behaviorismo estabelece as bases para uma existência mais sã. Deve ser uma ciência que prepara homens e mulheres para a compreensão dos princípios fundamentais de seu próprio comportamento. Deve fazer que homens e mulheres desejem reorganizar suas próprias vidas e, especialmente, preparar-se para criar seus filhos de um modo mais saudável. Gostaria de ter tempo para descrever isto de um modo mais completo, para retratar-lhe a

espécie de indivíduo maravilhoso e fecundo que faríamos de toda e qualquer criança saudável, se apenas lhe permitíssemos que se modelasse apropriadamente a si mesma e, depois, lhe propiciássemos um universo que não estivesse agrilhoado ao folclore lendário de acontecimentos de milhares de anos atrás; que não seja estorvado por uma vergonhosa história política; livre dos costumes e convenções imbecis que não têm, em si mesmos, qualquer espécie de significação, mas que cercam o indivíduo como um apertado cinturão de aço.

Aqui se mostra mais veemente a revolta de Watson para com as enormes resistências que encontrava entre os que pretendiam manter as tradições, em todos os setores, e que acabavam transferindo essa resistência para a área da Psicologia. Deixar os velhos métodos era, para muitos, um pesadelo: se a América estava vivendo *bem* assim, por que mudar?

Como já se disse, o caráter polêmico do behaviorismo jamais se dissipou. Em todas as épocas, manteve-se o mesmo tipo de discussão num nível de análise no qual o que está fundamentalmente em jogo é uma questão muito cara à humanidade: a questão milenar que envolve a díade mente-corpo e que foi assumida com essa denominação específica apenas em 1640 por Descartes.

Com o interesse desta discussão vinculada à sugestão final de algumas indicações passíveis de reorientação de tendências do behaviorismo radical, a partir de uma análise histórica da polêmica e da crítica, a revisão das origens do paradigma que aqui se faz é considerada essencial. Tal revisão contextualizada permite maior clareza às atuais objeções, porque por vezes assegura identificar sua origem. Assegura ainda, para as finalidades do ensaio, vislumbrar quais restrições já foram respondidas, quais nunca foram sequer tocadas, quais podem resultar em efetivas sugestões de mudanças teóricas e estruturais no próprio behaviorismo, quais implicam mudanças necessárias no modo de apresentação do conteúdo da abordagem em textos didáticos, na literatura científica ou no meio acadêmico em geral. Por essas razões, pelo menos, embora se reitere o elogio ao texto de Harrell & Harrison, é importante conhecer outros críticos.

Burnham (1968), por exemplo, resume dados importantes acerca do advento do behaviorismo e analisa seu significado histórico para a Psicologia. Retoma as possíveis influências de outros estudiosos sobre a escola watsoniana. Quanto a Loeb, informa que o relacionamento deste com Watson foi profissionalmente intenso, mas que as ideias que são atribuídas originariamente ao velho professor na verdade são similares apenas na retórica.

Em janeiro de 1914, Watson escreveu ao professor Loeb frisando diferenças entre os dois pontos de vista: "Eu sinto que o seu esquema é um pouco simples tal como hoje é colocado". E teria acrescentado: "Não vejo qualquer outro modo de analisar o fenômeno do comportamento, exceto se considerá-lo como simples reflexos. Estou certo de que o nosso ponto de vista é diferente" (apud Burnham, 1968, p.147). Watson, diferentemente de Loeb, acreditava que era possível investigar unidades complexas de comportamento sem a necessidade de descobrir seus equivalentes físicos ou químicos imediatamente (ainda que parecesse pensar que, em última análise, essa era uma possibilidade).

No caso de Dunlap, este teria escrito na sua autobiografia reclamando crédito pela fundação do behaviorismo. Dizia que essa escola era, na verdade, uma versão watsoniana extremada de suas próprias ideias, que teriam influenciado profundamente J. B. Watson. Dunlap argumentava ter sido quem dirigiu a atenção de Watson ao estudo do comportamento como tal.

Segundo Burnham, é verdade que os dois homens (Dunlap e Watson) não apenas trabalharam juntos, mas eram compatíveis em termos de personalidade. As asserções de Dunlap têm peso porque na autobiografia de Watson este endossa os reclamos por crédito do primeiro. Embora alguma similaridade de ideias realmente exista, há dificuldades sérias quanto à sistematização de postulados – o que não foi feito por Dunlap – que diretamente pudesse fazer desembocar seu trabalho intencionalmente no que foi depois chamado de behaviorismo.

Outro dado importante é o que diz respeito à data de criação do behaviorismo: Burnham (1968) explica por que ele não veio definitivamente à tona em 1909, com a publicação de "A point of view in Comparative Psychology". É que Watson não teria, então, resolvido completamente a questão dos processos mentais superiores. Já em 1912, quando das conferências, e em 1913, quando do *manifesto*, ele teria desenvolvido um modelo definido de estímulo-resposta para os mecanismos da fala implícita e da memória associativa.

Seria essa contribuição de Watson um dos elementos básicos do paradigma, tão básico que, segundo Burnham, o behaviorismo não teria existido sem ela. Mas a evidência mais importante indicada por Burnham quanto à suposição de que o behaviorismo não teria sido possível antes de 1913 seria a repercussão na comunidade psicológica de então. Segundo ele, os pronunciamentos de Watson ao longo de vários anos haviam criado entre seus colegas uma exaltação de ânimos de grande dimensão e que se maximizou nas suas conferências no inverno de 1912-1913, produzindo reações violentas.

É valioso, neste ponto, colocar-se a salvo, com Kuhn (1975), sobre a também polêmica questão de quando e como uma nova descoberta científica passa realmente a existir: se no momento em que ela ecoa na comunidade científica e na sociedade ou se no momento em que o desenvolvimento teórico e experimental se registra. Kuhn sugere que a significância real de uma inovação científica reside no efeito que ela produz sobre a audiência. Desse ponto de vista, o behaviorismo foi criado efetivamente em 1912-1913 por um clima psicológico existente na ocasião, em que foi oportuno o trabalho de Watson, ao final transposto para o papel no seu emblemático "Psychology as the behaviorist views it".

Entretanto, ainda com Kuhn, há que se separar concretamente revolução científica e o que ele chama de ciência normal, ou seja, mesmo nas mudanças mais sutis há o desenvolvimento científico e, assim, o período de transição de uma posição teórica a outra pode ser efetivamente o momento de inauguração de uma nova posição. Nesse caso, a *fermentação* do behaviorismo já existiria havia mais tempo, desde o final do século anterior, quando o clamor pela objetividade e as dúvidas acerca da introspecção passaram a ser mais frequentes.

Todavia, para os objetivos deste ensaio, não é o mais importante a localização temporal exata do nascedouro do behaviorismo. Seu aparecimento deve ter tido o contexto especial que já se descreveu e é exatamente essa situação que pode lançar luzes à compreensão do porquê de ter nascido já sob o signo da controvérsia e da polêmica, temas que polarizam o interesse final deste estudo.

Watson, eminentemente polêmico em virtude de todas as suas dissensões, mas indiscutivelmente o iniciador de uma revolução no pensamento psicológico, ganha atualmente restrita biografia entre os enciclopedistas brasileiros e de boa parte do mundo. É citado, apenas, como um psicólogo norte-americano nascido em Greenville, em 9.1.1878 e desaparecido em Nova York em 25.11.1958, tendo estudado na Universidade de Furman, em sua cidade natal, e concluído seu doutorado na Universidade de Chicago. A Johns Hopkins University aparece como o lugar onde lecionou e citam-se "problemas particulares" como causa de seu abandono da Psicologia e da sua especialidade (trata-se do casamento com Rosalie Raynor, já apontado neste texto). Aparece não mais que como um dos fundadores do behaviorismo ("uma psicologia do comportamento"), *doutrina* para a qual teria contribuído tanto no campo teórico como no prático, com experimentos sobre a psicologia animal e a psicologia infantil.

Como trabalho anterior de destaque à investida no campo do que mais tarde acabou denominado de behaviorismo, cita-se o envolvimento de Watson com sua tese, intitulada de *Animal education*, defendida em 1903. De todo modo, Watson passa às enciclopédias do restante do mundo, com natural exceção para as norte-americanas, simplesmente como um dos psicólogos preocupados com o comportamento. Seu extenso trabalho, por vezes analisado de forma reducionista e superficial, em geral no interesse sintetizador das editoras de enciclopédias, acaba nos verbetes perdendo (pela ausência de alguns detalhes históricos fundamentais) toda sua plasticidade e contextualizada riqueza, o que não significa elidir da retórica watsoniana a condição de plenamente criticável.

Como se vê pelo exposto, a existência do behaviorismo não se deve exclusivamente à habilidade de quem primeiro o veiculou oficialmente, J. B. Watson. Essa abordagem é resultante de várias influências, que precisam ser descritas e ao menos superficialmente analisadas, para que possam prover material que torne compreensível o temário crítico proposto no livro. Sem ao menos uma compreensão mais clara desse panorama, que por si já é complexo, torna-se impraticável desvelar alguns mascaramentos que cobrem a verdadeira face dos fatos. Desvendar esses fatos ajuda a assegurar as razões essenciais do percurso da crítica e permite melhor análise de tendências com base em uma efetiva consideração histórica do perfil atualmente vigente.

Quem descreve sucintamente algumas das influências que teria produzido o behaviorismo são os historiadores da Psicologia Marx & Hillix (1976), que condensam em três as principais fontes a partir das quais o behaviorismo watsoniano se desenvolveu. São elas a *tradição filosófica do objetivismo psicológico*, o *florescimento da Psicologia animal* e alguns *aspectos do funcionalismo*.

A tradição do objetivismo, como já se descreveu pelas citações de Harrell & Harrison (1938), tem em La Mettrie fonte significativa, certamente com a culminância no trabalho de Comte, fundador do positivismo, que enfatizava a busca do *positum*, o conhecimento indiscutível. Paradoxalmente, embora seja hoje certo que a obtenção de conhecimento de tal ordem é sempre discutível, por exemplo, em razão de que as técnicas em uso geralmente não evidenciam completa objetividade, desde Comte (ca. 1830) houve uma rejeição à introspecção, por depender de uma consciência privada, porque, "para poder observar, nosso intelecto deveria fazer uma pausa em sua atividade e, no entanto, é essa mesma atividade que queremos observar". Adiante, prossegue: "Se não pudermos efetuar a pausa, não poderemos observar; se a efetuarmos, nada haverá para observar. Os resultados de semelhante método estão em proporção ao seu absurdo" (apud Marx & Hillix, 1976, p.221).

Ficava aí registrada a efetiva rejeição de Comte à introspecção, de resto uma influência decisiva – quanto ao objetivismo – à posterior posição de Watson. Entenda-se que a partir daí também resultará a crítica ao behaviorismo de que se embasa na *remoção* da mente por Watson, em seu behaviorismo ortodoxo-metodológico: ao tentar isentar de subjetividade o estudo da Psicologia, remove a auto-observação, num certo sentido eliminando com isso a possibilidade do *olhar-para-dentro*, como na introspecção.

Também esse fato é uma das variáveis que passará a influir na existência da crítica conhecida mais tarde como o mito da neutralidade científica. Ou seja, a crítica de que, por mais cuidado que se possa empregar para que uma observação, um procedimento de coleta – e, mais ainda, uma interpretação de dados – sejam isentos, estes estão fadados a ter a contaminação da *personalidade* do cientista, nesse sentido jamais se podendo atingir qualquer neutralidade. Nos capítulos referentes à análise das críticas, essas questões serão retomadas com o aprofundamento necessário.

A segunda fonte explícita de influência foi o florescimento da Psicologia animal. Esta se tornou não só possível como efetivamente viável com o advento da teoria evolucionária de Charles Darwin. Informam Marx & Hillix (1976, p.221):

> A Psicologia animal nasceu mais ou menos diretamente da teoria evolucionária. A teoria de Darwin exerceu uma grande influência entre os intelectuais britânicos, mas suscitou também uma forte oposição, sobretudo no clero e entre os teólogos. Uma objeção primordial foi ao pressuposto darwiniano da continuidade mental entre o homem e os animais inferiores. A resposta mais eficaz a essa objeção era demonstrar tal continuidade mental, de um modo algo semelhante às provas que Darwin já apresentara para demonstrar a continuidade física. Essa demonstração necessitava de uma *Psicologia animal*. Portanto, um modo de efetuar a defesa da teoria de Darwin consistiu em mostrar a presença da mente em organismos infra-humanos (contrariamente à tradição cartesiana) e expor a sua *continuidade* com a mente humana. [grifos nossos]

Fica aí claramente demonstrada a perspectiva em que a Psicologia animal se fortalece, com apoio da herança evolucionária darwiniana. Para acrescentar mais um capítulo à construção da história polêmica do behaviorismo, não é difícil identificar essa situação como a originadora da crítica à ideia da continuidade entre as espécies. O behaviorismo é acusado de privilegiar um *continuísmo* interespécies, particularmente no sentido filogenético, possibilidade da qual muitos críticos discordam, alegando absoluta dicotomia entre o racional (humano) e o irracional (subumano). A questão, obviamente, terá análise mais vertical nos capítulos subsequentes.

Como – supostamente, a acompanhar Darwin (*Expression of emotions in man and animals*, 1872) – há uma longa história de evolução filogenética que mostra as mudanças de comportamento ao longo do tempo, um eventual elo entre homens e animais também existiria no que concerne à inteligência. É assim que se começa a falar em uma "inteligência animal", provavelmente responsável pela implantação de um caráter antropomorfizador hoje tão grandemente reprovado no estudo da Psicologia comparada.

Também é época do surgimento de *Animal intelligence* (com Romanes, em 1886) e vários outros compêndios sequiosos por demonstrar uma continuidade efetiva entre homens e animais em todos os sentidos. A antropomorfização, atribuindo capacidades humanas ao comportamento animal, gerou a necessidade de testagem empírica, laboratorial, da Psicologia animal, que de resto contribuiu decisivamente para o desenvolvimento de uma metodologia experimental, posteriormente imprescindível no trabalho de Watson e, mais tarde, no de Skinner, em sua Análise Experimental do Comportamento.

Foi no contexto da Psicologia animal que se inseriu Jacques Loeb, um biólogo alemão que foi para os Estados Unidos em 1891. Loeb, de certo modo, influenciou a Psicologia comportamental, mesmo que indiretamente, no sentido da adoção do pressuposto do determinismo científico. Mais que isso, quase de um certo fatalismo (um *pressuposto* que nunca existiu no behaviorismo, mas que por vezes foi assim interpretado pela crítica) na determinação de algumas respostas.

A errônea interpretação procedeu da defesa geral que Loeb fez do conceito de *tropismo*, entendido como uma reação forçada, inevitável, entre os animais. Nesse sentido, o tropismo é uma resposta que ocorre diretamente em função de um estímulo, tornando-se inevitável, *fatal*. Loeb, aí erroneamente, sustentava que todo comportamento das formas animais *inferiores* ocorria por tropismo e, mais generalizadamente, acreditava que alguns comportamentos das formas *superiores* também ocorreriam dessa maneira. Para exemplificar o tropismo, temos o movimento aparentemente mecânico e irresistível de certos insetos em direção à luz (fototropismo positivo), mesmo que o voo direto para a chama destrua o animal. Nesse particular, o tropismo seria uma forma de comportamento inevitavelmente mal-adaptativa.

A defesa de Loeb era, evidentemente, uma posição que invertia o antropomorfismo. Dito de outro modo, procurava encontrar no comportamento humano iguais reações às encontradas em outros animais. De certa maneira, no fim do túnel da história, foi uma semente que mais tarde eclodiu na tendência à generalização mal elaborada de resultados de certos experimentos de laboratório para o comportamento humano. Embora todo o cuidado que alguns psicólogos (Skinner, por exemplo) tiveram com a eventual extrapolação de resultados do laboratório animal para a vida real (questão do artificial *versus* natural) e do experimento com outros animais para seres humanos (questão da igualdade *versus* desigualdade e continuidade *versus* descontinuidade entre humanos e os demais animais), alguns se descuidaram ao publicar e defender extrapolações precipitadas, o que será analisado adiante.

Uma terceira fonte de influência que levou ao aparecimento do behaviorismo de Watson foi o funcionalismo. Nas duas décadas que antecederam o *manifesto* de Watson, alguns funcionalistas começaram a revelar propensões à nova linha. Um caso típico é o de Angell, possivelmente um pseudobehaviorista, que teria dito em reunião da APA em 1930 (apud Marx & Hillix, 1976, p.223):

> Mas, em minha opinião, é perfeitamente possível que o termo "consciência" caia num desuso tão completo quanto o termo "alma", no que diz respeito a todos os propósitos cotidianos da Psicologia. Isso não significará o desaparecimento dos fenômenos que chamamos "conscientes" mas, outrossim, que o interesse da Psicologia deslocar-se-á para outros fenômenos ou fases dos mesmos, para os quais um termo como "comportamento" proporcionaria uma indicação mais útil.

Quem resumiria com propriedade o resultado do conjunto de influências que culminaram com o aparecimento do behaviorismo seria E. G. Boring (1950, p.642), um psicólogo que dedicou grande parte de sua carreira profissional à história da Psicologia:

A América tinha reagido à tutela alemã e fizera-se funcionalista... O behaviorismo, simplesmente, tomou do funcionalismo uma parte, mas não toda a tradição parental... Os tempos estavam propícios à maior objetividade em Psicologia e Watson acabou sendo o agente dos tempos.

O advento do behaviorismo, por ter vindo oficialmente pelas mãos de Watson, acabou naturalmente trazendo muito de sua formação pessoal. Watson – e aqui se reitera a informação de Harrell & Harrison (1938, p.274) – esclarecia em 1936:

> Aproveitei algo da escola britânica de filósofos – principalmente de Hume, um pouco de Locke, um pouco de Hartley, nada de Kant e, por estranho que pareça, ainda muito menos de John Dewey. Nunca entendi sobre o que é que ele estava então falando e, infelizmente para mim, continuo sem saber.

Como se nota, Watson era realmente muito duro em seus pronunciamentos. Não foi diferente na sua curta carreira acadêmica (1908 a 1920), da qual se desligou por problemas absolutamente pessoais já referidos: divorciando-se, casou-se com Rosalie Raynor, com ele coautora de um conhecido trabalho experimental de condicionamento e extinção do medo em crianças. Desgostoso com a publicidade sensacionalista em torno do caso, Watson desligou-se (após pressão institucional) da cátedra e permaneceu grande parte do restante de sua vida ativa ligado ao ramo da publicidade, embora na velhice tenha se recolhido à vida no campo. Sua crítica ácida permaneceu nos escritos posteriores, como em 1929, sobre o que julgava uma imprescindível tarefa da Psicologia enquanto disciplina:

> A Psicologia teve uma partida em falso com Wundt ... porque não enterrou o seu passado. Tratou de apegar-se à tradição com uma das mãos, enquanto, com a outra, puxava para o lado da ciência. Antes que a Astronomia pudesse progredir, foi preciso enterrar a Astrologia; a Neurologia teve de enterrar a Frenologia; e a

Química teve de enterrar a Alquimia. Mas as Ciências Sociais, a Psicologia, a Sociologia, as Ciências Políticas e a Economia, não quiseram enterrar os seus "bruxos e curandeiros". (Watson & MacDougall, 1929, p.3)

Sobre a questão mente-corpo, ainda hoje polêmica central entre o behaviorismo e seus opositores, Watson (1913b, p.174) pronunciou-se assim:

> Será postergado, em Psicologia, um mundo de puro psiquismo, para usar o termo de Yerkes? Confesso que não sei. Os planos que eu mais defendo para a Psicologia levam, praticamente, a ignorar a consciência, no sentido em que o termo é usado hoje pelos psicólogos. Virtualmente, neguei que esse reino do psíquico esteja aberto à investigação experimental. De momento, não desejo ir mais além, pois cairia, inevitavelmente, na metafísica. Se ao behaviorista for concedido o direito de usar a consciência, tal como os outros cientistas naturais a empregam – isto é, sem fazer da consciência um objeto especial de observação –, terá sido concedido tudo o que a minha tese requer.

Esse ignorar a consciência, anunciado por Watson, era compartilhado por outros behavioristas, como Weiss (1917). Tratava-se de considerar a consciência (entendida pela crítica como a totalidade de sensações, imagens e afetos) como experiência única e pessoal, sem qualquer valor de dado científico. Só possuía valor científico o que pudesse de alguma forma ser enunciado em termos de fatos físicos: os correlatos *mentais* careciam de estofo que lhes permitisse esse *status*.

Foi essa posição, que coincidia com a disposição de eliminar a mente como objeto de estudo, que fez que mais à frente fosse considerada a possibilidade de um behaviorismo metodológico. Aliás, com ela fica o behaviorista em posição algo embaraçosa, porque precisa admitir que a experiência supostamente constatada pela consciência existe, mas de um modo impreciso, não sendo suscetível de ser analisada por instrumentos científicos. Dito de outro modo, seria como admitir a existência da mente como fenômeno, mas não admiti-la como objeto de estudo por parte de uma ciência do comportamento, devido ao seu estofo não físico e sua consequente inacessibilidade.

Outra possibilidade frequentemente debatida, e com a qual Watson mais simpatizaria, negava explicitamente a existência de quaisquer correlatos conscientes para as informações introspectivas. A essa conclusão ele efetivamente chega em 1929 (Watson & McDougall, p.14-6, passim):

> A consciência nunca foi vista, tocada, cheirada ou movida. É uma suposição pura e simples, tão indemonstrável quanto o velho conceito de alma... Assim, aquele que introduzir a consciência, quer como epifenômeno ou como uma força ativa que interfere nos acontecimentos físicos e químicos do corpo, fá-lo-á por causa de suas inclinações espiritualistas e vitalistas. O behaviorista não pode encontrar a consciência no tubo de ensaio de sua ciência.
>
> Não encontra, em parte alguma, provas de uma abordagem da consciência, nem mesmo de uma tão convincente quanto a que foi descrita por William James. Ele encontrará, entretanto, provas convincentes de uma abordagem de comportamento em contínua expansão.

Corroborando Watson na rejeição à consciência e à mente, mas com ênfase acentuada no fisiológico, Lashley (1923, p.352) afirmava que:

> Os atributos da mente, tal como definíveis com base em provas introspectivas, são precisamente os atributos da complexa organização fisiológica do corpo humano; e um enunciado desta última constitui uma descrição da consciência tão completa e adequada quanto a que seria possível, ao que parece, por qualquer tipo de análise introspectiva.

Para Marx & Hillix (1976), essa afirmação de Lashley, reduzindo sistematicamente a mente a funções fisiológicas, representa definitivamente uma posição behaviorista *radical*. Neste ponto, é importante que o leitor fique atento à retomada da discussão do significado dos termos *metodológico* e *radical*, quando aplicados ao behaviorismo, que podem ter sido diferentes em épocas diferentes e assumidos por autores diversos (Skinner, por exemplo, mesmo não compartilhando a posição de Lashley, admite como filosofia preambular à Análise Experimental do Comportamento o que chama de behaviorismo radical). O assunto, mais um a tonificar o caráter polêmico em jogo, será retomado quando da análise das críticas, nos capítulos subsequentes deste estudo. Para o momento, é suficiente compreender que o sentido atribuído às convicções *radicais* de Lashley indica *intransigência*, enquanto o sentido de *radical* no behaviorismo skinneriano equivale à atribuição de importância ao comportamento como raiz para a compreensão das ações humanas e à rejeição aos eventos mentais enquanto causas do comportamento.

Sobre a questão da hereditariedade também sempre pairou polêmica entre behavioristas e seus críticos. Desde Watson, o problema de quanto os caracteres hereditários podem influenciar um repertório atual de comportamento é uma questão candente e que merece atenção. Existem, ainda hoje, aqueles que estabelecem duvidosos limites para a importância da hereditariedade assegurando algo como "cinquenta por cento para o meio, cinquenta por cento para a hereditariedade". Certamente, essa não é uma solução parcimoniosa. Mais ainda, provavelmente essa não é uma posição verdadeira, embora possa ser uma posição que pretende contentar inatistas e ambientalistas. O problema, todavia, é muito mais complexo e tem contornos que não passam pelo porcentual que cada conjunto de variáveis pode ter na determinação do comportamento.

Ao rechaçar instintos (nos seus escritos posteriores a 1913) e privilegiar a influência do meio, Watson desde cedo *não* excluiu (como às vezes se escreve) a importância relativa das estruturas herdadas. Deu-lhes importância e vinculou-as a determinadas características oferecidas pelo meio. Como é visível nas suas afirmações seguintes, citadas por Marx & Hillix (1976, p.244), tomadas de Watson (1926a, p.2):

> O behaviorista não diria: "Ele herdou a capacidade ou talento de seu pai para ser um grande esgrimista". O behaviorista dirá: "Esta criança tem, certamente, a compleição esguia de seu pai, o mesmo tipo de olhos, a mesma agilidade... Também tem a compleição de um esgrimista". E dirá ainda: "... e seu pai tem pelo filho um grande carinho. Colocou-lhe na mão uma pequena espada, quando ele tinha apenas um ano de idade, e em todos os passeios que dão juntos fala-lhe sobre a arte de esgrimir, ataque e defesa, o código do duelo e coisas parecidas". Um certo tipo de estrutura mais um adestramento desde muito cedo – inclinação – explicam o desempenho do adulto.

Certamente, a defesa watsoniana da prevalência do ambiente gerou reações diversas. Alguns a entenderam, pela intransigência de Watson em publicações e conferências, como sendo uma proposição exclusivista, que eliminava o hereditário de consideração. Outros entenderam simplesmente como exacerbado o valor dado ao ambiente, supondo que com ambiente, meio, Watson estivesse se referindo unicamente ao meio físico externo ao organismo sob análise. Na verdade, o conceito de ambiente precisava de melhor definição, que viria com Skinner, anos mais tarde, incluindo as condições físicas, químicas, biológicas e, sobretudo, sociais que comporiam o contexto *externo* e *interno* ao organismo que se comporta. Nos capítulos seguintes as críticas e a posição behaviorista serão retomadas com detalhes.

Uma questão a que ninguém conseguiu colocar termo e a que todo cientista concorre foi também pungente no início do século XX, após o lançamento do artigo de Watson (1913). Trata-se do problema do determinismo científico associado à questão da responsabilidade pessoal pelas ações praticadas e, ademais, à sua fonte causal. Essa questão é conhecida como o problema do *livre-arbítrio*.

Essa divergência provém de longa data na ciência, muito antes do lançamento do *manifesto*. Todavia, o behaviorismo havia que adotar uma posição a respeito. Tendo em vista sua tendência à determinação natural do comportamento por eventos que em última instância se reduziriam ao físico, o behaviorismo acabou, com Watson, se opondo seriamente à Teologia e a alguns ramos da Filosofia, então enfaticamente defensores do livre--arbítrio. Para Marx & Hillix (1976, p.245),

> Watson opôs-se fortemente ao pressuposto de que os indivíduos são pessoalmente responsáveis por suas ações, no sentido do livre-arbítrio. As implicações dessa convicção têm particular importância em relação a problemas sociais como a criminalidade. O behaviorista aceitava a punição dos criminosos como parte de um sistema geral de controle social, mas não na base de uma teoria da retribuição. Em vez de um tratamento retributivo pelo qual um indivíduo desviado da lei tem que pagar por suas violações, Watson defendia um tratamento baseado na necessidade de reeducação do indivíduo. Admitia que, se os criminosos não pudessem ser recuperados para a sociedade – isto é, se não pudesse ser realizado um satisfatório recondicionamento –, então eles deviam ser mantidos sob reclusão ou destruídos. O próprio Watson desenvolveu um programa visionário de progresso social – uma ética experimental, por assim dizer, baseada no seu behaviorismo.

A ética watsoniana não seria – se esse confronto tivesse sido possível – mais tarde aprovada por Skinner, defensor da reeducação, mas contrário frontalmente à efetividade da punição (conforme demonstrou em inúmeros artigos, quando argumentava pela recuperação *espontânea* decorrente do período de ausência momentânea do evento aversivo e por uma série de outros inconvenientes). Mas essa era uma questão ético-técnica que o tempo e as pesquisas resolveriam. O corolário mais contundente da posição watsoniana era o de que, se qualquer programa de reeducação não fosse possível, ele eventualmente concordaria com a *eliminação* do infrator; em outras palavras, com a pena de morte hoje vigente em alguns lugares do mundo *civilizado*. Não é difícil vislumbrar quanto uma posição como essa pode ter rompido relações entre o que se chamou de ciência natural e a Teologia, no começo do século XX.

Outro entendimento dúbio do determinismo é o de que ele representaria, eventualmente, a afirmação de que todo comportamento é fatalmente produzido, ou seja, "teria que acontecer assim". Esse não foi certamente o sentido atribuído por Watson, nem por Tolman, nem por Hull, nem por Skinner à questão do determinismo: sua afirmação é apenas a de que todo comportamento possui uma causa, conhecida ou não, identificável ou não pelas técnicas e procedimentos usuais, mas certamente existente. Conquanto a causa não pudesse ser, por vezes, claramente identificada, a aceitação do determinismo postou-se como pressuposto, aceito *a priori*, segundo o qual a todo efeito corresponde uma causa, o comportamento entendido aqui como efeito, embora se saiba que ele é, numa primeira aproximação, também entendido como *causa* (evento antecedente a outro comportamento, por exemplo). Talvez a questão do determinismo e do livre-arbítrio seja uma das mais importantes, polêmicas e interessantes jamais postas ao behaviorismo. Por isso mesmo, seus desdobramentos são sempre retomados nas reavaliações que se faz do behaviorismo pós-skinneriano.

Os ataques da crítica desfechados contra o behaviorismo clássico atingem praticamente todos os aspectos do sistema. Uma questão contundente, por exemplo, foi a inescrupulosa – segundo os críticos de Watson – utilização que fez dos dados resultantes de relatos verbais. Woodworth (1924, p.84), por exemplo, teria condenado Watson por ocupar-se dos fenômenos das pós-imagens dentro do que propunha ser um quadro rigorosamente objetivo:

Os "fenômenos" que Watson acha tão interessantes e de valor no experimento de pós-imagem são as próprias pós-imagens e não os movimentos vocais do sujeito. Podemos concluir que o relato verbal não é um método behaviorista e que o seu uso por Watson é, praticamente, uma confissão da derrota do behaviorismo metodológico.

Num franco debate, inserido em *The battle of behaviorism* (Watson & McDougall, 1929, p.63), este último autor faz abertas críticas ao paradigma behaviorista, citando exemplos do que foi denominado por Marx & Hillix como requintadas situações do cotidiano. Segue, a propósito, um trecho:

> Chego a este salão e vejo um homem sobre uma plataforma, arranhando as tripas de um gato com os pelos do rabo de um cavalo e, sentados silenciosamente, em atitude de atenção estática, estão milhares de pessoas que, daí a pouco, irrompem em aplausos desenfreados. Como é que o behaviorista explicará esses estranhos incidentes? Como explicará o fato de que as vibrações emitidas pelas tripas de um gato estimulam esses milhares de pessoas a permanecerem em absoluto silêncio e imobilidade? E também o fato de que a cessação do estímulo parece agir como estímulo para a mais frenética atividade? O senso comum e a Psicologia concordam em aceitar a explicação de que o auditório escutava a música com intenso prazer e deu rédea solta à sua gratidão e admiração pelo artista, com gritos e palmas. Mas o behaviorista nada sabe sobre prazer e dor, sobre admiração e gratidão. Ele relegou todas essas "entidades metafísicas" à lata do lixo e tem de procurar alguma outra explicação. Deixemos que a procure. Isso o manterá inofensivamente ocupado durante mais alguns séculos.

Watson defendia-se explicando que McDougall precisava ocupar-se de dados e não argumentar em cima da metafísica: a questão era usar ou não a consciência, uma dádiva há muito tempo cara à Psicologia, como dado básico para a interpretação do comportamento.

Mas os problemas da introspecção e da aceitação ou não resultantes de relatos verbais são indissociáveis da questão da consciência e, por si sós, não se separam do âmago da crítica ao behaviorismo. Novo exemplo do quanto foi estrategicamente prejudicial ao programa behaviorista a admissão (ainda que parcial) do relato verbal foi dado por Boring (1950). Esse autor informa que, quando Watson fez a concessão de aceitar parcialmente os relatos verbais, criou um dilema interno para o behaviorismo.

Watson admitia o relato verbal quando se referisse a um fenômeno verificável (por exemplo, quando consistia de um enunciado referente à distinção entre tons diferentes), mas o rejeitava quando se referisse à natureza de qualquer sentimento, considerado de conteúdo não palpável. A questão dos relatos verbais permanece hoje como fonte de dúvidas. Há trabalhos recentes, de behavioristas, utilizando-se de relatos verbais, na maioria das oportunidades sendo impraticável a obtenção do correspondente físico do fenômeno. A extensão da crítica será uma vez mais avaliada nos capítulos finais deste livro.

Outra queixa frequente contra o behaviorismo inicial de Watson é a de que, em grande parte, ele nada mais fez do que *traduzir* para uma linguagem objetiva os mesmos conceitos que supunha poderem ser pejorativamente chamados de *mentalistas*. Embora tenha sido atacado quanto a isso, pouco eco se produziu, uma vez que Watson entendia que essas *traduções* não pretendiam ser uma explicação do comportamento, mas precisavam ser feitas como forma de estabelecimento de um ponto de partida para a definição dos fenômenos sob estudo e das técnicas e métodos utilizados.

Alguns outros críticos se queixavam de que, se Watson por um lado estava pretendendo ser puramente objetivo, por outro acabava em seus textos anunciando conclusões que tinham uma ponta de inspiração subjetiva, pois não apresentava dados que amparassem tais afirmações. Isso foi rebatido por Marx &

Hillix (1976, p.254), que julgavam imprescindível admitir a possibilidade de que cada estudioso não faça tudo, não seja indiscutivelmente coerente. Reiterando, torna-se claro que Watson fez tentativas para observar respostas implícitas, utilizando-se de mecanismos indiretos, como os movimentos da língua, boca e faringe e alguns potenciais musculares. As tentativas de relacionar fenômenos físicos periféricos e respostas implícitas não eram, na prática, suficientes para suportar as afirmações de Watson vislumbrando o que ele acreditava acontecer no interior do indivíduo. Para os autores mencionados,

> Sem dúvida, Watson, em seu entusiasmo impaciente por chegar a uma nova Psicologia, inteiramente objetiva, foi além dos dados disponíveis ao extrair conclusões e não iniciou toda a pesquisa necessária para corroborar seus pressupostos. Entretanto, não existe uma necessária incompatibilidade entre a suposição de tendências implícitas de comportamento e a manutenção de um quadro sistemático e experimental estritamente objetivo. (p.254-5)

O cientista experimental, enquanto cientista, obriga-se a se ater aos dados. Todavia, como pessoa eminentemente ligada a um campo infinitamente mais amplo do que quaisquer meras equações e conjuntos de dados, comumente alça voos teóricos e acaba, aí mesmo, conseguindo tornar fértil sua obra. Quando Skinner, no seu "Are theories of learning necessary?" (1950), rejeitava a construção de teorias (certo tipo de teorias), ele não negava sua própria tendência a ser ou tornar-se um teorizador, por exemplo, do delineamento de culturas. Entendia como próprio da natureza humana conjecturar acerca da realidade. No entanto, considerava impróprio o teorizar com base em mecanismos provenientes de outro estofo que não o da *mesma* realidade acerca da qual se conjectura. Certo detalhamento das convicções skinnerianas acerca do papel da teoria e da pesquisa na Análise do Comportamento pode ser encontrado em artigo deste autor (Carrara, 1994).

Além da explicação de que o conjecturar sobre os fenômenos não era falar no vazio e fazer inferências indevidas, Watson aduzia que falava de eventos potencialmente observáveis, ou seja, deduzia dos fatos já observados sobre algum fenômeno a maior ou menor probabilidade de que permanecessem ou não observáveis no futuro.

Por certo, não foi unicamente – embora o tenha sido predominantemente – a figura de Watson a construir e permitir a polemização em torno do behaviorismo. Ainda que não intencionalmente, diversos autores de trabalhos significativos tiveram participação efetiva no que poderia apropriadamente ser denominado, como o foi por Watson e McDougall (1929), "a batalha do behaviorismo". Um breve resumo dos principais participantes desse cenário histórico é apresentado por Marx e Hillix e consta do quadro 1, em adaptação feita ao final deste capítulo. Antes de encerrá-lo, supondo que apontou suficiente número de informações para um balanço da crítica que rondou o lançamento das bases behavioristas, no começo do século XX, é valioso recolocar dois momentos da fala de Watson sobre sua forte convicção nos postulados da obra que teve o mérito de condensar/construir. A primeira citação, a seguir, é de 1913 (p.175):

> Concluindo, suponho que devo confessar uma profunda predileção por essas questões. Dediquei cerca de doze anos à experimentação com animais. É natural que tenha chegado a uma posição teórica em harmonia com meu trabalho experimental. Possivelmente, enfrentei-me com um espantalho e estive lutando com ele. Pode não haver uma absoluta harmonia entre a posição aqui delineada e a Psicologia funcional. Entretanto, estou inclinado a pensar que as duas posições não podem mesmo ser facilmente harmonizadas. Fora de dúvida, a posição que defendo é bastante frágil e pode ser atacada de muitos ângulos. Mas, ainda admitindo tudo isso, continuo acreditando que as considerações por mim apresentadas devem ter uma grande influência sobre o tipo de Psicologia que será desenvolvido no futuro.

Vinte e três anos depois, Watson praticamente reedita sua postura em relação ao behaviorismo e suas relações com outras áreas do conhecimento. Em 1936 afirmaria, conforme reproduzido por Marx & Hillix (1976, p.281):

> Continuo acreditando, tão firmemente como sempre, na posição behaviorista geral que adotei abertamente em 1912. Por estranho que pareça, também penso que ela provocou um temporário abrandamento da marcha da Psicologia, porque os professores mais velhos não a aceitaram sinceramente e, por conseguinte, não puderam apresentá-la de forma convincente em suas aulas. Os jovens não receberam uma apresentação justa e por isso não enveredaram com franco entusiasmo por uma carreira behaviorista; mas, de qualquer modo, já não aceitam mais os ensinamentos de James, Titchener e Angell. Creio, sinceramente, que a Psicologia tem sido estéril por muitos anos. Precisamos de professores mais jovens que ensinem a Psicologia objetiva, sem referência à mitologia que foi inculcada à grande maioria dos psicólogos atuais. Quando chegar esse dia, a Psicologia terá um renascimento maior do que ocorreu na ciência ao findar a Idade Média. Creio tão firmemente como sempre no futuro do behaviorismo – um behaviorismo companheiro da Zoologia, da Fisiologia, da Psiquiatria e da Físico-Química.

Com Watson, retoma-se na origem a questão da construção behaviorista, cujas influências e nomes destacados pode-se acompanhar pelo quadro 1. Nele, é possível visualizar as influências mais comuns que recebeu o behaviorismo, numa divisão didaticamente simplificada e adaptada a partir de Marx & Hillix. Citam-se três fontes de influência sobre o behaviorismo, que naturalmente passaram, conforme a época e os autores, por longas e profundas mudanças, o que se pode depreender do corpo do texto deste livro.

De qualquer maneira, influíram decisivamente na edificação do behaviorismo: 1. a questão da *evolução* tal como explicada por Charles Darwin e a Psicologia animal, da maneira ressaltada por Morgan e Loeb e enfaticamente abraçada por Watson em relação ao comportamento, respeitadas as diferenças de pressupostos; 2. a questão da ampliação das explicações mecanicistas, na verdade uma adaptação que mais especificamente corresponde a um *determinismo científico* (que atribui a todo fenômeno comportamental uma lei natural de ocorrência, ou seja, uma causa natural), desembocando, com maior correção, numa postura muito diferente do mecanicismo de que inicialmente se revestiu a abordagem estímulo-resposta watsoniana; 3. a questão filosófica do positivismo, cuja influência foi mais significativa na busca do *objetivismo* psicológico, por meio do "ver para prever", lema que sofreu muitas adaptações com o próprio desenvolvimento da metodologia de pesquisa na Psicologia em geral.

É importante notar que, embora no quadro 1 os autores estejam colocados como que numa linha reta que poderia ser interpretada como uma influência linear direta, nem sempre esse foi o caso. Por vezes, os continuadores, por exemplo, tiveram um campo mais amplo de influência recebida e um procedimento diferente e mais amplo de processamento de informação que o fundador. É o típico exemplo das profundas e, por vezes, relegadas diferenças entre Watson e Skinner.

Quadro 1 – Importantes personalidades do behaviorismo

Influências históricas		Behavioristas	
Pioneiros		Fundadores	Continuadores
Evolução e comportamento animal			
C. Darwin (1809-1882)	J. M. Cattel Colúmbia (1860-1944)	J. B. Watson Hopkins (1878-1958)	A. P. Weiss Ohio State (1879-1931)
C. L. Morgan (1852-1936)	E. L. Thorndike (1874-1949)		W. S. Hunter Brown (1880-1953)
J. Loeb (1859-1924)			K. S. Lashley Chicago (1890-1958)

Continuação

Influências históricas		Behavioristas	
Pioneiros		Fundadores	Continuadores
Ampliação das explicações mecanicistas			
Descartes (1596-1650)	I. P. Pavlov S.Petersburgo (1849-1936)		E. C. Tolman Califórnia (1886-1961)
La Mettrie (1709-1756)	V. M. Bechterev S.Petersburgo (1857-1927)		E. R. Guthrie Washington (1886-1959)
Cabanis (1757-1808)	J. R. Angell Chicago (1869-1949)		
Positivismo A. Comte (1798-1857)	M. Meyer Missouri (1873-1967)		C. L. Hull Yale (1884-1952)
			B. F. Skinner Harvard (1904-1990)

Adaptado de Marx & Hillix, 1976, p.218.

3
Hull e Tolman: discrepâncias proeminentes ao behaviorismo watsoniano

Certamente, Watson foi o segundo mais importante behaviorista envolvido no cenário polêmico objeto de análise deste trabalho. O primeiro, pela atualidade, pela influência e pela extensão de seu behaviorismo, seguramente foi Skinner. Entretanto, outras figuras intermediaram o espaço Watson-Skinner com influência significativa na construção e reconstrução histórica da abordagem, e justificam ter ao menos brevemente descritas suas posições e trabalhos. Ressalve-se, ainda, que a dimensão menor do capítulo aqui conferido à obra desses autores não mantém correspondência com a quantidade e qualidade da produção destes, especialmente nos casos de Hull e Tolman. À sua época, tiveram grande significação no cenário da Psicologia e certamente a análise do que fizeram escapa às limitadas possibilidades desta breve descrição e discussão.

Tolman (1886-1959), por exemplo, dentro de sua conturbada carreira acadêmica, teve sua obra-prima publicada em 1932 (*Purposive behavior in animals and man*), preocupando-se em caracterizar um tipo diferente de behaviorismo, em que a intenção, o propósito, era peça importante para a compreensão do comportamento. De pronto, pode-se identificar clara discrepância em relação à posição watsoniana, na qual a intencionalidade é preliminar e preventivamente rejeitada.

A teoria de Tolman é, segundo autores como Sahakian (1980), uma abordagem essencialmente cognitiva e às vezes é encontrada com denominações distintas, como Teoria de Sinal-Gestalt, Teoria da Aprendizagem Social, Teoria da Expectativa e Teoria do Sinal-Significado. O sistema repousa sobre um tipo de behaviorismo que não se aproxima nem do de Watson nem do de Skinner, porque inclui propósitos cognitivos e explicações fisiológicas do comportamento. Defende que os organismos perseguem finalidades, o que envolve a colocação da dicotomia intenção-objetivo como elemento central à compreensão do desenvolvimento comportamental humano.

Com Tolman, ter-se-ia a imagem de que os organismos elaborariam *mapas cognitivos* e se orientariam por eles em direção a seus objetivos. Talvez por essa razão, pelo menos, sua corrente foi denominada também de Teoria Cognitiva de Campo.

Entre os behavioristas, talvez tenha sido Tolman o que obteve uma receptividade maior entre os não behavioristas em todos os tempos (nem por isso deixando de incluir-se em polêmicas), provavelmente devido à sua posição de admitir a intencionalidade e ser maleável à influência cognitivista. Tanto que, quando os estudiosos da história dos sistemas ou da história da Psicologia o classificam, acabam tendo dificuldades: deve ser colocado entre os behavioristas que receberam notada influência cognitivista ou o inverso: trata-se de um caso de cognitivista que recebeu influência behaviorista?

A dificuldade se acentua e se identifica pelo próprio termo-chave *behaviorismo cognitivo*, pelo qual sua teoria é conhecida. E as controvérsias crescem a partir daí: existe realmente essa possibilidade, isto é, a de um behaviorismo cognitivo, mais tarde encontrado como autointitulação em alguns autores mais recentes? (Cf. análises em Banaco, 1997.)

O próprio Tolman, em 1922 (p.44), destacava em importante artigo, escrito para a *Psychological Review*, algumas das características de sua obra. Dizia, na abertura:

A ideia do behaviorismo é muito ampla. Nos diversos quadrantes os seus dialetos, se não sua substância, espalham-se rapidamente. Por quê? Em primeiro lugar, pode-se constatar que, desde a época dos experimentos de Ebbinghaus sobre memória, a inadequação dos métodos meramente introspectivos tornou-se mais e mais óbvia. E o trabalho recente em testes mentais e Psicologia animal veio a fortalecer essa convicção. Em segundo lugar... o uso do método introspectivo para análise do conteúdo privado consciente tem sido envolto em dificuldades de ordem lógica... Em terceiro lugar, o método introspectivo é cansativo na prática e gera resultados infrutíferos. São esses três fatores, portanto, que parecem ser primariamente responsáveis pela disseminação e pela atração produzida pelas ideias behavioristas.

Com facilidade, depreende-se de Tolman a rejeição à moeda tradicional da introspecção e sua defesa de métodos mais objetivos de coleta de informações. Mas não se deve incidir na ilusão de que a interpretação dos resultados siga o mesmo caminho de Watson, ou seja, que procure a ausência de inferências que superem os dados frios. Tolman propugnaria – ver-se-á mais à frente – pela intencionalidade das ações humanas, de modo que algum objetivo prévio estaria subjacente ao comportamento, o que o aproximava da visão cognitivista em Psicologia.

Mas Tolman segue perguntando, no mesmo artigo (1922), sobre o que o behaviorista tem a oferecer em substituição à introspecção. E, inicialmente, clama por um retorno a Watson, que ele denomina arquibehaviorista e a quem atribui a concepção de que o behaviorismo é o estudo da relação estímulo-resposta, tal como quando se toma um estímulo e se *prediz* uma resposta ou se toma determinada resposta e se *infere* um estímulo.

Diz em determinado trecho: "Muito bem! Mas como fazer para definir estímulo e resposta?". E se reporta de novo a Watson, informando que este responderia que estímulos são coisas tais como raios de luz de diferentes intensidades, sons de diferentes amplitudes, partículas de gases de diferentes tamanhos, que afetam as membranas de nosso nariz etc., e que respostas são coisas tais como contrações musculares e secreções glandulares. Isso é o que diria Watson. Mas Tolman se diz atônito diante do que leu em *Psychology from the standpoint of a behaviorist*, no seu capítulo final, quando Watson (1919, p.239) assegura que

> É perfeitamente possível para o estudioso do comportamento ignorar inteiramente o sistema nervoso simpático e as glândulas e músculos lisos ou mesmo o sistema nervoso central como um todo, e passar a escrever um estudo compreensível e acurado das emoções.

Ao que Tolman (1922, p.45), de novo, pergunta:

> Mas como é possível fazê-lo, se, por definição, o comportamento é matéria de "contrações musculares" e "percepções glandulares"? Como, com base nessa definição, pode uma pessoa ignorante de glândulas e músculos escrever um tratado behaviorista sobre qualquer coisa? Que ele possa escrever um tratado nós admitimos. A única diferença entre o nosso ponto de vista e o de Watson é que nós insistimos em um tratado considerando verdadeiramente comportamentos e que um tratado levando em conta apenas contrações musculares e secreções glandulares não seria behaviorismo, mas mera Fisiologia.

Ao apontar a suposta incoerência de Watson (afirmar que o comportamento se reduz a ações de glândulas e músculos, em última análise, e, por outro lado, assegurar ser possível ignorar o sistema nervoso, glândulas e músculos lisos como fonte explicativa do comportamento), Tolman está se mostrando o mais novo dissidente de Watson e começa, a partir daí, a delimitar sua posição teórica que culminará na admissão da intencionalidade.

Tolman segue acrescentando que a possibilidade de um behaviorismo que não seja mera Fisiologia já ocorrera a um certo número de estudiosos. E cita Holt, que esclarecera que os fenômenos a serem estudados não deveriam ser mera excitação nervosa ou contrações musculares. Estes seriam fundamentais para os fenômenos em questão, mas são meramente seus componentes e não sua compleição inteira. Informa, finalmente, que as ciências biológicas de há muito "já reconheceram essa coisa nova e a chamaram comportamento".

Em resumo, Tolman acaba conduzindo a apresentação desse seu artigo ("A new formula for behaviorism", 1922) para a ideia de que: 1. é realmente possível um behaviorismo não fisiológico, contrariamente à maneira como Watson admitia a possível redução de comportamento a músculos e glândulas; 2. esse novo behaviorismo poderia ser capaz de cobrir não somente os resultados dos testes mentais, das mensurações objetivas da memória e da Psicologia animal, mas também tudo o que fora validado pela velha Psicologia introspectiva, agora numa perspectiva que privilegiasse o teleológico e, como consequência, o cognitivo.

Dezesseis anos depois dessa importante publicação, Tolman era descrito por Harrell & Harrison (1938) como um behaviorista de quem se dizia ter "atingido a maioridade": defendia um eclético behaviorismo intencional que incluía ênfase na Psicologia da Gestalt, mas ao mesmo tempo pautava-se pela objetividade da tradição watsoniana. Distinguia entre comportamento molar e molecular, ligando-os, de um lado às esferas psicológicas e de outro aos elementos físicos e bioquímicos mais simples. Descreveu a consciência como tendo "significado comportamental" e concebeu a aprendizagem como um processo dinâmico que podia ser atingido por reação condicionada, tentativa e erro ou até por "ajustamento inventivo". A intenção ou propósito constituía pilar subjacente ao comportamento, mas não era entendida como entidade mental com funcionamento especial.

O sistema de Tolman era extremamente complexo e, especialmente em sua nomenclatura, às vezes até confuso, no sentido de que nem sempre atendia às características de parcimônia exigidas nas explicações efetivamente científicas. Tolman fez uso de um número significativo de esquemas para explicar o comportamento. Alguns deles são descritos por Sahakian (1980), mas não cabe aqui análise pormenorizada, uma vez que o que se pretende é unicamente caracterizar o aspecto dinâmico do percurso histórico do behaviorismo e de sua crítica, no que Tolman tem importante papel, que se verá consolidado nos trechos subsequentes.

Um inconfundível tom da teoria de Tolman é a sua preocupação com o discernimento entre o aspecto *molar* e o *molecular* do comportamento. Ao fazer essa distinção, Tolman acabava por admitir a intencionalidade no comportamento manifesto, posição não admitida por Watson. No seu artigo de 1932 (p.7), sucintamente, indicou:

> Em resumo, devemos concluir que Watson utilizou, na realidade, duas noções diferentes de comportamento, embora ele próprio não tenha enxergado claramente até que ponto eram diferentes. Por um lado, definiu o comportamento em função de seus rigorosos detalhes físicos e fisiológicos subjacentes ... Designaremos isto como a definição *molecular* do comportamento. E, por outro lado, acabou reconhecendo ... que o comportamento, como tal, é mais do que (e diferente de) a soma de suas partes fisiológicas. O comportamento, como tal, é um fenômeno "emergente" que tem propriedades descritivas e definidoras próprias. E a isto daremos o nome de definição *molar* do comportamento.

Essa expectativa de Tolman quanto à existência de dois aspectos fundamentais do comportamento, o segundo dos quais valorizava, de certo modo ajudaria a acentuar a crítica futura ao behaviorismo, segundo a qual essa linha tem uma tendência reducionista. Isto é, o behaviorismo, por ficar *dividindo* o comportamento em um número amplo de unidades de resposta, perderia a visão do *todo*, ou seja, proporcionaria apenas uma visão de *recorte* da realidade, uma visão dicotômica, uma visão parcial. Essa questão, que será retomada em termos críticos capítulos adiante, foi abordada mais tarde por Skinner.

Retornando a Tolman, na sua discrepância suposta com Watson, é possível que essa discordância tenha sido mais de vocabulário do que propriamente uma divergência teórica, segundo Marx & Hillix. Senão, observe-se o texto desses autores na obra já citada:

> A Psicologia de Tolman é uma prova de que ele prefere a definição molar de comportamento, de que está convencido da necessidade de introdução da intencionalidade para que se possa ter uma Psicologia útil. De modo geral, a intenção refere-se, nos termos usados por Tolman, a alguma influência do comportamento animal sobre o meio; por exemplo, podemos dizer que a intenção do comportamento animal consiste em soltar uma ração de comida quando aciona uma barra ou aperta um botão... Tolman afirma que é mais útil definir as respostas em termos de comportamento molar do que fazê-lo em termos fisiológicos moleculares. Watson, tal como a maioria dos psicólogos anteriores a ele, *concordava* na prática com esse ponto de vista. O que ele desejava era acrescentar a isso que o comportamento intencional é, em princípio, redutível ao nível fisiológico, se bem que, na prática experimental, não tivesse trabalhado nesse nível. (Marx & Hillix, 1976, p.254, grifo nosso)

Em sua análise posterior, Marx & Hillix parecem concordar com que se o problema da Psicologia era explicar o comportamento (animal, por exemplo) em seu meio e se a intenção fosse definida como influência exercida (pelo animal, no caso) sobre o meio, ficava evidente que Watson seria um intencionalista.

Entretanto, não parece que a intencionalidade reivindicada por Tolman se restringisse à mera influência, no sentido de interação com o meio, mas ao problema do comportar-se em função de propósitos preexistentes e não em função de consequências, de modo que isto se converte em mais uma controvérsia visível intrabehaviorismo.

O pensamento central de Tolman enquanto intencionalista e simpático à cognição era o de que o organismo, em suas atividades comportamentais adaptativas, utilizaria os objetos ambientais e desenvolveria uma capacidade de prontidão (uma espécie de "mapa cognitivo" da situação encontrada) que lhe permitiria interagir apropriadamente.

Na proposição de Tolman, identifica-se uma semelhança, ainda que superficial, com o sistema de Hull, tomado por suas primeiras obras (1943, 1951, 1952), especialmente no esforço de produzir uma sistematização, até pela simbologia e fórmulas de aprendizagem. Desafortunadamente, o sistema explicativo de Tolman nunca chegou a ser totalmente viabilizado em termos didáticos. Mesmo seus esforços finais, como o contido em um de seus mais importantes trabalhos (1959, p.113-4), denotam alguma utilização indiscriminada e repetitiva de terminologia que os objetivistas considerariam como não factual e que, até por isso, geraria certa confusão explanatória:

> Uma capacidade de prontidão meios-fim é, tal como eu a concebo, uma condição do organismo, a qual é equivalente ao que, na linguagem coloquial, chamamos uma "crença" (uma prontidão ou disposição), para efeito de que, se a um caso desse tipo de situação de estímulo se reage com um caso desse tipo de resposta, isto conduzirá a um caso desse tipo de situação de estímulo ulterior, ou, então, que um caso desse tipo de situação de estímulo será simplesmente acompanhado, ou seguido, por um caso desse tipo de situação de estímulos. Além disso, suponho que as diferentes prontidões ou crenças (disposições) estão armazenadas juntas (no sistema nervoso). Quando são concretamente ativadas na forma

de expectativas, elas tendem a interatuar e (ou) consolidar-se entre si. E eu afirmaria ainda que o "pensamento", tal como o conhecemos nos seres humanos, nada mais é, em essência, do que a interação ativada entre expectativas resultantes dessas disposições previamente adquiridas, as quais, por sua vez, resultam em novas expectativas e novas prontidões meios-fim.

Tudo indica que a explicação de Tolman só poderia ter produzido negativa repercussão, especialmente entre os objetivistas que desejavam soluções teóricas parcimoniosas para todas as questões, em vez de aparente confusão conceitual como a apresentada nesse exemplo. No mínimo, restavam ainda em jogo as definições claras e empíricas do que fosse *interação ativada* (como se existisse alguma interação não ativada), do *como* se adquiririam essas *disposições* e em que consistiriam as *novas prontidões meios-fim*. Sua explicação, na verdade, mais se confundia com o que se pode chamar de ficção explanatória.

O modelo de Tolman (1951) continha essencialmente três construtos principais: um *sistema de necessidades*, intimamente relacionado com as noções ortodoxas de impulso; um *espaço comportamental*, estreitamente relacionado ao espaço vital de Kurt Lewin, e uma *matriz de crença-valores*, que seria consistente com a existência de hierarquias de expectativas aprendidas a respeito de objetos ambientais e os seus papéis em relação ao comportamento. Esse esboço sucinto da abordagem parece indicar a natureza essencialmente conjectural e preliminar de seu sistema.

O próprio Tolman, na sua derradeira publicação (1959, p.94), escreveu:

> Penso que os dias de tais sistemas grandiosos e abrangentes, em Psicologia, como o meu tentou ser, estão contados, pelo menos no presente... Tenho uma inveterada tendência para complicar demais as minhas ideias, para querer que elas voem alto demais, de modo que se tornam cada vez menos suscetíveis de verificação empírica...

Embora as críticas a Tolman pudessem ter sido inúmeras e suficientemente relevantes, como a de que teria prestado pouca atenção à relação comportamento manifesto-cognição e outros estados centrais semelhantes, é o próprio Tolman quem manifesta ponderada autocrítica (1959, p.95):

> Embora me formasse no objetivismo e behaviorismo como o método da Psicologia, as únicas categorias que eu tinha à mão eram mentalistas. Assim, quando comecei as minhas tentativas para desenvolver um sistema behaviorista de minha própria lavra, o que eu realmente estava fazendo era tentar reescrever uma Psicologia mentalista de senso comum... em termos behavioristas operacionais.

Entretanto, Tolman deixou excelentes contribuições tanto para a experimentação animal em laboratório como para a Psicologia de modo geral, especialmente se analisados os seus experimentos com animais em labirinto, em que defende, ao contrário de outros behavioristas, uma espécie de aprendizagem latente pelo simples acesso do animal à caixa-meta onde posteriormente se ofereceria comida.

Além disso, Tolman acabou, mesmo que indiretamente, contribuindo para a ideia, mais tarde incorporada pela cibernética, de que uma *intenção* pode vir a ser operacionalmente definida, descritos os seus parâmetros e referenciais precisamente. Nas áreas de Informática e de Inteligência Artificial, essa *intenção* na máquina continua sendo fonte de intensa especulação.

Tolman foi, incidentalmente, um psicólogo que, por facilidade de manejo experimental, realizou quase todos os seus trabalhos de laboratório utilizando ratos albinos *wister* nas suas pesquisas. Foi por essa época que se tentou consagrar (negativamente) o que se chamou de "psicologia do rato", uma expressão que pretendeu sempre a invectiva de que o behaviorismo era reducionista e igualava homens e animais à mesma e simplista condição. Em determinado momento da sua carreira, Tolman, sempre bem-humorado e irônico tal como atesta sua biografia, teria dito (1945, p.166), conforme relatam os historiadores Marx & Hillix (1976, p.452):

> Em resumo, o que podemos dizer agora sobre as contribuições que damos, nós, psicólogos de roedores, para o comportamento humano? Com o que poderemos nós, os perseguidores de ratos, contribuir ainda para a compreensão dos feitos e malfeitorias, dos absurdos e tragédias do nosso amigo e nosso inimigo, o *homo sapiens*? A resposta é que, conquanto os êxitos, persistências e divagações socialmente inaceitáveis do homem – isto é, sua inteligência, suas motivações e suas instabilidades – estejam, em última análise, moldadas e materializadas por culturas específicas, não é menos verdade que a maioria das leis formais subjacentes da inteligência, da motivação e da instabilidade pode ser tão bem estudada – e mais facilmente – nos ratos que nos homens. E, como peroração final, permitam-me que assinale que os ratos vivem em gaiolas; que não vão da farra da noite anterior a um experimento programado; que não se matam uns aos outros nas guerras; que não inventam engenhos de destruição e, se os inventassem, não seriam tão ineptos quanto os homens para controlar tais engenhos; não sabem o que seja conflito de classes ou raças; evitam a política, a economia e os ensaios sobre Psicologia. São animais maravilhosos, puros e delicados. E, assim que puder, vou retornar de novo a esse bom e velho ramo filogenético e aí me sentarei, desta vez do lado certo e sem me envergonhar, cofiando meus bigodes ante o espetáculo oferecido pelos espécimes de *homo sapiens*, tão tolos e, ao mesmo tempo, tão complicados, a quem verei então se pavoneando, brigando, baralhando tudo, num terreno lá bem abaixo de mim.

Embora frequentemente indignado com as críticas, Tolman nunca deixou de produzir, ainda que seus resultados tenham gerado polêmica aguçada muitas vezes. Uma de suas contribuições particulares foi quanto à sua invenção (em 1936) do paradigma da *variável interveniente*, depois mais completamente implementado por Hull. Para Tolman, a variável interveniente era postulada (como a fome, a sede, os eventos disposicionais em geral) para explicar um tipo particular de comportamento (comer, beber, movimentar-se) numa certa situação ambiental. Também foi Tolman quem primeiro preocupou-se com a questão da diferença entre aprendizagem e desempenho, assinalando que a primeira não é condição suficiente para produzir e explicar o segundo e que este, muitas vezes, não ocorre, embora aprendizagem tenha acontecido.

Tolman descreveu, em obra editada por Melvin Marx (1951, p.74), seu sistema psicológico, onde inclui explicações sobre seu entendimento a respeito da variável interveniente. Diz Tolman:

> Vou apresentar um breve relato de minha visão da Psicologia. Vou chamá-la aqui de behaviorismo operacional. E tentarei mostrar que os princípios desse behaviorismo operacional ajudarão a esclarecer as inter-relações entre os diversos tipos de experimento psicológico em curso atualmente. Antes de começar a apresentação detalhada do meu sistema, quero observar que o termo "operacional" foi escolhido tendo-se em vista dois significados diferentes. Em primeiro lugar, eu o escolhi para indicar uma certa atitude positivista geral que está sendo tomada agora por muitos físicos e filósofos modernos e para a qual o professor Bridgman selecionou esta palavra, "operacional". Nesse sentido, uma Psicologia operacional será aquela que procura definir seus conceitos de uma maneira tal que possam ser colocados e testados em termos de operações concretas que sejam repetidas por observadores independentes... Em segundo lugar, também escolhi essa designação "operacional" por causa do que me parece ser uma segunda conotação que tende a possuir, em conexão com a palavra "behavior". Ou seja, o comportamento, como a coisa observada, também se torna essencialmente uma atitude por meio da qual o organismo em questão "opera"... um organismo "tenciona" e com mais ou menos sucesso "conquista" o seu ambiente. Ele opera em seu ambiente por meio de tais intenções e conquistas.

Esse caráter *operacional* viria, mais tarde, a influenciar também a abordagem skinneriana, todavia com Skinner utilizando a proposta de Bridgman de operacionalização dos termos referentes a eventos plenamente constatáveis, em contrapartida a Tolman, que em especial se referia aos termos correspondentes a eventos (ainda que de complexa constatação) que compunham a variável interveniente de suas equações explicativas. Tolman esforça-se para clarificar esses termos das equações usadas e acaba por aceitar indiretamente os *processos mentais*, informando que "sejam os de outros ou de nós mesmos, irão figurar apenas à guisa de variáveis intervenientes objetivamente defináveis..." (1951, p.76). O segundo sentido do *operacional* atribuído por Tolman, de que o organismo "opera em seu ambiente por meio de suas intenções", não é, absolutamente, compartilhado por Skinner. Enquanto Tolman defende, aí, a intencionalidade nas interações, Skinner falará da história de reforçamento que determina a probabilidade de responder de um modo particular diante das condições ambientais: seu comportamento operante, nesse sentido, não depende das *intenções*, mas da história de interações organismo-ambiente.

A explicação de Tolman para a ocorrência do comportamento era a de que "os organismos com dada hereditariedade, dado tipo e quantidade de treino prévio e dada maturidade são imersos em ambientes específicos e são dirigidos por condições de desequilíbrio fisiológico. Por conta desses desequilíbrios, se comportam..." (1951, p.77). Admite Tolman que os processos mentais não são mais do que *variáveis intervenientes* entre as cinco *variáveis independentes* de estímulos ambientais, impulsos fisiológicos, hereditariedade, treino prévio e maturidade e a *variável dependente* final, o comportamento.

É a partir desse raciocínio que Tolman oferece sua equação geral do comportamento, quase um paradigma, em que S representa a condição estimuladora ambiental, P as condições externas e internas onde os *drives* fisiológicos são definidos, H a hereditariedade, *T* o treino prévio e *A* a idade cronológica ou a maturidade do organismo. Com essa simbologia, Tolman propõe sua fórmula:

B = *F1(S, P, H, T, A)*... onde **B** (behavior) é uma função de *S, P, H, T, A*.

Mas é a partir daí, fundamentalmente, que Tolman se complica: propõe que, dada essa equação,

> os processos mentais são conceitos que surgem quando se tenta mais tarde elaborar a natureza dessa função *F1*, pois ela é uma função muito complexa, pelo menos para a maioria dos casos, exceto, talvez, aqueles de um comportamento muito rudimentar, como reflexos e tropismos. É de fato tão complicada que presentemente parece que não somos capazes de manipulá-la concebendo-a como quebrada em sucessivos conjuntos de funções componentes... (Tolman, 1951, p.85)

Tolman discute, no artigo inserido na coletânea de M. Marx (1951), uma dupla possibilidade: a de um behaviorismo operacional psicológico, em que as variáveis intervenientes teriam a composição tônica do ambiente externo e um behaviorismo operacional fisiológico, em que as variáveis intervenientes seriam concebidas e definidas "como tais ou quais disfunções centrais do reflexo condicionado, reações antecipatórias do objetivo, gradientes de potencial cerebral, secreções glandulares e assim por diante" (p.87).

Ao recapitular sua proposta, no final do artigo, Tolman adverte que: 1. tentou apresentar um behaviorismo operacional; 2. que esse behaviorismo compreende dois princípios fundamentais, ou seja: a) assegura que o último interesse da Psicologia é apenas a predição e o controle do comportamento e b) assegura que os conceitos psicológicos, ou seja, as capacidades mentais e os eventos mentais, podem ser concebidos como variáveis intervenientes objetivamente definíveis; 3. apresenta uma tentativa de esquematização e equacionamento para tais variáveis intervenientes; 4. nega a proposição de que os diferentes setores da Psicologia da época pudessem escapar desse esquema; e 5. nega que "o comportamento introspectivo ofereça qualquer tipo *sui generis* de informação a respeito das variáveis intervenientes. A introspecção é apenas um comportamento a mais que, em alguns casos, oferecerá (mas em outros tantos certamente não) um bom arranjo experimental padrão para a descoberta e o estudo de tipos específicos intervenientes" (p.89).

Exemplos da organização e sistematização de Tolman em torno de seus experimentos, particularmente usando rato albino em situação de labirinto, são dados no seu artigo sobre "mapas cognitivos em ratos e homens" (Tolman, 1948), sem, contudo, convencer quanto à similaridade na forma com que ambas as espécies desenvolveriam sua aprendizagem em situações para as quais convergem variáveis certamente muito diferentes e de complexidade igualmente diversa. Tolman, que deixa extensa obra e alguns seguidores-renovadores, assinalou, em suas ideias, arestas importantes a serem aparadas mediante resultados de pesquisas e de discussões de pressupostos epistemológicos da ciência do comportamento.

Nem todos os demais behavioristas tiveram grande destaque ou provocaram impacto significativo idêntico entre os behavioristas subsequentes. Mas alguns o fizeram de forma bombástica, mormente pelas análises inéditas sobre alguns dos mais caros conceitos da sociedade contemporânea. Foi o caso de B. F. Skinner, cuja obra exigirá maior detalhamento. Todavia, outros percorreram o caminho delicado da polêmica e participaram de modo dinâmico na história da Psicologia. Entre eles, Clark Leonard Hull (1894-1952), propositor de um sistema teórico que se sustentou sobre a ideia do reflexo condicionado, porém diferente de como Pavlov o concebeu. Hull considerava o reflexo uma espécie de situação simplificada de aprendizagem que servia admiravelmente às análises experimentais.

Amparado pela ferramenta da lógica dedutiva e da matemática, elaborou uma teoria do comportamento que, ao mesmo tempo que pretendia a precisão de poder representar as leis da interação com símbolos arranjados em fórmulas, também se via obrigada a admitir a existência de variáveis intervenientes, notoriamente organísmicas, que funcionavam como construtos explicativos das relações estímulo-resposta.

Todavia, segundo Marx & Hillix (1976), poucos psicólogos enfrentaram críticas tão veementes e frequentes como Hull (embora por curto período), porque este herdou, como líder neobehaviorista, grande parte das críticas antes feitas a Watson. Para si, fez convergir especialmente a crítica de particularista, ou seja, teve sempre sua teoria acusada de tornar extremamente singulares todas as definições em relação a conceitos técnicos. Por exemplo, em 1951 (p.100), quando definiu *wat* (homenageando, com o termo, a J. B. Watson), tornou visível a improbabilidade de generalização do conceito para outras situações que não a descrita:

> O *wat* é o desvio-padrão médio do potencial de reação momentâneo (E C R) de ratos albinos típicos, de noventa dias de idade, em situação de aprendizagem de um simples ato de manipulação que requer uma pressão de dez gramas, mediante ensaios distribuídos ao longo de 24 horas, após 23 horas de fome (e dieta de água), com a recompensa na forma de uma ração de 2,5 gramas do usual alimento, sendo a média tomada de todos os ensaios de reforço que produzam uma força de hábito de 0,75 até 0,85 *habs*, inclusive.

Não é preciso dizer que a crítica em razão do particularismo era por vezes fundada, ou seja, sua teoria acabou, ao longo do tempo, perdendo no grau de generalidade, apesar de poder engendrar alguma consistência interna. Ou seja, os conceitos de que dispunha eram, não raro, apenas aplicáveis à situação específica em estudo. Quando o leitor de Hull levanta os olhos para o restante da realidade da ciência do comportamento, não vê como cada exemplo utilizado pode alcançar a necessária abrangência de que um sistema coeso necessita.

Sob a influência de Pavlov, o reflexo condicionado acabou sendo o cerne do pensamento teórico hulliano. Hull considerava o reflexo como que uma situação simplificada de aprendizagem que permitia o acesso por meio de análises experimentais. Fazia a suposição de que os achados simples derivados dessa situação mínima poderiam, com propriedade, ser transpostos a outras situações e fenômenos mais complexos. Hull efetivou essa transposição com base nos axiomas do seu sistema teórico e tendo em vista os resultados de seus experimentos de condicionamento, especialmente usando ratos albinos em situação típica de labirinto. Os procedimentos de Hull foram formalmente conhecidos, durante a década de 1930, com a publicação de uma série de ensaios teóricos, visando mostrar como podiam ampliar-se os princípios básicos do condicionamento aos processos complexos do comportamento.

A literatura crítica, no mais das vezes, designa Hull como um behaviorista metodológico e, às vezes, metafísico, por admitir a existência de fenômenos mentais. Entendia que os fenômenos mentais necessitavam de prévia explicação, para serem úteis como recursos explicativos do comportamento. Propôs-se a fazer um relato tão completo quanto possível das ações e esperava que tal descrição ajudasse, algum dia, a explicar a consciência. Por essa tendência é considerado pelos historiadores um behaviorista metodológico. Todavia, volta-se aqui a enfatizar os desencontros existentes a respeito do uso dos denominativos metodológico, clássico, metafísico, ortodoxo, radical, quando em associação com o termo behaviorismo. A questão será retomada oportunamente.

Hull se converteu num líder indiscutível da pesquisa sobre aprendizagem nos Estados Unidos, à sua época, e uma das figuras mais controvertidas nesse campo. Em *Principles of behavior* (1943), tentou estabelecer a estrutura de uma teoria abrangente de todo o comportamento mamífero. Delineou um conjunto de postulados, bem como de corolários, logicamente interligados no estilo hipotético-dedutivo, que tinha acabado por considerar modelo da teorização científica. Sobre Hull, aduzem os historiadores Marx e Hillix (1976, p.376):

> Se bem que, para muitos psicólogos, o livro não tivesse cumprido a grande promessa implícita nos primeiros estudos teóricos de Hull, o fato é que *Principles of Behavior* exerceu, não obstante, uma influência enorme sobre as pesquisas na área de aprendizagem. Hull tornou-se de longe o autor mais citado nesse campo. Uma quantidade inumerável de teses e dissertações pôs à prova as várias implicações do sistema teórico de Hull. Até a data de sua morte, em 1952, Hull continuou sendo a figura dominante no campo da teoria da aprendizagem... Na década de 40, Hull foi considerado um arquiobjetivista tanto pelos seus seguidores, que se deleitavam nessa identificação, como pelos seus adversários, que escolheram isso como um ponto de ataque. Ao dar seguimento ao seu programa behaviorista, Hull tentou utilizar conceitos que, pelo menos a princípio, fossem redutíveis a termos físicos.

Certamente por essa razão, Hull acabou sendo caracterizado como um behaviorista *fisicalista*, o que é visível desde sua definição de *wat*, já mencionada, até a de estímulo e resposta. Dizia, em relação ao estímulo: "É uma energia estimulante, em geral; por exemplo, a energia do som, da luz ou das ondas térmicas, pressão etc.". É visível, desde já, sua divergência fundamental com Skinner, que define estímulo e resposta pelas consequências que produzem (ou seja, uma definição funcional e relacional), o que constitui posição não menos polêmica e já discutida em vários trabalhos (Abib, 1985, por exemplo).

Conforme Marx & Hillix, a teoria de Hull contém uma quantidade de variáveis intervenientes explícitas, ao passo que a teorização de Watson envolvia, no máximo, variáveis intervenientes implícitas. As variáveis intervenientes de Hull foram função de condições antecedentes, tais como o número de ensaios de reforço, intensidade do estímulo e horas de duração. Uma implicação evidentemente mais objetiva que a proposição mais simples de Tolman. Este entendia a interveniente como mecanismo mediador com caráter mais subjetivo. Hull fazia uso de intervenientes descritíveis, em geral, como as que foram acima citadas. Com isso, de certo modo influenciou Skinner, que embora se desfazendo de variáveis intervenientes, ampliava, no seu experimento psicológico típico, o número de variáveis independentes que poderiam contribuir à determinação fenomenal.

Aquela pequena *brecha*, ainda dada por Hull a algumas variáveis intervenientes que não podiam ser diretamente envolvidas, causou-lhe problemas teóricos. Ele recomendava que quando isso acontecesse (de não poderem ser diretamente observadas) dever-se-iam adotar decisões *racionais*, o que implicava um elemento de mera conjectura e sem o necessário correspondente empírico no seu sistema teórico. Nessa questão, Marx & Hillix (1976, p.384) indagam a teoria de Hull sobre as medidas de resposta utilizadas, quanto à sua legitimidade:

> É preciso decidir, o mais cedo possível, que variáveis independentes e dependentes serão discriminadas pelo teorizador e utilizadas na teoria. Algumas diretrizes serão fornecidas pela prática experimental, mas ainda ficam por tomar muitas decisões. Por exemplo, será proveitoso tentar prever todas as variáveis de resposta, a partir da mesma teoria? Hull enfatizou a previsão de latência, amplitude, número de respostas até a extinção e probabilidade de resposta. Skinner acredita que o regime de resposta é a melhor medida a usar; estuda, primeiramente, os operantes livres, respostas que o animal tem a liberdade de repetir "à sua vontade". Hull preferiu estudar primeiramente os operantes controlados, em cujo caso o experimentador controla as oportunidades de emissão da resposta, como numa pista de corrida. A sua decisão de relacionar a sua variável interveniente final – o potencial de reação líquida generalizada – com quatro medidas de resposta tornou legítimo in-

dagar se essas medidas estavam realmente correlacionadas, como a teoria diz que deveriam estar. Hull poderia ter evitado questões embaraçosas desse gênero se formulasse previsões de apenas uma medida de resposta, mas, se o fizesse, teria perdido uma boa dose de generalidade.

Embora fosse um eminente experimentador, Hull foi mais efetivamente um teórico, na medida em que montou um sistema complexo e pretendeu cobrir inúmeros setores do comportamento. Entretanto, sua simpatia à teoria trouxe problemas estruturais como o citado, já que os voos teóricos alçados por vezes deixavam atrás de si um vácuo constatável em relação a dados que sustentassem as afirmações. Embora isso fosse crítico, certamente angariou méritos, como ressaltou Logan (1959), ao fornecer um exemplo conciso do método geral pelo qual Hull tratou de combinar observações empíricas com as suas conjecturas racionais, a fim de produzir sua versão de uma teoria quantitativa do comportamento.

Clark Hull buscou elegância formal em sua teoria, num prazo de tempo muito inferior ao requerido por nomes como Euclides e Newton, em seus campos e guardadas as devidas proporções, os quais apresentaram sistemas formais integrados de maneira quase perfeita. A concisão e a elegância do produto final de Hull esconderiam suas vacilações e sobressaltos no desenvolvimento real, com a ambição elevada no ponto de partida trancafiando os caminhos intermediários que poderiam levar a uma teorização leve e consistente, tanto ao gosto da parcimônia científica. O sistema hulliano parecia carecer de uma certa consistência lógica interna, motivo fundamental do ataque crítico da sua época:

> Provavelmente, o ataque crítico mais eficaz à teoria de Hull envolve a demonstração de que seu sistema não é, em absoluto, o sistema lógico solidamente construído que pretendia ser e que muitos, por largo tempo depois da sua publicação, acreditavam

ser. Por vezes, Hull não foi capaz de estabelecer conexões logicamente necessárias entre os seus construtos. Surgiram então alguns ataques críticos cuidadosamente formulados. A crítica de Koch (1954) é particularmente devastadora, em virtude de sua documentação extremamente pormenorizada e sofisticação lógica (apesar da sua atitude desfavorável e, por vezes, injusta). Hoje está comprovado que a fácil testabilidade das relações de construto, que Hull previra, é largamente ilusória. Cotton (1955) fornece-nos uma demonstração persuasiva e magnificamente elaborada da impossibilidade de realizar previsões com base na teoria de Hull, tal como foi apresentada... Há duas reações típicas à crescente compreensão de que a teorização de Hull peca por inadequação lógica: a primeira consiste num acentuado deslocamento para um tipo de *positivismo puramente descritivo*, como o que Skinner nos oferece; e a segunda é uma intensificação da atenção prestada aos chamados sistemas miniaturais, mediante os quais se abordam mais completamente certas áreas mais limitadas de problemas. (Marx & Hillix, 1976, p.388, grifo nosso)

O que conclui a maioria dos críticos é que a posição de Hull era, de certa maneira, paradoxal: seu sistema tinha aparência, mas não realidade. Nesse sentido, Hull acabou se tornando mais teorizador que propriamente um cientista de laboratório (se isso é possível). Para Marx & Hillix (1976), "desta maneira um tanto peculiar, ele gravou seu nome num dos nichos da história, ladeado pelos sistematizadores anteriores e pelos seguidores que construirão teorias mais duradouras do comportamento" (p.391).

Depois de Hull – ou contemporâneas – as acepções do behaviorismo foram diversas, desde o manifesto de 1913. Além dos citados até aqui, vieram os seguidores de Hull (Kenneth W. Spence, Frank Logan, Neal E. Miller e John Dollard) e ainda os behavioristas que tenderam, a seu modo, para uma aproximação ao cognitivismo (Martin E. P. Seligman e Albert Bandura) ou mesmo ao aspecto da origem social do comportamento individual (Arthur W. Staats), ou a uma explicitação apropriada dos conteúdos simbólicos das relações sociais (G. H. Mead, 1922). Todavia, a concepção mais polêmica e que mais *seguidores* e *oponentes* fez, ao mesmo tempo, foi o behaviorismo radical de Skinner. Entre outros fatores, pela extensão de seu trabalho (foram sessenta anos de publicações, de 1930 a 1990) e pela influência de suas ideias (mais de quarenta anos de predomínio, entre os behavioristas, a partir de 1960), bem como pelo fato de ter produzido uma literatura conjectural crítica incomparavelmente maior que a dos demais behavioristas, suas posições serão mais detalhadamente descritas, bem como as controvérsias geradas mais pormenorizadamente indicadas. Os primórdios da obra skinneriana e sua contextualização serão explorados a partir do próximo capítulo.

4
Dimensões preliminares do pensamento skinneriano

O centenário de nascimento de Skinner foi celebrado com vários eventos científicos, inclusive um encontro da ABA Internacional no Brasil. Embora a distância, seu cenário familiar e seu percurso acadêmico podem dar pistas de suas escolhas profissionais; não fora por isso, restam interessantes alguns dados idiossincráticos: Burrhus Frederic Skinner nasceu em 20.03.1904, filho de um advogado (William) cuja esposa (Grace) era militante de organizações cívicas em Susquehannna, Pennsylvania. Teve um irmão, Edward, que faleceu aos dezesseis anos de idade. Em sua autobiografia, diz nunca ter recebido punição física de seu pai. De sua mãe, apenas uma vez: ela lavou sua boca com água e sabão porque ele disse um palavrão... Seu pai, entretanto, não perdia a oportunidade de alertá-lo de que quem tivesse uma *mente criminosa* seria punido. Levou-o, até, a conhecer algumas prisões; Skinner, por isso, "tinha medo da polícia e comprava ingressos para todos os seus bailes de fim de ano". Sua avó lhe passava conceitos morais e religiosos. Ele conta, em sua autobiografia, que ela teve certeza de que ele havia entendido o conceito de Inferno "quando lhe mostrou uma camada de carvão incandescente no fogão de lenha". Quando adolescente, tinha fascinação por invenções mecânicas. Sempre gostou de estudar e fazia experimentos de física e química em casa. Nas invenções juvenis, é clássico o exemplo que ele conta sobre o fato de que esquecia sempre de guardar os pijamas e que sua mãe lhe chamava a atenção. Ele resolveu o problema instalando uma roldana presa a um cabide em seu guarda-roupa. Se o pijama não estivesse guardado, um aviso aparecia pendurado logo que ele abria a porta do quarto: "Guarde seu pijama!".

Skinner tinha em casa uma grande biblioteca e leu muitos clássicos durante a adolescência e a juventude. Leu muito de Shakespeare e Goethe, poesia romântica e literatura anglo-saxônica quando fazia o curso de Letras. Quando cursou Psicologia, leu também muita Filosofia, o que pode ser notado na leitura de seus textos. Seu interesse inicial pela Psicologia não era metodológico, mas filosófico. Quando estava no colegial, escreveu um trabalho (que ele mesmo criticou como pretensioso) intitulado *Nova principia orbis terrarum*. Começava mais ou menos assim: "Nossa alma consiste de nossa mente, nosso poder racional, pensamento, imaginação, avaliação, nosso poder em receber impressões e a ação estimulante de nosso corpo; e nossa consciência, nossa capacidade inata de escrever". O que, convenhamos, é um antitexto, se pensado sob os princípios do behaviorismo radical que ele próprio viria a criar.

Skinner reconheceu a influência recebida dos textos de Jacques Loeb (Fisiologia do Cérebro e Psicologia Comparada), de Bertrand Russell, John Broadus Watson, Ivan Petrovich Pavlov, Edward Lee Thorndike, Percy Bridgman e Ernst Mach, entre outros. Em 1922, concluiu o curso médio em sua cidade natal. Cursou o Hamilton College, de Nova York, onde se graduou em Literatura Inglesa. Em 1927, publicou alguns artigos literários – foi o que chamou de *dark year* na sua carreira profissional; Skinner dizia que escrevia mal e que "não tinha nada importante a dizer" em seus textos literários. Ainda em 1927, trabalhou como balconista em uma livraria de Nova York, onde começou a ler Pavlov e Watson e passou a interessar-se pela Psicologia. Em 1928, voltou à universidade, agora em Harvard, onde fez o curso de graduação em Psicologia. Em 1931, defendeu seu doutorado em Harvard, sob orientação de E. G. Boring. De 1931 a 1936, atuou como pesquisador em Harvard, estudando processos básicos (e bastante fisiologia) na Faculdade de Medicina. Em 1937, foi convidado e ingressou como professor na Universidade de Minesotta, Minneapolis. Em 1936, havia casado com Ivonne Blue, com quem viria a ter duas filhas, Julie e Deborah. Julie S. Vargas é atualmente psicóloga e esteve no Brasil no encontro da ABPMC (Associação Brasileira de Psicoterapia e Medicina Comportamental) de 2004. Deborah reside hoje em Londres e atua como artista plástica (ela foi motivo de inúmeros comentários e especulações na imprensa sobre se teria ficado traumatizada na infância por Skinner ter criado para ela um *air crib* – uma espécie de *baby box* –, berço contendo diversos recursos tecnológicos para cuidado infantil).

Os desafios teóricos e práticos para Skinner na Psicologia foram constantes e o levaram a produzir uma obra ampla e abrangente, que começou com publicações essencialmente técnicas, no *Journal of General Psychology* (1930, 1931). Seguiu várias direções: cobriu o conceito de reflexo (1930); procedimentos para sua extinção (1933); a discriminação (1934); a natureza genérica dos conceitos de estímulo e resposta (1935); diferenças no padrão de respostas, condicionamento e extinção (1937, com Heron); a ideia de comportamento operante, em contrapartida ao respondente, que começou a aparecer num artigo que é uma réplica a dois fisiólogos poloneses, Konorski e Miller (1937), embora o conceito de operante viesse a se consolidar apenas no famoso *Terms*, de 1945; questões gerais sobre o comportamento dos organismos (no seu primeiro livro, em 1938); o desenvolvimento de aparatos, como uma câmara experimental especial para o estudo do comportamento animal sob condições controladas (1939, com Heron); a questão da aliteração em sonetos de Shakespeare (1939); estimações de certos tipos de padrões sonoros em poesia (1941); sua famosa análise (o *Terms*), que marcou época, sobre a visão operante dos termos psicológicos (1945); reforçamento diferencial baseado no tempo (1946); inúmeros estudos sobre comportamento supersticioso (por exemplo, 1948a); sua controvertida novela *Walden Two* (1948b); a discussão sobre a necessidade de teorias de aprendizagem (1950); seu segundo e preferido livro *Ciência e comportamento humano* (1953); discussões sobre a questão do controle (1955); sua controvertida e mais densa obra, *Comportamento verbal* (1957b); o extenso trabalho laboratorial com Ferster sobre *Esquemas de reforçamento* (1957); as ideias sobre as máquinas de ensinar (1958); estudos sobre emoções (1959); a instrução programada (1960a); seu projeto de treinamento de pombos para *dirigir* mísseis (1960b); o delineamento de culturas (1961); sua análise das relações behaviorismo/fenomenologia (1964); a questão da filogênese e da ontogênese (1966a); seu interesse pelas contingências de reforçamento como possibilidade para o delineamento cultural (1966b); suas projeções sobre a questão da utopia (1967); a discussão, com Blanshard, sobre o conceito de consciência (1967); sua análise sobre a criatividade (1970); a questão do humanismo no behaviorismo (1971a); seu discutidíssimo *O mito da liberdade* (1971b); suas respostas formais às vinte principais críticas em *Sobre o behaviorismo* (1974); sua extensa e curiosa autobiografia (1976); seu decisivo artigo mostrando por que não se considerava um psicólogo cognitivista (1977a); seu livro-programa para idosos (1983, com Vaughan); a distinção/complementação de regras de contingências (1984); seu último livro *Questões recentes na Análise do Comportamento* (1989a) e seu último artigo, "Can Psychology be a science of mind?", escrito aos 86 anos de idade e concluído na véspera de sua morte (18.9.1990), com ajuda da filha Julie e amigos.

Sua atenção, por essa amostra que integra as aproximadamente 257 publicações (entre as quais vinte livros) já listadas de Skinner (Carrara, 1992), foi a mais diversificada possível, quanto aos temas e assuntos pelos quais se interessou e estudou. Todavia, sua análise das diferentes questões sempre se viabilizou por uma concepção psicológica, que se tornou característica e encampou a filosofia de ciência que denominou behaviorismo radical.

Foi principalmente depois de 1945 que a influência de Skinner no cenário da Psicologia se intensificou. Passaram a ficar mais evidentes as suas proposições concernentes à metodologia de análise dos fenômenos comportamentais, ou seja, sua Análise Experimental do Comportamento. Seus princípios básicos foram então largamente divulgados e aplicados em diferentes circunstâncias e áreas de interesse da Psicologia. Esses princípios, derivados inicialmente da extensa pesquisa de Skinner e colaboradores em situações típicas de laboratório, foram testados em diferentes campos e abrangem os principais conceitos expostos no decorrer deste capítulo.

Recensões breves sobre Skinner, homem e obra, podem ser encontradas em Weber (1992) e Hall (1967). Para este último, na forma de entrevista, Skinner declarou que, a partir de suas pesquisas sobre o processo de aprendizagem com animais, convenceu-se de que o estudo do comportamento humano é parte de uma ciência natural e que alguns dos importantes processos do comportamento apresentam generalidades filogenéticas e, portanto, podem ser estudados similarmente no homem, o que, apenas a título de exemplo, produziu lendárias discussões e controvérsias.

A Análise do Comportamento constitui-se de um corpo de conhecimentos e uma metodologia, apoiados em uma filosofia de ciência específica, o behaviorismo radical. Constitui-se em maneira sistemática de ver o mundo psicológico, utiliza-se da observação e da análise de contingências que contextualizam o comportamento, mantendo uma tendência a focalizar o ambiente físico, químico, orgânico e social, não descartando a história genética do organismo. A análise se sustenta no conceito de tríplice relação de contingências, em que o comportamento e suas condições antecedentes e suas consequências são constituintes imprescindíveis (embora esse paradigma de tríplices instâncias tenha sofrido adições em relação a maior número de termos, parece sempre possível uma redução ao conceito skinneriano original).

Via de regra, testes psicológicos não são usuais no diagnóstico de repertórios comportamentais, bem como não se faz uso de estatística inferencial para interpretação dos dados de pesquisas. Emprega-se um delineamento de pesquisas típico, que é o delineamento de sujeito único, descartando, portanto, os modelos que se baseiam na comparação de grupos de sujeitos amostrados estatisticamente. O sujeito funciona como seu próprio controle e as comparações entre dados são feitas usando-se variações de medidas anteriores e posteriores ao emprego de um determinado procedimento. São sempre fundamentais para essa concepção psicológica conceitos como os de comportamento, estímulos reforçadores (positivo, negativo, primário, secundário, discriminativo), reforçamento, punição, extinção, modelagem, aproximações sucessivas e esquemas de reforçamento, entre outros.

O behaviorismo radical adota uma concepção monista de ciência, em contrapartida a uma concepção dualista. Adota o determinismo probabilístico. Adota o pressuposto de uma natureza interativa nas relações organismo-ambiente: para exemplo, Skinner começa seu *Verbal Behavior* dizendo que "os homens agem sobre o mundo, modificam-no e, por sua vez, são modificados pelas consequências de sua ação". Substitui o modelo de causalidade tradicional pelo modelo de relações funcionais, *à la* Mach. Pressupõe um modelo científico de seleção pelas consequências. Pressupõe a influência de variáveis de dimensões filogenéticas, ontogenéticas e culturais para a determinação do comportamento. Nega *status* de causalidade aos chamados eventos mentais (ver Carrara, 2004b, p.43) e pressupõe o comportamento como verdadeira *raiz* para se entender as atividades humanas, daí a expressão *radical*, frequentemente (mal) entendida como sinônimo de intransigente. Pressupõe continuidade entre as espécies. Rejeita a verdade por consenso, adotando um pragmatismo moderado (talvez resultante das leituras skinnerianas de Charles Peirce, William James e John Dewey). Adota a prevalência de dados sobre argumentos (daí a confusão da crítica em torno da ideia de que Skinner, por isso, seria um antiteórico). Rejeita as explicações teleológicas. Adota uma visão molar das ciências do comportamento, em contrapartida a uma visão molecular. Esse o quadro sinóptico do behaviorismo radical. Como consequência prática, a Análise do Comportamento caracteriza-se: por uma concepção nomotética de explicação do comportamento; pela generalização de resultados por meio da replicação sistemática; pelo uso do delineamento de sujeito único enquanto *design* prioritário de pesquisa; pelo uso do método teórico informal em pesquisa; pela secundarização dos modelos de comparação intergrupos mediante uso de médias estatísticas; pela priorização estratégica de descrição dos eventos antecedentes, do comportamento e dos eventos consequentes na busca de relações funcionais.

Embora sempre altamente polêmico e criticado, a seu modo Skinner, em diversas ocasiões, manifestou sua expectativa sobre o avanço científico behaviorista e suas eventuais contribuições para uma sociedade progressista. Como em *Reflections on behaviorism and society* (1978, p.126), também mencionado por Los Horcones (2001, p.117): "Creio que uma formulação científica do comportamento humano pode ajudar-nos a maximizar os sentimentos de liberdade e dignidade".

Não cabe no presente trabalho, naturalmente, entrar em descrições pormenorizadas a respeito de princípios básicos da

AEC, mas arrolar as críticas que se faz à concepção behaviorista geral e, em particular, ao behaviorismo radical de Skinner, para cujo conhecimento detalhado existe farto material na literatura. Todavia, alguns aspectos essenciais dos conceitos utilizados por Skinner serão destacados, em virtude do eventual corpo crítico existente a respeito desses conceitos. Uma característica fundamental na abordagem skinneriana é a sua ênfase descritiva dos fenômenos. Antes de incursionar pelo campo da interpretação, Skinner entende ser necessária ampla coleta de dados, obtidos segundo uma metodologia e técnicas de observação tanto quanto possível isentas de vieses de procedimento.

Em virtude dessa característica é que a ciência do comportamento viu desenvolverem-se refinamentos metodológicos de toda sorte, publicados nos periódicos especializados e hoje conhecidos nos bons manuais de métodos e técnicas de pesquisa, com os quais se pode evitar a maioria das encruzilhadas e engodos que a observação do comportamento e as questões metodológicas reservam aos pesquisadores neófitos. Bons exemplos são dados por Sidman (1976), Campbell & Stanley (1979), Kerlinger (1980) e Cozby (2001), que elucidam cuidados metodológicos com os necessários detalhes, não apenas quanto à observação, mas com inúmeras questões práticas; por exemplo, encontra-se bom material quanto aos vários delineamentos do tipo básico A-B-A e uma análise detida da aplicabilidade do delineamento de sujeito único em Hersen & Barlow (1982).

Se é certo que a Análise do Comportamento é constituída por um corpo de conhecimentos e uma metodologia suportadas pela filosofia behaviorista radical, é igualmente certo que cada um desses aspectos gerou um grande número de artigos em periódicos, livros, revistas, que produziram inumeráveis discussões.

Quanto à particular maneira de ver a Psicologia, o que é rotineiramente chamado de *abordagem, corrente* ou *enfoque* psicológico, sintetizam Ferster, Culbertson & Boren (1977, p.17-8):

constitui uma maneira sistemática de ver o mundo psicológico e conta com um conjunto de princípios úteis para análise e compreensão do comportamento observável. Embora os aspectos metodológicos e filosóficos possam surgir na leitura do texto, nossa preocupação é que o leitor possa compreender de que modo os princípios podem ser aplicados ao estudo das complexas interações humanas. Portanto, a Psicologia do comportamento, como um corpo de conhecimentos, constitui, de fato, uma parte integrante do conhecimento geral derivado da investigação de fenômenos psicológicos. O estudante de Psicologia pode esperar, com razão, que o estudo da Análise Experimental do Comportamento o ajude a compreender os problemas da conduta humana que o interessam e que são importantes para sua vida.

A Psicologia do comportamento tem como objetivo principal a observação e a análise do comportamento individual e não os testes ou as estatísticas. Embora o psicólogo do comportamento tenha a tendência a focalizar prioritariamente o ambiente, ele não descarta a história genética do organismo, como muitos acreditam. Esta última constitui, de fato, um outro campo da Psicologia e é reconhecida como tal.

Em geral, o psicólogo comportamentalista tem como enfoque principal o que se denomina a análise *funcional* do comportamento [grifo nosso]. É o que constitui a relação entre estímulos, comportamento e as consequências do comportamento no ambiente. Há uma falsa concepção, comum entre estudantes, de que a Psicologia do comportamento não se preocupa com o sentido que atribuímos à nossa vida mental – isto é, àquela parte de nossa atividade que ocorre no interior de nós mesmos e que não é diretamente observável por outra pessoa. Obviamente nossa vida mental é constituída por reações pessoais particulares e privadas que se referem a nossa própria existência.

Mas quando alguém diz: "sinto-me deprimido, zangado, só, abandonado, amedrontado etc.", tais afirmações constituem ocorrências reais, com as quais a Psicologia do comportamento deve se ocupar. Como veremos mais adiante... a compreensão daquelas afirmações está particularmente ligada ao comportamento verbal, área extensamente analisada na Psicologia do comportamento.

O problema da Psicologia do comportamento é compreender o que está ocorrendo quando as pessoas têm sentimentos, impulsos, ímpetos, compulsões, ideias, pensamentos, fantasias, medo, desejos. Descobriremos que, embora a análise seja extremamente complexa, a observação dos processos comportamentais e dos eventos objetivos disponíveis nos ajudará a compreender a complexidade, a sutileza e a delicadeza desses aspectos básicos e fundamentais do comportamento humano. Embora na Análise do Comportamento não se considere produtivo e eficiente referir-se ao comportamento humano empregando termos como sensação, ideias, desejos, estamos preparados para usá-los como ponto de partida, a fim de compreender os problemas cuja análise é importante...

São conceitos fundamentais na compreensão da Análise do Comportamento os que ressaltam a diferença entre comportamento operante e respondente. Discute-se o conceito de *eliciação* de resposta, em contrapartida à *emissão* própria do operante. Mostra-se a situação experimental típica pavloviana do condicionamento reflexo (eliciação de respostas) e a situação experimental típica do condicionamento operante (emissão de respostas, mediante reforçamento). Faz-se distinção entre reforço positivo e negativo (este último frequentemente confundido com o procedimento de punição). Discutem-se os fatores que afetam a velocidade e efetividade do condicionamento. Ressalta-se o caso especial das contingências acidentais e do comportamento supersticioso. Emprega-se o princípio da modelagem como procedimento básico de *instalação* de comportamentos e amplia-se a discussão para incluir os procedimentos de *manutenção* e *alteração* de repertórios comportamentais existentes. Entram aí os conceitos de reforço contínuo e intermitente, este último com inúmeras possíveis combinações entre os quatro tipos básicos: razão fixa, razão variável, intervalo fixo, intervalo variável. Conceitos mais polêmicos, evidentemente, originam-se da área de comportamento verbal e, sobretudo, resultam das análises de eventos privados. Todavia, há trabalhos, mesmo em português, que abordam detalhadamente cada qual dos conceitos: é o caso de Nico (2001), que explora exaustivamente a noção de autoconceito, especialmente tendo em vista a possibilidade de suas aplicações e implicações na área educacional.

Outros conceitos fundamentais são os de generalização e discriminação de estímulos e o conceito de encadeamento de respostas, considerados indispensáveis para a compreensão do que os skinnerianos chamam de *controle de estímulos*, questão central da Análise do Comportamento. Trata-se com os conceitos de privação e saciação e são analisadas as diferenças e implicações dos conceitos de fuga e esquiva. Nada menos do que centenas de manuais já foram publicados expondo os princípios básicos da Análise do Comportamento. Entre os traduzidos para o português, encontram-se clássicos como Keller & Schoenfeld (1968), Holland & Skinner (1974), Ferster, Culbertson & Boren (1977) e Catania (1999), por exemplo.

Quanto à ênfase metodológica de Skinner, uma das questões que entram em jogo é a sua posição quanto à necessidade e conveniência da teorização em Psicologia (Carrara, 1994). B. F. Skinner não é definitivamente contra a teorização, mas faz específicas restrições a certos tipos de teoria que sustentam seus conceitos em base de estofo diferente daquele do objeto de estudo a que se referem. Conforme Marx & Hillix (1976), há uma outra questão, de ordem metodológica, que se refere ao uso de grandes grupos e estatística inferencial *versus* uso de sujeito único e estatística descritiva, quando for o caso:

> Um segundo ponto metodológico importante de Skinner foi sua insistência numa completa Análise do Comportamento de um

único organismo e sua relutância em usar grupos numerosos de sujeitos. Com excessiva frequência, afirmou ele, são usadas grandes quantidades de sujeitos para encobrir a falta de controles experimentais; com adequados controles, deve ser suficiente um único sujeito ou um número muito reduzido de sujeitos. O emprego de numerosos sujeitos, diz Skinner, também conduz, indiretamente, a outras dificuldades. Quando é usado um grande grupo, o experimentador fica atento, primordial e exclusivamente, a certas propriedades estatísticas do grupo, em vez de atentar para os comportamentos dos indivíduos que o compõem. Assim, as variações individuais podem se perder e as medidas estatísticas talvez não revelem as características de nenhum indivíduo em particular dentro do grupo. (p.398-9)

Uma terceira questão metodológica importante é o descarte que Skinner faz da Fisiologia. Em toda a sua obra, ele procura, ao contrário do que muitos outros behavioristas às vezes fizeram, construir sua abordagem, tanto quanto possível, sem tentar explicações para a ocorrência de comportamentos com base em mecanismos neurofisiológicos. Essa posição, na verdade, foi frequentemente confundida pela crítica como uma recusa de Skinner em admitir não apenas a influência, mas a própria existência da Fisiologia, o que resulta em análise completamente equivocada. Segundo o próprio Skinner (1968), em declaração para Evans:

> Jamais falei contra o estudo da Fisiologia e creio que fiz tudo o que estava a meu alcance para facilitá-lo, esclarecendo os problemas com que a Fisiologia deve lidar. Ao mesmo tempo, não pretendo pedir o apoio da Fisiologia quando a minha formulação desmorona... (p.22)

O que Skinner pretende informar é que a Fisiologia é extremamente importante, mostra como funcionam certas estruturas e sistemas de sustentação necessários à própria existência do organismo e suas ações, mas a referência a ela como condição para explicação do comportamento pode ser dispensável na maioria das ocasiões em que se está estudando as relações entre comportamento e ambiente, em função do seu paradigma, especialmente enquanto não se dá um avanço tecnológico suficiente na área. Assim, o que ele descarta é a sua influência na questão metodológica e não a existência substantiva dos mecanismos fisiológicos em geral. Corrobora o ponto de vista skinneriano de evidente reconhecimento à importância da Biologia, o desenvolvimento recente da abordagem biocomportamental, que tem avançado em descobertas auspiciosas para a explicação dos mecanismos biológicos do reforçamento, encaminhando para um reconhecimento deste como princípio universal indiscutível (Galvão, 1999).

Todavia, essa posição de Skinner lhe valeu a pecha de estudar um organismo vazio, o que seria um contrassenso, pois o próprio conceito de organismo não lhe permite qualquer vácuo interno. Skinner, acusado de valorizar uma *caixa preta* sem *mecanismos* internos, rebateu inúmeras vezes essa crítica reiterando que o organismo permanece complexo, composto por inúmeras estruturas interligadas que sustentam sua possibilidade de existência; todavia, por localizar no comportamento seu interesse, é possível descartar não a existência dos *mecanismos* fisiológicos, obviamente, mas uma *explicação* fisiológica interna de causalidade do comportamento, em troca de uma explicação das relações funcionais organismo-ambiente.

Outra questão candente na abordagem behaviorista de Skinner é sua distinção operante-respondente, já referida, e a que ele dedica parte significativa de sua obra. Desde seus preliminares estudos com o operante livre na "caixa de Skinner" (que ele prefere designar como câmara experimental), até suas diversas análises em obras posteriores, que ficam mais no âmbito conjectural (Skinner, 1971, 1974, 1989), esse autor lida com o que intitulou de comportamento operante (que para o leigo traduz a ideia – imprecisa – de *ação voluntária*), certamente constituinte de grande parte das atividades humanas. Naturalmente, em alguns casos (especialmente naqueles de comportamentos designados *emocionais*), a integração que o organismo faz de operantes e respondentes é amplamente identificável. Na verdade, a divisão se dá a partir da forma de controle e consequente interação com o ambiente. Contudo, não há que se pensar no organismo como algo em si subdividido nessas duas facetas, mas como um ser que está, a um só tempo, expressando-se por diferentes vias.

O problema da dicotomia operante-respondente e, mais especificamente, um bem cuidado estudo dos textos (período 1930-1938) que mostram a transição de Skinner do conceito de reflexo ao conceito de operante (Sério, 1990) revelam interessantes facetas e problemas com o uso até certo ponto indiscriminado de conceitos para designação do comportamento, com que Skinner conviveu nessa fase de sua obra. Com relação à utilização, no período, dos termos reflexo e resposta, diz a autora:

> A frequência com a qual o termo reflexo é utilizado nos textos publicados de Skinner pode ilustrar as mudanças que o papel deste conceito foi sofrendo no decorrer do processo de elaboração de seu sistema explicativo. A partir da leitura dos textos publicados, no período entre 1930 e 1938, parece haver uma inversão na utilização dos termos reflexo e resposta – parece que à medida que diminui a frequência de utilização do primeiro, aumenta a do segundo. (p.387)

Skinner, até pela extensão de sua obra publicada (1930 a 1990), naturalmente apresenta alterações terminológicas em algumas de suas concepções ao longo do tempo, a maior parte delas de cunho meramente semântico, mas algumas de real implicação quanto à valoração teórica de alguns conceitos. Todavia, o refinamento técnico e metodológico o faz, ao longo das publicações, ir aprimorando a terminologia e pode aparentar, ao neófito, a ideia de que se tem uma confusão conceitual.

Os passos iniciais de Skinner, enquanto pessoa que se desliga do campo da literatura e que envereda pela Psicologia no começo da década de 1930, constituem recolocação importante para compreender o surgimento de sua forma de pensar e o contexto de suas proposições iniciais. Coleman (1985) revela a decisão de Skinner de fazer Psicologia como determinada por uma vocação de reformador social, que encontraria respaldo na Psicologia. No competente trabalho de Andery (1990):

> A decisão de se tornar um behaviorista pode também indicar uma preocupação nesta direção, obviamente que somada a outras extremamente importantes. A proposta watsoniana de ciência, que era tudo que Skinner conhecia em termos de behaviorismo, caracteriza-se também pela confiança de Watson, e mesmo por sua insistência, de que a Psicologia, ou melhor, o behaviorismo, deveria ser ciência que permitisse o controle do comportamento humano com vistas à melhoria da vida humana...
>
> Mesmo as condições que levaram Skinner a percorrer um caminho que aparentemente se enquadra no que Bakan (1980) chama de "uma perspectiva científica de dois passos" (desenvolvimento de uma ciência básica, seguido, como subproduto, de uma ciência aplicada) apontam, ainda que não exclusivamente, para condições externas como um dos fatores que teria levado a esta aparente ênfase.
>
> Assim, a escolha – ao acaso – de Harvard como universidade onde fazer o doutorado inadvertidamente coloca Skinner na cena de um departamento de Psicologia comandado por Boring, que seria um ferrenho adepto da Psicologia como ciência experimental, que nada deveria ter a ver com aplicação tecnológica.
>
> As próprias influências mais propriamente filosóficas de Skinner, entretanto, também apontam para a interpretação, de um lado, de que não se trataria de uma típica posição de "ciência de dois passos" e, de outro, do importante papel que deveria desempenhar em sua formulação de ciência, não apenas a preocupação com o homem, mas também com a sociedade, e mais, com a ciência aplicada como parte integrante da ciência básica. ... De qual-

quer modo, esta concepção de ciência não excluiria, mas, pelo contrário, enfatizaria, as possibilidades de intervenção no mundo a partir do conhecimento científico. (p.23-4)

A constatação acima se confirma na análise da obra integral de Skinner, mesmo que por vezes dividida em fases. Assim, ainda com Andery (1990), no período de 1930 a 1953, Skinner teria produzido dois momentos decisivos e distintos: *um primeiro*, que se poderia denominar de constituição do sistema, entre 1930 e 1938, e *outro*, que se poderia caracterizar como proposta sistemática para o homem, que abrangeria os anos de 1947 a 1953. Entre 1938 e 1947, registra-se um momento de transição. Vista a obra completa de Skinner até 1990, destacam-se ainda períodos de veemente preocupação com as aplicações práticas dos resultados da Análise do Comportamento, bem como com o ensino programado, um período em que o autor envereda pelas proposições de uma reforma social (como em *Beyond freedom and dignity*, 1971) e finalmente uma fase em que Skinner passa a questões epistemológicas que considera fundamentais, culminando com seu "Can Psychology be a science of mind?" (1990), em que nega derradeiramente a possibilidade de uma aproximação ao cognitivismo, ao menos nos termos em que se veiculara na ocasião, especialmente através do *behaviorismo cognitivo*.

Demonstração da preocupação de Skinner com o caráter de reforma social que poderia ser, eventualmente, decorrente da utilização dos procedimentos que desenvolveu juntamente com seus colaboradores e adeptos, já era motivo de particular alerta, contido no seu livro mais conhecido, *Science and human behavior* (1953). No capítulo XXIX, Skinner trata do problema do controle de modo bastante ético: questiona quem utilizará e como utilizará as formas de controle produzidas pela ciência do comportamento e antecipa alguns mecanismos do que se poderia chamar de contracontrole, antevendo o uso despótico de uma nova tecnologia comportamental.

Behaviorismo radical

Com relação ao aspecto epistemológico do trabalho de Skinner, embora frequentemente a crítica discorde, os behavioristas julgam necessário distinguir entre o Skinner behaviorista radical e o Skinner analista do comportamento. Um apresenta sua postura filosófica perante o mundo, compatível com o *último* Wittgenstein e com Mach, enquanto o outro propõe um programa de pesquisa com o qual a Psicologia possa desvendar seu objeto de estudo. Quanto a esse objeto de estudo, para Matos (1990, p.F-7):

> Skinner vê a Psicologia como uma ciência biológica (embora seja avesso ao reducionismo fisiológico) que estuda o comportamento dos organismos dentro de coordenadas espaço-temporais, e na sua interação com o ambiente. Na verdade, propõe o estudo da interação comportamento-ambiente, posto que sua unidade de análise é a relação resposta-consequência (e não a resposta isolada), cujos termos são classes funcionais e não entidades estruturais. Ao contrário do que muitos julgam, não é uma Psicologia voltada nem para o ambiente nem para o organismo, e sim para o estudo das contingências que contatam os dois, e, para os efeitos desse contato, sobre o modo de agir e proceder dos organismos.
>
> Para Skinner, o comportamento tem lugar no mundo físico e social fora do organismo (ou melhor, somente aquelas interações que por aí têm lugar se constituem em eventos observáveis e são legitimamente objetos de estudo). Quando uma pessoa descreve seus pensamentos, sentimentos ou suposições, tudo isso é comportamento. Entender os pensamentos e sentimentos de uma pessoa é conhecer as condições em que ela expressa esses sentimentos e pensamentos bem como as relações funcionais entre essas condições e aquelas expressões.

Por outro lado, apesar das características skinnerianas marcantes, algumas diferenças de difícil discernimento acabaram sendo detectadas entre a proposta de Skinner e as de Tolman e Hull, por exemplo. Mas algumas discrepâncias, de certo modo consolidadas, podem ser vistas acompanhando uma adaptação do resumo de Smith (1986), apresentado no quadro 2, que mostra características presentes ou ausentes em cada abordagem:

Quadro 2 – Diferenças marcantes entre abordagens

Questão	Tolman	Hull	Skinner
Construtos inferidos	+	+	–
Conceitos cognitivos	+	–	–
Métodos dedutivos	–	+	–

Os sinais + e – no quadro acima indicam, respectivamente, características presentes e características ausentes em cada abordagem.

As diferenças, aí abreviadas, certamente têm desdobramentos inúmeros, o que não cabe analisar aqui. Todavia, nota-se, desde já, a convicção de Skinner em rejeitar generalizadamente inferência, conceitos cognitivos como o da intencionalidade e o uso da dedução enquanto lógica para extrair corolários de qualquer teoria.

As diferenças do behaviorismo de Skinner para com as demais correntes behavioristas, incluindo Watson, Tolman e Hull principalmente, têm sido, *grosso modo*, incluídas no padrão bidimensional, ou seja, reconhece-se Skinner como behaviorista radical (tal como ele próprio se intitulava) e reúnem-se indiscriminadamente os demais sob o rótulo de behavioristas metodológicos (embora, conforme a característica sob análise, se fale ocasional e mais precisamente em behaviorismo clássico, ortodoxo, metafísico, operacional, cognitivo, filosófico e social, entre outras variantes já citadas na literatura).

Entre as características do behaviorismo radical, está uma clara rejeição ao positivismo lógico. Nesse sentido, o behaviorismo radical, enquanto filosofia da ciência do comportamento, representaria, segundo Oliveira (1982, p.15),

> um elo de ligação ou ... um elemento restaurador do equilíbrio entre as posições filosóficas extremas defendidas pelos mentalistas, como Wundt e Titchener, e as posições acatadas pelos beha-

vioristas metodológicos, os quais defendem o que Skinner caracterizou como uma versão psicológica do positivismo lógico e do operacionismo.

Para Oliveira (1982), Skinner designa mentalista a perspectiva segundo a qual todas as abordagens não behavioristas, variando de estruturalistas a cognitivistas, analisam o comportamento como consequência de atividade mental. O behaviorismo radical privilegia a linguagem (no sentido mais corriqueiro que essa expressão possa ter) como característica natural e própria do ser humano e, nesse sentido, parcela significativa dos eventos privados são alguma forma de comportamento verbal, cujo estudo é considerado necessário e imprescindível, sendo suas causas do mesmo estofo material que compõe os determinantes do comportamento verbal aberto. Um terceiro aspecto do behaviorismo radical de Skinner é a concepção de homem quanto às razões determinantes do seu comportamento. O mesmo autor reitera (p.25):

> o mais original aspecto do Behaviorismo Radical em relação a todas as psicologias é a inversão da interpretação sobre a causalidade do comportamento humano. Em todas as análises precedentes ao Behaviorismo Radical o ambiente externo era dado como controlado ou até mesmo, nas concepções idealistas mais extremadas, criados pelo homem. No Behaviorismo Radical o homem é o resultado da evolução do mundo e é uma parte dele. Ou seja, o homem é o resultado da evolução e não é algo separado do mundo: é parte dele e como tal seu comportamento é produto das contingências ambientais e de sobrevivência da espécie durante o processo evolutivo onto e filogenético.

Nesse sentido, contesta-se a concepção de autonomia do homem na direção de que seu comportamento não é livre, mas determinado por uma série de fatores, mormente por influências do ambiente externo, mas não exclusivamente por estas. E essa é uma das posturas de Skinner que têm produzido um contingente crítico imensurável. Com Oliveira (1982, p.17):

> A vontade deixa de ser um ato totalmente livre. A própria vontade humana é produto consequente da interação entre as necessidades fixadas filogeneticamente, sejam comportamentais ou fisiológicas, e as influências ambientais.

O querer, nesse sentido, não é um ato de vontade inerente à espécie, mas explicável mediante a compreensão de que é um fenômeno que possui *causa* real, detectável por uma análise funcional do comportamento. Nesse sentido, configura-se uma das diferenças fundamentais entre o behaviorismo radical e as versões cognitivistas: a vontade deixa de causar o comportamento, ou seja, este perde a configuração de fato produzido teleologicamente. Essa é uma das principais concepções a separar, hoje, o mundo behaviorista do cognitivista, como se verá adiante.

Um quarto ponto no pensamento skinneriano que gera controvérsias é o que diz respeito à concepção de uma sociedade passível de ser planejada levando em conta a contribuição prática de uma engenharia comportamental, já que a sociedade é uma realidade natural e suscetível, portanto, à organização de contingências compreensível a partir dos conhecimentos derivados da Análise do Comportamento. Não é preciso dizer que essa ideia, que em termos ficcionais foi apresentada inicialmente em *Walden Two* (1948b), gerou sem-número de contestações.

Pormenores das características do behaviorismo radical não serão tocados neste momento do estudo, uma vez que serão recuperados em mais de três ocasiões oportunas: no próximo capítulo, quando será apresentada uma visão geral de Skinner e de sua oposição, no capítulo 6, no qual serão rastreadas as principais críticas às concepções skinnerianas, mediante uma categorização por áreas e assuntos; e mais adiante, quando se fará referência a essas críticas quando da discussão de eventuais realinhamentos da abordagem.

Além disso, recolocar uma palavra de cautela se faz necessário: o agrupamento das críticas segundo critérios perfeitamente definidos seria pretensioso, tendo em vista que as publicações raramente objetivaram, ao longo da história (e até não há razão para que o fizessem), circunscrever-se a aspectos específicos de qualquer questão. Embora temas gerais estejam sendo selecionados para análise e discussão, é fundamental considerar que todos eles, indistintamente, estão ligados ao corpo teórico do behaviorismo e, como tal, perderiam muito do seu sentido se analisados sem implicações mútuas. Assim, na descrição e análise do contingente crítico que se apresenta no capítulo subsequente, serão utilizados alguns títulos que pretendem, em vez de separar didaticamente, apenas *destacar* alguns pontos que têm implicações reconhecidas pela comunidade científica como fundamentais numa apreciação do empreendimento behaviorista. Ao final de cada subtítulo serão apresentados, à maneira de resumo, as ideias fundamentais que representam a crítica em questão.

5
O percurso polêmico do behaviorismo radical

Embora abreviadas, algumas considerações preliminares que permitam antever um quadro constitutivo de origens, pressupostos e tendências recentes da crítica, em especial quanto ao behaviorismo radical, são imprescindíveis neste momento, antes que se incursione pelas críticas específicas que assegurarão a montagem de um perfil da oposição a Skinner. Este livro seleciona análises subscritas por seus autores e veiculadas na literatura crítica publicada acerca do behaviorismo. Geralmente são artigos de opositores, mas não estão incluídos, via de regra, autores secundários, que veiculam conceitos da Análise do Comportamento e do behaviorismo radical, por exemplo, em livros didáticos para os cursos de licenciatura. Se isso fosse feito, certamente os equívocos de compreensão conceitual apresentados seriam muito mais frequentes do que o que se aborda neste ensaio, como pôde constatar Gióia (2002) ao analisar 25 livros de Psicologia cujos títulos continham os termos *educação*, *aprendizagem* ou *ensino* e necessariamente apresentavam, pelo menos, duas abordagens.

Parcialmente lido e raramente compreendido (muitas vezes mesmo entre aqueles que se supõem seus seguidores), Skinner apresenta nas suas publicações de 1930 a 1990 uma complexidade crescente de proposições, parte apenas das quais acompanhada pelo seu programa de pesquisa em Análise Experimental do Comportamento. O quadro de conjecturas que coloca à disposição do leitor atento é incomparavelmente maior que o conjunto de pesquisas acerca de pressupostos de sua ciência, embora estas não sejam poucas.

Acompanhando De Rose (1990, p.E-6):

> Skinner escreveu um livro, *Sobre o Behaviorismo*, procurando mostrar que são falsas as afirmações mais difundidas a respeito do seu pensamento, como por exemplo as seguintes:
>
> 1) ele ignora a consciência e os estados mentais; 2) formula o comportamento simplesmente como um conjunto de respostas a estímulos, representando assim a pessoa como um autômato, robô, boneco ou máquina; 3) não dá lugar para intenção ou propósito.
>
> O maior e mais persistente destes erros é considerar que Skinner é um dos teóricos que representam a conduta como uma sucessão de estímulos e respostas. De fato, ele foi o primeiro psicólogo experimental a demonstrar que mesmo com animais a maior parte dos comportamentos não são uma reação a estímulos do ambiente.
>
> Skinner deu o nome de "operantes" a esses comportamentos, chamando a atenção para o fato de que eles operam sobre o meio. Essa rejeição da teoria do estímulo e resposta está clara na frase que abre seu livro *O comportamento verbal*: "Os homens agem sobre o mundo, modificam-no e, por sua vez, são modificados pelas consequências de sua ação". Aqui fica delineada uma relação de importância fundamental para o estudo do comportamento: a relação entre o comportamento e os efeitos que este comportamento produz sobre o ambiente.

Esse tipo de relação, entre organismo e ambiente, determina ao cientista do comportamento, se quiser entender como se processam as interações entre as duas partes (e, portanto, para saber como os organismos se comportam), reportar-se, com prioridade, ao estudo das características do ambiente, seja ele interno ou externo, constituído de dimensões químicas, físicas, biológicas ou sociais. De que maneira, efetivamente, no aspecto verbal, se processam tais interações está descrito em vários artigos e livros (cf. Hayes & Hayes, 1992).

De Rose (1990) segue reconhecendo que toda a teoria de Skinner "está baseada na noção de que o comportamento de um indivíduo é afetado pelas consequências que comportamentos similares tiveram no passado" (p.E-6). É nesse ponto que se faz referência às consequências positivas ou negativas, representadas pelos reforçadores positivos e eventos aversivos, que podem ser apresentados ou retirados contingentemente à ocorrência dos comportamentos, mudando para maior ou para menor a probabilidade de que comportamentos similares (morfológica e funcionalmente) a esses venham a acontecer posteriormente.

Do ponto de vista ético e até em relação à sua eficácia, Skinner sempre deu preferência ao controle do comportamento mediante contingências positivas. Alega (e já se demonstrou isso em inúmeros experimentos) que a punição gera subprodutos indesejáveis e que, além disso, o controle positivo é muito mais eficaz, em todas as situações em que é possível ou admitido usá-lo. Por isso, descarta para um último degrau, no qual alternativas de procedimento não sejam possíveis, a utilização da punição. Para uma análise detalhada das implicações sociais do uso da punição, ver Sidman (1995).

Um tipo de questão extremamente complexa pela qual Skinner (no seu *O comportamento verbal*) se interessou foi o das relações entre verbalizações, linguagem e eventos privados. Com De Rose (1990, p.E-6):

Utilizamos o exemplo da fala, para mencionar a grande polêmica a respeito da aplicação das ideias de Skinner à linguagem. Vários linguistas têm argumentado que os processos de condicionamento operante não podem explicar a estrutura da linguagem humana, e nem a capacidade que um ser humano tem de falar e entender frases que nunca tenha falado ou ouvido antes. Os psicólogos influenciados por Skinner consideram, no entanto, que também na questão da linguagem, como em muitos outros domínios do comportamento humano, há evidências científicas suficientes de que o comportamento presente de um indivíduo é afetado pelas consequências de seu comportamento passado.

Entre as distinções que Skinner faz acerca dos fatores que determinam a ocorrência de comportamentos, está a que diz respeito ao comportamento governado por regras e ao comportamento controlado pelas contingências. As regras constituem-se de conselhos, máximas, ordens, instruções ou quaisquer formulações culturalmente elaboradas acerca de como se comportar numa dada circunstância. As contingências, de resto como já se viu, descrevem a forma com que são arranjadas as consequências, reforçadoras ou aversivas, do comportamento.

No mesmo artigo, De Rose adianta que Skinner "introduziu a noção de comportamento governado por regras em seu livro *Contingências de reforço*, utilizando-a para analisar os processos de pensamento e solução de problemas" (p.E-6). De fato, por vezes Skinner adianta que não rejeita os processos mentais superiores no sentido de que o fenômeno do pensamento, o fenômeno do evento privado, o fenômeno do comportamento privado, sob a pele, são inegáveis.

Reserva-se Skinner, todavia, o direito de fazer a ressalva de que aceitar a existência do fenômeno não significa atribuir ao mesmo o *status* de evento causador do comportamento nem a condição de aparato ou processo *mental*. Na verdade, atribui – uma vez mais se enfatiza – a condição de evento privado como resultante, possivelmente, de variáveis determinantes iguais ou similares às causadoras de comportamentos abertos e que são identificadas pelo que até admite chamar de introspecção, como "condições corporais sentidas pelo organismo". Ainda com De Rose (1990, p.E-6):

> Como o indivíduo pode obter consciência de seu mundo privado e também do seu comportamento e das condições que o determinam? Skinner sustenta que para isso é necessária a mediação da comunidade, que estabelece as contingências de reforço para os comportamentos de auto-observação e autodescrição. Como a Análise do Comportamento possibilita um conhecimento das contingências de reforço mais eficazes, Skinner afirma que ela pode ajudar na construção de uma autoconsciência: "uma ciência do comportamento não ignora, como se diz frequentemente, a consciência. Pelo contrário, ela vai muito além das psicologias mentalistas ao analisar o comportamento autodescritivo. Ela tem sugerido maneiras melhores de ensinar o autoconhecimento e também o autocontrole, que depende do autoconhecimento".

Subjacente à teoria behaviorista está a ideia de que todo o comportamento humano é determinado, sendo, portanto, controlado por causas específicas. Ao afirmar as implicações desta causalidade, Skinner é visto como um defensor do controle do comportamento e um inimigo da liberdade humana. Suas ideias podem, no entanto, ser vistas de uma maneira mais positiva: o homem não pode mudar a natureza e não pode impedir que o ambiente exerça algum tipo de controle sobre seu comportamento. Se ele recusar-se a conhecer os processos que controlam seu comportamento, será sempre uma presa inconsciente das "agências controladoras". Conhecendo os determinantes do comportamento o homem estaria mais capacitado a assumir o controle do próprio destino.

Para compreender o behaviorismo radical de Skinner, saber no que ele se diferencia especialmente das outras formas de behaviorismo, mister se faz retomar, ainda que abreviadamente, a história de influências no cenário histórico da Filosofia e da Psicologia do século XX. Segundo Day (1980), deveríamos começar a perceber que um significativo contingente de termos que se relacionam a behaviorismo (em geral) acabou por aparecer e produzir confusão com a ideia de behaviorismo radical (skinneriano).

Algumas denominações são meros derivativos do behaviorismo de Skinner ou formas antecedentes, como é o caso do behaviorismo cognitivo, ligado à modificação de comportamento (Meichenbaum, 1974), do behaviorismo social (Staats, 1975), da Teoria Behaviorista da Autopercepção (Bem, 1972) e, como mais recente, uma Análise Comportamental Contextualista (e, incipiente, um behaviorismo contextualista?) (Morris, 1988).

Na verdade, todas essas versões têm como característica comum priorizar o comportamento enquanto dado fundamental para a compreensão humana, bem como privilegiar a objetividade e o método da observação como instrumentos para a consecução de suas finalidades. Todavia, cada uma delas – e não será o caso de esmiuçá-las ainda, porquanto fora do foco de interesse deste momento da análise – tem seu próprio alcance atual ou passado.

Além dessas, outras denominações para o behaviorismo são encontradas. Segundo Day (1980), certas visões dentro da Filosofia têm sido frequentemente chamadas de *behaviorismo filosófico*, no sentido de que todas elas se compatibilizam em função de uma característica única, representada pela sua oposição comum ao dualismo cartesiano e por uma crença geral em que as condições psicológicas e *mentais* são passíveis de análise em termos comportamentais.

Alguns autores, num sentido mais estrito, entendem como significado do termo *behaviorismo* simplesmente o privilegiar o uso de métodos de pesquisa objetivos como uma questão central nos procedimentos experimentais em Psicologia.

Quando (conforme Day, 1980) o que está em pauta é a utilização de certos procedimentos experimentais específicos, principalmente com a testagem de hipóteses psicológicas pela experimentação controlada (a que Skinner se referirá em sua obra como grupos de controle e grupos experimentais), se estará falando estritamente em behaviorismo metodológico, em oposição ao behaviorismo radical (que, para Skinner, privilegia o uso de delineamento de sujeito único, com replicação).

Mesmo com relação a supostos estágios pelos quais teria passado o behaviorismo até a chegada do behaviorismo radical, alguns autores atribuem-lhes distintas denominações. É o caso de Koch (1976), que fala na evolução do behaviorismo ao neobehaviorismo, com *passagens* pelo behaviorismo reducionista, behaviorismo pós-reducionista e behaviorismo ampliado.

Em relação a períodos pelos quais teria passado o behaviorismo, com Kantor (1968), distinguem-se seis modalidades: 1. behaviorismo arcaico ou ingênuo; 2. antibehaviorismo; 3. Pré-behaviorismo; 4. protobehaviorismo; 5. behaviorismo watsoniano e 6. behaviorismo autêntico ou interbehaviorismo (do próprio Kantor), ou, ainda, behaviorismo de campo.

É interessante o modo com que Kantor vê o desenvolvimento do paradigma, até chegar a Skinner e a ele próprio (enquanto líder do interbehaviorismo). Kantor tenta mostrar que o behaviorismo watsoniano não passou de um incidente na longa história de evolução do behaviorismo psicológico (o que confirma a descrição e análise já apresentada anteriormente de que Watson foi o "agente dos tempos"), mas que os ares do objetivismo respirados no começo do século XX já encaminhavam para seu *descobrimento*. Antecipa que, em primeiro lugar, é preciso compreender como surgiu a ideia em torno da palavra. Ou seja, por *behaviorismo* "entendemos o estudo do comportamento de qualquer processo ou coisa verificável; assim, o termo *behaviorismo* seria equivalente ao termo *ciência*" (p.155). Com isso, Kantor quer estender a ideia de behaviorismo a qualquer ciência em particular, isto é, poder-se-ia falar num behaviorismo da Astronomia, por exemplo, que se constituiria no estudo da interação de estrelas, sóis, planetas, galáxias e *radiação celestial* (em suas próprias palavras). Acrescenta (p.152):

> Na Física, behaviorismo é o estudo de várias atividades, objetos ou propriedades de objetos; por exemplo, movimento dos corpos, energia, radiação, atração magnética, átomos e suas mudanças de cargas elétricas. Na Biologia, o behaviorismo significa as observações do comportamento de ácidos nucleicos, células, órgãos e organismos, bem como vários processos orgânicos como fotossíntese, metabolismo e... reprodução.

Dentro da Psicologia, Kantor reserva ao behaviorismo a função de estudo das interações de organismos com outros organismos ou objetos. Dito de outro modo, o objeto da Psicologia consistiria de eventos definitivamente confrontáveis (verificáveis), tais como os objetos verificáveis das outras ciências. Assim, o behaviorismo psicológico seria a investigação de campos de ação que ocorrem na mesma estrutura espaço-temporal em que os objetos de estudo das demais ciências ocorrem, o que torna a Psicologia, nesse sentido, idêntica às demais ciências (ou seja, caracterizando-se como o que Skinner claramente formularia como *ciência natural*).

É nessa direção que Kantor propõe uma hipotética descrição da evolução do behaviorismo na história da Psicologia. Ele sugere que dois fatores são imprescindíveis nessa análise: tradição e cientificidade, até porque esses dois conceitos, para ele, desafortunadamente nunca estiveram completamente separados, ou seja, a tradição filosófica não se separou definitivamente, em momento nenhum, da tradição não naturalística, no mesmo sentido em que a Astronomia nunca esteve totalmente desligada da Astrologia em grande parte da sua história.

Na sua suposta divisão, o *behaviorismo arcaico* se constituiria das ingênuas (para ele) proposições ligadas à Psicologia aristotélica, que pretendiam um enfoque naturalístico extremamente simples e embasado no senso comum.

Seu *antibehaviorismo* constituiria uma fase negativa em que a ciência teria sido substituída pelas especulações religiosas, entre o século II a. C. e o século V d. C. Nessa era, segundo Kantor, prevalecia a Teologia e as cogitações *supercósmicas*. Os interesses intelectuais diziam respeito exclusivamente a problemas de cunho moral ou religioso. O conhecimento do mundo natural deu lugar a um interesse mundano no destino do homem, que acabou dividido numa parte natural e outra sobrenatural, a última das quais seria rudimentar base para os atuais conceitos de *mentalismo, consciência, experiência, sensações* e outros termos usados para referência a processos psíquicos. Diz ainda Kantor (1968, p.154):

> É melancólico observar como alguns psicólogos desenvolvem seu modelo com uma interpretação psicológica de eventos que são diretamente derivados da era antibehaviorista. Isso não é apenas verdade para os mentalistas, mas até mesmo para alguns behavioristas comuns, que exibem tendências antibehavioristas principalmente em casos como os de processos sensoriais e perceptuais, como nos casos dos hábitos e aprendizagem.

Ainda para Kantor, a fase do *pré-behaviorismo*, encarada como mais um momento precedente ao que ele chama de "autêntico behaviorismo", pode ser dividida em três etapas distintas e inter-relacionadas:

1) Representa a atenção particular à naturalização do espírito e da alma e aparece com os postulados de pensadores como Descartes, Hobbes, Leibniz e Espinosa, respectivamente com seu *interacionismo, materialismo, paralelismo* e a *doutrina da identidade*.

2) Consiste numa mudança definida do interesse cósmico e teológico para os conceitos de homem e epistemologia. Nos séculos XVIII e XIX, pensadores como Locke, Berkeley e Hume iniciaram a mudança de interesse dos problemas mentais em direção ao conhecimento do comportamento humano, por meio do

conhecimento empírico (o empírico, aqui, entendido como resultante da experiência).

3) Designada também como "a era do homem", representada pelas revoluções sociais nos Estados Unidos e na França. Os aspectos mentais do homem teriam sido aí encarados como subservientes às necessidades corporais, numa tendência nitidamente materialista que exerceu forte influência no behaviorismo watsoniano. Informa Kantor (p.157):

> Sumariando o período protobehaviorista do desenvolvimento científico da Psicologia, notamos no primeiro estágio a atitude segundo a qual as coisas do espírito podiam ser mostradas em justaposição com as coisas naturais. Esse foi um passo adiante do antibehaviorismo, que inevitavelmente incorporava o espírito e a Teologia à compreensão da realidade. No caso da existência humana, Descartes asseverava que a alma podia interagir com a glândula pineal. Aqui, igualmente, podemos reconhecer a antecipação de Espinosa em relação à visão de James sobre a proeminência das ações corporais no comportamento emocional, bem como as afirmativas de Hobbes de que o mental é movimento... Os últimos períodos dessa fase minimizaram o mental e o tornaram dependente do corpo. Nessa época, já se preparava a emergência do materialismo francês.

A fase seguinte foi a do *protobehaviorismo*, para Kantor uma preparação definitiva para o surgimento do autêntico behaviorismo dentro do roteiro de evolução da Psicologia. Um estágio importante dentro dessa fase deu-se com o surgimento dos trabalhos em Fisiologia e Psicologia Experimental, ligados a pessoas como Weber, Fechner, Wundt e Ebbinghaus. Kantor chama esse período de *proto* em virtude de ele não interromper a continuidade da tradição espiritualista, embora já mostre muito envolvimento com os trabalhos de manipulação experimental. Apesar dessas manipulações, contudo, o homem desse período acreditava trabalhar com aspectos psíquicos das ações humanas. A consciência e a mente passavam a ser estudadas como recebendo interferências dos movimentos e processos corporais. As técnicas operacionais na experimentação começaram a surgir, embora a interpretação dos dados ainda permanecesse mentalista. Outro aspecto distintivo do período protobehaviorista foi o surgimento do que se convencionou chamar de behaviorismo evolutivo, como forma de marcar a influência da Biologia e do evolucionismo de Darwin sobre a Psicologia.

A quinta fase do desenvolvimento behaviorista, para Kantor, foi o *behaviorismo watsoniano*, já descrito em seção anterior. Watson representaria, no manifesto de 1913, a insatisfação de muitos estudiosos com a falta de objetividade da ciência, mas estaria longe, segundo os historiadores, de ser o autor individual da brusca mudança. Na verdade, os *sintomas* do behaviorismo já teriam sido detectados desde os escritos de Cattell em 1904.

A sexta fase é descrita por Kantor (1968, p.160-3, passim) como a do *interbehaviorismo* ou *behaviorismo de campo*:

> Do mesmo modo que os estágios na evolução da Psicologia naturalística, o behaviorismo watsoniano e o behaviorismo de campo se opõem a todas as formas de mentalismo, mas há uma grande diferença entre eles. Embora o Behaviorismo watsoniano objete à consciência e ao mentalismo, ele não abandona a influência da tradição dualista mente-corpo. O behaviorismo watsoniano simplesmente considera fora de necessidade uma intervenção nesses níveis. A versão de Lashley, por exemplo, simplesmente ignora a existência da consciência e da mente...
>
> Em contraste, o behaviorismo de campo segue um caminho completamente diferente. Ele aborda os estudos psicológicos de um ponto de vista de ciência natural. O behaviorista de campo está interessado no intercomportamento dos organismos sob condições ambientais definidas e investiga em condição natural com os meios tecnológicos disponíveis. Ele o faz independentemente dos postulados transcendentais que dominaram a Psicologia desde a extinção do behaviorismo ingênuo dos gregos.

Uma outra grande diferença entre o behaviorismo watsoniano e o behaviorismo de campo é que, para o primeiro, o estímulo é qualquer coisa que *elicie* a resposta. O estímulo pode ser qualquer forma de energia ou um objeto. Em correspondência à estimulação simples, a resposta é reduzida a um movimento ou uma secreção. O psicólogo interbehaviorista, por outro lado, diferencia entre o objeto estímulo e a função estímulo. A última é desenvolvida em correspondência com uma função resposta resultante do contato do organismo com o objeto. O dado básico da Psicologia é, então, a ocorrência de *funções* de estímulo e resposta em campos complexos organizados nos contatos entre organismos e objetos ou condições. Desse modo, pode ser considerada toda sorte de comportamentos complexos; o psicólogo não fica restrito a reflexos elementares, nem circunscrito a estreitas interpretações usando reflexos como modelos.

Kantor resume sua análise mostrando que os passos evolutivos do behaviorismo aconteceram: 1. com uma gradual separação da especulação teológica; 2. com o postular que os aspectos mentais do homem podem ser vistos como eventos naturais; 3. com o desenvolvimento de manipulações experimentais e 4. com a insistência em que os eventos intercomportamentais são os dados a serem estudados.

Não surpreende que Kantor, nesse momento, não faça nenhuma referência ao surgimento do behaviorismo radical de Skinner. Os dois autores, embora próximos quanto à consideração da Psicologia como ciência natural e quanto a parte da consideração em relação aos eventos privados, desfrutaram parcela significativa de suas carreiras em lados opostos do behaviorismo. Ambos se consideravam, então, líderes do que seria o *autêntico* behaviorismo: o interbehaviorismo ou o behaviorismo radical. Em outros estudos, como os de Boring (1950) ou Marx & Hillix (1976), por exemplo, a sequencia proposta por Kantor para o desenvolvimento da Psicologia enquanto ciência estaria correta, com exceção de que, na última fase, incluiriam, com absoluta segurança, o behaviorismo radical skinneriano.

Behaviorismo radical

Day (1980), por exemplo, certamente incluiria Skinner, até pelas características que, na época, atribuiu ao que entende que verdadeiramente poderia ser denominado behaviorismo: 1. um foco de interesse especial no *comportamento* como objeto de estudo; 2. um comprometimento com o *evolucionismo biológico*; 3. um comprometimento com o *determinismo materialista*.

Dessas características partilharia Skinner, mas a questão especial da rejeição ao mentalismo e da explicação dos eventos mentais é extremamente complexa e exigirá muito do behaviorismo. Como teria afirmado Ringen (1976, p.250):

> O behaviorismo radical aparece como a única alternativa séria existente ao mentalismo de senso comum e uma análise conceitual séria de seus termos técnicos irá contribuir para a nossa compreensão das alternativas existentes. Se as correntes descobertas sobre o caráter revolucionário do behaviorismo operante estiverem corretas, tal clarificação não será uma questão menor. Ela irá representar algo da magnitude da crítica de Galileu à Física aristotélica.

Descartada a possivelmente injustificada empolgação de Ringen, a questão do dualismo é tema recorrente na Psicologia e, para muitos, uma questão de compromisso preliminar ao empreendimento científico, não um objeto de estudo em si mesmo. Todavia, assumida, como para Skinner, uma posição monista em relação ao estofo físico do mundo comportamental, apenas as retrospectivas históricas permitem ver como e por que a escolha dessa alternativa se justifica.

Assim, na sua retomada dos antecedentes históricos do behaviorismo contemporâneo, Day (1980) se reporta a três aspectos fundamentais da Filosofia mais recente que significaram tendências representativas de influências diretas no aparecimento e manutenção do behaviorismo: 1. o movimento do *empirismo crítico*; 2. a tradição *associacionista* e 3. o *materialismo científico*.

Com relação à primeira influência, Day especifica a questão do *atomismo* (encarado como a análise de um conceito ou fato subdividido em elementos distintos) como uma das práticas centrais que representam a herança empirista do behaviorismo e uma orientação que, de certa forma, ele partilha com sua arqui-inimiga, a introspecção. Para Peters (1962, p.697),

> Tal como os introspeccionistas, a quem atacavam, os primeiros behavioristas acreditavam que o problema do cientista consistia em analisar os dados experimentais em unidades atômicas e então encontrar certos princípios gerais determinados pelo estudo de sequencias regulares construídas com a reunião dessas unidades.

A questão do *mentalismo* e do *naturalismo* são postas por Day (1980) nas suas origens mais remotas como originadas no *idealismo* de Platão e no *naturalismo emergente* de Aristóteles, respectivamente. De modo até simplista, o idealismo é conceituado como qualquer teoria que afirme a importância central do papel do mental, do espiritual e do ideal na realidade. O naturalismo é colocado como uma teoria que concebe as ciências naturais na visão de mundo que rejeita qualquer realidade sobrenatural e que não possa ser conhecida pelos meios disponíveis na natureza física. Nesse sentido, para Day, o behaviorismo caminha na direção de um *naturalismo intelectual* e de um consequente antimentalismo.

Dessa perspectiva de influência, Platão tem sido encarado como um dos primeiros mentalistas e, de certo modo, como quem, guardadas as devidas dimensões temporais, influenciou primordialmente o *cognitivismo*, a *fenomenologia* e os *behaviorismos não radicais*. Platão relata ter *descoberto* a mente. Nesse sentido, a mente realmente existiria, em seu sentido literal. Não é a opinião de Skinner (1974), que faz questão de deixar claro que Platão *inventou* a mente, ou seja, esse conceito, para ele, é mais uma ficção explanatória a respeito do comportamento. Essa, como outras afirmações, lhe renderam o fortalecimento da crítica quanto à particular questão da determinação comportamental e suas relações com a teleologia.

No seu trabalho (1980) sobre os antecedentes históricos do behaviorismo, Day reporta-se à Filosofia moderna, listando especialmente como fundamentais:

1. Descartes, importante porque reafirmou sistematicamente o dualismo, isto é, a noção de que a mente e o corpo são diferentes em sua natureza e, por isso, o problema mente-corpo continua sendo uma fonte de influência na Psicologia hoje.

2. Locke, pela sua rejeição à crença de que nossas mentes seriam equipadas com ideias inatas de espécies diversas, o que fez pela asserção de que nossas ideias resultam da experiência; essa tradição do associacionismo e do empirismo teria tido grande influência na Psicologia.

Ambas as posições (Descartes e Locke) são apenas exemplares de dois tipos de diferentes influências, que Day sugere estarem em jogo durante todo o tempo antecedente à consolidação behaviorista.

Por exemplo, Day cita Chomsky como um dos maiores críticos do behaviorismo radical, dizendo que ele se insurge contra o que considera uma perniciosa influência do empirismo sobre o behaviorismo, advogando mesmo um explícito retorno ao dualismo cartesiano, que daria conta das capacidades cognitivas inatas.

É com esse retorno à história da ciência comportamental que autores como Kantor e Day, entre outros, tentam mostrar que as questões fundamentais, passíveis de ataque pela crítica, acabam sendo problemas que têm sua origem remota no passado filosófico do behaviorismo. É exatamente em função dessa possibilidade que, neste estudo, apresenta-se ampla incursão bibliográfica, especialmente referente a episódios históricos marcantes da origem do behaviorismo e da própria Psicologia. A partir daí tornam-se mais compreensíveis (e passíveis de análise) as razões e raízes da literatura crítica e, mais importante, quanto dela pode ser útil em qualquer tentativa de análise do paradigma skinneriano, mesmo com o auxílio da crítica dessas críticas (metacrítica). Naturalmente, está longe a pretensão de se ter aqui uma metacrítica devidamente autorizável ou sancionável pela comunidade profissional da área, mas não há como deixar de lado, ao menos, uma provocação mínima à reanálise da abordagem e de sua crítica, através do prisma de uma nova realidade: essa é evidente função e risco de quem se propõe a expor pontos de vista.

Retomando: a compreensão de remotas origens do paradigma é assegurada, incidentalmente, em alguns episódios à primeira vista fortuitos, mas que iluminam o caminho de volta às preliminares dissidências, inclusive pré-behavioristas. Por exemplo, rebuscar uma antiga pendência entre Wundt e Stumpf parece ser importante, conforme Day assinala, para o esclarecimento de certas concepções do behaviorismo enquanto privilegiando a análise *funcional*, como o faria mais tarde Skinner. Diz Day (1980, p.215):

> Sem dúvida, a famosa controvérsia Wundt-Stumpf... ilustra bem a natureza da oposição entre certos psicólogos germânicos na direção do surgimento da "nova Psicologia" sob a liderança de Wundt. Essa controvérsia, que foi extremamente acrimoniosa, é descrita brevemente por Boring. No centro da disputa estavam a insistência de Wundt em que os valores primários a serem avaliados são os resultados do trabalho experimental, com a análise da experiência em seus *elementos* sensoriais, e a igual insistência de Stumpf de que deveriam ser valorizados os relatos de experiência diretamente dados pela percepção...
>
> De um lado, a visão de Stumpf seria representativa da visão *fenomenológica*, em oposição à abordagem *reducionista* ou *atomista* de pesquisa em que se encontrava a Psicologia germânica no século XIX. Dois dos discípulos de Stumpf eram Köhler e Koffka, ambos influentes no desenvolvimento da Psicologia da Gestalt, que insis-

tia vigorosamente em que "o todo é maior que a soma de suas partes", o que representava uma crítica ao reducionismo do behaviorismo clássico.

A antipatia entre os interesses fenomenológicos e a abordagem analítica de Wundt levaram ao estabelecimento da Escola de Würzburg, sistematicamente em oposição à tradição de Leipzig, o que proporcionou à última parte do século o contraste entre as psicologias do ato (*funcional*) e do conteúdo (*estrutural*).

Mas estou interessado em chamar atenção aqui à oposição entre ... (fenomenologia e estruturalismo) por causa do conceito central no behaviorismo contemporâneo relativo à *análise funcional* do comportamento... Coincidentemente, existe hoje um certo interesse profissional nas relações entre o behaviorismo contemporâneo e a fenomenologia. [grifos do autor]

É retomando essa divergência intestina à escola alemã, entre Wundt e Stumpf, que podemos chegar à compreensão do clima profissional e científico em que se deu o surgimento da fenomenologia. Ocorre que o brilhante fundador da fenomenologia, Husserl, foi aluno de Stumpf, e por sua vez foi professor de Franz Brentano, certamente outro oponente da Psicologia wundtiana. Sua ideia central era a tentativa de compreender o conceito de *intencionalidade,* hoje questão central a dividir a crítica entre o behaviorismo radical e outras abordagens psicológicas. Ressalve-se, de passagem, que a menção tão breve, neste trabalho, a nomes importantes como os de Husserl e Wundt, por exemplo, certamente não faz jus à grandeza de sua obra no cenário da Psicologia. Todavia, como dito no início, este livro é tão somente um texto que pretende caracterizar áreas conceituais sob litígio.

Brentano mantinha um grande respeito aos resultados experimentais de pesquisa, mas alegava que eles ficavam na superfície dos fatos, ou seja, faltava compreender melhor a questão da relação dos fenômenos com as circunstâncias em que ocorriam. Para Brentano, todos os conceitos psicológicos eram inerentemente diferentes em natureza dos conceitos usados nas ciências naturais. Os conceitos psicológicos, diferentemente dos conceitos da Física, eram *intencionais* no sentido de que eles se tornam inteligíveis somente porque relacionam o objeto, intrinsecamente, a algum ato psicológico. Assim, ninguém simplesmente *pensa*. Somente é possível pensar em/sobre alguma coisa. Ninguém simplesmente acredita, mas acredita em alguma coisa. Ninguém simplesmente vê, mas vê algo.

Esse sentido de intencionalidade atribuído por Brentano é certamente diferente da teleologia tradicional, em que o organismo se comporta *porque* intrinsecamente já possui um objetivo a atingir, uma meta predeterminada. Tanto que Baum, analista do comportamento, em comunicação pessoal mencionada por Day, teria tentado estabelecer algumas relações entre os trabalhos de Brentano e Skinner. Diz, segundo informa Day (1980, p.207):

> parece que Skinner é claramente um psicólogo do ato, *à la* Brentano, embora ele discorde dos papéis do experimento e da introspecção e da importância do objeto de estudo. Todavia, eu argumento que, para Skinner, o objeto intencional está sempre presente na conceptualização de unidades de comportamento.

Ou seja, o que Baum (conferir também sua obra de 1999) está afirmando diz respeito à existência *relacional* dos objetos ambientais e do comportamento, que para Skinner estão ligados não por uma intenção no sentido de expectativa, mas no sentido de um elo funcional dependente das contingências presentes.

Ainda para caracterizar historicamente o desenvolvimento da situação skinneriana atual, Day (1980) se reporta à influência da teoria da seleção natural e aos interesses no comportamento animal, que são reconhecidos em *About behaviorism*, quando o autor assume a importância não apenas das contingências de reforçamento, mas das contingências de sobrevivência. Skinner com a palavra (1974, p.35):

> Darwin simplesmente descobriu o papel da seleção, um tipo de causalidade muito diferente dos mecanismos da ciência daquele tempo. A origem de uma fantástica variedade de coisas vivas poderia ser explicada pela contribuição feita por traços novos, possivelmente de proveniência fortuita, para a sobrevivência. As ciências físicas e biológicas não apresentavam nada ou quase nada que prenunciasse a seleção como princípio causal... As contingências de sobrevivência são frequentemente descritas em termos que sugerem um tipo diferente de ação causal. A "pressão de seleção" é um exemplo. A seleção é propriamente representada como uma força de pressão. Dizer que "nos mamíferos não há uma pressão seletiva óbvia que explique o alto nível de inteligência alcançada pelos primatas" é simplesmente dizer que é difícil imaginar condições em que os membros ligeiramente mais inteligentes de uma espécie tivessem maior probabilidade de sobreviver.

Para Skinner, dois tipos de processos evolucionários estão em jogo na explicação do comportamento: o *cultural* e o *biológico*, sendo que tais processos se complementam no seu modelo de análise, já que no plano biológico a unidade de análise é o comportamento, enquanto no cultural a unidade são as práticas sociais (em última análise, um conjunto de comportamentos estabelecidos por regras sociais).

Em adição, para os propósitos deste trabalho, importa um conceito criticamente discutido e hoje centro de polêmicas intermináveis. Trata-se da questão da *continuidade* entre espécies. Mais precisamente, o que desde Darwin vem sendo muito discutido é a questão da continuidade da *vida mental* entre homens e animais. Skinner é acusado de ser signatário da corrente que admite essa continuidade. Mais que isso, seus experimentos com ratos albinos *wister* têm sido tomados como memoráveis exemplos (negativos) de que pretende essa continuidade e de que faz *friamente* a transferência de resultados obtidos com outros organismos da escala filogenética para organismos humanos.

Mas também essa polêmica tem história. Ela se iniciou a partir dos trabalhos de George Romanes. Este teria sido o primeiro a utilizar a expressão Psicologia Comparativa (ou Psicologia Comparada), argumentando a favor da existência da continuidade da vida mental entre homens e animais e juntando uma série de relatos anedóticos como *prova* de sua convicção. Mas isso acendeu outra forte polêmica.

As provas de Romanes foram não apenas contestadas por Lloyd Morgan, além disso, Romanes foi apontado como alguém que estava tentando *antropomorfizar* o comportamento e as explicações para o comportamento animal. Segundo Morgan, Romanes "lia o comportamento animal dentro da concepção de estados mentais que era então utilizada comumente para explicar comportamentos humanos". Foi quando surgiu o famoso *cânone de Morgan*, que estabelecia que, quando se pretendesse a explicação de um fenômeno psicológico, e tendo-se em mãos duas possíveis e potencialmente equivalentes explicações desse fenômeno, dever-se-ia escolher a mais simples (na verdade, o cânone tem uma abrangência maior, porque alcança toda explicação científica, em qualquer área do conhecimento, sendo também conhecido como o *princípio da parcimônia*). É preciso lembrar aqui que embora Skinner tivesse por vezes privilegiado dados experimentais em contrapartida a argumentos, e teorizações simples (no melhor sentido, já que não simplista) a teorização rebuscada (no pior sentido, já que não apenas complexa), essa é mais uma questão áspera. Basta lembrar, com Löwy (1996), "uma tese epistemológica bem conhecida, o teorema de Duhem-Quine: para um conjunto dado de informações empíricas podem existir vários sistemas teóricos capazes de compreendê-las" (p.200).

Entrementes, o problema da continuidade mental e o problema consequente da antropomorfização continuam sendo pedras no caminho do behaviorismo radical, mesmo que Skinner já tenha dito que não se trata de igualar espécies, mas de experimentar, por questão de comodidade laboratorial e ética, com organismos não humanos, de modo a obter informações preambulares que poderão servir à compreensão do comportamento humano.

No rastro da história da crítica investiga-se outra questão geradora de discussões, qual seja, a que se refere às concepções de recompensa e de reforço. As dúvidas começaram com as interpretações de similaridade entre a lei do efeito de Thorndike e o conceito de reforçamento operante. A prática de igualar os dois conceitos é, para Day, *desafortunada*. O que Thorndike pleiteava era o grau de prazer ou satisfação, ou seja, privilegiava a *natureza* de um objetivo conseguido, o que difere muito do conceito de reforço, definido não intrinsecamente (por exemplo, pelo *grau de satisfação* do organismo), mas diretamente pelas suas consequências sobre o comportamento (em geral medidas pela frequência de ocorrência de amostras similares ao comportamento originalmente reforçado).

É nessa direção que vêm cabendo discussões quanto ao aspecto do que seja *bom* ou *agradável* para o organismo, relacionando esse caráter ao reforço positivo e o aspecto de *mau* ou *desagradável* ao organismo sendo ligado ao estímulo aversivo. Para alguns críticos, definir pelas consequências e, portanto, pela alteração do grau de probabilidade de ocorrência de comportamentos similares faz desembocar na questão da circularidade dos conceitos de estímulo e resposta e suas relações, o que será um dos temas da crítica, no capítulo seguinte.

Na trilha histórica dessas críticas ao behaviorismo em geral, e ao behaviorismo radical em particular, por sua relevância neste estudo, está a questão do *mecanicismo*. Nessa busca encontra-se a influência, por vezes declinada pelo próprio Skinner, dos trabalhos de Ernst Mach, já citado anteriormente. Segundo

Baum (apud Day, 1980, p.214), a compreensão de Mach é extremamente relevante para a compreensão de Skinner:

> Existem aspectos controvertidos e ao mesmo tempo misteriosos no pensamento de Skinner que podem começar a ser entendidos com a leitura de Mach: seu método de interpretação na ausência de dados (por exemplo, seu livro *Verbal behavior*), sua indiferença à circularidade da lei do efeito, sua abordagem à seleção de unidades de medida, sua intolerância com o mentalismo ... e sua posição "antiteórica", que hoje diz respeito somente a algumas espécies de teoria ... Skinner seguiu Mach, em que: *descrever é explicar* e em que o real valor do conhecimento científico reside no poder derivado do descrever. [grifo do autor]

Mach foi um positivista significativamente diferente dos demais positivistas lógicos do Círculo de Viena, que tiveram poderosa influência sobre o behaviorismo metodológico dos anos 1940 e seguintes, como já se registrou. Para Micheletto (1997, p.34), embora sejam positivistas os critérios skinnerianos de estudo do comportamento, porque Skinner atém-se aos dados e afasta-se da metafísica, é necessário lembrar a existência de certa rejeição ao mecanicismo. A mesma autora lembra mais um ponto de aproximação com Mach:

> a noção de explicação. Para Skinner, o conhecimento suficiente para uma ciência não pode ser a descrição de um evento em si mesmo... Deve-se relacionar o evento a outros eventos. O comportamento só pode ser compreendido a partir do intercâmbio do organismo com o ambiente. Uma relação que não expresse uma *causa*, e sim que descreva uma *função*. Para Skinner, como para Mach, a explicação é uma atividade idêntica à descrição. [grifos nossos]

A tese característica do positivismo é a de que a ciência é o único conhecimento válido e os fatos são os únicos objetos do conhecimento. Desde Comte, com todas as modificações sofridas, o positivismo enquanto filosofia não possuía método diferente do da ciência. Sua meta principal era a de que princípios gerais comuns a todas as ciências pudessem ser úteis para guiar o comportamento humano para uma melhor organização social.

O positivismo, assim, negava a existência de forças mentais e se opunha substancialmente à metafísica, aceitando apenas os fatos investigados cientificamente. Mach era um positivista no sentido de que privilegiava a redução dos fatos a percepções tais como observadas, o que acabou sendo considerado como uma forma especial de fenomenismo.

O *fenomenismo*, reitera-se, defende a ideia de que todos os eventos podem ser reduzidos a combinações físicas e químicas e há uma preocupação em conhecer diretamente, mediante observação, o próprio fenômeno em vez de eventos determinantes subjacentes (internos). Aí fica clara a influência de Mach sobre Skinner, quase sempre, nesse sentido, considerado um *monista fisicalista*: o mundo é composto apenas de um estofo e esse estofo é físico. O tema do fisicalismo, na esteira da discussão das explicações (causais/funcionais) para o comportamento, é analisado em Laurenti (2004), articulando historicamente conceitos metodológicos e epistemológicos enunciados por Hume, Mach e Skinner.

Além de adotar a ciência descritivo-funcional de Mach (e até por isso), Skinner privilegia a replicabilidade em pesquisa e, particularmente, o caráter público do conhecimento. A respeito do perfil do behaviorista radical, diz Sério (1997): "O caminho que o cientista percorre ao produzir conhecimento deve ser submetido a uma única norma: deve ser público. Não cabe restringi-lo por nenhum outro tipo de padronização... e por nenhum tipo de formalização" (p.70).

Para caracterizar questões filosóficas e históricas que subjazem à compreensão do behaviorismo contemporâneo, Day (1980), nas suas considerações, coloca dez aspectos que entende relevantes:

1. O desafio do behaviorismo contemporâneo ao conceito grego da mente, frequentemente citado na cultura ocidental como representativo do senso comum acerca dos assuntos humanos.

2. O problema do reducionismo, ou a análise em elementos, muito associada ao behaviorismo no passado e a sua relativa irrelevância para o behaviorismo radical skinneriano.

3. A importância do conceito filosófico de intencionalidade e suas implicações na possibilidade de descrição do comportamento em linguagem apenas física.

4. A significância do fato de que o conceito de consequências reforçadoras faz mediação apropriada com a intencionalidade.

5. A importância dos padrões skinnerianos de explicação do conceito darwiniano de adaptação ao ambiente.

6. A enorme influência de Mach ao dar uma estrutura ao entendimento skinneriano de ciência, que é diferente do assumido pelos outros psicólogos.

7. A relevância do pragmatismo filosófico para a compreensão do conceito skinneriano de conhecimento.

8. A diferença entre os primeiros e sistemáticos conceitos de funcionalismo e behaviorismo como escolas clássicas da Psicologia, em contrapartida à emergência, com o behaviorismo, de um foco de interesse na *objetividade* como valor de orientação central na pesquisa do behaviorismo contemporâneo.

9. A grande diferença entre a concepção behaviorista de definição operacional enquanto mecanismo para a análise funcional da linguagem e a compreensão clássica do operacionismo para a maioria dos outros psicólogos, particularmente para os behavioristas metodológicos, como descrição de operações necessárias à obtenção do conceito.

10. A ênfase revolucionária do behaviorismo radical enquanto epistemologia, na análise funcional do comportamento, em particular com a priorização, pela análise, do responder discriminativo.

Behaviorismo radical

Por seu turno, ao fazer considerações sobre quais traços efetivamente caracterizam o behaviorismo, antes que o trabalho de Skinner despontasse singularmente, Koch (1954a) – para que aqui se possa ter algum termo de comparação – manifestava-se da seguinte forma:

> É elegante rotular Hull como um neobehaviorista, mas, para compreender suas principais ideias orientadoras, torna-se necessário determinar em que Hull é um "behaviorista" e em que é "neo". O behaviorismo "clássico" de Watson, Weiss, Holt etc., que chegou ao pico de sua influência na metade dos anos 1920, foi pouco mais que um conjunto de atitudes orientadoras. O behaviorismo foi um enérgico movimento na direção de uma teoria, mas nenhum escritor behaviorista conseguiu fazê-lo uma teoria concreta ... Os behavioristas estiveram frequentemente isolados das questões empíricas. O coração do movimento foi um conjunto comum de atitudes orientadoras, a maior parte das quais são as seguintes:
>
> 1) A insistência em técnicas intersubjetivas (objetivas) para assegurar a expressão de dados empíricos. Isso foi considerado incompatível com a continuação do uso dos métodos "introspectivo", "subjetivo" e "antropomórfico".
>
> 2) A reivindicação das variáveis estímulo e resposta como as únicas e legítimas variáveis independentes e dependentes em que era possível expressar os resultados da pesquisa psicológica, visando formular uma teoria. Nesse sentido, o objetivo da Psicologia foi representado (por Watson e outros) por: "dado um estímulo, predizer a resposta e dada uma resposta, inferir um estímulo".
>
> 3) A consideração dos princípios da resposta condicionada ou outros relacionados à forma S-R de associacionismo, como lei básica de explicação da aprendizagem.
>
> 4) Uma grande ênfase no "periferalismo" como determinante do comportamento. Essa ênfase, é claro, fica relacionada à orientação S-R, a plausibilidade da qual os behavioristas tentam frequentemente mostrar pela análise de processos envolvendo termos S-R...
>
> 5) Uma ênfase extremada no ambientalismo. (p.168)

Day (1980) faz questão de assinalar que há muita confusão da crítica ao simplesmente equalizar a visão skinneriana com esses cinco postulados de Koch. Ele vê significativas diferenças. Observa que essas diferenças encontram-se na epistemologia funcional de Skinner, "na sua concepção machiana de ciência e grandes discrepâncias no clima profissional corrente em relação ao dos anos 1920".

Recapituladas as origens do pensamento behaviorista e conhecido, ao menos de modo superficial (até porque a literatura a respeito não é sistemática, mas dispersa), o curso histórico-crítico do ramo behaviorista mais proeminente (o behaviorismo radical de Skinner), é em relação a este, evidentemente, que se passará, neste trabalho, a concentrar as referências. Ao behaviorismo radical se referirá a maioria das críticas, como também com base nele surgirão eventuais sugestões de redelineamento. Por certo, se esta é a trilha possível, a posição do próprio Skinner acerca de algumas características de sua obra precisaram ser colocadas, bem como a dos historiadores. Para tornar mais vertical a apreciação das considerações dos críticos, que virão a seguir, recoloca-se a posição do behaviorismo radical – permitindo melhor compreendê-lo – com afirmações finais importantes de Skinner (1974):

> Pode-se dizer que o behaviorismo metodológico e certas versões do positivismo lógico ignoram a consciência, os sentimentos e os estados mentais, mas o behaviorismo radical não "decapita o organismo" com isso; não "varre o problema da subjetividade para debaixo do tapete"; não "mantém uma metodologia estritamente comportamental ao tratar os informes da introspecção simplesmente como comportamento verbal" e não visa a "permitir que a consciência se atrofie".
>
> O que o behaviorismo radical tem a dizer sobre a consciência é isto:
>
> a) a estimulação que se origina no interior do corpo representa papel importante no comportamento;

b) os sistemas nervosos por meio dos quais ela se torna efetiva desenvolveram-se por causa do seu papel na economia interna e externa do organismo;

c) no sentido em que dizemos estar uma pessoa consciente daquilo que a cerca, ela tem consciência dos estados ou acontecimentos de seu corpo; está sob o controle deles enquanto estímulos. Um lutador que "tenha sido posto inconsciente" não está respondendo aos estímulos atuais quer dentro, quer fora de sua pele; e uma pessoa pode continuar a falar "inconsciente do efeito de suas palavras sobre os ouvintes" se esse efeito não estiver exercendo controle sobre seu comportamento. Longe de ignorar a consciência nesse sentido, uma ciência do comportamento desenvolveu novos meios de estudá-la;

d) uma pessoa torna-se consciente num diferente sentido quando uma comunidade verbal organiza contingências em que não apenas a pessoa vê um objeto, mas também identifica o que está vendo. Neste sentido especial, a consciência ou percepção é um produto social;

e) o conhecimento introspectivo que a pessoa tem de seu corpo – o autoconhecimento – é deficiente por duas razões: a comunidade verbal não pode pôr o comportamento autodescritivo sob o controle preciso de estímulos privados e não houve oportunidade para a evolução de um sistema nervoso que pusesse algumas partes muito importantes do corpo sob total controle;

f) dentro desses limites, o autoconhecimento é útil. A comunidade verbal faz perguntas acerca dos acontecimentos privados porque eles são produtos colaterais de causas ambientais, acerca das quais ela pode, com isso, fazer inferências úteis e o autoconhecimento torna-se útil para o indivíduo por razões semelhantes;

g) não se pressupõe nenhum tipo especial de matéria mental. O mundo físico gera tanto a ação física quanto as condições físicas no interior do corpo às quais uma pessoa responde quando uma comunidade verbal organiza as contingências necessárias...

Ninguém pode dar uma explicação adequada de grande parte do pensamento humano. Afinal de contas, *ele é provavelmente o mais complexo assunto jamais submetido a análise* [grifo nosso]. As grandes realizações de artistas, compositores, escritores, matemáticos e cientistas estão, sem dúvida, ainda fora de alcance (em parte, como já salientei, porque os homens que se destacaram nesses campos foram levados pelo mentalismo a dar erroneamente informações inúteis de suas atividades). Por mais deficiente que possa ser uma explicação comportamental, devemos lembrar que as explicações mentalistas não explicam nada. (p.180-5, passim)

6
Crítica e metacrítica: temáticas e contextos relevantes

Como anunciado anteriormente, este capítulo pretende agrupar o conjunto das principais críticas ao enfoque behaviorista. Para tanto, foi adotado um conjunto de critérios, arbitrários e certamente não consensuais, que visam unicamente dar alguma uniformidade à apresentação geral do conteúdo. Foram definidas três áreas básicas de concentração da crítica, em que se supõe ser possível abrigar as principais questões enfocadas. Essas áreas receberam as denominações de *conceitual-filosófica*, *ético-social* e *científico-metodológica*. No entanto, embora tenha sido essa a melhor alternativa de agrupamento encontrada, pelo menos dois tipos de problema foram identificados e torna-se necessária – por ética – uma ressalva antecipada.

Em *primeiro lugar, sobraram* temas, ou seja, as categorias propostas, embora sugestivas, não puderam conter todo o conteúdo crítico: não há categorias passíveis de adoção sem que se corra o risco de que falhem por não contemplarem todo tipo de crítica encontrado na literatura. Há alguns temas que são, por isso, apresentados numa quarta *área*, uma espécie de miscelânea ou mosaico de temas polêmicos de natureza muito específica, que, embora compartilhem setores das três primeiras categorias, acomodam-se melhor nessa quarta área.

Em *segundo lugar*, os temas enquadrados nas três áreas prioritárias possuem elementos comuns. Por exemplo, quando se está discutindo uma questão de cunho científico-metodológico é quase natural que ela contenha implicações conceituais-filosóficas ou éticas. Reitere-se, as categorias escolhidas não são mutuamente exclusivas, em virtude da própria natureza do trabalho, além do fato de que, frequentemente, os autores não escrevem para circunscrever-se apenas a um determinado ângulo da questão.

Apenas se pretendeu, com a divisão proposta, assegurar ao leitor um contato facilitado e razoavelmente uniformizado com o material, que é bastante complexo e está distribuído na literatura científica pertinente de modo aleatório, sem uma sequência cronológica e lógica temática visível. Há assuntos que têm uma incidência na época da publicação da literatura behaviorista (por exemplo, a crítica em torno da questão da liberdade e da dignidade foi acentuada, como se poderia esperar, logo em seguida à publicação de *Beyond freedom and dignity* – dezenas de revisões aconteceram no mesmo ano ou no ano seguinte). Todavia existem temas que são recidivos: vão e voltam à tona conforme algum evento provocativo ocorra – e não há regras explícitas para que isso aconteça.

Outra antecipação necessária ao leitor é a de que, posteriormente à descrição e análise das críticas, será feito um resumo de cada questão, com o único objetivo de tornar mais fácil a identificação da polêmica apontada. Tais resumos, por vezes, poderão não ser uma amostra especialmente representativa de todo o contexto da crítica, até porque esta se configura, por sua própria natureza, como resistente a ser sumariada, em razão de algumas sutilezas que não podem deixar de ser levadas em conta. Todavia, um sumário tentativo visa, fundamentalmente, assegurar a *construção de um perfil* que permita ao leitor visualizar ao menos uma parte da situação vigente da crítica ao behaviorismo radical. Isto se fará porque, com uma avaliação crítica, pretende-se – concedida vênia do leitor para os vieses próprios de um autor que se encontra necessariamente no interior da polêmica em razão de sua formação teórica – identificar subsídios não valorizados até aqui pelo behaviorismo radical e que podem ser úteis para o seu aperfeiçoamento, reformulação ou consolidação. Se este não for o caso – o que ficará transparente quanto a uma parcela significativa da crítica –, certamente esta será utilizada como instrumento a permitir uma discriminação de áreas que devem ser mais bem pesquisadas, de assuntos que devem ser aprofundados, de técnicas que devem ser priorizadas e assim por diante.

Resta pontificar que uma avaliação crítica jamais poderá pretender *status* de palavra decisiva, até porque o objeto de estudo em pauta não permite essa pretensão. Assim, o presente ensaio tem apenas, e em última análise, o objetivo de alertar para o fato de que uma revisão da crítica pode ser útil para o aperfeiçoamento de qualquer abordagem: é esse sentido e essa perspectiva que se reivindica ao leitor criterioso adotar ao entrar em contato com estas ponderações.

A seguir, no quadro 3, é apresentado, de modo esquemático, o conjunto de categorias e títulos de temas selecionados dentro da literatura revista, seguindo-se uma síntese do contexto crítico respectivo. Na sequencia, já se entrará automaticamente no conteúdo de cada assunto, seguindo-se o modelo esquemático desse quadro.

Quadro 3

Área 1 (Conceitual-filosófica)

Contexto crítico 1.1.	Supersimplificação e superficialidade na explicação do comportamento enquanto objeto de estudo: o behaviorismo radical seria *reducionista*.
Contexto crítico 1.2.	Generalização da pesquisa animal para os seres humanos: o behaviorismo radical seria *continuísta*.
Contexto crítico 1.3.	Rigidez na explicação das relações estímulo-resposta, considerando o interior do homem como cerne da metáfora da "caixa preta": o behaviorismo radical como *mecanicista*.
Contexto crítico 1.4.	Influência *positivista* como determinante da filosofia behaviorista: o behaviorismo radical como instrumento que leva à objetificação da pessoa humana.

Área 2 (Científico-metodológica)

Contexto crítico 2.1.	As noções de estímulo e resposta como conceitos pseudo-objetivos: o behaviorismo radical é *circular* na sua suposta linguagem operacional.
Contexto crítico 2.2.	A análise (formal/funcional) do comportamento verbal e as questões da *teleologia*, *intencionalidade* e *propósito* em debate.
Contexto crítico 2.3.	As aplicações clínicas da Análise do Comportamento e os efeitos da filosofia behaviorista: a substituição de sintomas como suposto exemplo da *ineficácia* e *impropriedade* de métodos, técnicas e procedimentos.

Continuação

Contexto crítico 2.4.	O método de pesquisa e os procedimentos utilizados na Análise do Comportamento não dão conta do caráter interno e privado: o behaviorismo radical explica apenas uma fração *superficial* das ações humanas.

Área 3 (Ético-social)

Contexto crítico 3.1.	A prática do controle gera relação de manipulação unilateral: a questão dos valores e o behaviorismo radical como *reacionário* e *antidemocrático*.
Contexto crítico 3.2.	O campo da Análise Aplicada do Comportamento: o behaviorismo radical, quando presente na prática clínica, educacional e de relações humanas, baseia-se em análise *superficial* e é necessariamente *antiético*.
Contexto crítico 3.3.	O behaviorismo negligenciaria instintos, sentimentos, motivos, emoções, dons inatos e criatividade: o behaviorismo radical seria *desumanizante*.
Contexto crítico 3.4.	Ao negligenciar a dignidade e o livre-arbítrio, o behaviorismo radical seria uma *ameaça aos ideais libertários*.

"Área 4" (Outras críticas e temas polêmicos)

Contexto crítico 4.1.	Algumas dimensões da divergência Freud x Skinner.
Contexto crítico 4.2.	Behaviorismo e pressupostos neurológicos sob suspeição.
Contexto crítico 4.3.	As relações entre behaviorismo e etologia.
Contexto crítico 4.4.	Behaviorismo e espiritualidade: considerações sobre alguns apontamentos da crítica.

Continuação

Contexto crítico 4.5.	Behaviorismo, situacionismo, ambientalismo, contextualismo.
Contexto crítico 4.6.	As relações (im)possíveis entre behaviorismo e fenomenologia.
Contexto crítico 4.7.	As relações entre behaviorismo e humanismo: aproximação e distanciamento.
Contexto crítico 4.8.	Behaviorismo social e behaviorismo radical.
Contexto crítico 4.9.	O papel da teoria no behaviorismo radical: polêmica perene.
Contexto crítico 4.10.	As relações entre behaviorismo e cognitivismo: do antagonismo explícito à proximidade possível.
Contexto crítico 4.11.	Críticas ao behaviorismo radical e confusões de endereço: os diferentes behaviorismos.

Área 1 (Conceitual-filosófica)

Supersimplificação e superficialidade na explicação do comportamento enquanto objeto de estudo: o behaviorismo radical seria reducionista

O arcabouço histórico do behaviorismo descrito nas primeiras páginas deste ensaio frisou várias vezes o ambiente acadêmico em ebulição desde o lançamento do manifesto, em 1913, propondo mudanças quanto ao objeto de estudo da Psicologia. O cenário de descontentamento com a subjetividade assegurou lugar para uma atenção especial do mundo acadêmico sobre o estudo do comportamento, em contrapartida ao estudo da consciência. A alternativa behaviorista da escolha do comportamento como objeto de estudo produziu até mesmo uma tendência a abandonar o próprio termo *Psicologia*, originalmente referente ao estudo da *alma* e, nesse sentido, uma disciplina preocupada com os conteúdos subjetivos da consciência e/ou da mente humana. Até por conta dessas razões, alguns behavioristas, culminando com Skinner, acabaram por preferir expressões que, segundo eles, refletissem melhor o seu campo de estudo: passou-se a falar em ciência do comportamento como designação geral e, mais especificamente, em Análise Experimental do Comportamento, em vez de Psicologia.

O clima no final do século XIX e no começo XX, embora entre os acadêmicos se respirasse alguma hipotética mudança, mantinha-se receoso e conservadorista. Por essa razão, a sustentação teórica do dualismo, que levou ao desenvolvimento da introspecção como método eleito pela Psicologia, estribado nas defesas do mental contra o corpóreo, do interno contra o externo, do proposital contra o reflexo, estava de tal modo arraigada na época do lançamento por Watson das bases do behaviorismo que a reação ao manifesto foi imediata e ruidosa. Uma primeira e forte onda de rejeição ao modelo teórico, quanto ao seu objeto de estudo, apareceu com o próprio artigo behaviorista inaugural, por considerar-se que Watson bania a mente do campo de análise de sua teoria. Essa semente amputadora do conceito de homem levou a extremos do que mais tarde viria a ser considerada uma forma reducionista de análise, ou seja, o behaviorismo metodológico. Era a questão do dualismo recrudescendo, sempre viva, como teria explicado Boring (1953a) em sua análise: "A crença na existência da mente consciente é muito antiga, tão antiga quanto a Filosofia e tão antiga quanto a crença na imortalidade da alma" (p.175). Na verdade, Boring faz referência à sustentação da tradição, em Psicologia, do velho *dualismo corpo--mente*, que levou seu objeto de estudo a permanecer por tanto tempo sendo a referida e suposta segunda dimensão do homem, ou seja, a sua vida mental.

Os reflexos da crítica em função da posição behaviorista inflexível com a questão do dualismo repercutiram logo no começo do século XX. Para se ter uma ideia do alcance das reações ao behaviorismo watsoniano inicial, registre-se que as restrições behavioristas de então à inclusão da mente como finalidade de uma ciência psicológica criaram dificuldades à compreensão de muitos estudiosos, acostumados a pensar as questões humanas tendo a consciência como referencial. De tal modo se tentou *consertar* essa situação que certos autores (Kostyleff, 1928, por exemplo) se referiam à possibilidade de que se fizesse o estudo do comportamento, mas que se introduzisse a noção de espírito (como sinônimo de mente) com as particularidades que fossem necessárias à compreensão do indivíduo, que, na sua opinião, não poderia ser visto como autômato e reduzido inteiramente ao sistema nervoso. A visão objetivista do comportamento e o eventual lugar da consciência dentro do sistema behaviorista já haviam sido discutidos por Lashley (1923), em cujos trabalhos se colhiam indicações de que a descrição e explanação completas do comportamento podiam ser conseguidas em termos de uma *psicoquímica* da atividade corporal.

Entretanto, as três principais versões behavioristas da época, segundo Lashley, diferiam quanto ao papel da *mente* no sistema. Assim, alguns entendiam que os fatos da experiência consciente existiam e eram passíveis de estudo, com métodos distintos dos utilizados para o comportamento. O behaviorista não estaria interessado neles, embora admitisse sua existência; deixá-los-ia para os introspeccionistas ou para os filósofos. Essa posição é caracterizada por Lashley como fundada num puro paralelismo psicofísico, com ênfase no físico, tal como a visão de Bechterev e outros objetivistas primevos. Ou seja, nessa versão, o behaviorismo estaria admitindo sua compreensão parcial do ser humano, ao possibilitar apenas procedimentos objetivos de acesso a tudo o mais que não fosse *mente* ou *consciência*: estas seriam analisadas a partir de técnicas convencionais, entre as quais a introspecção configurava excelência.

Uma segunda versão behaviorista apontada por Lashley em relação ao objeto de estudo mostrava que os fatos da experiência consciente existiam, mas não eram passíveis de qualquer tratamento científico: essa seria a formulação mais comum entre os behavioristas da época e refletia parcialmente os primeiros escritos de Watson. Essa posição, porque não acreditava poder lidar com os fatos da consciência utilizando sua metodologia, se recusava a aceitar que qualquer outro sistema com embasamento de causação física pudesse ser desenvolvido de modo a permitir uma explicação fisicalista dos fatos da consciência. Tal acepção já era considerada por Lashley como uma forma de behaviorismo metodológico. Neste caso, não só o behaviorismo (metodológico) não tinha acesso à *mente* e à *consciência*, mas as excluía de consideração: como que *decapitava* o organismo por insuficiência técnico-metodológica para descrevê-lo completamente.

Uma terceira e última posição acerca do objeto de estudo do behaviorismo era a que tornava pressuposto que os fatos da consciência simplesmente acabam sendo fatos comportamentais. Em outras palavras, como dizia o próprio Lashley: "Mente é comportamento e nada mais". Mais tarde, com muitos reparos, veio a ser definitivamente conceptualizada por Skinner como o behaviorismo radical, que não nega a existência da *vida mental*, a que chama de eventos privados, negando a estes, todavia, a condição de causa do comportamento.

Todas essas alternativas, que de um modo ou outro acabam conduzindo o objetivo do behaviorismo para o comportamento, geraram e continuam gerando intermináveis críticas (como em Locke, 1972). Esse é o fenômeno que interessa aqui: ao desvencilhar-se da questão da consciência, procurando alternativas que lhe permitissem, como é o caso de Skinner, assegurar que não negligencia os "fatos da vida mental", o behaviorismo em geral, e o behaviorismo radical em particular, acabam sendo atacados com o estigma do *reducionismo*. Neste caso específico, isso ocorre exatamente em função da concepção de que o comportamento não é tudo e de que, em contrapartida, nem tudo é comportamento. O behaviorismo, ao tentar transformar grande parte de todos os fenômenos associados à ação humana em comportamento, estaria assumindo posição nitidamente reducionista, segundo a crítica.

Porém, antes que se possa avaliar a propriedade ou impropriedade da observação, torna-se interessante visualizar melhor algumas concepções e tipos de reducionismo já discutidos na literatura. Nesse empreendimento, a história mostra interessante trabalho de Sloane, já em 1945. De modo sucinto, para ele, reducionismo pode ser definido "como a tentativa de explicar um todo complexo de inter-relações em termos de seus elementos simples ou de elementos componentes de um nível inferior do fenômeno" (p.217). Considerando-se a época, é bastante auspiciosa a proposição de Sloane. Já nos permite visualizar a ideia propriamente da redução, isto é, a ideia de diminuir o evento ou fenômeno, em termos explicativos, de maneira a supersimplificar sua compreensão. Essa supersimplificação não pode ser confundida com a parcimônia. É notoriamente sabido que a parcimônia nas explicações científicas é uma virtude: entre explicações diversas, deve-se escolher a mais simples (desde que provavelmente a mais correta). Isso não se deve confundir com supersimplificação ou reducionismo. Este acaba ignorando partes fundamentais do fenômeno ao tentar explicitá-lo, como será visto em seguida. Assim, a simplificação tornaria artificial e parcial a compreensão do fenômeno, no sentido de que, ao reduzi-lo, ficariam de fora da explicação muitos aspectos importantes do mesmo. E, considerada de fora da explicação *qualquer* parte do fenômeno, mesmo que descartada sua maior importância, a verdade é que o fenômeno *todo* não estará explicado.

Mas pode-se, a partir de Sloane (1945), encontrar melhor ilustração de alguns tipos de falácias típicas de uma posição reducionista:

1. *Falácia do isolamento* – Essa falácia consiste em isolar uma parte de um todo e estudar sua estrutura ou função sem consi-

derar suficientemente suas relações de dependência com o todo de que faz parte. Essa parte é estudada como se fosse um todo fenomênico em si. Muito do trabalho com a célula, no campo da Biologia; do reflexo, na Psicologia; da liderança, na Sociologia e na História, tem sido viciado por essa espécie de abordagem reducionista. Esse tipo de falácia serviu de modelo a uma parcela da crítica ao behaviorismo, no sentido de que este, ao priorizar o comportamento como via única de acesso à compreensão das ações humanas, deixaria de *olhar criteriosamente* para todo o contexto restante. Em outras palavras, o behaviorista *recortaria* a realidade com a justificativa metodológica de melhor estudá-la, mas não conseguiria compreender, com isso, o todo de onde isolou aquele comportamento específico.

2. *Falácia do somatório matemático* – Sloane mostra que essa falácia, integralmente relacionada à primeira, consiste em pensar que por ser verdadeiro, em matemática, que o todo é a soma das partes, também isso seja verdade na natureza em geral; o todo é muito mais que a soma das partes, como a Gestalt viria a enfatizar. Pensadores respeitáveis, quando em procedimentos de análise teórica, entretanto, têm incorrido nessa falácia. Eles acreditam que é possível analisar o todo em seus elementos ou partes e, com isso, mesmo sem uma *costura* sistemática, é possível ter ideia exata do todo. Para Sloane, falham em não perceber que anatomizar e atomizar o homem não é o mesmo que revelar sua existência integral, mas apenas retalhar o organismo. No final deste livro, quando se estará especulando sobre um paradigma de Análise Comportamental Contextualista como alternativa ao modelo vigente, esse aspecto estará sendo destacado, se não apontado como substrato teórico e filosófico básico para um behaviorismo redelineado.

3. *Falácia das constantes* – Essa falácia envolve pensar em termos estáticos, em contrapartida a termos dinâmicos. Natureza e sociedade são consideradas como um conglomerado de unidades fixas, átomos, indivíduos. Não se levam em conta as mu-

danças e o dinamismo que cada uma dessas unidades possui em si mesma. De certo modo, a visão sociológica positivista de Durkheim padeceria desse tipo de problema, ao admitir como próprio da natureza social um certo conjunto de desigualdades intraclasse, o que comprometeria por princípio qualquer ciência que buscasse contribuir decisivamente para transformações sociais importantes.

4. *Falácia da origem* – Para compreender essa falácia, é preciso levar em conta que um efeito não difere de sua causa em termos de estofo. Desde que o homem em origem é animal, então tudo o mais nele seria animal: as leis da aprendizagem, por exemplo, guardariam similaridade para animais e homens. Entram aí, mais tarde, as questões da continuidade interespécies e da dicotomia monismo/dualismo (respectivamente, questões como: em que medida o que é válido para outras espécies é válido para a espécie humana? Pode uma estrutura de estofo físico – o cérebro – produzir algo de estofo não físico – o pensamento?).

5. *Falácia da metáfora ou da analogia* – Ligada à anterior, representa-se por uma tendência a usar analogia antropomórfica para compreender níveis não humanos. Aqui, a questão do *propósito* é um exemplo: não é a mesma coisa para homens e outros animais e mesmo plantas. Nesse sentido, é falacioso analisar o comportamento animal (e vice-versa) usando parâmetros humanos: que estará *pensando* o animal? O que ele *sente* nessa condição?

6. *Falácia dos modelos* – A comparação metafórica das explicações a partir de modelos é o que ocorre aqui: comparar o sistema nervoso com um sistema telefônico ou elétrico ou comparar o funcionamento cerebral com o funcionamento do computador são exemplos.

Embora as elucidações de Sloane sejam valiosas, nem sempre elas se referem ao sentido de reducionismo tal como hoje é encontrado na literatura: extrapolam o conceito atual que se fixa na ideia de supersimplificação e elementarismo. Os critérios de Sloane, sobretudo, nem sempre foram seguidos de modo integral pela crítica nem necessariamente guardam toda a coerência que se poderia exigir. Todavia conseguem caracterizar suficientemente o tipo de restrições com frequência atribuídas ao behaviorismo em geral.

Uma outra forma de representar a questão do reducionismo é dada por Jessor (1958), que ressalta que o interesse nos determinantes fisiológicos e nos modelos físicos do comportamento reabriu algumas questões fundamentais a respeito do *status* da Psicologia como disciplina autônoma entre as ciências. Diz que algumas das discussões em torno do assunto podem ser sumariadas pela concepção de que conceitos físicos e fisiológicos são de natureza mais básica do que os psicológicos e que, por causa disso, a explicação do comportamento pode ser, em última instância, realizada nesses termos. Na opinião de Jessor, essa tendência abriga também uma forma incontestável de reducionismo, já que, a continuar essa metáfora de transformação de um elemento em outro, acabaríamos tendo o átomo (ou suas subdivisões) como a unidade básica de explicação de tudo o mais (inclusive do comportamento).

Nessa perspectiva, a doutrina do reducionismo, em essência, poderia ser compreendida considerando as diversas disciplinas na ciência como hierarquizadas: por exemplo, com a Física sendo a base para a Química, a Biologia e a Psicologia e esta, por sua vez, como base para as disciplinas históricas e sociais. Nesse sentido, os pressupostos de uma disciplina *menos básica* poderiam ser compreendidos nos termos de uma disciplina *mais básica*. Com isso, Jessor acaba deixando entrever, também, outra questão complexa, que é a do comportamento molar *versus* molecular, no sentido já discutido no livro (em Tolman), em que o molecular representa uma posição atomista e necessariamente *reducionista*, podendo ser representada pelo behaviorismo ao estudar seccionadamente o ser humano numa série de comportamentos que constituiriam seu repertório. Já para Ribes (1978, p.9):

A carência de uma teoria baseada na consideração de diferentes níveis qualitativos de complexidade e organização do comportamento tem conduzido a dois tipos de desvios reducionistas: a) um consiste em supor que as espécies superiores como o homem são controladas comportamentalmente pelos mesmos processos que as espécies inferiores (como ratos, pombos etc.), de acordo com os paradigmas do condicionamento operante; b) outro consiste em impor às espécies inferiores os processos e mecanismos identificados nas espécies superiores (mamíferos e aves), como sucede na busca de efeitos de condicionamento nos invertebrados.

O trabalho recente na Análise Comportamental Aplicada exemplifica o caso a) de maneira precisa como uma forma extrema de extrapolação conceitual do comportamento animal para o comportamento humano. Apesar do seu propósito objetivista, tal análise tem mostrado ser *reducionista* e ter pouco êxito no desenvolvimento de uma abordagem teórica do comportamento humano.

Prossegue Ribes (1978, p.9-10):

A Análise do Comportamento não tem conseguido tratar adequadamente do comportamento humano, tanto no âmbito teórico quanto no âmbito experimental. Por conseguinte, um problema primário da teoria do comportamento deveria ser a distinção entre o comportamento animal e o comportamento humano. A diferença entre o comportamento animal e o humano não pode ser somente de ordem morfológica ou quantitativa. É evidente que a linguagem e a possibilidade de responder aos referentes dos eventos conforme as convenções e a história dos grupos sociais representa inequivocamente um corte qualitativo entre os humanos e os não humanos... Sem discussão, a linguagem estabelece uma diferença fundamental entre os animais sub-humanos e o homem, e parece lógico considerar que os paradigmas e conceitos formulados para tratar dos fenômenos linguísticos tenham que ser insuficientes para conter as características qualitativas da linguagem como comportamento.

Como se vê pelos autores citados, o behaviorismo em geral compartilharia de alguns pontos de vista que poderiam demarcá-lo como uma visão parcial, simplista e superficial do seu objeto de estudo, o comportamento, em si só uma representação redutiva de tudo que pode se passar no organismo enquanto age.

Por definitivo, embora a precisão dos termos careça de melhor especificação no âmbito da ciência, simplismo e superficialidade são conceitos comumente encontrados na literatura crítica acerca das teses behavioristas, desde Watson. Nem sempre as referências utilizam exatamente essa terminologia, mas este ensaio alude ao *contexto* da crítica, mais que à *circunstância* específica dos termos. Nessa direção, o próprio Skinner se incumbe de uma resposta preliminar (1974, p.191-2) sobre a alegada superficialidade da Análise do Comportamento:

> Se excluirmos o significado pejorativo de "superficial" como carente de penetração e o sentido honorífico de "profundo" como perspicaz e entranhado, então há uma ponta de verdade na alegação de que a análise behaviorista é superficial e não atinge as profundezas da mente ou da personalidade. O impulso de uma tal análise é questionar o papel causal daquilo que é sentido ou introspectivamente observado dentro da pele, voltando-se, em vez disso, para a história genética e ambiental, bem como para o cenário atual, todos os quais estão no lado de fora. Se o behaviorismo adotasse a linha de um estruturalismo puro, abandonando o papel causal da mente sem nada colocar-lhe no lugar, seria superficial num sentido criticável, mas esta é uma concepção muito superficial daquilo que efetivamente ocorre.

Outro autor (Rakover, 1986) vê a questão como um problema centrado na interpretação. Cita a Psicologia cognitiva como frequentemente tendo feito uso da metodologia experimental aplicada pelos behavioristas, mas utilizando um sistema interpretativo de natureza diferente, uma vez que os pressupostos acerca de implicações básicas como *aparato mental* e *estados internos* são virtualmente diferentes. Nesse sentido, um eventual reducionismo não se localizaria especificamente no *modo* experimental de abordar o objeto de estudo, mas na *interpretação* feita a partir dos dados dessa realidade. Esse autor tenta mostrar que, na Psicologia, existem sérias dificuldades de compreensão entre os estudiosos de ambas as linhas, especialmente em virtude da ausência de uma linguagem apropriada e comum a diversas concepções, corroborando afirmação genérica atribuída a Wittgenstein (1953): "Na Psicologia há métodos experimentais e... confusão conceitual".

Para as finalidades desta análise, com Oliveira (1982), considerar-se-á que o behaviorismo radical de Skinner tem como premissa fundamental que os organismos humanos *fazem parte da natureza* e, como parte desta, podem ser estudados cientificamente com o auxílio de uma ciência natural. É por essa razão que Skinner inclui a Análise do Comportamento, enquanto ciência cuja filosofia é o behaviorismo radical, entre as ciências biológicas. Todavia, chama atenção para que não se a confunda com uma espécie de fisiologia do comportamento, até porque deve tratar apenas dos aspectos comportamentais para os quais a Fisiologia atual não tem resposta, mas que podem ser analisados em termos de antecedentes e consequentes.

Para Oliveira (1982), considerar a Psicologia como ciência da natureza implica: a) aceitar que o comportamento é uma realidade natural semelhante aos fatos estudados pela Física, Química, Biologia etc.; b) aceitar que o comportamento tem causas materiais quantificáveis (embora muitas vezes ainda não quantificadas), como ocorre com as outras ciências naturais já mencionadas; c) ter que se restringir aos métodos próprios das ciências naturais usando a observação e experimentação empírica de fatos públicos.

Ainda para Oliveira (1982, p.34-6), Skinner mostra-se contraditório quanto a essa natureza e objeto da ciência. Principalmente quando, em *About behaviorism* (1974), defenderia posições como as que seguem:

a) nega a redução do comportamento a outros níveis de observação pregando que o mesmo deve ser observado molarmente e não molecularmente, sem reduzi-lo (pelo menos no atual estágio de desenvolvimento das ciências biológicas) a outros aspectos que não sejam outros comportamentos ou eventos antecedentes ou consequentes;

b) nega que as causas antecedam e sejam independentes dos fenômenos que se lhes seguem como ocorre com as outras ciências, ou seja, para o behaviorismo radical a causa dos comportamentos são os efeitos que se lhes seguem e, por outro lado, mesmo quando é identificável uma causa ou "estímulo" externo, este só age em consonância com os estados individuais específicos; por exemplo, a comida não é isoladamente a *causa* do comportamento *comer*. É preciso que o indivíduo esteja privado de comida ou "com fome" para que ele coma;

c) o behaviorismo radical, ao aceitar a introspecção como método, nega que a observação do comportamento deva ser realizada nos moldes do que é feito nas demais ciências naturais, as quais negam a possibilidade de análise subjetiva.

Como consequência da contradição existente entre o que pressupõem as ciências naturais como método e o que postula o behaviorismo radical, conclui-se que o mesmo não pode ser considerado coerente com o desiderato de Skinner de querer fazer da Psicologia uma ciência natural ... Desta forma McCall (1972) afirma que "Skinner principia como um reducionista metodológico para coletar dados, mas rapidamente se converte em reducionista metafísico, que tornando-se dogmático, passa a apreciar os dados que estejam de acordo com a sua concepção viesada".

Na nossa visão, no entanto, é apenas parcialmente procedente a interpretação contida em b) e c), como se segue. Quanto ao contido em c), cabe ressalvar que Skinner, ao reconhecer o valor dos relatos verbais, não sinonimiza tal *aceitação* (parcial) com sua *adoção* (enquanto método privilegiado de acesso ao psicológico); além disso, é óbvia sua tentativa frequente de aproximação a um modelo de ciência natural, de modo que uma parcimoniosa relativização de suas afirmações sobre o valor da introspecção, especialmente em *About behaviorism*, torna-se imprescindível. Quanto ao contido em b), a ressalva dá-se pela seguinte razão: quando o behaviorismo radical de Skinner descarta o *status* antecedente de causa, não o faz afastando-se da similar explicação das ciências naturais. O que Skinner está privilegiando é o comportamento operante em relação ao respondente. No operante, apenas aparenta à crítica que as causas estejam ocorrendo *depois* do evento causado, o que seria um absurdo metodológico, além de um postulado absolutamente contrário a tudo o que se depreende do determinismo científico, ainda que probabilístico. O que ocorre é que a consequência produzida por um comportamento (o que vem obviamente depois deste) tem seus efeitos não sobre esse comportamento já ocorrido, mas sobre os comportamentos que tenham função e morfologia *similares* (iguais, impossível) a este e que passam a ter maior probabilidade de emissão no futuro, em condições semelhantes à presente. Está aí implícita a noção fundamental da Análise do Comportamento que envolve classe de respostas. Todavia, decidir (pelas consequências) se o evento é reforçador positivo ou não, é outra questão e está ligada ao problema da propalada circularidade do conceito de reforço, a ser visto mais adiante.

No momento, cabe a ressalva quanto a um eventual afastamento das proposições de Skinner do que se convencionou chamar de ciências naturais, em razão unicamente do privilegiar o operante. Na verdade, Skinner, ao lidar com controle de estímulos, está clarificando exatamente essa vinculação entre SD-R-SR, relação tríplice básica da qual parte para analisar as relações funcionais entre comportamento e ambiente.

Seguindo por partes, pode-se depreender do exposto que o behaviorismo radical faz realmente uma tentativa de explicação do comportamento que seja a mais parcimoniosa, isto é, que se ampare nas concepções mais *simples* e *naturais* que se possa dar ao fenômeno. Todavia, entre o simples e o simplista há um enorme vácuo teórico. A grande densidade de publicações críticas empregando equivocadamente vários conceitos skinnerianos mostra que não é absolutamente simples entender a proposição behaviorista radical.

No contexto apresentado, torna-se claro que as pechas de supersimplificação e superficialidade não se aplicam à estrutura teórica do behaviorismo radical tal como proposta por Skinner. Tais críticas resultam de leituras apressadas e consequente desconsideração do corpo teórico integral da sua obra, bem como de aplicações completamente inapropriadas da Análise do Comportamento. Se, por um lado, uma unidade mínima de análise é necessária – a resposta –, por outro o alinhavo que o behaviorismo radical faz da rede de relações intra e intercomportamentais é ainda deficiente. Tal deficiência, porém, aparenta ser mais uma questão do estágio recente de desenvolvimento da Análise do Comportamento do que propriamente um problema no nível conceitual-filosófico do paradigma.

Entretanto ficam claras três questões ainda não completamente resolvidas no modelo: as duas primeiras referem-se a uma combinação das falácias do isolamento e do somatório matemático (Sloane, 1945). Ou seja, embora a compreensão das relações comportamento-ambiente se encontre hoje num nível plenamente satisfatório, a compreensão *contextual* do conjunto dos comportamentos que formam o repertório do indivíduo ainda sofre da restrição de se estar fazendo sempre uma análise de um recorte da realidade.

Pelo visto, essa continuará sendo uma questão pendente, uma vez que a alegação behaviorista é a de que nenhuma ciência, muito menos uma do comportamento, conseguirá visualizar o todo, como queria a Gestalt, por não haver instrumento de pesquisa ou de análise factível que permita essa façanha. Todavia, há que ser levada em conta, aqui, uma certa tendência de alguns seguidores das *grandes linhas* da Psicologia em exacerbar as estruturas teóricas originais, a tal ponto e de tal maneira que acabam por fazer parecer verdadeiras ao grande público suas extrapolações. Ou seja, acabam não apenas mascarando a verdadeira teoria com seus vieses particulares, como também superdimensionando as afirmações originais dos autores, em comportamento ético radical (aqui, sim, com o significado de intransigente). É o que acontece com diversas linhas e não é diferente com o behaviorismo radical. Enquanto Skinner, no original, não raro *relativiza* suas afirmações, alguns *seguidores* (como em todas as outras linhas, em acepção mais próxima à de *militantes* do que de *estudiosos* ou *pesquisadores*) acabam por transformá-las em *absolutas*. É o caso da suposta *rejeição* de Skinner à mente: na verdade, ele defende a importância e necessidade de aprofundar-se a concepção do que denomina eventos privados, sem utilizar o instrumental mentalista de explanação causal. No entanto, *seguidores* há que levam ao extremo suas (dele e deles) concepções, defendendo (e difundindo) a ideia de que o behaviorismo radical decreta o banimento da consciência humana. É claro que nada mais insólito poderia ser pensado em Psicologia, de resto exata e prioritariamente preocupada com essa multiangular característica humana, apesar de sua polêmica natureza. Certamente, tais observações não isentam a abordagem skinneriana de reparos outros, de diversa ordem, que continuarão sendo aqui analisados.

A outra questão pertinente e que atribui reducionismo ao behaviorismo radical é a apontada por Ribes (1978), supondo possível a explicação do comportamento humano com os mesmos paradigmas que os usados na pesquisa animal. Embora Skinner tenha falado por diversas vezes e esteja perfeitamente claro que a Análise Experimental não pretende extrapolar nesse sentido e que experimentação com outras espécies é prática comum em todas as ciências e áreas (vide Farmacologia, Fisiologia, Anatomia), uma vez mais se reflete no behaviorismo radical um pouco da razão da literatura crítica. Não porque esse edifício teórico esteja equalizando homens e pombos ou homens e ratos – crítica ingênua e denotadora de desconhecimento das restrições de procedimento e dos cuidados na generalização de resultados – ou pretenda uma metodologia igual para todas as espécies, mas porque, na prática, sua *ênfase* tardou a mudar de direção do animal ao humano. Com isso, generalizações das descobertas com animais têm sido feitas apressadamente para humanos, no passado às vezes gerando procedimentos acríticos e aéticos de "modificação de comportamento", por exemplo.

De qualquer maneira, nesse sentido pode-se conceder à crítica certa razão em que há algum resquício de *reducionismo* no behaviorismo radical. No entanto, cabe a ressalva de que não parece ser reducionismo *por princípio*, mas reducionismo decorrente de incorreta *prática*. E é a partir daqui que este trabalho pretende reafirmar a importância da crítica: o behaviorismo, em geral, fez ouvidos moucos às restrições que recebeu na literatura, quando, ao contrário, ouvida a crítica, a eventual disfunção do reducionismo é perfeitamente corrigível, até porque não se pode esquecer a existência precavida do conceito de classe de respostas, em si mesmo antirreducionista e antiatomista, respeitadas as dimensões limitadas desses conceitos (cf. Lamal, 1990).

Reiterando: embora a estrutura teórica original permita esquiva ao reducionismo, o behaviorismo radical (na verdade, *os* behavioristas, e não *o* behaviorismo) acaba por aparentar-se supersimplificador, elementarista ou atomista em alguns discursos e instâncias (especialmente em alguns textos de introdução à Psicologia). Na situação educacional, como se verá, às vezes transparece tal prática quando da análise e consequente intervenção. Não tem sido incomum, especialmente nas condições do seu berço capitalista (economicamente privilegiado), identificar análises que levam em conta apenas parciais fontes de determinação do fenômeno educacional em estudo: apenas o método de ensino e não as condições socioeconômicas da família, por exemplo. Sem embargo, tal não se dá por recomendação teórica do behaviorismo radical (vide, desde 1953 – há mais de cinquenta anos –, com Skinner, preocupação com uma análise das instituições enquanto fontes de controle social), mas por impropriedade profissional na análise. O assunto será oportunamente retomado, conquanto valha para este espaço, por ora, o registro de que a pecha de reducionista atribuída ao behaviorismo, embora nem sempre justificada no *sistema teórico*, é compreensível e valiosa porque, numa tentativa de redimensionamento, aponta, por exemplo, para cuidados que devem ser ampliados na formação teórico-prática dos novos profissionais em Psicologia (em contrapartida, para citar apenas um caso, à formação comum em disciplinas ligadas à prática laboratorial em Análise Experimental do Comportamento, em que o trabalhar com animais em experimentos básicos nem sempre costuma vir acompanhado de maiores explicações sobre o contexto teórico em que estes se inserem e o alcance visível – e possível – com humanos). Exceções valiosas, felizmente, podem ser encontradas em dois textos introdutórios às práticas experimentais: Lombard-Platet, Watanabe & Cassetari (1998) e Matos & Tomanari (2002).

Generalização da pesquisa animal para os seres humanos: o behaviorismo radical seria continuísta

Terminada a leitura da subseção anterior, comprova-se uma vez mais o que já se anunciou antes: os temas são apenas didaticamente separados, mas contextualmente inextricáveis. Todos estão ligados entre si, até porque não é possível definir-se uma questão como sendo absolutamente conceitual-filosófica e com nada a ver com a questão ético-social, por exemplo. As *áreas* são necessariamente interligadas. Assim, a exemplo deste, temas comuns reaparecerão em outras subdivisões. No contexto crítico anterior estava em pauta a questão do *reducionismo*; nesse sentido, procurava-se identificar se havia tal tendência no behaviorismo radical enquanto filosofia de uma ciência que lidou, na maior parte de sua experimentação em laboratório, com comportamentos de outras espécies. Se o behaviorismo aceitasse tal princípio, então seria reducionista enquanto filosofia preambular à ciência psicológica. Viu-se que não é esse o caso, mas que há, entre outros problemas, uma prática de *apressar* a aplicação a humanos dos resultados por vezes só obtidos com animais, além de impropriedades em tal aplicação. É o caso típico dos programas de contingenciação em hospitais psiquiátricos, que até recentemente renderam ações indenizatórias na Justiça americana, por exemplo.

Aqui, a questão é uma das levantadas por Pierce & Epling (1991), ou seja: a eventual inaplicabilidade da generalização animal-humano no sentido analógico, igualmente problema-cerne da teoria evolucionista abraçada por Skinner, requer uma análise mais acurada da questão da continuidade filogenética e ontogenética.

A crítica sobre a impropriedade da generalização é extremamente comum: pode ser vista nos bancos escolares incipientes das faculdades de Filosofia, Psicologia, Ciências Sociais, Pedagogia e similares, sem que a maioria tenha real conhecimento do que representa; ou pode ser constatada entre teóricos diversos que questionam o problema da continuidade *mental* ou *racional* entre as espécies. Para estes, incide em erro o behaviorismo radical ao admitir continuidade, argumentando que as ações humanas são absolutamente incomparáveis às de outros animais na escala evolutiva. É a este último tipo de crítica que tem sentido reservar maior espaço.

A ideia principal, subjacente a essa crítica, diz respeito à impraticabilidade das generalizações das descobertas obtidas a partir de experimentos com outras espécies para as ações humanas em geral. O argumento fundamental é o de que os seres humanos, diferentemente de outras espécies, possuem um *caráter racional* que os distingue completamente e, até por isso, as relações entre variáveis que são válidas para outras espécies não poderiam ser empregadas na análise do ato humano.

Alguns críticos (Baron, 1971, para exemplificar) chegam a argumentar que os gastos com financiamento de pesquisa experimental não deveriam ser priorizados, especialmente quando se trata de pesquisa básica envolvendo outras espécies, com o fito de ocasional generalização para o comportamento humano.

Watson e outros behavioristas clássicos, bem como Tolman, Hull e tantos que se seguiram, desenvolveram seus sistemas fundamentalmente baseados em resultados de experimentos desse gênero. Todavia, por causa, especialmente, dos seus voos ficcionistas em *Walden Two* e em *Beyond freedom and dignity* (1948 e 1971), Skinner tem sido o alvo principal da crítica. Sua Psicologia tem sido considerada pela crítica leiga como uma *psicologia de ratos* (conforme informa Silva, 1990) e pela crítica especializada, em razão do imenso tempo que dedicou à pesquisa em laboratório, especialmente com ratos e pombos (com C. B. Ferster, por exemplo, analisou cerca de 25 milhões de respostas com animais no desenvolvimento de esquemas de reforçamento), como uma espécie de *psicologia do irracional*. Além disso, grande parte da obra de Skinner compõe-se de tentativas de análise de circunstâncias várias onde o comportamento se insere (contextos como os das instituições, por exemplo), a partir de dados inicialmente obtidos em experimentação animal. Mas é o próprio Skinner quem se posiciona a respeito (1956, p.225):

> Estudamos o comportamento de animais porque é mais simples. Os processos básicos são revelados mais facilmente e podem ser registrados por períodos de tempo mais longos. Nossas observações não são complicadas pelas relações sociais entre o sujeito e o experimentador. As condições podem ser mais bem controladas. Podemos arranjar histórias genéticas para controlar certas variáveis e histórias de vida especiais para controlar outras – por exemplo,

se estamos interessados em saber como um organismo aprende a ver, podemos criar um animal no escuro até que o experimento comece. Também podemos controlar circunstâncias correntes numa magnitude nem sempre fácil de realizar no comportamento humano; por exemplo, podemos variar os estados de privação numa grande variedade de modos. Estas são vantagens que não deveriam ser rejeitadas ante a afirmação *a priori* de que o comportamento humano é inevitavelmente um conjunto à parte, um campo separado... Seria temerário afirmar, neste ponto, que não existe diferença essencial entre o comportamento humano e o comportamento das espécies inferiores: mas até que se tenha feito uma tentativa para lidar com ambos nos mesmos termos, seria igualmente temerário afirmar que ela existe.

Quem confirma a visão skinneriana, explicando que uma razão fundamental para a pesquisa com animais é a *exequibilidade* para se conduzir com estes pesquisas que não poderiam realizar-se com humanos é Bachrach (1969), exemplificando que grande parte do trabalho realizado no estudo do funcionamento do cérebro foi feito com animais cujas áreas cerebrais foram removidas, estimuladas com corrente elétrica ou submetidas a lesões químicas e cirúrgicas, tendo em vista encontrar respostas para a estrutura e funções do cérebro e do sistema nervoso central.

Entrementes, Bachrach alerta para o fato de que o pesquisador precisa ter muito claro *em que áreas* pode valer-se de experimentação animal, *quais são* mais apropriadas para experimentação humana e, ainda, estar bastante consciente da existência ou não de *comparabilidade* naquilo que está estudando. Bachrach alerta para o *erro de analogia* que ocorre quando se sustenta a posição de que existe relação biunívoca nas descobertas com animais e com humanos (reúnem-se, aqui, os conceitos de *continuidade* entre espécies e a questão do *reducionismo* filosófico e metodológico). Lembra que não se deve ficar tentando encontrar nos animais comportamentos que se supõe sejam caracteristicamente humanos (*antropomorfização*) e assegura que é isso que Skinner pretende evitar.

Certamente as diferenças entre o comportamento humano e o de outros animais possuem dimensão abissal. Sem dúvida, o comportamento humano é verticalmente mais complexo e pode ser exemplificado por uma multiplicidade de situações: a música, o cinema, a filosofia, a linguagem, a religiosidade e tantas outras. Em todas e quaisquer situações, ressalta-se um caráter distintivo especial, que envolve criatividade-plasticidade-cultura e que não se encontra em nenhuma outra espécie do mesmo modo. Ou seja, em última análise, apenas os seres humanos transmitem sistematicamente o padrão de mudança feita no ambiente entre gerações (para exemplo raso, tome-se o padrão arquitetônico plástico das residências ao longo da história do *Homo sapiens versus* o padrão de construção fixo do *Furnarius badius* (o pássaro joão-de-barro), não sem lembrar que uma vez mais e – inevitavelmente – a comparação tem como parâmetro de análise o critério humano de plasticidade). A complexidade do comportamento humano é tal que, à primeira vista, torna-se inaceitável a ideia de que possa haver qualquer tipo de continuidade entre espécies: a vantagem dada pelo que se convencionou chamar de comportamento inteligente ou racional é efetivamente impressionante e faz que se seja tentado a eliminar qualquer gradação entre o homem e a próxima espécie *mais inteligente*.

Esse é um tema que não capitula ante o tempo, a pesquisa e as conjecturas. Historicamente, tem sido alvo das mais acirradas discussões. Já White (1949), na sua formação antropológica, sustentava que, contrariamente ao proposto por Darwin (diferenças seriam de grau), haveria uma diferença de gênero. A Biologia, entretanto, defende a ideia de *filo*, de espécie, de natureza: o homem se insere no reino animal e, por maiores que sejam as diferenças interespécies, todas elas obedeceriam ao princípio de funcionamento dos organismos vivos.

Ainda na linha de argumentação das diferenças entre o *Homo sapiens* e outras espécies, insere-se a questão pungente do qualitativo *versus* quantitativo. Diz-se que a diferença não é uma questão de grau, mas de gênero, ou seja, de qualidade e não de quantidade: aquilo de que o ser humano é capaz representaria uma distância qualitativa profunda com relação às demais espécies. Ainda mais se afunila a questão quando se ousa raciocinar em termos de qualidade e quantidade como polos e instâncias de um mesmo contínuo (exemplifica-se com os estados sólido, líquido e gasoso, todos contidos na água, isto é, pertencentes ao mesmo estofo físico-químico). Em última instância, em Psicologia, sempre o que tem sentido em si é apenas o qualitativo. O número (que aparece nas medidas de frequência, duração, intensidade) não tem sentido em si mesmo, por óbvio. Assim, quantificar (também no behaviorismo radical) funciona como instrumental intermediário e preliminar à *interpretação dos dados*. Qualquer medida, quando assume determinado valor (a princípio uma quantidade), torna-se qualidade (bom, mau, cheio, vazio, agradável, desagradável, alto, baixo), ou seja, uma qualidade representaria quantidades variadas de certo tipo particular. Na frase "havia *muita* gente na passeata", a adjetivação decorre de uma discriminação inicialmente quantitativa feita por alguém ou a partir de algum critério, o que acaba tornando possível a atribuição de uma qualidade disso decorrente: "Houve *grande participação* popular". Portanto, no campo das interações sociais, por exemplo, a descrição de padrões específicos de comportamentos entre as pessoas torna visível um contínuo (mais que uma dicotomia) qualidade-quantidade. Discussão interessante dessa questão, no âmbito da pesquisa educacional, encontra-se em Gamboa (1995).

Embora extrapolando o problema da continuidade filogenética, abrem-se aqui parênteses para dizer que o problema de quantidade e qualidade tem sido objeto de inumeráveis controvérsias e distinções. Para Carrara (1995a, p.9):

No entanto, é relevante saber que, preservada a identidade particular de cada concepção teórica, a possibilidade de transformação de quantidade em qualidade tem sido alvo de tratamento similar em correntes teóricas a princípio incompatíveis. Pode causar estranheza a qualquer purista teórico, mas é no mínimo interessante notar que, como em algumas outras concepções, o materialismo dialético menciona a transformação de natureza das coisas, usando frequentemente, entre outros, o exemplo, embora tangencial, da passagem da quantidade a qualidade no caso do aumento gradativo da temperatura da água, que, chegando a 100 graus centígrados, transforma-se em vapor. Nos processos dialéticos mais complexos (os simbólicos e sociais) do materialismo histórico, concebido enquanto "ciência filosófica sobre a sociedade e parte integrante da filosofia marxista-leninista" (Berbéchkina, Zérkine & Jákovleva, 1987), as transformações se processam quer quantitativa, quer qualitativamente.

De retorno às supostamente fugazes semelhanças entre comportamento humano e animal, o que se pode depreender do que argumenta o behaviorismo radical é que, numa análise comportamental, o foco central não são as características *topográficas* ou *morfológicas* do comportamento, mas as características *funcionais*. Para Skinner, não existiria nenhuma pretensão de equivalência descritiva sobre em *que* os comportamentos se assemelham, mas sobre *como* eles acontecem (funcionam) nas suas relações com o ambiente (interno/externo ao organismo). Nesse sentido, Skinner pretende justificar o empreendimento de pesquisa laboratorial prévio com animais enquanto forma de aprimoramento tecnológico preliminar à pesquisa com humanos.

Explicando melhor esse proceder, autores de manual de reconhecido valor quanto a princípios básicos de Análise do Comportamento (Ferster, Culbertson & Boren, 1977) informam que as pesquisas de Skinner acerca do processo de aprendizagem com animais convenceram-no de que "o estudo do comportamento humano é parte de uma ciência natural" e que processos importantes do comportamento mostram generalidades filogenéticas e, portanto, podem ser estudados tanto nos animais como no homem. É o próprio Skinner que complementa essa informação (1956, p.228):

> Obviamente, não podemos predizer ou controlar o comportamento humano na vida diária com a precisão alcançada no laboratório, mas podemos, no entanto, usar resultados obtidos no laboratório para interpretar o comportamento alhures... De maneira semelhante, os princípios surgidos de uma Análise Experimental têm sido aplicados no planejamento da Educação, na psicoterapia, em sistemas de incentivo na indústria, na penologia e em muitos outros campos.

Os problemas éticos com o uso dos seres humanos em pesquisa, além disso, funcionaram, num passado não muito distante, como razão adicional para remeter muitos cientistas para o trabalho laboratorial com animais. Embora essa justificativa seja considerada apenas prática e não exima o pesquisador das críticas teóricas (é o caso do behaviorismo radical), Berg (1954) enuncia um rol de pelo menos dez razões pelas quais a pesquisa com humanos é complexa e precisa muitas vezes ser substituída por pesquisa com animais, embora esse autor entenda haver perda de precisão e qualidade.

Em contrapartida a essa suposta perda, outros autores (Epling & Pierce, 1983) alertam para os benefícios que a pesquisa em laboratório vem trazendo para a Análise Aplicada do Comportamento, informando que ainda resta a essa área começar a estudar melhor as descobertas da pesquisa básica, muitas das quais permanecem inexploradas. Contudo, nada melhor do que acompanhar o raciocínio esclarecedor do próprio Skinner (1974, p.190-3), explicitando de antemão que as frases entre aspas, na citação, foram enunciadas como representando a opinião de seus críticos:

Uma resenha de um livro recente, feita por um behaviorista inglês e divulgada numa conhecida publicação inglesa, comenta que, "diferentemente dos behavioristas americanos, o autor não trabalha com ratos, mas com pessoas". O reinado do rato-branco no laboratório de Psicologia terminou há pelo menos um quarto de século. Qualquer coisa que se aproxime de uma amostragem adequada das espécies do mundo está fora de cogitação, mesmo para um etologista de campo, mas a Análise Experimental do Comportamento foi estendida a um grande número de espécies, entre as quais o *Homo sapiens*.

Há excelentes razões para começar com casos simples e só passar adiante quando o poder da análise o permitir. Se isso significa, como parece significar, que se começa com animais, a ênfase é indubitavelmente dada àqueles traços que animais e pessoas possuem em comum. Todavia, algo se lucra, de vez que só desta maneira podemos ter certeza daquilo que é unicamente humano. Como sustenta um autor, não é um erro "tentar aplicar um sistema, desenvolvido a partir de trabalho limitado, à sociedade humana e, em verdade, ao domínio todo da experiência humana".

Esta é a direção – do simples ao complexo – em que a ciência segue. Mas aplica-se o sistema removendo os limites tão depressa quanto possível e trabalhando diretamente com o comportamento humano. É fato sabido que não chegamos, como de resto ninguém ainda chegou, a uma explicação adequada da sociedade humana ou do domínio todo da experiência humana; é verdade também que "a escolha arbitrária de usar ratos e pombos para obter dados, necessariamente exclui a liberdade e a dignidade humanas"; isso ocorre por definição, uma vez que ratos e pombos não são humanos. Mas, se formos analisar as questões suscitadas pela liberdade e dignidade, será melhor usar qualquer fonte imaginativa de informações acerca dos processos subjacentes.

Mesmo com sujeitos humanos, a maior parte dos primeiros experimentos foi feita em situações em que o ambiente poderia ser muito facilmente controlado, como com psicóticos e retardados (os êxitos obtidos nessas condições foram admitidos com bastante relutância: "com base em pesquisas feitas com animais, funciona satisfatoriamente com aqueles que são mentalmente limitados"). Mas logo se começaram a estudar crianças normais e depois adultos normais.

Naturalmente, problemas especiais surgiram da relação do sujeito com o experimentador e da longa e complexa história do sujeito, anterior ao experimento; já se fez o suficiente, porém, para sugerir que os mesmos processos básicos ocorrem tanto no homem quanto nos animais, assim como o mesmo tipo de sistema nervoso deve ser encontrado em ambos. É claro que existem enormes *diferenças na complexidade* [grifo nosso] de seus repertórios.

Curiosamente, por vezes se afirma que a relação entre comportamento humano e animal aponta noutra direção. O estudo do comportamento animal é único entre as ciências porque ele começa histórica e metodologicamente com o comportamento humano, prescinde da experiência humana e projeta essa experiência em outros animais. Se este fosse o caso, teríamos de dizer que, na pesquisa animal, estamos limitados àqueles tópicos que podem ser atribuídos à experiência humana e projetados em animais.

O behaviorista americano Edward Chace Tolman disse que, de fato, planejava seus experimentos com animais examinando o que ele próprio faria numa dada situação; entretanto, a Análise Experimental do Comportamento está muito além do ponto em que a introspecção projeta alguma luz sobre os processos em estudo. Quem fosse capaz de prever seu comportamento nas contingências organizadas num laboratório moderno seria uma pessoa notável.

A questão toda da generalização entre espécies tem como fulcro a existência de um possível salto *qualitativo* entre o homem, de um lado, e todos os outros animais, do outro. Até por conta dessa convicção é que, para o leigo, há uma divisão entre animais *inferiores* e animal(is) *superior*(es). Sob convicção que a literatura assegura, pode-se afirmar que o behaviorismo teve sua história básica fundada na pesquisa de laboratório com organismos vivos não humanos da escala filogenética. Essa não é a discussão, mas é um dado. Por comodidade ou por razões éticas, esse foi o fato até muito recentemente, embora Skinner (em 1974) tenha dito que o rato-branco terminara seu reinado há 25 anos. Skinner deixou esse tipo de experimentação e passou à especulação literária nessa fase, mas muitos laboratórios do mundo inteiro ainda pesquisam sistematicamente com animais.

Todavia, parece que o centro da questão é o que está grifado na declaração de Skinner recém-citada: há um evidente problema de *complexidade* diferente interespécies, apenas parcialmente resolvido. Parcialmente porque, na prática, nem sequer se conseguiu, com as devidas adaptações (é evidente, não se coloca um ser humano numa câmara experimental do tipo caixa de Skinner), um arremedo de *replicação* da maioria das descobertas feitas com animais.

Assim, nas declarações do próprio Skinner, permanece aceita pelo behaviorismo radical uma *continuidade* entre espécies, não apenas no sentido filogenético puro, mas quanto a uma possível ontologia do raciocinar, do pensar. Em termos evolucionários, o que tem sido sugerido é a ocorrência de mutações excepcionalmente diferenciadas quanto à capacidade de sobrevivência, de modo que o ser humano distancia-se de tal maneira de outras espécies que se configura um efetivo e largo vácuo qualitativo a separá-lo do restante dos organismos vivos. Naturalmente, ressalve-se que quem se dispuser a olhar, através da história natural, para o homem pré-histórico (e compará-lo com o homem atual ou com outros animais) não terá a mesma impressão em relação a esse vazio interespécies: com certeza, aí ficam mais claras as semelhanças (ou diferenças) entre o homem e outras espécies.

De qualquer modo, o próprio Skinner é claro (e, como quase sempre, irônico) ao informar que reconhece a existência de grandes diferenças (em complexidade) entre a natureza humana e a animal. Certamente essa é uma das razões pelas quais muito do sucesso do programa behaviorista laboratorial não pode ser até aqui repetido sem justificadas restrições éticas, na vida diária.

Behaviorismo radical

Continuísmo, enquanto termo depreciativo, ouvidas as palavras de Skinner, não se aplicaria ao behaviorismo radical, até porque este se ocuparia em alertar para os riscos de generalização descuidada. *Continuidade* entre espécies, como forma de validar parte dos seus resultados, é, certamente, admitida e enfatizada.

De qualquer maneira, à guisa do que se tem chamado, neste trabalho, de um realinhamento do paradigma atual, ou, ao menos, da prática profissional derivada da Análise do Comportamento, fica evidente a necessidade de o behaviorista, uma vez mais (embora filosoficamente possa confrontar-se com ela), *ouvir* criteriosamente a literatura crítica. Ou seja, o behaviorismo precisa expandir seu campo de pesquisas, incluindo significativamente participantes humanos, tendo em vista a descrição e análise de processos típicos da espécie, especialmente nas áreas onde o componente cultural esteja em jogo.

Parece claro que o programa behaviorista de Skinner estava essencialmente correto em suas etapas. Seu início com o pesquisar básico, utilizando animais, não poderia ter sido absolutamente invertido: esse equívoco já houvera gerado dividendos negativos, como à época da introspecção e da consciência enquanto método e objeto de estudo da Psicologia, respectivamente.

Só para se ter uma ideia dos planos pessoais de Skinner, toma-se emprestada do excelente trabalho de Sério (1990) uma tradução do que ele teria deixado escrito em 17 de novembro de 1932 (como projeto de vida profissional), a título de "Plano de campanha para os anos 30-60" (Skinner, 1979):

1. *Descrição experimental do comportamento.* Continuar com as linhas atuais. Propriedades do condicionamento, extinção, *drives*, emoções etc. Não se submeter à Fisiologia do sistema nervoso central. Publicar.

2. *Behaviorismo* versus *Psicologia*. Embasar (*support*) completamente a metodologia behaviorista. Definições operacionais de todos os conceitos psicológicos. Não publicar muito.
3. *Teorias do conhecimento* (só científico). Definições de conceitos em termos de comportamento. Uma ciência descritiva do que acontece quando as pessoas pensam. Relacionar a trabalho experimental. Incluir uma teoria do significado. Publicar tarde.
4. *Teorias do conhecimento* (não científico). Crítica literária. Teoria behaviorista da criação. Se publicar, fazê-lo bastante tarde.

Estes estão em ordem de sua importância, embora 2 e 3 sejam quase iguais. De longe o maior volume de tempo deveria continuar em 1.

Plano para os anos 60- ?

(Estes estão além de meu controle atual). (p.115)

Nada mais claro do que esse projeto pessoal de Skinner, tão lucidamente delineado quanto a sua intencional ênfase na descrição do comportamento e na pesquisa básica, que inevitavelmente procederia da utilização de animais em laboratório. Seu (coerente) plano era tornar gradualmente complexo seu debate e sua proposta teórica para a compreensão do comportamento.

Com segurança, portanto, o behaviorismo radical não faz uma *psicologia de ratos*, nem – em princípio – conclama à transferência pura e simples de princípios obtidos em outra instância filogenética para o ser humano. Entretanto, alguns behavioristas adiantaram-se na disseminação indiscriminada de *princípios* e *pressupostos básicos* antes que um programa efetivo de pesquisa com sujeitos humanos pudesse refutar ou confirmar a maior parte dos dados obtidos com animais. Isso resultou em equívocos especialmente éticos com os quais se debate ainda hoje a Análise Aplicada do Comportamento. Não são raros os casos em que, uma vez mais permanecendo apenas na superfície da teoria, alguns profissionais (o que ocorre em quaisquer áreas da Psicologia e também em outras profissões) lançam mão de procedimentos extraídos diretamente da experimentação com animais. Com esse proceder, submetem-se (e aos seus clientes) à utilização de procedimentos antiéticos de manipulação de comportamento que direcionam terapias, conduzem ações educativas e determinam relações de trabalho (por exemplo) frequentemente em direção oposta à desejada pelos usuários. Com isso, o contexto da continuidade/continuísmo interespécies é compartilhado também pelo problema da ética no uso da tecnologia derivada da Análise do Comportamento, como será visto em outro momento. De qualquer maneira, reitera-se aqui que, embora seja reconhecível a continuidade entre espécies e um eventual salto qualitativo imenso das demais para o ser humano, é de esperar que muita replicação (com adaptações, por óbvio) precisa ser feita. E essa é mais uma contribuição – inadvertida, talvez – que se precisa tirar da leitura da literatura crítica: torna-se necessário, para um adequado realinhamento programático do behaviorismo radical, que se incentivem mais projetos de pesquisa com humanos. Exemplo de área extremamente frutífera está no comportamento verbal e adjacências.

Rigidez na explicação das relações estímulo-resposta, considerando o interior do homem como cerne da metáfora da "caixa preta": o behaviorismo radical como mecanicista

Historicamente, a ideia do mecanicismo originou-se com Descartes e Leibniz no século XVIII, quando se tentava viabilizar a concepção segundo a qual o processo da vida estaria subordinado às leis da mecânica, embora a alma, separadamente, se constituísse em princípio superior externalizado através do pensamento. Assim, o *mental* seria a expressão de uma outra dimensão, que não a física, onde se situaria a alma.

Na Biologia, em particular, o mecanicismo passou a opor-se sistematicamente às noções do vitalismo (que, por sua vez, rejeitava reduzir a vida a princípios físico-químicos, antepondo a esse estofo uma ênfase animista) e do organicismo (defendendo o papel de coordenação entre os diversos órgãos como responsável pela vida), com defesa da tese de que o organismo se assemelharia a uma máquina (e suas peças-órgãos devidamente arranjadas), embora com muito maior complexidade. Para Descartes, então, a Biologia se enquadraria perfeitamente no campo da mecânica. Sua concepção de homem-autômato evoluiu com a teoria de Darwin e desembocou no behaviorismo clássico de Watson, que considerava a relação S-R paradigma fundamental de determinação causal do comportamento.

Entretanto, a ideia primeira do mecanicismo esbarrou, desde logo, num contrassenso visível: se a explicação das ações externalizadas pelo homem podia ser aceita a partir da metáfora da comparação a uma máquina (um autômato), então como explicar a parte dessa máquina (a mente) que lhe era interna e que se supunha *mover* a mesma máquina? Na interpretação de Miles (1957), para complicar, como poderia uma instância de determinado estofo (a mente) manter relações de causa-efeito com outra, de estofo diferente (o corpo *físico*)?

Com o passar do tempo, o conceito de mecanicismo passou a representar, para o leigo, a ideia de simples comparação do homem à máquina, no sentido de que se ignora, nessa concepção, o que ocorre dentro da máquina. Entendido desse modo o mecanicismo, a prática da crítica passou a ser atribuir ao behaviorismo o caráter de filosofia que explica superficialmente as ações humanas, já que, equalizando homem e máquina, vê apenas o que ocorre antes (e fora) e o que ocorre depois (também fora) da máquina. São caminhos para o surgimento do "mito da caixa preta": o behaviorismo em geral não levaria em consideração o que ocorre internamente ao ser humano no momento em que este se comporta.

Já se frisou anteriormente a influência (confirmada pelo próprio Skinner) de Ernst Mach (*The science of Mechanics*) no lastreamento filosófico do behaviorismo radical. Mach, um positivista até certo ponto dissidente das principais ideias do Círculo de Viena (embora tivesse sido inspirador de vários dos seus membros), certamente influiu na disposição de Skinner em objetivizar o estudo do comportamento. A influência de Ernst Mach, portanto, é crucial no behaviorismo skinneriano. Como explicita Barba (2003, p.226), Skinner assume a lógica da conjunção frequente ou constante entre os eventos, priorizando a funcionalidade relacional da *mudança na variável independente* e *mudança na variável dependente*. Mach, como frisa Chiesa (1992), rejeita a noção de *força* (motriz, causal, iniciadora) e a substitui pela de *relações funcionais* entre eventos; de modo simplificado, no sistema skinneriano, isso fica representado pela *causa* entendida como mudança na variável independente, cujo *efeito* é constituído pela mudança na variável dependente. A tendência do behaviorismo radical, até por essa influência, acabou sendo a de estabelecer uma série de relações funcionais entre o comportamento e o ambiente, tomando emprestado, então, o caráter eminentemente descritivo do positivismo machiano (nisso, o Skinner de *The behavior of organisms* é diferente do de *Science and human behavior* – 1938 e 1953, respectivamente –, na medida em que no primeiro assume uma posição de descarte a esforços para encontrar explicações aos eventos privados). Para o Skinner recente (1974), o behaviorismo radical questiona a natureza daquilo que é sentido ou observado, sem, contudo, negar a possibilidade da auto-observação ou do autoconhecimento e sua possível utilidade. Restaura a introspecção, mas não exatamente aquilo que os filósofos e os psicólogos introspeccionistas privilegiavam como método, e suscita o problema de quanto do interior do nosso corpo podemos realmente observar. Admite os eventos privados e, portanto, rejeita *in limine* a crítica metafórica da "caixa preta". A Análise do Comportamento, mantendo o mesmo procedimento de análise das relações funcionais do organismo com o ambiente, passa a considerar comportamentos privados, como o pensar, enquanto resultantes do mesmo tipo de determinação. Para Moxley (1992), a significação fundamental do trabalho de Skinner reside justamente na sua mudança de perspectiva de análise: propõe um behaviorismo *funcional*, em contrapartida ao funcionalismo *mecanicista* do tradicional paradigma S-R.

Assim, com Lamal (1990), há que se distinguir entre dois tipos de conceito de *mecanicismo*: caso se use mecanicismo para significar que os processos biológicos (e, aí, também o comportamento), em última análise, podem ser descritos em termos físico-químicos, então o uso do termo como descrição do behaviorismo é tido como uma espécie de rótulo para caracterizar esse tipo de filosofia da Psicologia, que é considerado uma forma de *monismo fisicalista*. Em outras palavras, o behaviorismo radical não admite o dualismo e, nesse sentido, tudo o que se passa no que se refere ao comportamento (seja ele aberto ou privado) pode ter apenas uma dimensão: a física.

Por outro lado, se por mecanicismo se pretende representar uma visão não naturalística e, portanto, dualista e que remete a interações entre comportamento e estruturas mentais (físico e não físico, respectivamente), em que, reiterando, o comportamento poderia ser causado por algo de dimensão ou estofo diferente do físico, então esse tipo de mecânica é rejeitado pelo behaviorismo radical.

Assim, é recomendável atentar para o sentido da crítica: se filosófico e nos termos anteriores, ou se leigo e simplista, como se explicará em seguida. A crítica leiga tem usado o termo *mecanicista* num sentido diferente do filosófico e com cunho meramente pejorativo. Pretende, com isso, atribuir ao behaviorismo radical a pecha de insensível aos pressupostos fundamentais do humanismo. Temos aqui, provavelmente, mais um problema semântico. O termo *humanismo* tem sido compreendido em função de dois significados básicos. O primeiro refere-se à ideia de um humanismo que representa compartilhar com os ideais da liberdade, da dignidade, da vida produtiva e igualitária, da preservação ecológica, da preservação dos direitos humanos. O segundo, aqui sim de interesse teórico no estudo da causalidade em Psicologia, diz respeito à abordagem humanista que privilegia o próprio indivíduo como iniciador da ação, no sentido de uma teleologia que define o *locus* da atividade internamente ao organismo e partindo deste.

Da primeira conceituação de humanismo compartilha o behaviorismo radical, apesar das críticas acerca dos *meios* pelos quais Skinner propõe que se atinjam as condições referidas. No entanto, quanto ao segundo sentido – o de causalidade interna, propósito, teleologia –, há severas discordâncias, em razão da defesa skinneriana de um *sistema interativo* em que não há prevalência do organismo ou do ambiente na iniciação da inter-relação: Skinner é contrário à ideia da intencionalidade causal do comportamento, que troca pela concepção de história de interações. Até mesmo o símbolo paradigmático por vezes veiculado pelo behaviorismo radical configura-se por reticências iniciais: ...R-Sr (ou mesmo finais, se se pensa no encadeamento de respostas). Até por conta dessa dicotomia nos conceitos de humanismo, houve polêmica mesmo na discussão do ângulo pelo qual Skinner foi agraciado com o título de "Humanista do Ano", em maio de 1972 (cf. Moore, 1992).

Grosso modo, a crítica leiga entende que o behaviorismo é mecanicista em pelo menos dois sentidos:

1. ao explicar o comportamento no paradigma que *supõe* ser o tradicional S-R, *esquece* o que há no miolo dessa relação, com toda a sua complexidade genética, fisiológica e anatômica;

2. ao ater-se às relações do organismo com o ambiente, o behaviorismo compara o homem a qualquer ser inanimado que, sem ser dotado do livre-arbítrio, torna-se completamente manipulável.

À primeira crítica, faz-se o lembrete de que o paradigma privilegiado por Skinner é outro, no qual o operante produz uma consequência, que pode constituir-se em estímulo discriminativo para outra resposta, num esquema encadeado complexo. Embora haja um porcentual (pequeno) de respostas filogeneticamente determinadas, quase todo o comportamento dos organismos vivos (e o humano, em especial) opera sobre o ambiente, produzindo consequências que mudam a sua probabilidade de ocorrência, sob padrões morfológicos e funcionais similares. A crítica até caberia ao behaviorismo clássico de 1913 e ao metodológico dos anos 1930. Contudo, se esse é um sentido de mecanicismo, como na metáfora da "caixa preta", não é o sentido com que Skinner concordaria, até porque, se ele lega aos fisiologistas a tarefa de descrever os mecanismos neurológicos dos comportamentos, não abre mão de estudar como estes, quando encobertos, mantêm relação de dependência com os eventos do meio. A dificuldade em explicar os eventos não pode ser confundida com uma recusa em explicá-los. Reiterando um trecho já citado (Skinner, 1974, p.190): "Ninguém pode dar uma explicação adequada de grande parte do pensamento humano. Afinal de contas, ele é provavelmente o mais complexo assunto jamais submetido à análise".

Quanto à segunda crítica, todas as projeções no sentido do delineamento cultural feitas por Skinner são testemunho de sua concepção segundo a qual a questão do livre-arbítrio é um problema que, se despido de sua condição de mito, pode perfeitamente ser estudado em termos das relações do organismo com seu ambiente amplo (físico, químico, biológico e social). Até mesmo o fenômeno do escolher, num determinado momento, o que fazer. Essa escolha, para Skinner, está condicionada a uma série de variáveis, num contexto específico, que asseguram a direção em que será feita. Assim, o que o behaviorismo radical está descartando não é a existência de todo um sistema processual a mediar as relações organismo-ambiente, mas o fato de que esse sistema funcione como causa de qualquer ação, tal como algumas orientações estruturalistas o asseguram.

Nesse sentido, assevera Skinner que todas as ações são necessariamente determinadas, entendido o *determinismo*, aqui, fundamentalmente como uma doutrina a assegurar causa a todo e qualquer fenômeno. Mais do que isso, vincula-se a um determinismo *probabilístico*, em que não se pode prever o fato exato do próximo acontecimento, mas a probabilidade de que ele ocorra, em razão da história das interações do organismo com o ambiente. Por essa ótica, tal determinismo lida com uma expectativa de ocorrência e não com uma predição certa, mas probabilística. Na interpretação russelliana (1991, original de 1935):

> [se lançarmos uma moeda] ... cuando llegamos a números mayores la rareza de una continua caída de cara se hace más grande. Si arrojamos una moneda 1.000,000.000,000.000,000.000,000.000,000 veces, tendríamos mucha suerte si obtuviéramos una serie de cien caras. Tal al menos es la teoría, pero la vida es demasiado corta para verificarlo empíricamente. (p.109)

Nesse ponto, a crítica do mecanicismo requer algumas distinções. Caso se pretenda atribuir uma influência mecanicista ao behaviorismo no sentido primeiro em que Lamal (1990) estipula, parece haver tal influência. Caso se pretenda aplicar a pecha de abordagem simplista displicente para com o funcionamento interno, certamente não é o behaviorismo radical a ser atingido, mas o behaviorismo metodológico, por tentar abolir a *vida mental* do foco de análise científica, em razão de suas dimensões *nebulosas*.

Um movimento recente dentro da Análise do Comportamento (Hayes, 1988; Morris, 1988; Carrara & Gonzalez, 1996) reporta-se – para elucidar as vias pelas quais algumas vertentes da Psicologia são consideradas mecanicistas – ao modelo das metáforas de Pepper (1942), do qual se extraem paralelos relevantes. A partir desse modelo, que originalmente não pretendeu dirigir-se à Psicologia, mas a parte da Filosofia, alguns autores propõem uma dicotomia entre os conceitos de contextualismo e mecanicismo. Para as finalidades momentâneas, basta ficar com a caracterização do mecanicismo. Acompanhando Hayes (1988), o mecanicismo que se ampara na metáfora da máquina atinge parcelas do behaviorismo e do cognitivismo. Conforme Carrara & Gonzalez (1996, p.205-6):

> no primeiro, exemplifica-se com clareza no behaviorismo ortodoxo de Watson e outros behavioristas pré-skinnerianos; no segundo, em todas as vertentes que de algum modo utilizam a metáfora do computador (e os conceitos correspondentes de *input, output, hardware, software* e os diversos tipos de memória) para tentar compreender o que se convencionou chamar de funcionamento mental. Fica claro que a metáfora da máquina não é aplicável a todo Cognitivismo e nem a todo Behaviorismo. No presente caso, o interesse reside particularmente na orientação mais moderna da Análise do Comportamento, sustentada pelo Behaviorismo Radical skinneriano, no qual a literatura recente tem identificado características contextualistas.

Retomando a dicotomia contextualismo-mecanicismo, emergem como características deste último, na Psicologia, as tentativas de definir estímulo e resposta, entre outros conceitos, mediante uma perspectiva atomista, elementarista, reducionista, em detrimento de uma visão funcional; também é típica a concepção de que as partes ("peças") envolvidas na conduta humana têm significado em si mesmas, ainda que analisadas separadamente do todo, de modo que a ideia da análise particularizada do comportamento acaba prevalecendo; o conceito de justaposição, contiguidade ou associação de estímulos, quando apenas obedecidas relações de linearidade, como no caso das chamadas teorias S-R, seguramente implica uma espécie de mecanicismo, sobretudo sob influência da pressuposição de uma certa passividade do organismo (diferentemente da Análise do Comportamento, onde se pressupõe interação organismo-ambiente e não simples sujeição do organismo, como por vezes se veicula); no mecanicismo, as partes não são estudadas enquanto presentes e em funcionamento no todo comportamental, e sim isoladas para análise sob o argumento da maior facilidade de compreensão. Todavia, é importante que se ressalvem, aqui, os riscos de se denominar de modo absoluto qualquer orientação teórica em Psicologia: atribuída, por exemplo, a designação de mecanicista (mesmo) ao Behaviorismo watsoniano, corre-se o risco de incluir aí partes de sua obra que foram essencialmente descritivo-funcionais e que, respeitado o contexto histórico do seu trabalho, poderiam ser dispensadas desse e de outros rótulos. Tais riscos se derivam da impossibilidade de relativização que qualquer designação taxativa impõe (especialmente as negativas, como a de mecanicista). Mais prudente será falar, sempre, em características mecanicistas ou características contextualistas.

De qualquer maneira, resta claro que, embora a Análise do Comportamento, reavaliada, possa prestar-se amplamente ao empreendimento contextualista, sua práxis, para alguns, tem demonstrado a partição do organismo em tantas peças quantas (supostamente) facilitem a sua compreensão. Na verdade, essa compreensão recortada do organismo é exatamente contrária ao que move a visão contextualista, a qual este trabalho pretende conjecturar enquanto contribuição para a Análise do Comportamento. Para o momento, reitera-se um paradoxo: por um lado, é impossível (no mínimo, dada a sua complexidade) fazer uma "Psicologia do todo psicológico", gestáltica no seu sentido mais agudo, até porque não há possibilidade (nem mesmo teórica) de se acessar o ser humano na sua mais veemente integralidade; por outro lado, é igualmente impossível a compreensão do todo a partir do simples exame de suas partes (comportamentais, no caso), até por conta de que estas, em grande medida, ou só fazem sentido em conjunto, ou fazem sentido diferente quando tomadas em conjunto ou isoladamente. É no rastro desse contrassenso que se discutirá a proposta contextualista, que não pretende resolver o paradoxo, todavia parte dele para encaminhar hipóteses e procedimentos para, ao menos, alcançar parcimonioso acesso ao psicológico.

Influência positivista como determinante da filosofia behaviorista: o behaviorismo radical como instrumento que leva à objetificação da pessoa humana

Para avaliar, ainda que superficialmente, algumas questões polêmicas relacionadas aos derivativos teóricos do cientificismo, do positivismo e do behaviorismo, torna-se necessário ao menos um breve histórico e algumas considerações preliminares em torno desses termos, hoje tidos como de uso corrente e indiscriminado em Psicologia e no âmbito de áreas de estudo afins.

O cientificismo, por exemplo, inegavelmente cunhou, como característica irretorquível, o fato de que não há duplicidade de natureza que separe os eventos do mundo: os valores, o *dever-ser*, são cabalmente redutíveis à realidade, ao *ser* (Barros, 1959). Dito de outra forma, no cientificismo, uma só natureza explica os dois planos, o da realidade e o dos valores. O mundo humano é completamente de natureza física e apenas com o conhecimento mais pormenorizado, pelos métodos da ciência, poder-se-iam aprender objetivamente as relações funcionais e possivelmente até as relações causais determinantes da conduta humana.

O cientificismo sofreu, naturalmente, de algumas entonações diferentes ao longo do tempo. De uma ênfase primitiva, um tanto mais ingênua, no intelectualismo e no conhecimento puro e simples dos fatos da vida diária, sem preocupação excessiva com a própria metodologia (o que seria até decorrência do incipiente – e insipiente – estado em que se encontrava o desenvolvimento tecnológico), o cientificismo passa gradativamente a uma tal confiança nas luzes da descoberta científica que os filósofos começam a creditar à ciência a tarefa de estipular, mais que os critérios metodológicos, os próprios objetivos da vida humana. Por certo, desde o *Novum Organon*, de Bacon, muitas variações do que seja a linha demarcatória entre o que é e o que não é ciência já foram produzidas. Recentemente, o verificacionismo, a refutabilidade, a cientificidade paradigmática, a epistemologia da verdade consensual e o anarquismo epistemológico (incluindo na discussão grandes nomes do Círculo de Viena, acrescidos de dissidentes como Popper ou de outros como Kuhn, Habermas, Lakatos e Feyeraband) têm constituído oscilações frequentemente radicais acerca da concepção científica. Artigos elucidativos de várias dessas posições podem ser encontrados em Oliva (1990). Retomando, porém, um ponto que jamais deixou de marcar a análise da dicotomia ciência/ não ciência, qual seja, o positivismo, ficamos diante de um capítulo marcante da filosofia da História (e da própria história da Filosofia), o positivismo.

Para situar melhor esse positivismo, vale remontar a um breve traçado das principais tendências filosóficas, tal como em Triviños (1987). Esse autor coloca a Filosofia como uma concepção do mundo que procura explicar a natureza e a sociedade mediante o estabelecimento das leis de seu desenvolvimento e a busca das formas pelas quais conhecê-las. O mesmo autor traça um esboço que divide a Filosofia, como tradicionalmente, em idealismo e materialismo filosóficos.

O idealismo teria vivido duas tendências fundamentais, quais sejam, o idealismo subjetivo e o idealismo objetivo. O primeiro destacaria o homem como incapaz de conhecer os fenômenos em si mesmos, sendo a consciência individual a única realidade possível; teve como representantes Hume e Berkeley. Mais à frente, esse tipo de idealismo teria influenciado na concepção do positivismo lógico, do empirismo lógico e da filosofia analítica. O segundo, a partir da ideia de espírito absoluto, teria gerado a concepção hegeliana de idealismo dialético.

A segunda corrente filosófica, o materialismo, ainda com Triviños (1987), divide-se em *ingênuo* (a realidade é tal qual a percebemos), *espontâneo* (a realidade está fora do nível da consciência), *mecanicista* (para esse autor, negaria as fontes internas de movimento próprias do dualismo) e *dialético* (apoia-se na ciência, sendo a matéria anterior à consciência: enfatiza a matéria, a consciência e a prática social). Conforme Carrara (1988, 1989), embora haja querelas sobre as exatas influências no aparecimento do positivismo comtiano, o fato é que Comte, desde a publicação de seus "planos científicos necessários à reorganização da sociedade", demonstrava acreditar que apenas a reformulação dos mecanismos de conhecimento do mundo físico é que chegaria a permitir, em alguma época, mudanças na sociedade tal como então organizada. Os pontos de especial interesse para a admissão ou contestação da crítica, aqui, podem ser rastreados a partir de Gianotti (1983), que explicita a influência do positivismo sobre três aspectos fundamentais da vida humana: um, o científico, no sentido do privilégio à objetividade e quantificação; outro, o religioso, e afinal o político, indicando o que era primordial para Comte enquanto mudanças sociais.

Nas palavras de Gianotti (1983), o sistema comtiano estruturou-se em torno de três temas básicos, que compreendiam uma filosofia da História com o objetivo de mostrar as razões pelas quais a filosofia positiva deveria imperar entre os homens, uma fundamentação e classificação das ciências baseada nessa filosofia e, finalmente, uma sociologia que permitisse a reforma prática das instituições. Além desses aspectos, Comte acrescentou uma concepção religiosa, por meio do Apostolado Positivista, que propôs nos seus últimos anos de vida e que até estabeleceu extensão no Brasil.

Evidentemente, tem importância fundamental, para as finalidades deste trabalho, uma retomada do positivismo primordialmente no plano científico e no plano político: aí se discutirão os fundamentos metodológicos e filosóficos do behaviorismo radical, enquanto filosofia objetivista, bem como as dimensões político-sociais do mesmo, a partir das propostas de delineamento cultural de Skinner.

Voltando a Comte, sua filosofia da História é sintetizada na lei dos três estados, que especifica que todas as ciências desenvolvem-se em três fases distintas: a *teológica*, a *metafísica* e a *positiva*. A primeira mostra os homens tentando explicar o mundo a partir da intervenção de seres sobrenaturais (vai do fetichismo ao monoteísmo, passando pelo politeísmo). A segunda concebe forças para explicar os diferentes fenômenos, em substituição às divindades; convencionam-se energias e fala-se de *força química*, *força vital* e *força física*. Finalmente, o estado positivo caracteriza-se pela subordinação da imaginação e da argumentação à observação e isto é um ponto extremamente importante para os psicólogos. Cada proposição enunciada de modo positivo deve corresponder a um fato, isso não significando, porém, que Comte defendesse um empirismo puro que representasse redução de todo conhecimento à apreensão de fatos isolados. A visão positiva dos fatos abandona a consideração de causas *teológicas* ou *metafísicas* e torna-se pesquisa de leis entendidas como relações constantes entre fenômenos observáveis. Por isso, com relação à Psicologia, vale acompanhar a análise de Japiassu (1982) sobre o pensar de Comte. Japiassu admite que Comte instaura a era da *positividade* e, identificando um contexto em que emergiriam dois possíveis tipos de Psicologia (*psychologia rationalis* e *psychologia empirica*), opta pela exclusão do primeiro tipo desde a primeira lição do seu *Curso de filosofia positiva*. Ali, Comte diz não haver lugar para "esta psicologia ilusória, última transformação da teologia – que se tenta de modo absolutamente vão reanimar hoje em dia ... pretende chegar à descoberta de leis fundamentais do espírito humano, contemplando-o em si mesmo" (apud Japiassu, p.77). Comte vê e nega nesse tipo de Psicologia o seu caráter dualista e a ausência de objetividade na proposição de explicações; crê que a interpretação desprovida de observação se equaliza a uma atitude contemplativa que não pode constituir-se em atitude científica.

Ainda uma ressalva é necessária: também o positivismo precisa ser mais bem compreendido em suas diversas acepções, antes que qualquer crítica que tache de positivista o behaviorismo (qual dos tipos deste?) possa ser analisada. Assim, para Triviños (1987), o positivismo corresponderia a diversos gêneros filosóficos, que incluiriam o *positivismo lógico* e o *empirismo lógico* (nitidamente ligados ao Círculo de Viena, onde se destacaram Schlick, Neurath, Carnap e Popper); o *atomismo lógico* (Russell e Wittgenstein, este na sua primeira fase); a *filosofia analítica* (Wittgenstein, na sua segunda fase, de quem se analisam similaridades com Skinner (cf. Day, 1969; Wittgenstein, 1953) e Ayer, (também defensor do behaviorismo linguístico como forma possível de análise da realidade); o *behaviorismo* (do tipo clássico, de Watson) e o *neobehaviorismo* (última forma do neopositivismo, com Hull, Guthrie, Tolman e, por último, Skinner, este sob a influência positivista específica de Mach, como já se frisou). A nosso ver, embora os rótulos designativos mencionados sejam de uso corrente, haveria que distinguir aqueles que se referem mais em particular à Filosofia daqueles referentes à Psicologia. Não dá no mesmo falar num behaviorismo psicológico (no sentido de Watson, por exemplo) e num behaviorismo filosófico (no sentido já mencionado por Kantor, por exemplo).

A par dessa gama ampla de tipos de positivismo ou de influência positivista, ocorrem (segundo Triviños, 1987) duas características que estarão presentes na maioria dos subtipos: uma seria o fato de que o positivismo consideraria a realidade formada de partes isoladas, fatos atômicos, o que se oporia à concepção dialética desde Hegel. Isso teria permitido, no exemplo de Triviños, o aparecimento de pesquisas sobre o fracasso escolar desvinculadas de uma dinâmica ampla e submetidas a relações muito simplificadas, sem aprofundamento quanto às causas históricas e sociais do fato: perder-se-ia a ideia de *contexto*, seja ele histórico-social ou histórico-individual.

Outro problema seria o de que o positivismo não consideraria outra realidade que não fossem os eventos observáveis (Mackenzie, 1972, 1977). Surge aí a questão dos fatos mentais, com todas as discussões sobre a validade da introspecção, rechaçada pelo behaviorismo metodológico, por exemplo, como forma de obtenção de dados sobre a natureza dos fenômenos humanos. É onde, uma vez mais, torna-se necessário discernir entre posições. Quando se atribui essa crítica ao behaviorismo radical, comete-se um erro, reparável até pelo simples conferir das declarações de Skinner, nas suas últimas obras, quando mostra que o relato verbal, se metodologicamente bem cuidado, pode trazer luzes importantes para a compreensão do comportamento encoberto. O que ele não concebe é o *status* da mente enquanto mecanismo ou constructo suficiente para explanação causal do comportamento.

Com efeito, é até hoje incompleta a tecnologia que pode viabilizar a utilização dos relatos verbais como dados confiáveis na Análise Experimental do Comportamento, ainda que seja promissor seu estudo. Martinez (1995) revisa os aspectos conceituais e metodológicos relacionados ao estudo dos relatos verbais e reconhece que uma metodologia adequada para tratá-los cientificamente ainda está a caminho. Seus resultados parecem sugerir que as descrições feitas pelos sujeitos acerca de uma regra ou comportamento qualquer previamente executados tendem a manter compatibilidade com eles ou referir-se amplamente a eles. Todavia, quando a análise caminha no sentido inverso – do relato descritivo intencional à ação a ser executada –, nem sempre é o caso. O que confirma, por certo, uma série de estudos em Psicologia Social, que mostram a incongruência não raro encontrada entre intencionalidade e comportamento aberto: sem dúvida, razão extra para confirmar a rejeição do behaviorismo radical à condição de estado causal atribuído por parcela do cognitivismo à intencionalidade.

Outra questão polêmica oriunda do positivismo é a sua predileção à investigação do *como* em vez do *por que*, o que não satisfaz, em absoluto, à maioria das teorias sobre comportamento humano e problemas educacionais. Outras polêmicas surgem do princípio da *verificação* (casos confirmadores fortaleceriam uma lei, ideia que foi mais tarde posta em dúvida por Popper, um defensor da *refutabilidade* como critério de demarcação entre o que é ou não é ciência). Ainda outra questão polêmica é a atribuição de unidade metodológica para investigação tanto de fenômenos naturais como sociais (essa unidade é mantida como indispensável no behaviorismo radical de Skinner, até por considerar a natureza humana como tendo composição igual – ou seja, física – à dos demais eventos e fenômenos da natureza em geral).

A partir das colocações positivistas, a que se contrapõem outras linhas filosóficas, um dos principais problemas relacionados à obtenção do conhecimento é o da quantificação. Segundo Bruyne, Herman & Schoutheete (1977), ela constitui uma ligação entre a operacionalização das hipóteses e a coleta das informações, submetendo a pesquisa a suas exigências metodológicas. Impõe uma ordem ao universo semântico do discurso e o reduz a um universo simbólico de números. Aqui, naturalmente, se encaixariam tentativas influenciadas pelo positivismo lógico, como as de Hull e Tolman, porque tendentes a expressar, ao final, em fórmulas matemáticas, as relações do comportamento e do meio (formação de hábitos, por exemplo). Não caberia a Skinner, no behaviorismo radical, absorver tal influência.

Em seguida, há a necessidade de apreciação dos métodos qualitativos e quantitativos, que acentuam discussões e grande polêmica em torno de um caráter supostamente simplista e reducionista que teria passado do positivismo ao behaviorismo. A ênfase na quantificação, nos últimos noventa anos, parece ter sido responsável por uma certa "desqualificação da qualidade". Se, por um lado, para Goode & Hatt (1973) a pesquisa deve rejeitar como falsa a dicotomia entre métodos qualitativos e quantitativos baseada exclusivamente no uso ou não da Estatística, por outro lado, para Demo (1981) fica clara uma rejeição à possibilidade de um conhecimento puramente objetivo. Demo opta pelo critério da *objetivação*, que substitui a tentativa de reproduzir a realidade assim como ela é. Alerta então que, como nunca conseguiremos realmente reproduzi-la, devemos optar pela objetivação, uma conduta que compreende caminhar em busca da objetividade, embora alcançá-la de modo definitivo seja utópico.

Também Richardson (1985) critica o uso dos métodos quantitativos derivados do positivismo, alertando que não são esses métodos em si que produzem as injustiças sociais, mas o uso que se faz deles. A concepção positivista de ciência, que insistiria na aplicação do modelo das ciências naturais às ciências sociais, teria levado ao enfraquecimento destas últimas, que são "os seres humanos com suas crenças e práticas", em troca de explicações de fenômenos conforme determinadas "leis científicas".

Ainda sobre a questão da quantificação, conclui Nagel (1968) que é o desejo de dar explicações que sejam tanto sistemáticas como controláveis por elementos de juízo fático o que dá origem e sustentação à ciência. Pronuncia-se na mesma direção Bunge (1969), quando expõe o que entende por mensuração. Ele mostra que o que se pode observar direta ou indiretamente é um conjunto de fatos e que, para ser precisa, a observação tem que ser quantificável, já que sistemas concretos parecem necessariamente dotados de propriedades quantitativas. Também Marx & Hillix (1976) defendem a quantificação, especialmente em Psicologia, ao argumentarem que ela tem pelo menos duas vantagens: a de precisar os enunciados e a de aumentar a riqueza das possibilidades dedutivas. Entretanto, acautelam para o fato de que a quantificação, nessa área, parece "mais difícil" que em outras áreas.

Parece ser exatamente no sentido dessa popularmente conhecida expressão "mais difícil" que se coloca a crítica ao behaviorismo em geral e ao behaviorismo radical em particular. É por essa via que se passa a supor que o behaviorismo, pela quantificação, não dá conta de seu objeto de estudo. Fica do lado de fora da análise uma etapa importante dos relatos de pesquisa (sejam eles referentes a dados obtidos sob qualquer metodologia), que é a *discussão*. Aí cabe interpretar (tanto quanto permitam os dados). Para o behaviorismo radical, o interpretar significa atribuir, a partir de um conjunto de dados (quantificados, portanto), algumas *qualidades* ou *explicações probabilísticas* para o fenômeno em estudo. Nesse sentido, é necessário e possível compreender que *quantitativo* e *qualitativo* constituem dimensões extremas de um mesmo *continuum* e que se tocam, necessariamente (ver Carrara, 2004a).

Para alguns autores (Ferrari, 1974; Cervo & Bervian, 1978), existem diversos tipos de conhecimento: o empírico (anedótico e assistemático, obtido em função da experiência de vida), o teológico (mediante reflexão acerca das origens e finalidades do homem), o filosófico (concebido como interrogação da realidade, feita dentro de um sistema de pensamento previamente admitido) e o científico (metódico e obtido pela observação sistemática dos fenômenos naturais). Para Richardson (1985), o método científico apresenta duas grandes tendências: a que adota métodos quantitativos e a que adota métodos qualitativos. A primeira se caracterizaria pelo emprego da quantificação tanto na coleta de informações quanto no tratamento das mesmas por técnicas estatísticas, desde as mais simples (como porcentual, média, moda, desvio-padrão) às mais complexas, decorrentes da estatística inferencial (como coeficientes de correlação, análise de regressão e outras). Essa metodologia teria a intenção de garantir a precisão dos resultados, evitar distorções de análise e interpretação, possibilitando maior margem de segurança às influências. Seria frequentemente aplicada nos estudos que procuram descobrir e classificar a relação entre variáveis, bem como nos que investigam relações de dependência ou causalidade entre fenômenos ou variáveis. Informa Richardson que os estudos que procuram investigar a correlação entre variáveis são fundamentais para as diversas ciências sociais, porque permitem controlar, simultaneamente, grande número de variáveis e, com o uso de técnicas estatísticas de correlação, especificar o grau pelo qual diferentes variáveis estão relacionadas. Esse tipo de metodologia quantitativa é notória e sistematicamente criticada como positivista, no sentido de que pretende ver a realidade tal como ela se apresenta nos seus objetos, o que seria inviável porque essa realidade seria portadora da qualidade de incognoscível em seu estado puro.

Entretanto, para os efeitos de consideração polêmica e crítica com que se analisa a influência positivista sobre o behaviorismo radical, cabe ao menos uma importante ressalva, qual seja, a de que Skinner absolutamente não nega importância ao uso da metodologia qualitativa, mas sua forma de trabalhar contém muita quantificação, privilegiada em todos os estudos que empregam medidas de resposta como frequência, duração, força-peso, intensidade e outras. Na perspectiva metodológica skinneriana, menciona-se o delineamento de pesquisa com o sujeito como seu próprio controle (por exemplo, exposto por Nunes e Nunes no que se refere a seu uso em educação especial, 1987). Esse tipo de modelo abandona completamente a ideia de grupos de controle e grupos experimentais e, mais, desvencilha-se, como o descreveu Sidman (1976), do uso de médias estatísticas e da própria estatística inferencial. Naturalmente, o problema da generalização dos resultados de investigações em que é empregado esse delineamento pode ser resolvido adequadamente na medida em que replicações sistemáticas sejam conduzidas, o que significa repetições do experimento utilizando-se diferentes sujeitos ou diferentes investigadores ou, ainda, no campo educacional, diferentes instituições de ensino.

Quanto aos métodos qualitativos, segundo Richardson (1985), estes, em geral, não empregam instrumental estatístico como base do processo de análise de um dado problema; não pretende numerar ou medir unidades ou características homogêneas. Reiterando, para Goode & Hatt (1973, p.398-9), "a pesquisa moderna deve rejeitar como *falsa* a dicotomia entre métodos quantitativos e qualitativos... além disso, não importa quão precisas sejam as medidas, o que é medido continua a ser uma *qualidade*".

Outro ponto criticado da aludida influência positivista sobre o behaviorismo é a questão da neutralidade científica, inerente ao método e descartada pela maioria dos estudiosos de teoria da ciência enquanto componente dos métodos quantitativos. Naturalmente, é desconhecido pela maioria dos críticos que também Skinner descarta a neutralidade científica. Isso se revela nas inúmeras vezes em que faz considerações acerca da influência do observador, não apenas no momento da pesquisa, como durante o momento da *leitura* dos dados. Isso se revela facilmente na sua excepcional preocupação com o controle experimental em detrimento de controle estatístico. Tal preocupação é similar à busca do sentido da *objetivação* e é visível nos experimentos sob condições controladas de laboratório, embora se reserve, na interpretação, uma certa quantidade de influência para variáveis não detectadas. O que corresponderia ao caso das variáveis *estranhas*, tão comumente citadas e tão ao gosto dos estudiosos de metodologia da pesquisa.

Visceralmente contra o "caráter anti-histórico e antidialético dos procedimentos que pretendem captar a realidade social a partir de uma fotografia instantânea da opinião pública e sem levar em conta as estruturas e os movimentos sociais" é a posição de Thiollent (1987, p.127), que, nesse momento, está se referindo a procedimentos de coleta de dados (verbais) acerca de opinião pública. O autor também se opõe ao que designa concepção empiricista concebida em moldes positivistas, que tenderia a desvalorizar a elaboração teórica e supervalorizar a observação.

Essa é, com segurança, uma posição representativa do setor da crítica que descentraliza seu foco e procura atingir indiscriminadamente qualquer alvo, com um jogo de palavras que não corresponde à realidade do que está sendo criticado, como na última afirmação: *não é*, simplesmente, verdade que toda concepção objetivista torne necessariamente pretérita a elaboração de teorias, embora realmente (e sem qualquer incompatibilidade, na visão deste autor) valorize a observação. No caso do behaviorismo radical, por exemplo, Skinner descarta teorias no sentido que aponta em seu artigo de 1950, mas é seguramente um teórico no sentido de ficar conjecturando constantemente acerca de utopias culturais e questões relacionadas (cf. Carrara, 1994).

É no contexto dessas intrincadas relações que se afunilam considerações para um entendimento preliminar do que sejam, hoje, alguns dos postulados vigentes no behaviorismo. Na realidade, ficou claro em outro momento que se pode falar de behaviorismos. Esse plural tem causado, em todas as áreas, muita confusão, permanentemente constatada nos livros de texto, nos artigos publicados em periódicos e nas discussões entre profissionais e alunos ligados de algum modo à área psicológica.

No seu desenvolvimento, o behaviorismo foi concebido de formas diferentes por vários estudiosos: pelo próprio Watson, no seu behaviorismo clássico, entendendo que a Psicologia já não necessitaria iludir-se acreditando que o seu objeto de observação são os estados mentais; por McDougall e Tolman, este último tendo atribuído ao comportamento manifesto uma intencionalidade por outros não admitida; e também por Hull, Spence, Boring, Woodworth, Guthrie, Kantor, Bandura, Krasner, Ullmann, Ferster, Holland, Staats, Sidman, Skinner e Morris, para exemplificar. Essas vertentes todas, ao longo da história behaviorista, fizeram que o paradigma recebesse denominações diferentes, algumas das quais já foram anteriormente mencionadas: behaviorismo clássico, behaviorismo metodológico, behaviorismo cognitivo, behaviorismo social e behaviorismo radical, entre outras. Todavia, para os interesses momentâneos acerca da influência positivista, importa principalmente uma linha divisória entre o behaviorismo metodológico e o radical.

Skinner, embora não tenha escrito nenhum artigo, entre suas mais de duzentas publicações (Carrara, 1992), em que analise exaustiva e exclusivamente a questão, indica, entretanto, seu ponto de vista em diversos escritos, de forma evolutiva (1938, 1945, 1953, 1963, 1966, 1969, 1974, 1984, por exemplo). Defende que uma ciência do comportamento deve considerar o lugar dos estímulos privados como eventos físicos, com isso delineando sua explicação alternativa para a *vida mental* (1974). Privilegia claramente a necessidade de se buscar explicações para o mundo que está "sob a pele", questão que considera central para o behaviorismo radical (1974).

Reunindo artigos e tentando caracterizar a diferença entre behaviorismo radical e metodológico, Creel (1980) mostra, primeiro, que o radical não nega, como muitos imaginam, a existência dos eventos privados, do que Blanshard acusa Skinner, em debate histórico (1967b). Em segundo lugar, explica que existe uma nítida distinção entre o que é *público* e o que é *privado* e entre aquilo que é *físico* e o que é *mental*: são duas questões completamente diferentes. O behaviorista metodológico não aceita dados privados, enquanto o radical o faz, como exemplifica Skinner:

> Minha dor de dentes é tão física como minha máquina de escrever, embora não pública, e eu não vejo razão pela qual uma ciência objetiva e operacional não possa considerar processos mediante os quais o vocabulário descritivo sobre a dor de dentes é adquirido e mantido. (1945, p.273)

Nesse ponto, Skinner está enfatizando com prioridade a funcionalidade dos eventos, mais que propriamente sua estrutura e natureza. Sobre a estrutura, Skinner (1963) explica que tanto os eventos públicos como os privados são da mesma espécie de dimensões físicas, admitindo que o mundo é feito de apenas um tipo de estofo, material, de cuja natureza é tanto o substrato dos eventos privados quanto o dos públicos. Por essa razão, segundo Creel, Skinner reafirma uma tendência para o materialismo filosófico, o que não parece inteiramente tácito na análise que faz Abib (1985).

Os eventos privados, para Creel, podem ser divididos em eventos acessíveis ou inacessíveis (ou subjetivos) à observação, ainda que indireta. O primeiro tipo se compõe daqueles eventos como as batidas do coração, as sinapses dos neurônios, que permitem observação direta ou indireta, por meio de sinais de instrumentos, mas que de qualquer maneira estão sob a pele, tornando-se, por isso, privados em princípio. Os eventos inacessíveis seriam aqueles que, embora experienciais em natureza e ocorrendo no corpo, são inatingíveis (diretamente) em princípio, como os sonhos, as sensações de prazer e dor etc. Para Skinner, esses são eventos físicos em sua natureza, mas inacessíveis em princípio, de modo que a investigação fisiológica não os detectaria, agora ou a qualquer tempo.

É nessa perspectiva que Skinner se incluiria na tese do monismo materialista e, por vezes, numa discutível tese epifenomênica (em que os fenômenos comportamentais privados seriam acessórios aos acontecimentos fisiológicos e sem participação na causação de outros comportamentos). É nesse sentido que o *mentalismo* aludido como *inimigo* de Skinner por Dennett (1978) fica entendido dentro do contexto de um epifenomenalismo radical, que não dá a esse constructo a dimensão de entidade explicativa do comportamento. Essa posição, no entendimento de Moore (1981) e Day (1983), desempenha papel decisivo no desenvolvimento do conhecimento científico: delimita o rol de procedimentos que marca a Análise Experimental do Comportamento.

Em geral (e desafortunadamente) grande parte da crítica faz confusões conceituais entre o behaviorismo radical e o metodológico (e, por diversas vezes, inclui na confusão o behaviorismo clássico de Watson, de tantos anos atrás). Essa confusão conceitual tem levado os críticos à conotação positivista pejorativa para com o behaviorismo radical. Particularmente na errônea concepção de que esse modelo teórico rejeita a possibilidade de estudar o *mental*, o interno, o que está sob a pele. Nos seus trabalhos dos últimos anos, Skinner claramente rejeita o estigma de reducionista atribuído ao paradigma behaviorista por conta de uma eventual influência positivista.

Nas suas primeiras publicações (1938), Skinner admite que "o sistema, na medida em que envolve o método científico ... é positivista" (p.44). Contudo, ao longo de sua atividade, tentou fazer entender que estava se referindo, aí, à questão da prevalência do estado positivo, no sentido comtiano de que a "imaginação e a argumentação subordinam-se à observação" e que os primeiros só podem derivar da última. Entretanto, isso não confere à afirmação skinneriana a condição de submissão ao conceito apresentado por Hanson (1975), segundo o qual no positivismo a observação descreveria propriedades da natureza das coisas e não propriedades inerentes às teorias ou interpretações que os observadores elaboram acerca da natureza. É seguro, no behaviorismo radical, que o observador tem entre si e o dado de realidade todo um anteparo representado pela sua história comportamental. Não fosse assim e não se investiria tanto, no behaviorismo, em pesquisar cuidados metodológicos que possam reduzir a incidência dos erros experimentais devidos à influência do pesquisador nos resultados das pesquisas. Esse investimento, contudo, já foi celebrado como podendo, apenas, tornar-se um ideal relativo, de vez que o viés completo não pode ser eliminado, por conta de que o ser humano acaba sendo parte inerente da natureza que observa e estuda. Mas permanece valendo, tanto para o behaviorismo radical quanto para o metodológico, a caracterização de positivista na medida em que não levariam integralmente em conta a história de vida das pessoas para analisar as *causas* de suas condutas. Assim, não se considerariam com suficiente ênfase as variáveis históricas, sociais e político-econômicas que percorrem toda a formação do repertório comportamental das pessoas e que determinam, inegavelmente, seu modo presente de agir. É contra a prática descuidada em algumas intervenções que utilizam a Análise do Comportamento em situações clínicas, educacionais e do trabalho, ao não atentar para a necessidade de uma apreciação mais profunda dessas variáveis históricas da vida interpessoal, que reclamam alguns autores (Carrara, 1984), ou mesmo é a partir de onde alguns têm redirecionado toda a sua perspectiva behaviorista (Holland, 1974, 1976, 1978a, 1978b), levando em conta trabalhos críticos de peso (Berman, 1978; Krasner, 1962, 1978; Audi, 1976). Particularmente, o relevante questionamento de Holland fica patente no conteúdo desses seus quatro artigos, intitulados, respectivamente: "Servirán los princípios conductuales para los revolucionários?"; "Ethical considerations on behavior modification"; "Behaviorism: part of the problem or part of the solution?" e "To Cuba with the Venceremos Brigade".

A última crítica citada é um ponto em que, se a deficiência referida puder ser apontada como resultante de uma influência positivista, o behaviorismo radical deve redimir-se. Ocorre que a maioria dos experimentos feitos em laboratório, sob condições rigorosamente controladas, acabou não sendo amostra representativa das condições encontradas na vida real de sujeitos humanos. No caso de outras espécies, não havia parâmetros experimentais compatíveis com seu *habitat* natural: argumenta-se, com isso, que os resultados, em outras condições, não seriam os mesmos.

No caso da clínica, por exemplo, sustenta-se que grande parte dos resultados obtidos entre quatro paredes carece de uma força de generalização, dado que as condições de manutenção do comportamento aprendido na clínica não serão as mesmas na vida natural. Além dessa questão prática, no âmbito da teoria conjectura-se que as interpretações de resultados são feitas tomando-se em conta um indivíduo em situação ideal, a partir do que as generalizações seriam apenas igualmente suposições não sustentáveis.

No caso aplicado (clínica, educacional, organizacional), uma questão fica clara: na realidade americana, por exemplo, as condições econômicas dos usuários da análise aplicada eram com frequência negligenciadas, até porque a grande maioria da população não vivia esse tipo de dificuldade. É sabido (vide realidade latino-americana) que essa variável tem excepcional influência sobre o arranjo de contingências que determina formas de comportamento, em quaisquer das circunstâncias mencionadas (clínica, educacional...). Com isso, o *problema* em questão acaba sendo apenas parcialmente tocado: não se trata aqui de ir a causas remotas (hipotéticas) do comportamento, mas de trabalhar com variáveis que estão influindo no presente, dentro mesmo de um arranjo que precisa ser destrinçado, caso se pretenda uma compreensão apropriada das relações organismo-ambiente. Só desse modo uma intervenção pode tornar-se segura e garantir generalização. E é nesse rastro que o behaviorismo radical acaba por ser criticado enquanto abordagem parcial do ser humano. O behaviorismo radical e a Análise do Comportamento revelam ao menos em parte essa limitação no exemplário aplicado (até porque em teoria não é essa a prática recomendada e também porque há behavioristas tentando ampliar o ângulo de análise) e devem tentar corrigi-la investindo em pesquisas que ampliem o contexto da influência do ambiente. Ou seja, deve-se garantir, na prática, de que o social, o político, o econômico, precisam ser efetivamente incluídos no exame das relações organismo-ambiente. Entretanto, entre admiti-lo e admitir que isso decorre de uma suposta influência positivista, existe grande distância a percorrer. Muito provavelmente, trata-se de mais um termo que, com o transcorrer do tempo e o mau uso, acabou por sinonimizar pecha reacionária.

O termo *positivismo* tem sido utilizado, ao longo do tempo, com significados diferentes. Autores como Kolbe (1978) conduzem sua apreciação ao que chamam de um outro tipo de positivismo, representado pelas posições de Mach, Avenarius e Pearson. Neles, o principal é a rejeição ao que é considerado inobservável (metafísico, no sentido de que seriam fatos que estariam fora do alcance da observação), certa ênfase no aspecto descritivo-funcional da descoberta científica e nada mais. O próprio Skinner – já se frisou – admite e ressalta a influência recebida de Mach. Na questão dos eventos privados, no entanto, age diferentemente dos behavioristas metodológicos (Boring e Stevens, notadamente), que pretendiam eliminar da consideração da Psicologia enquanto ciência tudo o que não fosse integralmente observável diretamente, porquanto entende que aprendemos a falar sobre eventos privados através de práticas de reforçamento instituídas pela comunidade verbal, sendo que a análise dessas práticas permite compreender melhor como funciona o mundo sob a pele.

Um outro tipo de positivismo é considerado por Kolbe (1978), ou seja, o positivismo lógico do Círculo de Viena, já referido. Entende que esse grupo, liderado por Carnap, Feigl, Neurath e Wittgenstein (mas que foi erigido a partir do *manifesto vienense* assinado por Hahn, Neurath e Carnap em 1929, escrito como homenagem a Ernst Mach e pretendendo divulgar uma nova concepção científica do mundo – ver Pasquinelli, 1983), estava essencialmente preocupado com a linguagem científica, mais do que com seu conteúdo factual, de modo que eram analisadas as relações lógicas entre os enunciados gramaticais como referentes do mundo físico.

Esse tipo de positivismo, com segurança, não é o que influenciou Skinner. Ele próprio o assevera no seu último livro (1989a), quando faz referência à publicação de Smith (1987), *Behaviorism and logical positivism*. Assim se manifesta Skinner (p.139-41):

> Smith está certo em dizer que a "aliança comportamental-lógico-positivista, de modo geral, foi muito mais limitada em seu

escopo do que comumente se acredita". Na verdade, eu não acredito, em absoluto, que houve uma aliança e, portanto, não acredito em algo chamado, de forma absolutamente imprecisa, de "aliança fracassada". ... Dentre os três comportamentalistas, Hull foi o que mais ativamente promoveu uma conexão com o positivismo lógico. Como afirma Smith, o assassinato de Moritz Schlick enfraqueceu o Círculo, e o positivismo lógico voltou-se para o movimento de unidade da ciência. Hull assistiu ao Terceiro Congresso Internacional da Unidade da Ciência em Paris, em 1937, e foi um dos organizadores do encontro de 1941, na Universidade de Chicago. Nessa comunicação, falava da "surpreendente e significante similaridade entre a doutrina fisicalista dos positivistas lógicos e o enfoque característico do comportamentalismo americano que originou o trabalho de J. B. Watson..."

Nesse trecho, Skinner concorda com Smith acerca da eventual influência do positivismo lógico sobre o behaviorismo metodológico. Em seguida, descarta a ideia de que sobre si próprio houvesse o mesmo tipo de influência, quando menciona que Carnap teria suscitado a questão de que ele, Hull e Tolman estariam conjecturando sobre um autômato que se comportava como gente. Ele, particularmente, mantinha, segundo dizia (em 1989a), um tratamento discordante em relação às ideias, sensações, sentimentos e outros "estados da mente". Complementava (p.139-41):

> Os positivistas lógicos, a exemplo de alguns behavioristas metodológicos (incluindo Boring e Stevens), admitiam a existência de uma mente, mas estabeleceram que ela estava fora do domínio da ciência, visto não poder ser confirmada por uma segunda pessoa.
>
> Eu preferi o behaviorismo radical que aceitava a existência de eventos internos, porém como *estados corporais* [grifo nosso]; seu estudo deveria ser deixado a cargo da Fisiologia. Dados obtidos através da introspecção seriam insuficientes para a ciência, uma vez que a privacidade torna impossível aprender a observá-los de maneira precisa... como mostrou Laurence Smith (1987), o positi-

vismo lógico veio muito tarde para influenciar diretamente Hull, Tolman ou a mim, de qualquer maneira marcante, mas isso era devido a uma figura anterior, Ernst Mach. Minha tese de doutorado já consignava meu débito a *The science of Mechanics* (1915)...

Skinner teria mantido, apenas no início de sua carreira (o que se comprova pelo exame da literatura primeira que publicou), certo interesse pelo operacionismo, o que denota sua leitura do positivismo lógico. Manteve sempre alguma preocupação (segundo Matos, 1990) com a verificabilidade, mas a epistemologia skinneriana é marcadamente diferente daquela dos positivistas lógicos. Seu antiformalismo, suas posições diante do problema da construção de teorias, sua postura inabalavelmente empírico-descritiva "revelam, antes, a influência do físico E. Mach". Esclarece Matos (1990, p.F-7):

> Mesmo enquanto behaviorista, sua posição é mal compreendida. É um behaviorista na medida em que propõe que o objeto de estudo da Psicologia deve ser o comportamento; e é um radical na medida em que nega ao psiquismo a função de *causa* [grifo nosso] do comportamento, embora não negue a possibilidade de, através de um estudo da linguagem do sujeito, estudar seus estados internos, como seu pensamento e sentimentos.

Os desencontros conceituais entre os que atribuem a condição de positivista ao behaviorismo são muitos, no mais das vezes baseados em má compreensão do próprio conceito de positivismo. Cupani (1990) ocupa-se de bem esclarecer algumas dessas interpretações enviesadas do termo, acercando-se da questão da objetividade científica e asseverando que existe hoje uma tendência crescente nos meios acadêmicos a denominar *positivista* a convicção de que a ciência constitua esforço de conhecimento cujos resultados devam ser válidos para todos os que possuírem a devida formação específica (matemática, sociológica etc.), independentemente de peculiaridades individuais ou grupais dos seres humanos. Mostra que a objetividade científica residiria nessa validade *universal* das afirmações científicas e aduz que a denominação de positivismo para essa concepção de ciência tem sua razão de ser, porque ela muito deve aos esforços do positivismo e do neopositivismo históricos para reconstituir a conduta dos cientistas naturais. Acrescenta que foi característico do positivismo e do neopositivismo considerar que a objetividade científica se baseava, principalmente, na possibilidade de referir as afirmações a dados puros, isentos de interpretação. A ciência, segundo Cupani (1990), era vista basicamente como tarefa de constatação, sendo que a pureza do *positum* permitia a coincidência dos diversos pesquisadores que reconheciam *o mesmo* e que podiam, com isso, ser objetivos. Assinala (p.104-5):

> Ora, há tempo que os epistemólogos das mais diversas orientações têm mostrado que é ilusório conceber a ciência como investigação que se serve de dados não interpretados. Apesar da enganosa etimologia, os dados são elaborados... resultam de uma interpretação... são uma certa interpretação. Os críticos parecem presumir, a partir da defesa da subjetividade, a crença em dados puros e se sentem autorizados a falar de "positivismo". E como a crença em dados puros encontra-se desacreditada, os críticos parecem deduzir que se encontra igualmente desacreditada a própria noção de objetividade científica. Desse modo, "positivismo" acaba significando a aparentemente injustificada confiança na objetividade científica.

É exatamente este último ponto uma fonte de confusão entre os críticos a respeito do behaviorismo. Se, de um lado, o positivismo difundia a ideia da crença em dados puros, há muito tempo que as pesquisas behavioristas se valem da interpretação desses dados à luz de um certo corpo teórico. Talvez tenha sido um pouco diferente no início, quando Skinner, por exemplo, tentava formular seus conceitos a partir dos primeiros experimentos. Ainda assim, como já se frisou sobejamente na grande maioria dos manuais de metodologia da pesquisa, é *impossível* que se faça experimento *sem nenhuma* ideia ou suposição – e, nesse sentido – sem qualquer teoria prévia. Ou seja, a pesquisa não ocorre ao acaso. O pesquisador imagina uma direção inicial e segue por ela (não se descartando um possível caso de *serendipity*), arranja as condições experimentais, colhe dados e os interpreta, à luz de algum referencial. Nesse sentido, o behaviorismo radical nunca pretendeu a suposta imagem da crença na neutralidade científica do pesquisador. Em acréscimo, segue Cupani (1990, p.141) acerca do positivismo:

> De acordo com as considerações anteriores, é inadequado denominar "positivistas" aos partidários da objetividade científica... Denominar "positivistas" a pesquisadores e teóricos que não o são pode ser uma estratégia para desqualificar posições adversas à própria. Atribuindo a um defensor da objetividade a crença – hoje abandonada – em dados puros, mostrar-se-ia como insustentável a defesa da objetividade, tornando-se plausível a noção de que a ciência deva ser comprometida.

Cupani ainda esclarece que, como os teóricos acusados de "positivistas" (com aspas) são, às vezes, partidários da sociedade liberal, em virtude da ligação liberalismo-capitalismo tornam-se "inimigos naturais" do marxismo que, fazendo do positivismo a ideologia oficial do capitalismo, encontra "fácil oportunidade para considerá-los 'positivistas'. Encerra mostrando que é difícil encontrar hoje alguém que se considere discípulo ou continuador dos positivistas ou neopositivistas. Nesse sentido, debater o positivismo (sem aspas) constituiria interesse histórico, enquanto debater "positivismo" (com aspas), ao contrário, consistiria em atribuir a outrem a crença (desacreditada) em dados puros.

Como já se disse, grande parte das questões relacionadas à acusação que se faz de que o behaviorismo é (com o esclarecimento de Cupani) "positivista", resulta da má compreensão de que o behaviorismo (ao menos o radical – e este último é um termo que se carrega, historicamente, de rejeição, porque leva consigo a incorreta sinonímia com intransigência, radicalismo e mesmo intolerância) privilegia a objetividade, mas, nem por isso, admite ou trabalha com *dados puros*. Ao contrário, lida com dados que são interpretados, porque acabam sendo *lidos* pelo cientista e não simplesmente *colhidos*.

Exemplo de como a generalização extremada do uso da denominação "positivista" é feita encontra-se em Bergo (1983), onde são interpretadas as formas e condições sob as quais se usa o termo em várias instâncias. O autor não se restringe a descrever as formas de uso que encontra, senão, especialmente, interpreta essas formas, mas sua interpretação fica bem ao gosto das observações críticas de Cupani. No artigo de Bergo mostra-se claro o modo com que hoje a terminologia é empregada, como pecha aplicada a inúmeras situações e concepções. Exemplo de um trecho (p.48) é ilustrativo:

> O discurso positivista é, na sua estrutura, autoritário. Isso não significa que não esteja presente no discurso liberal, pois liberalismo não significa liberdade para todos. Fala-se muito hoje em democracia "governável", "relativa". Que isto quer dizer senão o autoritarismo em cores liberais? Então, como dominar as classes subalternas? Nada melhor que o progresso científico e técnico, assumindo os lugares da religião numa era pré-científica...

Atributos de ciência manipuladora, evidentemente, permanecem (não gratuitamente) endereçados ao behaviorismo, ainda que Holland e outros behavioristas tenham escrito direcionando, mais recentemente, o behaviorismo radical para uma tendência de compromisso social democrático (cf. Botomé, 1982). Apesar dessas tentativas, no âmbito brasileiro, nas universidades públicas, o behaviorismo tem sido incluído sob a conotação positivista, desgastada pelo fundo ideológico reacionário que permeou a história política brasileira desde o fim do século XIX.

É nessa direção que a audiência crítica pode e deve, uma vez mais, ser considerada pelos estudiosos atuais. Mesmo que no contexto teórico haja muita confusão acerca de "positivismo" e positivismo, mesmo que o behaviorismo radical admita sua influência apenas no sentido do privilégio à objetividade, só há benefícios no fato de que seja dada uma ênfase cada vez mais intensa no engajamento social da abordagem. Ao contrário, se esse engajamento foi frequente em virtude das origens estadunidenses (contingentemente, capitalistas) do behaviorismo (um contexto socioeconômico raras vezes instável), isso não é verdade nem sempre e nem para todas as sociedades. Para a brasileira, de resto, nunca o foi, até porque com as crises socioeconômico-políticas constantes o ramo brasileiro do behaviorismo radical (mas não exclusivamente ele) deve investir muito no desenvolvimento de pesquisa e trabalho (ainda que para certos edifícios político-ideológicos isto nem sempre seja interessante) para colocar à disposição da maioria marginalizada da população suas descobertas, técnicas e procedimentos de *contracontrole*, tema que será abordado adiante.

Por último, há que se frisar o fato de que a pecha de *positivista* atribuída ao behaviorismo não é gratuita. Não o é em virtude de toda sua história conhecida. Ainda que Skinner tentasse mostrar que admite o caráter interpretativo exigido pelos dados, foi muito frequente uma invisibilidade quanto à preocupação do "a quem servir" com a tecnologia comportamental. Nesse sentido, embora não se pretenda exigir uma ciência comprometida com o social (até porque decidir sobre relevância, nessa área, é (fundamental) questão de política científica, que envolve mais que apenas o cientista), é evidente que as pressões por esse comprometimento são muito mais fortes e justificadas num país que vive ainda sob um liberalismo progressista que mascara a verdadeira face da democracia a que se aspira coletivamente. Assim posta a questão do "positivismo" e do positivismo, tem-se que o behaviorismo acaba se configurando, enquanto visão que privilegia os dados e a quantidade, como supostamente antagônico à interpretação e à qualidade. Se, por um lado, há méritos indiscutíveis na tecnologia e na metodologia veiculadas pelo paradigma, há correções de curso a fazer quando se pretende um modelo que passe a privilegiar, enquanto área de estudo, questões (comportamentais, sim) que augurem a possibilidade de reversão do quadro atual de desequilíbrio de fundo socioeconômico e político-ideológico das interações humanas. O behaviorismo radical, como filosofia e teoria que preambula a Análise Experimental do Comportamento, pode fazer muito mais (e melhor) do que já apresentou nessa direção, mas seu redelineamento *programático* é imprescindível para que se passe da condição de *abominável perigo* à de *construção teórica promissora* (ambos, embora dicotômicos, constituem infundados rótulos exacerbados pela crítica coloquial), visando sobretudo ao bem-estar social. Para tanto, muito mais do que apenas a questão do positivismo precisará estar em jogo nas discussões deste e de outros ensaios.

Área 2 (Científico-metodológica)

As noções de estímulo e resposta como conceitos pseudo-objetivos: o behaviorismo radical é circular na sua suposta linguagem operacional

Artigos de Gibson (1960, 1967) instauraram mais a fundo a polêmica acerca da questão da *circularidade* de alguns conceitos da Análise Experimental do Comportamento. A controvérsia se estabelece essencialmente quanto à utilização de estímulo, resposta e reforço como termos de uma linguagem técnica considerada indispensável para uma suposta compreensão operacional dos conceitos usados. A preocupação de Gibson (que sofreu réplica de Hocutt em 1967 e treplicou no mesmo ano) foi essencialmente com o conceito de estímulo em geral na Psicologia. Entretanto, faz especial referência (p.695) a Skinner:

> Skinner tem notado que nós frequentemente definimos estímulo pelas suas duvidosas propriedades de eliciar determinada resposta, de preferência a alguma propriedade independente do próprio estímulo. Ele não sugere solução, todavia, para esse comportamento científico ambíguo, e parece confessar um pecado a caminho da salvação. Na verdade, vários psicólogos usam definição circular de estímulo. O próprio Skinner acreditava no seu primeiro livro que os dois termos básicos (estímulo e resposta) não podiam ser definidos independentemente um do outro.

Na sua réplica, Hocutt entende que Gibson está errado ao reivindicar uma definição que seja unicamente referida a certas propriedades físicas do estímulo e acrescenta que o que Skinner está colocando é a definição de uma relação entre dois eventos, o que é apropriado na sua visão funcional de análise do comportamento.

Também o conceito de reforçamento está entre os que produzem polêmica. Paniagua (1985) defende que a definição skinneriana de reforçamento é necessariamente circular porque é relacional e quaisquer definições relacionais aparentam necessariamente ser tautológicas, de modo que ele conclui que circularidade na definição não é um problema que esteja *esperando* por solução (ou seja imediatamente passível de alguma), mas um acontecimento de natureza parecida com a de outros eventos, encontrados quando definições relacionais são empregadas nas áreas de economia, teoria evolucionária, genética, geometria e outras.

Já Prado Jr. (1982) analisa a questão da circularidade e da temporalidade, mostrando que ela pode atingir dois níveis: o lógico e o empírico. Explica que no campo lógico uma *definição* é circular quando o *definiendum* está presente no próprio *definiens*. Parêntese para esclarecer essa terminologia frequentemente presente na Lógica, mas incomum na Psicologia, talvez seja oportuno. Segundo Beckner (1975), inspirado em Hempel e Oppenheim, existe elucidação similar para a questão da *explicação*. Muda a terminologia, mas, salvo juízo mais habilitado, o raciocínio é semelhante. No caso da explicação, o *explanandum* constitui uma sentença que enuncia o fenômeno a ser explicado, enquanto o *explanans* é uma sentença que enuncia informações reunidas para explicar o fenômeno. Na hipótese de uma explicação legítima, precisam ser satisfeitas as seguintes condições: o *explanans* é verdadeiro e contém pelo menos uma lei geral, além do que o *explanandum* decorre efetivamente do *explanans*. Em seguida, Prado Jr. retoma Meehl (1950, p.55), que analisa a questão da circularidade da lei do efeito, historicamente um marco influente no aparecimento da noção de contingência:

> Deve ser notado que há, no uso comum, dois sentidos para a palavra "circular". Temos, de um lado, circularidade na definição, onde um termo não familiar é definido pelo uso de outros termos que são definidos (direta ou indiretamente) pelo próprio termo em questão. Não se pode falar numa circularidade, nesse sentido, numa definição do tipo Skinner-Spence. Aceitamos a definição seguinte como formulação preliminar: "um estímulo reforçador é um estímulo que aumenta a força subsequente das respostas que o precedem imediatamente". As palavras "estímulo", "força", "aumento" e "resposta" podem ser todas definidas sem qualquer referência ao fato ou à teoria do próprio reforço. As definições desses termos, particularmente o termo "resposta", apresentam terríveis dificuldades; mas não sei de ninguém que sustente que envolvam reciprocamente a própria noção de reforço.

Prado Jr. (1982, p.5-7) explica que não é apenas uma eventual circularidade lógica que preocupa, mas a circularidade empírica. Anota, acompanhando Schick (1971):

> (Schick) observa, com efeito, que o operante é definido pelo reforço, que o reforço é definido pela apresentação de estímulos reforçado-

res, que, por sua vez, são definidos pelo comportamento operante. E, já que é assim, vemo-nos na impossibilidade de identificar um operante sem identificar um estímulo reforçador, como não podemos identificar um estímulo reforçador sem identificar um operante. ... Com efeito, se tomarmos em consideração a classe de maridos, não seremos obrigados a defini-la na sua *relação* [grifo nosso] com a classe de mulheres...?

... É com um raciocínio semelhante que Schick vê dificuldade em definir operante e reforço na forma de um par, sem necessidade (ou, no caso, sem possibilidade de definição *independente* de cada um dos termos ... O que Skinner não tem notado ... seria que a mudança resultante do reforço é uma "mudança de probabilidade de ocorrência de respostas que pertencem ao mesmo operante da resposta que foi reforçada". (p.416 de Meehl, 1950) Da mesma maneira, Paul Meehl nada resolve ao definir o estímulo reforçador como aquele que aumenta a força das respostas imediatamente precedentes. Ora, que sentido poderia ser atribuído à ideia de reforço de uma resposta que já ocorreu?

Um esclarecimento inicial precisa ser retomado quanto à questão mencionada por Meehl (1950): Skinner não só faz o reconhecimento, senão que insiste na ideia de classe de respostas operantes (1974, 1984), até porque é o conceito de classe, que abriga similaridade funcional (e, incidentalmente, mas não necessariamente, morfológica), que *salva* a ideia da tríplice relação de eventos antecedentes-comportamento-eventos consequentes (SD-R-SR). Em acréscimo a isso, como se constata em Prado Jr., os problemas com a circularidade de conceitos, especialmente com a questão do reforço, são de variada ordem: há componentes lógicos e empíricos. Todavia, o último componente citado, empírico, mas também epistêmico, referente aos supostos efeitos do reforço sobre *a* resposta que o produziu, tem causado especial confusão. Alguns profissionais têm contestado uma suposta proposição de Skinner, ou seja, a de que o reforço produz aumento na probabilidade de ocorrência dessa resposta específica. Se assim fosse, evidentemente se estaria invertendo a proposta (aceita pelo behaviorismo radical) de que todo evento possui alguma causa e, isso é o essencial, qualquer causa é sumariamente precedente. Dito de outra forma, primeiro a causa e depois o efeito, por óbvio da própria conceituação dos termos *causa* e *efeito*. No mesmo sentido, se essa proposição de reforço aumentando a probabilidade de ocorrência da resposta que *o* produziu fosse aceita pela Análise do Comportamento, haveria um evidente sinal de antagonismo a um determinismo igualmente aceito, o que consolidaria uma grave contradição.

No entanto, o que propõe a Análise do Comportamento é um entendimento bastante diferente. Ou seja, o de que o reforço que segue determinada resposta produz um aumento na probabilidade de ocorrência de *respostas similares* (funcional e/ou morfologicamente) à resposta que produziu o reforço. Reiterando, o que se reforça é uma *classe* de respostas, sendo que aquelas que são topográfica, morfológica e funcionalmente semelhantes (com destaque para o funcional) têm sua probabilidade de ocorrência aumentada tanto mais quanto maior for sua similaridade, numa espécie de gradiente de generalização interclasses, porque duas classes de respostas podem guardar alguma similitude física e/ou funcional. Além disso, é preciso considerar, particularmente, que o conceito de classes de respostas não é um conceito fechado. Nesse sentido, as classes de respostas não abarcam um número fixo de respostas, não abrigam respostas com um número exato de funções e não se desvinculam de todo o restante do comportamento, mesmo que o elo de ligação entre uma e outra classe tão aparentemente diferentes seja apenas uma tênue linha.

O organismo tende a responder de maneira similar a estímulos similares e de maneira diferente a estímulos diferentes. Mas é na sutileza (ou na obviedade?) dessa colocação que se descobre que generalização e discriminação se complementam conceitualmente, ainda que se antagonizem didaticamente. Ou seja, supondo que discriminação e generalização impliquem dois conjuntos de comportamentos típicos, deve-se imaginar uma área hachurada de intersecção onde o organismo *não sabe* diante do que está posto nem como deve/pode/precisa responder. Mais: essa área será maior ou menor na dependência de quão bem se estabeleceu a discriminação e do tipo de comportamento envolvido, que permite discriminação mais fina ou mais grosseira. Para seguir, ainda por conjectura, mais verticalmente, vale lembrar que constitui exemplo o caso clássico de *neurose experimental*, criada preliminarmente em situação controlada de laboratório com não humanos, onde um círculo transformava-se paulatinamente em elipse e o sujeito era reforçado por responder apenas a uma das duas figuras: em determinado momento, esse discernimento tornava-se impossível (até pelo limite biológico) e o organismo passava a apresentar o que, em interpretação antropomórfica, poderia aqui ser chamado de *confusão conceitual*.

Contudo, essa é uma situação representativa mínima de onde e quanto alcança o conceito de classe de respostas. Mais que isso, é necessário pensar que tal classe não é *linear*. Os operantes que a compõem mantêm ligações em todas as direções e sentidos: além disso, será sempre incompleta qualquer conceituação meramente descritiva, porquanto talvez aconteça de ser mais facilmente compreendida, por exemplo, quando referente ao repertório geral de respostas para o comportamento de caminhar. Mas é certamente muito diferente e mais complexa quando o exemplo for o comportamento de gostar ou querer ou identificar, em que os referentes físicos são mais difíceis de observar. Nesse caso, talvez o behaviorista metodológico fosse tentado a promover um *corte* conceitual, onde a ausência (suposta) de estofo físico identificável levaria a eliminar de consideração o problema (como na metáfora da avestruz), ou a *traduzi-lo* para uma linguagem conveniente. Mas o behaviorista radical, embora sem fundadas razões para ufanar-se de grande progresso na análise dos eventos privados (como, de resto, toda a Psicologia), não pode dar de ombros ao problema. A complexidade da situação não permite nem justifica não enfrentá-la.

Apesar do progresso intenso feito pela Análise Experimental no estudo de comportamentos cada vez mais complexos, ainda há longo caminho a percorrer até a compreensão mais segura, por exemplo, do que convencionamos chamar de *imaginário* humano e que estaria vinculado à noção de comportamento verbal sob controle de estímulos privados, incluídos aí vários casos de mando, tacto e autoclítico. A dificuldade de compreender/ predizer/explicar o comportamento humano complexo do tipo verbal encoberto é indiscutível. Não é gratuito breve exemplo de uma situação que bem mostra a complexidade causal dessa espécie de comportamento, extraído da obra de ficção de Chico Buarque de Hollanda (1995, p.13-5), na qual o autor semeia as dúvidas e suposições do personagem Benjamim Zambraia, quando entra no Bar-Restaurante Vasconcelos e, estando, de fato, diante de Ariela Masé, constata estar na presença de alguém que o faz lembrar Castana Beatriz:

> Benjamim lava as mãos com o líquido da saboneteira fixa e volta ao salão.
>
> Na sua mesa encontra um pires com azeitonas chochas e uma tulipa de chope cuja espuma cedeu, e que parece sobra de outro freguês. Repele as azeitonas, pois não pretende pagar pelo couvert que não solicitou, e interessa-se pelo casal que toma café três mesas adiante, ele olhando para a frente dela e ela para dentro da xícara. É evidente que estiveram discutindo. Ele acende um cigarro com um isqueiro de chama extravagante, e Benjamim acha que tem jeito de homem que atira guimbas em mijadouros. O filtro é branco (Dam), e talvez a mulher tenha filado uma tragada no início do almoço. Se bem que ela não use batom, mas o batom pode ter se esmaecido durante o almoço, seu carimbo pode ter se desgastado no copo de vinho, no guardanapo, nos cigarros do marido e no bate-boca. E o bate-boca deve ter começado mesmo por causa

de um cigarro que ela lhe roubou dos dedos sem pensar, pois o cigarro que é uma necessidade dele, ela fumaria por capricho, para enroscar fumaça. Agora ela ergue a cabeça e começa a murmurar, e a tênue animação da sua boca transforma todo um rosto que, até então, a Benjamim parecia invulnerável. Não o impressionam os lábios, nem a língua e os dentes que mal se veem, mas a lacuna, o vão, o abismo dentro daquela boca, que completa a superfície do rosto pela sua negação, como uma pausa no meio da música. Bocas de mulheres, Benjamim estudara-as, sobretudo no cinema, onde evoluem imunes à contemplação.

... E quando ela acaba de passar, o sorriso não é mais dela, é de outra mulher que Benjamim fica aflito para recordar, como uma palavra que temos na ponta da língua e nos escapa. Ou como um nome que de pronto brilha na memória, mas não podemos ler porque as letras se mexem.

Ainda que reste enorme distância entre a tecnologia disponível e o imaginário possível, a Análise do Comportamento pleiteia ser (potencialmente) capaz de analisar tais tipos de relações não lineares, valendo-se do auxílio conceitual das classes de respostas operantes e dos seus demais conceitos básicos. Numa dimensão essencialmente teórica, enquanto não se conseguir (tecnologicamente) desenvolver a contento um behaviorismo amplamente *contextual*, isto é, cuja tecnologia derivada permita levar em conta, a um só tempo, as inúmeras variáveis diretamente determinantes sob as quais dado comportamento acontece, restam os esforços de compreensão das ligações interclasses, já que são essas inter-relações que dão a ideia mínima de um todo orgânico.

Retomando a questão da circularidade, agora a partir de Hocutt, vemos um entendimento na defesa de Skinner. Diz Hocutt (1967, p.530):

> Tem sido dito, em crítica a Skinner, que definir o estímulo em termos de sua eliciação de uma resposta consiste em defini-lo de forma circular e que o estímulo deveria ser definido somente em

termos de propriedades físicas. Existem duas falácias nesse tipo de crítica. Primeiro, ninguém define algo, mas define algumas propriedades de alguma coisa, ou define alguma coisa com respeito a alguma classificação. Segundo, ninguém pode definir propriedades relacionais – distintamente de propriedades intrínsecas – de alguma coisa independentemente das relações dessas coisas com outras coisas. Nesse sentido, o estímulo possui propriedades relacionais.

No caso do estímulo discriminativo, o que Skinner informa é que ele efetivamente pode ser conceituado em termos de uma propriedade *relacional*, ou seja, em razão dos pareamentos que mantenha com um evento reforçador, toda vez que uma resposta for emitida, um estímulo qualquer (na verdade, uma classe de estímulos) presente nesse momento torna-se estímulo discriminativo: diante dele, mais que na sua ausência, amplia-se a probabilidade de ocorrência de uma resposta, que aparecerá com (gradativamente) menor intensidade, quanto menos parecida for com a originalmente reforçada.

Não há como separar a ideia de estímulo discriminativo da ideia de reforço, isto é, estímulo discriminativo (SD) e reforço (SR) são parte da clássica tríplice relação de contingências. Para muitos, esse tipo de definição relacional é simplesmente tautológica, porque um termo da definição depende necessariamente do outro, e vice-versa, numa circularidade visível para Paniagua (1985, p.193-9, passim), que pondera:

> Este trabalho argumenta que a definição de reforçamento de Skinner é inerentemente circular, porque é relacional e todas as definições relacionais são circulares ... conceitos relacionais existem em todas as áreas ... o que é um reconhecimento empírico de que a circularidade da definição relacional não é um impedimento para a descoberta e para a análise experimental de fatores que são cruciais para o entendimento de certos aspectos da natureza ... Os termos relacionais podem ser parte do nosso comportamento verbal diário porque nós podemos estar expostos a certas relações entre eventos na natureza. ... Então, quando aprendemos a definir

termos relacionais na classe, no laboratório, nos nossos contatos com certos aspectos do dia a dia, não aplicamos essas definições aos próprios termos, mas às *relações* [grifo nosso] das quais esses termos emergem.

Nesse sentido, a questão de definir conceitos relacionais é simplesmente matéria de definir tais relações. Desse modo, a questão da circularidade na definição de conceitos relacionais não diz respeito aos conceitos em si mesmos, mas às relações (entre eventos) das quais os conceitos derivam. O fato de uma definição de termos relacionais ser inerentemente circular não restringe seu uso nos campos da Economia, Genética, Geometria, Física e Estatística, por exemplo. O uso de tais termos nessas disciplinas é o reconhecimento de que os termos relacionais são relevantes para uma linguagem científica. Sem dúvida, a utilidade e a relevância dos conceitos relacionais frequentemente (senão sempre) vão além do fato da circularidade. Isso provavelmente explica por que os cientistas fazem uso de termos relacionais todo o tempo que acham necessário para nomear certos aspectos da natureza. Nós não podemos reivindicar o mesmo com relação ao conceito de reforçamento?

Se tomarmos a questão do relacional na definição de reforçamento, veremos que, de alguma forma, a interdependência com a noção de estímulo (discriminativo) no comportamento operante guarda realmente alguma circularidade. O que se constata é mais ou menos o que se segue: o reforço é uma consequência que, produzida por uma resposta, aumenta a probabilidade de emissão de respostas similares na classe reforçada; assim, isso define *como* se processa o reforçamento. Todavia, há complicações em responder *por que* o reforço reforça; isso não seria possível fazer sem recorrer a alguma circularidade: *que* reforça é constatável pelas respostas similares subsequentes do organismo, que demonstram um aumento da frequência. Contudo, a Análise do Comportamento não envereda pelo campo do conjecturar sobre eventuais mudanças na homeostase orgânica, em motivações intrínsecas e *drives*, por exemplo (embora Skinner tenha até mencionado este último termo em seu primeiro livro, em 1938). Resumindo: a circularidade tem residido em que o reforço reforça porque muda a probabilidade de ocorrência da resposta e esta probabilidade muda porque a resposta foi reforçada. É nesse especial sentido que a definição dos termos da relação (biunívoca, no caso) seria a forma de se afastar o caráter tautológico das definições relacionais. Entretanto, não há nenhum interesse *empírico* do analista do comportamento nessa questão. Mesmo uma definição que voltasse à lei do efeito, sinonimizada com reforço, como quer Agatti (1987), apenas acrescentaria confusão ao problema. Se – intrinsecamente – a água, a comida, a atenção possuem ou não caráter reforçador (ou seja, seu pretendido caráter de agradabilidade ou desagradabilidade, como viam Thorndike e outros), é questão de interesse mais prático que teórico; na Análise do Comportamento apenas os resultados posteriores quanto à mudança de frequência de ocorrência é que contam. Os exemplos são inúmeros: nem sempre a comida, a água e o sexo são reforçadores positivos, e as pesquisas já demonstraram isso. Essa definição pelas consequências, portanto, é o que intriga os críticos. E essa é uma razão adicional para que transcrevamos, aqui, longo trecho contido em *Contingencies of reinforcement: a theoretical analysis* (1969, p.1-4). Trata-se de parte do capítulo I, que se compõe de uma conferência apresentada por Skinner em 1968, em dois lugares, Bethesda (Maryland) e Paris, com poucas variações:

> Há tempos, pensava-se o meio ambiente como o simples lugar onde animais e homens viviam e se comportavam. Poderiam se comportar de maneiras distintas, em lugares diversos, mas não seria porque os lugares fossem diferentes. O ambiente era cenário imprescindível, que talvez favorecesse ou dificultasse o comportamento, mas não era o que determinava a sua ocorrência ou a sua forma. Um papel mais ativo só foi sugerido no século XVI, quando Descartes antecipou a noção de reflexo, e não foi senão no século XIX que os reflexos foram isolados e estudados. Nessa época os fisiólogos começaram a denominar de *stimulus*, termo latino para "aguilhão", a ação do meio ambiente. À medida que os reflexos fo-

ram sendo descobertos e estudados, o termo adquiriu outras conotações, e seu uso foi ampliado quando Pavlov demonstrou de que maneira novos estímulos podiam ser condicionados. A descoberta dos tropismos veio apoiar, particularmente nos escritos de Jacques Loeb, o ponto de vista de que, de uma maneira ou de outra, o meio *forçava* o organismo a se comportar.

Tais foram os antecedentes dos quais nasceu a Psicologia do estímulo-resposta. John B. Watson usou o princípio do reflexo condicionado reunido com a noção anterior de hábito. Sustentava que animais e homens adquiriam novos comportamentos por meio do condicionamento e continuavam a se comportar enquanto os estímulos apropriados estavam agindo. Essa posição científica foi desenvolvida sistematicamente por Clark Hull. Holt sumariou-a assim: "Somos, de fato, cutucados ou aguilhoados pela vida afora". Não era fácil, entretanto, demonstrar que isso se aplicava a todos os comportamentos. Nem identificar, para todas as respostas, estímulos correspondentes. Algumas condições ambientais relevantes, tais como a falta de alimento, não agiam como se fossem estímulos. O conceito original foi sendo substituído por algo muito menos preciso, chamado "situação estimuladora global". De outro lado, igualmente perturbador era o fato de que vários estímulos pareciam não ter efeito, embora obviamente atingissem a superfície do organismo. Inventou-se, então, um novo tipo de estímulo, chamado "pista" ou "indício", e que tinha a curiosa propriedade de ser eficaz apenas quando o organismo necessitava dele (os etólogos resolvem um problema similar da mesma forma, quando atribuem o comportamento não aprendido a mecanismos "gatilho", estímulos que agem apenas quando o organismo está carregado ou pronto para responder).

Essa Psicologia ficou sendo uma colcha de retalhos, destinada a salvar a fórmula estímulo-resposta, e teve o efeito de levar a determinação do comportamento de volta para o interior do organismo. Quando não se podia encontrar estímulos externos, havia que inventar estímulos externos. Se a falta de alimento, no ambiente, não pode ser considerada um estímulo, era o caso de imaginar que, ao menos, gerava um "impulso" que espicaçasse o organismo por dentro (a descoberta dos espasmos de fome parecia confirmar essa visão, mas uma estimulação comparável pelas vesículas seminais dilatadas, que Watson pensou pudesse explicar o comportamento sexual, era menos plausível). Variáveis emocionais levaram à criação de outros estímulos internos: o medo, por exemplo, tornou-se um impulso adquirido. Até mesmo os instintos tornaram-se estímulos, ponto de vista defendido, o que é muito curioso, por Freud.

Também tiveram que ser inventados processos e mecanismos interiores. Se um estímulo conspícuo parecesse não ter efeito, era porque um porteiro central – uma espécie de demônio de Maxwell – havia se recusado a deixá-lo entrar. Quando o organismo parecia comportar-se apropriadamente em relação a estímulos há muito desaparecidos, dizia-se que respondia a cópias desses estímulos que tinham ficado armazenados na memória. Muitas dessas atividades centrais eram versões mal disfarçadas dos processos mentais que a Psicologia de estímulo-resposta tinha prometido exorcizar.

De fato, continuaram a ser chamadas mentais (ou, ao mudar a moda, cognitivas), numa formulação similar, derivada da teoria da informação. Substitua-se estímulo por entrada, e resposta por saída, e certos problemas dimensionais estarão simplificados. Isto promete, mas não promete o suficiente, porque processos centrais ainda são necessários. As saídas seguem-se às entradas só depois de a entrada ter sido "selecionada", "transformada", "armazenada", "recuperada" etc.

Toda formulação dos comportamentos baseada em estímulo e resposta, ou em entrada e saída, sofre de uma séria omissão. Nenhuma descrição do intercâmbio entre organismo e meio ambiente estará completa enquanto não incluir a ação do ambiente sobre o organismo *depois* da emissão da resposta. Que o comportamento pode ter consequências importantes, é fato que não passou despercebido, é claro.

A filosofia do hedonismo insistia em que os homens trabalham para conseguir prazer e evitar a dor, e os utilitaristas tentavam justificar o comportamento em termos de seus efeitos úteis. A teoria da evolução indicou a adaptação resultante ou o ajustamento do organismo ao meio. Todavia, o significado pleno das consequências só foi reconhecido lentamente. Talvez houvesse alguma dificuldade em compreender causas finais (como poderia ter efeito sobre o comportamento algo que ocorre depois?), mas a maior estava nos fatos. Todas estas regras, ou leis, tinham embaraçosas exceções. Os homens, às vezes, se comportavam de maneira a provocar dor e destruir o prazer ou, segundo formas de duvidosa utilidade prática, trabalhariam contra a sobrevivência das espécies. Recompensas e castigos nem sempre têm efeitos predizíveis. Mesmo sabendo que os pais de uma criança tratam-na com afeição e os de outra com medidas disciplinares de um sargento, não podemos antecipar qual a criança que vai se conformar e qual se rebelará.

Mesmo que possamos saber que um determinado governo é tirânico e outro benevolente, não poderemos predizer qual o povo que vai se submeter e qual se revoltará. Muitos esforços têm sido feitos para explicar falhas semelhantes – por exemplo, inventando outros tipos de prazeres e dores – mas nunca logrando preservar a confiança nos princípios básicos. Um estado de coisas menos contraditório começou a emergir quando a relação temporal entre o comportamento e suas consequências foi submetida a escrutínio. No famoso experimento de Edward L. Thorndike, um gato faminto, confinado numa gaiola, podia suspender uma tranca e abrir a porta; depois, escapar da gaiola e alcançar a comida que estava do lado de fora. Muitos aspectos desse arranjo merecem consideração. Fuga de uma gaiola e acesso à comida são consequências mais claramente especificadas do que qualquer ganho líquido ou vantagem última e seguem-se imediatamente ao comportamento de suspender a tranca. De fato, as consequências quase coincidem com a descrição da resposta, e neste caso a questão de causas finais pode ser evitada.

O que Thorndike observou foi que o comportamento de suspender a tranca ficava, como ele mesmo dizia, "estampado". À medida que o experimento ia sendo repetido, Thorndike pôde observar como o gato conseguia suspender a tranca cada vez mais depressa e registrar uma curva de aprendizagem. Não precisou supor que a própria resposta ficasse fortalecida de alguma forma. Podia estar ocorrendo mais rapidamente simplesmente porque outros comportamentos do gato, na gaiola, foram sendo "apagados". Uma resposta bem-sucedida podia estar sendo selecionada por suas consequências, da maneira que, na teoria da evolução, as mutações teriam sido selecionadas por suas contribuições à sobrevivência da espécie em questão. (Esta interpretação do efeito seletivo das consequências continuou a ser mantida por Edwin R. Guthrie.) Uma simplificação do experimento torna o processo ainda mais claro. O uso de uma gaiola na qual um rato faminto possa abaixar uma alavanca e, com isso, imediatamente obter alimento fica claramente dentro da tradição experimental de Thorndike. A resposta é mais simples, contudo, e a consequência é imediatamente contingente, pelo menos se um reforço condicionado, tal como o som do alimentador, estiver presente.

Mas há um aspecto mais importante: ao adaptar bem o rato à gaiola, antes da instalação de uma barra ou alavanca, a maior parte dos comportamentos concorrentes pode ser "apagada" antes que a resposta a ser aprendida seja emitida. No registro do comportamento do rato, a curva de aprendizagem de Thorndike, mostrando o desaparecimento gradual dos comportamentos malsucedidos, desaparece. Em seu lugar fica uma mudança conspícua, na ocorrência da própria resposta bem-sucedida: um aumento imediato de frequência, quase sempre bastante abrupto, quando descrito em uma curva traçada sobre intervalos de tempo.

Usar a frequência de resposta como variável dependente tornou possível observar mais adequadamente as interações entre um organismo e seu ambiente. Os tipos de consequência, que aumentam a frequência ou o nível ("reforçadores"), podem ser positivas ou negativas, dependendo de serem reforçadores quando aparecem ou quando desaparecem. A classe de respostas, em relação às quais o reforço é contingente (cuja frequência de emissão depende de reforços), chama-se operante, para sugerir a *ação sobre o ambiente* [grifo nosso] seguida de reforço.

Construímos um operante ao tomarmos um reforço contingente a uma resposta, mas o fato importante, quanto à unidade resultante, não é a sua topografia, mas a sua probabilidade de ocorrência, observada em nível de emissões. Os estímulos anteriores não são irrelevantes. Qualquer estímulo presente, quando um operante for reforçado, adquire o controle, no sentido de o nível de respostas ser superior na presença dele. Tal estímulo não age como aguilhão; não elicia a resposta, no sentido de forçá-la a ocorrer. É simplesmente um aspecto essencial da ocasião em que uma resposta, se for emitida, será reforçada. Para marcar a diferença, vamos chamá-lo estímulo discriminativo (ou SD).

Uma formulação das interações entre um organismo e o seu meio ambiente, para ser adequada, deve sempre especificar três coisas: 1. a ocasião na qual ocorreu a resposta; 2. a própria resposta e 3. as consequências reforçadoras.

As relações entre elas constituem as "contingências de reforço". Esse conceito caracteriza as propriedades do ambiente que Tolman e Brunswik deviam estar tentando identificar quando falavam de "textura causal". As inter-relações são muito mais complexas do que as que ocorrem entre um estímulo e uma resposta e são muito mais produtivas tanto nas análises teóricas como nas experimentais. O comportamento gerado por um conjunto dado de contingências pode ser considerado cientificamente, sem que se tenha que apelar a estados ou processos internos hipotéticos. Se um estímulo conspícuo não tiver efeito, não será porque o organismo não o notou, ou porque não foi isolado por algum porteiro central, mas porque o estímulo não teve um papel importante nas contingências que prevaleceram no momento da resposta. Os demais processos cognitivos invocados para salvar uma fórmula de entradas e saídas podem ser descartados da mesma forma.

A descrição feita por Skinner clarifica sua concepção da relação entre respostas e reforçamento, o que satisfaz plenamente a arguição empírica, embora possa não satisfazer a crítica no sentido lógico. Apesar de qualquer possível infringência aos princípios lógicos ou a exigências filosóficas de variada espécie, certa regularidade e certa coerência são reconhecidas pelos críticos – forma geral – como suficientes para que não se interrompa o programa behaviorista radical de pesquisa.

Além disso, esse relato descritivo de Skinner tenta fazer uma rápida retrospectiva histórica das fontes primeiras do atual conceito relacional estímulo-resposta, desde as origens hedonistas, que ainda prevaleceram na lei do efeito de Thorndike, passando pela similaridade à estimulação inescapável dos tro-

pismos de Loeb, pela espécie de estampagem de Guthrie e, antes de referir-se ao próprio operante, indo até a eliciação pavloviana depois emprestada a Watson e ainda imaginada como presente no behaviorismo radical pelo mundo leigo. Essa procura acaba mostrando razões para a mudança agora direcionada pelo behaviorismo radical à ideia claramente delimitada de relações funcionais organismo-ambiente, amparadas na dimensão relacional de resposta e reforço.
Com Prado Jr. (1982, p.200):

> Depois de girar em falso, dentro do conceito de operante, o movimento centrífugo parece expulsar-nos para fora dele: na direção do restabelecimento do império do respondente ou na direção da teleologia da práxis. Trata-se, é claro, de impressão de um leigo, que não ignora que o destino desse conceito só pode ser decidido na prática de seu uso experimental, que sabe a pobreza da pura especulação, que transforma os conceitos em meras ideias. Mas nossa escassa frequentação da literatura da Análise Experimental do Comportamento nos convenceu de que os cientistas não têm uma clareza muito maior do que a nossa quando falam do conceito de operante, tão confusos como nós, filósofos ou sofistas. Teria razão Wittgenstein quando dizia que na Psicologia só há métodos experimentais e confusão conceitual?
> ... A presente análise explica por que a questão da circularidade na definição de reforçamento (e outros conceitos relacionais) não pode ser resolvida. Sem dúvida, essa análise trabalha com a conclusão de que não há solução para essa questão (no sentido de *eliminação* da circularidade na definição skinneriana de reforçamento e de outros termos relacionais). (p.9-10)
> Se a presente análise está correta, a definição skinneriana de reforçamento não é um problema que deve esperar grande solução, mas ele é um fato. Se isso é correto, a discussão sobre a circularidade não deve enfatizar a resolução de um problema (para nós não há problema a ser resolvido), mas deve ser enfatizada a natureza do fato. Essa parece ter sido, precisamente, a estratégia que os pesquisadores operantes (na pesquisa básica e aplicada) têm seguido nos últimos anos.

A análise (formal/funcional) do comportamento verbal e as questões da teleologia, intencionalidade e propósito em debate

Uma das questões muitas vezes subjacentes à discussão sobre a existência ou não de um caráter teleológico no comportamento humano é a que se refere à natureza básica das ações humanas: o indivíduo é considerado como *passivo, ativo* ou *interagente* em relação ao ambiente? Há teorias, de variada origem, que se distribuem entre as três possíveis condições, o que pode ser constatado por uma retrospectiva histórica da Psicologia.

Com relação ao behaviorismo em geral, a crítica tem com frequência se referido a ele como sendo uma abordagem que adota o caráter passivo dessa relação, ou seja, o organismo ficaria simplesmente à mercê das influências ambientais. Embora o behaviorismo clássico de Watson tenha dado a entender essa posição, uma análise acurada mostra que essa não é, de modo nenhum, a compreensão de Skinner. Sua linha adota um modelo interagente, ou seja, de um inter-relacionamento entre organismo e ambiente. De modo simplificado, tome-se como exemplo qualquer sequencia de relações de contingências, ligadas entre si, e ver-se-á que a ocorrência de um comportamento é seguida de uma consequência, diante de um estímulo discriminativo que aumenta a probabilidade de ocorrência de um certo comportamento. O comportamento muda as condições do meio (ele *opera* alterando o ambiente) e este, por sua vez, altera o comportamento.

Como já se disse, a grande maioria das definições dos princípios caros à ciência que se sustenta na filosofia behaviorista radical (a Análise do Comportamento) é relacional, e, portanto, também as relações organismo-ambiente são biunívocas e recíprocas. O organismo, na visão do behaviorismo radical, não é, então, nem passivo, nem ativo. Nem fica *à espera* de que algo aconteça sobre si, nem lhe é dado filogeneticamente (como em algumas versões cognitivistas) a possibilidade de uma espécie de herança de intenções.

A questão da intencionalidade, que aparece constantemente sob rótulos equivalentes, como os da teleologia e o do propósito, vem muitas vezes acompanhada das análises críticas que dizem respeito à linguagem, ao pensamento e ao comportamento verbal. Em geral, associa-se a discussões outras envolvidas na análise acerca da existência (necessária?) de uma simbologia (linguagem?) interna que determina a aproximação do organismo em relação ao seu ambiente. Com a mesma frequência, essa questão aparece associada à problemática do livre-arbítrio, de cuja eliminação o behaviorismo é continuamente acusado. E com igual intensidade é temática relacionada ao contexto teórico da motivação para a ação: discute-se aí o caráter intrínseco e extrínseco dessa motivação.

Dessa maneira, este item abrange um conjunto de questões que certamente têm ocupado a maior parte dos artigos que dedicam suas preocupações à análise crítica das propostas behavioristas. Na medida em que o manifesto behaviorista de 1913 apareceu como alternativa ao estudo da consciência, propondo-se a deixar de lado as concepções mentalistas para dedicar-se ao estudo do comportamento, conceitos muito caros à maioria dos estudiosos entraram em jogo. Entre esses conceitos, a ideia da intencionalidade nas ações humanas (procurando atribuir ao homem, em seu ponto mais interno e íntimo, a capacidade de mover-se por si próprio em direção aos objetos de seus desejos) foi uma das que maiores restrições sofreram nas análises behavioristas, especialmente por parte do behaviorismo radical.

Gerou-se nesse caso, aliás, uma série de mal-entendidos acerca das proposições concernentes às relações indivíduo-ambiente. Entendem muitos críticos que o behaviorismo deixa de lado a capacidade humana de decisão sobre a direção do agir, para atribuir papel modelador do comportamento e da *personalidade* ao ambiente externo, por *iniciativa* deste. Todavia,

Skinner, para exemplificar, frequentemente tenta mostrar que não está se pautando por uma visão apenas *reativa* do ser humano no ambiente; para surpresa para muitos, fala claramente de *interacionismo*. Até porque a própria ideia de comportamento operante implica alterações ambientais realizadas pelo organismo e vice-versa, num encadeamento *infinito* durante a vida.

O cerne de tal confusão pode estar na ênfase *ambientalista* do behaviorismo radical. Efetivamente, o que Skinner faz é atribuir excepcional importância ao meio ambiente na determinação do comportamento. Todavia, não o faz privilegiando uma relação unilateral, de mão única, o que até inviabilizaria teoricamente o seu próprio projeto, pois fala das relações de contingência como fundamentais na sua abordagem. O que ocorre é que as pessoas, via de regra, são levadas a pensar que Skinner esteja se restringindo a um ambiente que está necessariamente *fora* do organismo, ao mesmo tempo que (o que é ainda pior) excluiria o *social* como parte desse ambiente. Ao contrário, é crucial para o behaviorismo radical a compreensão de que o meio ambiente é tudo que de alguma forma seja *contexto* na ocorrência do comportamento, sendo que esse contexto pode ser de variada ordem (físico, químico, biológico, social) e ao mesmo tempo pode ser interno ou externo (estímulos proprioceptivos gerados pelo organismo ou exteroceptivos identificáveis fora dele, por exemplo).

Um aspecto fundamental em torno do assunto é o problema de como o behaviorismo lida com estados internos. A primeira e a mais constante avaliação dos críticos, *ad extremum*, tem sido a de entender que os estados internos simplesmente estão excluídos de qualquer consideração. Skinner (1969, 1989b) tenta, sempre, mostrar que tal desconsideração foi adotada pelos behavioristas metodológicos, mas que seu modelo, ao tratar do que chama de eventos privados, está exatamente tentando um acesso ao que os cognitivistas e mentalistas em geral denominam de estados internos. É evidente que não estão incluídos aí apenas os comportamentos encobertos como o pensamento, mas qualquer tipo de comportamento ou estado corporal que possa ser de algum modo percebido, mas para cuja análise se encontram especiais dificuldades metodológicas de acesso, de modo que apenas se podem lançar mão, hoje, de mecanismos indiretos de análise, como os relatos verbais.

Respondendo a Koch acerca de supostas falhas ao lidar com a questão das causas, diz Skinner (1969, na nota 8.11):

> As obséquias de Sigmund Koch mostram uma pressa indecorosa. O behaviorismo, como conhecemos, eventualmente morrerá – não por ser um fracasso, mas porque é um sucesso. Como filosofia crítica da ciência, irá necessariamente mudar à medida que a ciência do comportamento mudar e as questões correntes que definem o behaviorismo forem inteiramente resolvidas.
>
> A questão básica é a utilidade dos conceitos mentalistas. Esforços têm sido feitos para responder a eles, de tempos em tempos, simplesmente por decreto: não estudaremos a natureza da alma, mas ações dos homens, como Juan L. Vives colocou há mais de quatrocentos anos e como os behavioristas metodológicos e os psicólogos operacionistas colocam hoje. O comportamento é, portanto, definido como um campo que pode ser analisado com sucesso, separado do mundo da mente, mas a existência de um outro mundo é admitida, com ou sem implicação do que podemos saber a respeito de alguma outra forma. (p.373)

As críticas fundadas na questão da intencionalidade, por certo, estão ligadas à discussão sobre a existência física dos *estados mentais*. Entre outras análises relevantes, destaca-se a de Searle (1995, p.IX-X), que assegura que as pessoas têm estados mentais intrinsecamente intencionais:

> Acredito que as pessoas tenham de fato estados mentais, alguns conscientes e outros inconscientes, e que, pelo menos no que diz respeito aos estados mentais conscientes, tenham em larga medida as propriedades mentais que parecem ter. Rejeito toda forma

de behaviorismo ou de funcionalismo, inclusive o funcionalismo baseado nos princípios da máquina de Turing... os fenômenos mentais possuem uma base biológica: são ao mesmo tempo causados pelas operações do cérebro e realizados na estrutura do cérebro. Segundo este ponto de vista, a consciência e a intencionalidade são tão parte da biologia humana quanto a digestão ou a circulação sanguínea.

É interessante notar como há diferentes entendimentos da questão mente-corpo e como alguns deles podem compartilhar de certas peculiaridades, embora haja discordância no restante. O que Searle está apresentando é uma convicção a respeito da natureza biológica do que chama de estados mentais. Na verdade, embora explicite rejeitar o behaviorismo, assume, momentaneamente, uma posição monista ao equiparar estados mentais a qualquer outro sistema biológico. Mas a complicação estará na discussão posterior sobre uma equiparação possível entre eventos privados e comportamento (que o behaviorismo radical aceita) e uma rejeição a qualquer explicação funcional que inclua comportamento encoberto como equivalente ou substitutivo para tais estados mentais (do que a teoria da intencionalidade de Searle se esquiva).

A influência mentalista é reputada por Moore (1981) como provavelmente a maior responsável pelas concepções teleológicas em Psicologia, na medida em que ambos os conceitos estão geralmente interligados. Para ele, o mentalismo pode ser considerado uma orientação que explica o comportamento a partir de uma bifurcação da experiência humana em dimensões pré-comportamentais e comportamentais; usa termos psicológicos para se referir a entidades *organocêntricas* de dimensão pré-comportamental; e usa tais entidades como antecedentes efetivamente causais na explicação do comportamento.

Para Moore (1981), tal posição se caracteriza por um dualismo metafísico, no sentido de que ele atribui à mente um *sta-*

tus causal, sendo ela própria de estofo diferente do restante do caráter físico do mundo comportamental. É na esteira da concepção mentalista que os teóricos tentam assegurar a existência da intencionalidade pré-comportamental, ou seja, seria a mente, um substrato impalpável, a entidade responsável pela existência, consciente ou inconsciente, de uma *direção* predeterminada para o comportamento.

Esse conceito é obviamente refutado por Skinner, que, todavia, acaba sendo compreendido por alguns críticos como meramente castrador de conceitos imprescindíveis à compreensão das ações humanas. É o que se dá com Schnaitter (1984), que vê inconsistência nas proposições de Skinner acerca de eventos privados porque este defenderia um acesso redutivo à dimensão da mente. É também o caso de Dennett (1978, p.56), que faz restrições à visão skinneriana:

> O primeiro passo do argumento de Skinner é o de caracterizar o "mentalismo" como seu inimigo. Ele caracteriza como visão tradicional falar sobre a explicação do comportamento humano em termos mentalísticos a respeito de desejos, ideias, esperanças, medos, sentimentos, emoções; ele desqualifica essas expressões. Esse modo de falar, ele acredita, é desqualificado no sentido de que isso não é ciência: isso não pode tornar-se ciência nem ser usado em ciência; isso é conceituação inimiga da ciência e entra em conflito com a ciência genuína do comportamento humano ... o que é um grave engano.

Baum & Heath (1992) rechaçam os argumentos de Dennett, mostrando vantagens das explicações comportamentais em relação às explicações intencionais; entendem que estas últimas só podem ser contidas dentro de uma tradição criacionista, e nunca numa perspectiva científica evolucionista, em que se enquadra o behaviorismo radical. Antes, Skinner faz uma tentativa (1957) de mostrar como sua rejeição à terminologia permite a substituição dos procedimentos de análise de questões como o pensamento, a linguagem e o autocontrole (conforme Rachlin, 1974), pela utilização de formas objetivas e de acesso direto aos dados do comportamento verbal. Entretanto, diverge das tentativas já feitas de aproximação a uma abordagem que recebeu a denominação de behaviorismo cognitivo. Esforços nessa direção, como os de Jaremko (1979), são consideráveis e se tornam explicações interessantes quanto à questão da intencionalidade numa aproximação cognitivo-comportamental. Leituras oportunas são as de Lacey & Schwartz (1986) e Premack (1988).

No entanto, provavelmente o conjunto mais extenso, intenso e severo de críticas relacionadas ao tratamento dado ao comportamento verbal e os eventuais problemas com intencionalidade, propósito, linguagem, teleologia e mentalismo foi o apresentado a partir da publicação da recensão crítica de Chomsky (1959), a que Skinner de início diz apenas ter começado a ler e, constatando grande incompreensão teórica, não prosseguiu. Assim, embora nunca tenha elaborado uma resposta formal a Chomsky, Skinner acabou por distribuir suas respostas, mais tarde (em virtude da repercussão do artigo de Chomsky), em entrevistas e artigos indiretos e livros. O debate Chomsky-Skinner tornou-se, então, famoso e recebeu adeptos das duas partes envolvidas. Análises favoráveis a Skinner (MacCorquodale, 1970), restritivas a ele (Lacey, 1971), mantendo prós e contras (Place, 1981a, 1981b) e análises formais e funcionais (Richelle, 1976, e Schnaitter, 1980) podem ser encontradas na literatura. Para Lacey (1971, p.119):

> tanto à Psicologia de Skinner quanto à Linguística de Chomsky geralmente se atribui uma imensa importância filosófica, embora certamente os que consideram importante uma delas tendam a considerar a outra inteiramente destituída de fundamento.

De fato, na concepção skinneriana o espiritual, o mental, é praticamente excluído (*nesses termos*, obviamente) da visão científica, sendo o comportamento concebido como funcionalmente dependente de variáveis ambientais; já na concepção de Chomsky, o espírito é tratado em termos que lembram o racionalismo clássico, chegando o autor a afirmar que o *conteúdo* do espírito não pode ser reduzido a um produto da aprendizagem pela interação com o meio ambiente, de modo que acaba sustentando uma variante da doutrina das *ideias inatas*, variante essa encontrada, mais tarde, nos seus escritos sobre linguagem.

Se a maioria dos seguidores de Chomsky rejeita o behaviorismo, de outro lado alguns discordam dessa visão do seu líder, às vezes tentando chegar à compreensão do *espírito* baseando-se diretamente na neurofisiologia, tal como explica Lacey (1974). Os defensores de Skinner sustentam que não é necessário adotar posições mentalistas (ou cognitivistas), apenas os elementos de uma teoria behaviorista são suficientes para compreender a estrutura analítica do comportamento verbal e da linguagem (Stemmer, 1980). Repetidas vezes, a questão da cognição, do mentalismo e da intencionalidade aparece solidamente enraizada na perspectiva da crítica. As ligações entre esses três aspectos da questão e o projeto dos eventos privados são claras e constantes na bibliografia (Mahoney, 1970; Alston, 1974; Alcaraz, 1978; Creel, 1980; Moore, 1980; Burton, 1984; Rachlin, 1984; Schnaitter, 1978).

Muitos autores tentaram uma explicação talvez consensual da questão da intencionalidade, por vezes o centro da polêmica cognitivismo-behaviorismo. Alguns o fizeram evitando definitivamente a aproximação entre as abordagens (como Schnaitter, em 1987, com seu sugestivo *Behaviorism is not cognitive and cognitivism is not behavorial*, bem como o próprio Skinner (1977a), com seu *Why I am not a cognitive psychologist*), mostrando quão contrastantes são as visões prioritariamente organocentristas (do cognitivismo) e ambientalistas (do behaviorismo). Embora tentativas de aproximação teórica entre as abordagens tenham sido encontradas (Wassermann, 1983), a maioria se posiciona de um lado ou de outro da linha divisória da crítica (Spielberger,

1962; Kendler, 1971; Theophanous, 1975; Carvalho, 1976; Ringen, 1976; Segal, 1978; Lieberman, 1979; Lacey, 1980; Pichardo, 1980; Lee, 1981; Wessels, 1982; Landwehr, 1983; Mills, 1984; Pierce & Epling, 1984; Shimp, 1984; Waller, 1984; Deitz, 1986; Marken, 1990; Penrose, 1990). Entre as inúmeras análises, a de Oliveira (1982, p.46) revela que

> o otimismo mesológico do behaviorismo radical levou a que autores como Chomsky alegassem que a visão do homem como um ser exclusivamente maleável favorece a que sejam adotadas práticas manipulativas que retiram do homem sua característica essencial que é a sua capacidade intrínseca de pensar e decidir sobre seu próprio destino.

Segue explicando o raciocínio chomskyano, de que a consideração apriorística do homem como destituído de propósito o levaria ao extremo de ficar ao sabor daqueles que tiverem o poder de manipulá-lo; nesse argumento fica clara a intersecção geralmente feita, e já referida, da figura do propósito com a figura do livre-arbítrio e do poder de autodefesa e de autodeterminação.

A questão da teleologia, que penetra toda a problemática do objeto de estudo da Psicologia e que se configura como tema de crítica ao behaviorismo radical, pode ser entendida ainda de outro modo. Teleologia, assim, diz respeito às razões finais para um fato, um comportamento, mas, nem sempre, à intencionalidade, à procura de uma meta que justifique uma ação. Autores existem que diferenciam significativamente o conceito de teleologia do conceito de causa, ou seja, ao primeiro termo atribuem sinonímia com razão final ou objetivo a ser alcançado, enquanto, cronologicamente, *causa*, por óbvio, ocorre temporalmente antes do comportamento. Exemplo desse tipo de entendimento é apresentado por Rachlin (1992), que menciona uma ciência psicológica que faz uso de mecanismos internos para explicar o comportamento aberto, em contrapartida a uma ciência psicológica baseada em modelo de causas finais, que usa objetos e objetivos externos para explicar o comportamento aberto. Aí, defende a ideia de que parte do behaviorismo skinneriano inclui-se no primeiro tipo, o que é rechaçado por muitos. Propõe uma forma de "behaviorismo teleológico, que faz uso de causas finais" e argúi que "essa forma de behaviorismo provê um veículo para predição e controle do comportamento, bem como um significado potencial para os termos mentalistas, ao menos como utilizados pela psicologia fisiológica ou cognitiva" (p.1371).

Ao discutir o conceito de classe de eventos interativos (que produzem mudanças nas circunstâncias em que ocorrem), Matos (1997) bem coloca a importância da natureza da mudança produzida pelo comportamento, entendido como interação organismo-ambiente, deixando claro como o behaviorista radical deve entender o sentido de "efeito ou finalidade da ação. Este efeito é final, no sentido de *último* (isto é, aquilo que encerra ou define o encerramento da ação), não no sentido de fim a ser atingido" (p.51). Consequências e história de reforçamento são, nesse caso, ingredientes necessários à compreensão de como uma cadeia de respostas, nessas condições, é mantida ou alterada.

De qualquer modo, a literatura ainda parece considerar pendente, com o behaviorismo radical, a solução final da questão da teleologia: trata-se de uma querela miúda, de um problema semântico ou de um empecilho paradigmático fundamental à compreensão da causalidade do comportamento?

Com Abib (1985, p.148), vemos que Tolman foi, provavelmente, um dos mais destacados behavioristas a lidar com os problemas da intencionalidade, do propósito, da teleologia:

> A esta altura já deve estar evidente que o organismo ou pessoa se comporta porque tem intenções, desejos, crenças, expectativas. Em outras palavras, é a existência de processos mentais, objetivamente definidos, que explica por que o comportamento ocorre. Mas tal explicação é *causal* e não *teleológica* [grifos nossos].
>
> Os desejos e crenças causam o comportamento. Esta tese básica de Tolman se torna visível nos primeiros instantes da leitura de

seus textos. Os processos mentais são variáveis intervenientes. Estão entre as causas iniciais do comportamento e o comportamento final resultante. Causas iniciais são condições fisiológicas e estímulos ambientais. Por estarem entre as causas iniciais do comportamento e o comportamento final e, além disso, esgotarem seu significado na relação com estes dois tipos de ocorrências, os processos mentais são chamados de variáveis intervenientes. Em suma, propósitos, crenças e similares são nomes cujo significado se esgota totalmente na visibilidade da relação entre as causas iniciais do comportamento e o comportamento final resultante...

[Para Tolman] os determinantes imanentes – propósito e cognição – intermedeiam a equação causal entre as causas iniciais e o comportamento final resultante.

Essa a posição de Tolman, seguramente uma abordagem fundamentalmente diferente da de Skinner e seu behaviorismo radical. Este último não admite as funções das variáveis intervenientes e muito menos seu *status* causal em relação ao comportamento.

Importa reiterar, conforme Abib (1985), essa explicação alternativa que admite os processos mentais como razões e não causas da ação humana. Colocando de outra forma, compreender tais ações implica pensar nos seus fins e não em seus antecedentes. No primeiro caso, trata-se de explicação teleológica; no segundo, causal. Abib prossegue em uma análise bem elaborada das explicações causais do comportamento como oferecidas pelo behaviorismo molecular de Watson e pelo behaviorismo molar de Tolman, preparando o ingresso na análise do behaviorismo radical de Skinner com algum termo de comparação plausível. É o que consegue, retomando o Skinner inicial (1938) e chegando ao *atual* (1945, 1953), onde fica mais clara sua posição quanto ao problema da causalidade do comportamento. Com Abib (1985, p.167-8):

> Em 1953, em sua segunda formulação, mais sistematizada, em nosso entendimento, sobre o comportamento, no texto de

Ciência e Comportamento Humano, não utiliza mais a expressão "o estado intermediário afeta o comportamento". Pelo contrário, quando se refere a causas estritamente conceituais, observa: "As causas interiores mais comuns não têm absolutamente dimensões específicas, sejam neurofisiológicas ou psíquicas. Quando dizemos que o homem come *porque* está faminto... parece que nos referimos a causas. Mas uma análise dessas frases prova que são meras descrições redundantes". (1953, p.31)

Se, em 1938, o conceito de fome, para Skinner, refere-se a um estado intermediário, em 1953 esse mesmo conceito, no interior de sua nova visão sobre o comportamento, demonstra características meramente redundantes. Isto é, o conceito de fome não é capaz de explicar o comportamento melhor do que as próprias relações que sumariza e, por isso, é redundante.

Skinner parece estar procurando alguma coisa. Na verdade, é algo que já tinha descoberto desde quando polemizou com Konorski e Miller sobre os dois tipos de reflexos condicionados, mas que relutou em aceitar de imediato. Desde 1931, Skinner buscava uma terceira variável que pudesse explicar as relações entre o estímulo e a resposta. Disse nessa época que a resposta é função do estímulo e de uma terceira variável. Quando formulou as leis estáticas e dinâmicas do reflexo, sustentou que a terceira variável era o tempo ou o número de vezes que a resposta era eliciada. Quando, em 1937, na polêmica com Konorski e Miller, diferencia o operante e o respondente, afirma que a contingência de reforço é a terceira variável no caso do operante...

Já em textos posteriores, abandona a utilização dos estados intermediários na explicação do comportamento e passa a assumir apenas a contingência do reforço como terceira variável...

Enfim, Skinner não está interessado em traduzir termos teóricos referidos a eventos subjetivos, através do fisicalismo metodológico, em relações entre ambiente e comportamento. Nem tampouco em utilizar esses termos, seja na versão de construtos hipotéticos, seja na versão de variáveis intervenientes, na explicação do comportamento. Sua terceira variável deve ser buscada nas contingências do reforço. Portanto, as contingências de reforço são construtos empíricos e não termos teóricos.

Diferentemente de Watson (que varreu as categorias subjetivistas de sua Psicologia) e de Tolman (que deu a elas o estatuto de variáveis intervenientes na relação causal do comportamento), Skinner não exclui do foco de análise os eventos subjetivos, nem lhes dá *status* causal. Mantém essas categorias porque entende absolutamente necessário conhecer a subjetividade, mas o faz atribuindo a essa subjetividade a condição de eventos privados resultantes dos mesmos tipos de causa (e do mesmo estofo físico) das outras variáveis que determinam o comportamento aberto. Skinner, desse modo, objeta definitivamente à ideia de *finalismo* das ações, pautando-se, uma vez mais, por um *naturalismo* filosófico e, consequentemente, científico. De certo modo, a explicação skinneriana para esse estofo físico dos eventos subjetivos pode ser compreendida a partir das considerações de Abib (1985, p.183):

> os eventos subjetivos não têm, eles mesmos, dimensões espaciais e temporais; por outro [lado], são processos e propriedades que ocorrem exclusivamente como características de corpos situados no espaço e no tempo e, em decorrência, são eventos físicos. Em outras palavras, estamos diante de um fisicalismo no interior da doutrina naturalista, muito similar àqueles que encontramos no pensamento de Skinner quando dizemos, por exemplo, que o ato de sentir e os sentimentos são físicos, não como uma entidade autônoma, mas no sentido de um produto ou propriedade do comportamento e de condições corporais.

Esclarece-se, então, que com Skinner a questão da intencionalidade permanece, no ser humano, com o pensar (*grosso modo*, um operante encoberto) ou o sentir (idem) acerca da nossa emissão de um comportamento que tem alta probabilidade de ocorrer, como resultante da história passada de relações com o ambiente, pela recepção de contingências reforçadoras após essa emissão. Skinner (1989a, p.27) esclarece:

A condição corporal associada com uma alta probabilidade de que venhamos a nos comportar ou fazer algo é mais difícil de ser reconhecida e, então, recorremos à metáfora. Dado que as coisas em geral caem na direção para a qual se inclinam, dizemos que somos *inclinados* a fazer alguma coisa ou que temos uma *inclinação* para fazê-lo. Se estamos fortemente inclinados, poderemos mesmo dizer que estamos *propensos* a fazê-lo. Dado que as coisas também se movem na direção para a qual são empurradas, dizemos que *tendemos* a fazer coisas (do latim *tendere*, esticar ou estender), ou que nosso comportamento expressa uma *intenção*, um processo cognitivo largamente aceito para os filósofos.

Usamos também *atitude* para nos referir à probabilidade. Atitude é a *posição, postura* ou *pose* que assumimos quando estamos prestes a fazer algo. Por exemplo, a *pose* dos atores sugere algo em que estão envolvidos ou o que farão logo em seguida. O mesmo sentido de *pose* é encontrado em *dispor (dispose)* e *propor (propose)* – "Estou disposto a dar uma caminhada", "Proponho darmos uma caminhada".

Originalmente um sinônimo de *propor (propose)*, *propósito (purpose)* causava muita confusão. A exemplo de outras palavras que sugerem ação provável, esta parece apontar para o futuro. Todavia o futuro não pode ser vivenciado agora, e em qualquer outra parte, em ciência, propósito deu lugar a palavras referentes a consequências *passadas*. Quando os filósofos falam de intenção, por exemplo, quase sempre estão falando de comportamento operante. Como a Análise Experimental tem demonstrado, o comportamento é modelado e mantido por suas consequências, mas apenas pelas consequências que permanecem no passado. Nós fazemos o que fazemos por causa do que *aconteceu* e não do que *acontecerá*. Infelizmente, o que aconteceu deixa poucos traços observáveis e a razão pela qual fazemos o que fazemos, bem como o quão dispostos estamos a fazer algo, estão, consequentemente, muito além do alcance da introspecção. Talvez por isso, como veremos mais tarde, o comportamento tenha sido *tão frequentemente atribuído a um desejo iniciador, originário ou criativo* [grifo nosso].

De toda a discussão, depreende-se, em *primeiro* lugar, o grau de dificuldade que as questões relacionadas à intencionalidade, à cognição e ao comportamento verbal produzem, o que se constata por controvertida literatura a que se deve aduzir Day (1969), Catania (1980), Costall (1980), Schnaitter (1980), Lee (1984) e Stemmer (1990).

Em *segundo* lugar, *ex expositis*, conclui-se que dificuldades e polêmica resultam do antimentalismo de Skinner, do seu naturalismo, da sua anti-intencionalidade causal. Mas conclui-se, finalmente, que o behaviorismo radical distingue-se dos seus ancestrais pelo privilegiar, contrariamente aos demais behaviorismos, a necessidade de considerar a importância apontada dos eventos privados. Entretanto, o projeto behaviorista não chegou ao ponto esperado por Skinner e pelo behaviorismo radical, de dar uma explicação completa desses eventos. Muita pesquisa precisa ser realizada na área. É o que resulta do *ouvir* a crítica: a necessidade de reforçar a ênfase dos projetos behavioristas privilegiando o comportamento encoberto. Definitivamente uma teoria não finalista (no sentido da intencionalidade como causa), o behaviorismo radical parece, aos poucos, estar abandonando o discurso defensivo limitado a crer importante o que se passa sob a pele para, em seu desejável objetivismo, planejar e executar projetos de pesquisa que ampliem a compreensão do que se passa no âmbito interno, que não precisa ser confundido, necessariamente, com mental. Essa parece ser, efetivamente, uma saída científica viável e auspiciosa.

As aplicações clínicas da Análise do Comportamento e os efeitos da filosofia behaviorista: a substituição de sintomas como suposto exemplo da ineficácia e impropriedade de métodos, técnicas e procedimentos

Conforme já se explanou, o behaviorismo radical é uma filosofia da Análise Experimental do Comportamento e não a própria ciência. O que se pretende neste livro é uma análise da crítica acerca do conjunto de pressupostos que compõem essa filosofia, a partir de uma perspectiva de reconstrução histórica, de modo que se possa ter clara a existência de caminhos a serem privilegiados num empreendimento programático orientado por uma filosofia criticamente revista. Com efeito, uma análise que tenha como referencial uma filosofia de ciência como o behaviorismo radical necessariamente precisa levar em conta os desdobramentos da ciência do comportamento que lhe é inerente. Nenhuma outra justificativa é necessária para que se tome (entre diversos) um simples exemplo de suposta consequência indesejável emprestada ao campo que é comumente chamado de Análise Aplicada do Comportamento, de modo que se notará como isso se reflete sobre o behaviorismo radical como um todo.

É conveniente, de início, que fique clara a existência de uma linha demarcatória entre duas perspectivas clínicas afetadas pelo behaviorismo em geral: a Modificação de Comportamento e a Terapia Comportamental (ressalvando-se que, atualmente, a melhor designação para o uso do operante em situações práticas está convencionada como Análise Aplicada do Comportamento). De todo modo, a primeira designação (Modificação do Comportamento), sob influência prioritária do behaviorismo radical, procura valer-se exclusivamente dos pressupostos operantes do comportamento. A segunda, sob influência dos desdobramentos do behaviorismo metodológico, mas valendo-se também de algumas descobertas experimentais de Skinner e colaboradores, distingue-se especialmente por certas práticas que incluem associação de estímulos (como nos casos de dessensibilização sistemática e certas técnicas de relaxamento).

Não será o caso de detalhar profundamente as divergências e aproximações entre os dois tipos de profissionais clínicos, na medida em que não é objetivo deste ensaio lidar com essas diferenças, pelo fato de que fazê-lo não acrescentaria muita coisa à discussão em jogo. Entretanto, ao analisar as implicações decorrentes da crítica relativa à *substituição de sintomas*, é importante que o leitor tenha em vista, ao menos superficialmente, essa distinção, para a localização apropriada da crítica.

A questão da substituição de sintomas é precedente à própria Análise do Comportamento. Da possibilidade de sua efetiva ocorrência já suspeitavam preliminarmente terapeutas comportamentais e teóricos da aprendizagem pioneiros, como Eysenck, Mowrer, Wolpe e Yates. A suposição era a de que em tipos de terapia em que não se *tratasse* das causas subjacentes do comportamento mal-adaptado novos sintomas das mesmas causas emergiriam. Para Yates (1958), a ideia de substituição de sintomas era uma ficção explanatória surgida por proposição da Psicanálise, em sua natureza antagônica à Terapia Comportamental. Entretanto, de certo modo, a influência original pertenceria ao chamado *modelo médico*, o qual privilegia o tratamento das causas de doenças, em vez de sintomas: não tratadas essas causas, os sintomas reapareceriam em seguida a qualquer tratamento *paliativo* e *superficial*. Assim, como trabalhar com os comportamentos não equivaleria a trabalhar com as causas, os problemas permaneceriam. O mesmo conceito associou-se (e às vezes essa metáfora ainda é encontrada) à ideia de *válvula de escape*, ou seja: nada resolveria *represar* o problema tratando dos sintomas, porque sempre o organismo responderia através de algum outro ponto frágil de sua *personalidade* deficitária. O modelo médico, no entanto, guarda fundadas diferenças em relação ao modelo psicológico: no mínimo, o tratamento medicamentoso – ou cirúrgico – pretende ir às variáveis causais atuais da doença, onde o *paciente* (diferentemente do *cliente* na Psicologia) é submetido a um tratamento que acessa causas físicas presentes. A dificuldade, então, de transpor tal modelo à Psicologia reside principalmente em querer, distintamente, que nesta última o terapeuta se reporte às causas remotas do comportamento-problema. Ou seja, como o conjunto inicial de eventos originadores da sequência de condições que determinam a atual contextualização de comportamentos pode estar num passado remoto, supõe-se que apenas se *resolva* a questão atual mediante intervenção no passado. O que, obedecidas as dimensões físicas de tempo e espaço, é absolutamente impossível. Na verdade, o que é possível é o acesso a eventos atuais que se ligaram, em cadeia, a um momento no passado que se relaciona ao problema atual. Como intervir no passado (exceto por ficção) não é possível, resta, sim, analisar os eventos passados – convencionalmente, a "história de reforçamento" ou "história de vida" – para identificar eventos atuais controladores do comportamento e, mediante a manipulação destes, mudar tal comportamento, se assim o deseja e concorda o cliente, por decisão pessoal deste ou de seus responsáveis (no caso de crianças ainda impossibilitadas – até legalmente – de decidir por si mesmas). Essa querela da substituição de sintomas é assim configurada por Cahoon (1968, p.149-50):

> Um ponto de discordância que separa terapeutas comportamentais e terapeutas dinamicamente orientados envolve a hipótese da substituição de sintomas. Isto é, a remoção de "sintomas" sem atenção às "causas subjacentes" desses sintomas leva à formação de novos sintomas? Um exame da literatura revela que raramente esses termos têm sido usados em sentidos que não envolvam inferências e construtos específicos de alguns sistemas teóricos. O presente trabalho tenta reformular a hipótese de substituição de sintomas na direção de uma investigação empírica. Nesse sentido, alguns procedimentos relevantes às terapias comportamentais são examinados com respeito à sua possível relevância para o desenvolvimento ou não de sintomas subsequentes ao tratamento...
>
> A maioria dos estudos de caso relatados por terapeutas comportamentais não registram a ocorrência de substituição de sintomas no enfoque terapêutico descrito. Terapeutas dinamicamente orientados, de outro lado, frequentemente fazem referência a essas condições nos tratamentos (não necessariamente com terapia comportamental). Holland (1968) cita um contingente de autoridades que relatam substituição de sintomas como consequência de tratamento com o uso de hipnose. Spiegel (1967) relata estudos

de caso onde os sintomas removidos (por hipnose) podem resultar em sintomas reativos se houver expectativa de falha pelo terapeuta e pelo paciente ... Fenichel (1945) relata que a supressão aversiva de sintomas, por choque elétrico, pode ser seguida da formação de novos sintomas ... parece claro, por esses relatos, então, que alguns efeitos psicoterapêuticos têm como resultado a aquisição de novos sintomas. Mas isso não é *exclusividade* da terapia com orientação de aprendizagem.

Para outros autores, não se trata de um fato consumado e que abranja qualquer tipo de terapia, seja ela orientada pelos princípios da aprendizagem operante, seja orientada dinamicamente. Tratar-se-ia, isso sim, de um problema conceitual discrepante entre abordagens. Ullmann & Krasner (1965), por exemplo, explicam que alguns profissionais simplesmente rejeitam o conceito de *sintoma*, na medida em que a Análise Aplicada do Comportamento consideraria o comportamento como o próprio objeto de tratamento, ou seja, descarta quaisquer *causas remotas* como inacessíveis à prática clínica efetiva, visto que, segundo ela, apesar das técnicas de recomposição do ou *regressão* ao passado, esse retorno não é confiável e, mesmo que o fosse, não se poderia mudar a história pessoal. Além disso, rejeitam a ideia de *causas subjacentes* como sendo uma expressão que pretende originalmente significar a existência de causas internas do tipo *drive* e *conflito*, evidentemente abolidas pelo behaviorismo.

Para Kazdin (1982), a substituição de sintomas seria, de acordo com as concepções psicodinâmicas, um resultado inevitável do tratamento de problemas comportamentais baseados na influência de variáveis externas. Mas a ausência de substituição de sintomas em diversos relatos refuta concepções psicodinâmicas. Frequentemente se fala, ao contrário, em evidências de *generalização* dos benefícios terapêuticos para outras áreas. Conclui esse autor:

A substituição de sintomas tem ocupado importante papel na discussão de consequências potencialmente deletérias que seguem certas formas de tratamento. A noção tem servido primariamente como ponto central de debates conceituais sobre a natureza da psicopatologia e a eficácia de tratamentos alternativos. Proponentes das terapias psicodinâmica e comportamental diferem no sentido em que acreditam poder encarar o significado de substituição de sintomas. Existe alguma concordância em que o conceito é difícil de verificar e de que claras predições são difíceis, senão impossíveis de se fazer. (p.251)

Kazdin (1982) completa seu raciocínio propondo o conceito de covariação de respostas: quando, na terapia, se reforça positivamente (ou se suprime) certa resposta, outras com características parecidas sofrem, em menor grau, os mesmos efeitos, numa espécie de generalização (covariação) desses efeitos. No caso da eliminação de comportamentos, por exemplo, o organismo teria a eliminação das *respostas-sintoma* e de outras similares correlacionadas, de modo que o organismo, se era originalmente reforçado por emitir um determinado comportamento *indesejável*, acaba optando, ainda que *inconscientemente*, por outro comportamento também reforçador: a escolha pode recair sobre nova resposta mal-adaptada, configurando o que é chamado de *substituição de sintomas*.

A controvérsia da *substituição de sintomas*, todavia, pode ser mais bem compreendida numa perspectiva um pouco mais complexa, mas coerente com a filosofia do behaviorismo radical e as descobertas, até aqui, da Análise do Comportamento. Levando em conta o conceito de classe de respostas, tem-se que respostas de funcionalidades (e alguma morfologia) semelhantes agrupam-se formando um conjunto que recebe essa denominação de *classe*. Ao aprender a comportar-se, o organismo produz alguma alteração no ambiente, ou seja, opera sobre esse ambiente. Se seu comportamento aumenta em frequência, diz-se que foi reforçado positivamente. Estão à *disposi-*

ção do organismo, para produzirem reforçamento, *n* respostas possíveis, sejam elas sancionadas ou vetadas pela sociedade. Segundo as normas sociais, podem ser mal-adaptativas ou adaptativas. Por suposição, se o organismo produz seu reforço positivo em seguida à emissão de um comportamento indesejável, adquiriu não apenas uma resposta, mas uma classe de respostas que comporão os *sintomas* indesejáveis. No modelo médico (contrariamente à concepção behaviorista) esses *sintomas* constituem a configuração externa de um processo interno doentio (daí a ideia de causas *subjacentes*).

A segunda etapa desse processo é a etapa *clínica* (aqui em itálico porque o processo é válido não apenas para a situação clínica propriamente dita, mas para toda e qualquer modificação de comportamento, quer seja em psicoterapia, quer seja decorrente do processo educacional, quer seja das relações no trabalho). Nessa etapa, quando se adota algum procedimento de modificação, por exemplo, visando à eliminação de um comportamento *indesejável* (ainda não se discute aqui, por precoce, a questão de quem decide e como decide sobre a desejabilidade das ações), os efeitos do procedimento recaem sobre a classe e não sobre a resposta individual. A pessoa aprendeu um conjunto de respostas, por similaridade, com que é possível obter tal reforçamento positivo. Eliminada uma resposta, reduz-se, também e em menor grau, a probabilidade de ocorrência de outra. Todavia, essa é uma faca de dois gumes: se o organismo estiver, novamente, frente a frente com a possibilidade de obtenção do aludido reforço, apresentará inevitavelmente algum comportamento como forma de obtê-lo. Dado que na classe de respostas as mais similares foram mais eficazmente eliminadas, mas as menos similares não (proporcionalmente), pode acontecer de qualquer destas (agora com probabilidade de ocorrência elevada a um maior patamar hierárquico) ser utilizada (ainda que *inconscientemente*) para produzir o reforço. Se for bem-sucedida, instala-se rapidamente. Isso configuraria a *subs-*

tituição de sintomas: na verdade, não se trata de sintomas, mas de respostas movidas pela produção de consequências.

Assim, embora a polêmica seja extremamente complexa e pertinente, não se supõe, aqui, ser o caso de permanecer anos a fio polemizando sobre a origem semântica da questão. Mais que isso, os terapeutas precisam planejar melhor seus procedimentos. Ou seja, ao planejar cada sessão, o analista precisa, em primeiro lugar, verificar se, ao estar eliminando um comportamento com que o organismo, de forma mal-adaptativa, consegue produzir reforço positivo, ele deixa alguma margem para a aprendizagem ou fortalecimento de outro comportamento que se apresentará no lugar do comportamento eliminado (chame--se isso de substituição de sintomas, se for o caso); se isso ocorrer, fica claro um *erro de procedimento* que precisa ser corrigido. O que o analista deve fazer é, ao planejar seu procedimento (através da sequencia de sessões clínicas com seu cliente, através das etapas num procedimento de campo em escola ou nas ações em situação das relações de trabalho, como em qualquer outra situação), dar a seu cliente a oportunidade de escolher (se ele for um adulto, por exemplo) um outro comportamento com o qual ganhe em funcionalidade social e ao mesmo tempo obtenha reforçamento (*grosso modo*, o comportamento de furtar precisa ser substituído por trabalhar, mas, se não se elabora um procedimento apropriado, pode ser substituído pela mendicância – não se trata, evidentemente, de *sintomas*, mas de comportamentos, sempre). Nesse ponto, o analista pode programar a eliminação de um comportamento, mas, ao mesmo tempo, deve prever sua troca por outro, socialmente aceito, que produza consequências equivalentes.

Sem dúvida, essa programação carece de alguns outros cuidados. Em primeiro lugar, não pode configurar-se autoritária, no sentido de que o terapeuta decida, numa instância ética, apenas por valores seus e com os quais não necessariamente compartilhe o cliente. Ou seja, ele tem sob seu controle o conjunto de técnicas e procedimentos que torna acessíveis, profissionalmente, ao cliente: em essência, é esse aspecto técnico, sob seu domínio, que o coloca nas sessões terapêuticas como indivíduo distinto do seu cliente. Em última análise, deve ser dada oportunidade ao cliente de decidir sobre a direção a seguir de acordo com suas aspirações particulares. Casos excepcionais, evidentemente, exigem iminente diretividade por parte do terapeuta (ao cliente que anuncia suicídio não se pode assegurar a possibilidade imediata de uma decisão pessoal do tipo sim/não: é óbvia a necessidade de intervenção preventiva, em situação de crise, impedindo a possibilidade do *sim*; ao garoto de cinco anos que pretende quebrar a vidraça do colégio, a intervenção acaba se dando via pais ou professores, em geral). É claro que nesses casos – e similares exemplos –, depois de controlada a situação (de risco) inicial, um aprofundamento no processo que motiva e mantém o iminente comportamento é o que se recomenda, aí sim na direção de alcançar uma compreensão – pelo próprio cliente – de seu repertório comportamental e das variáveis que o controlam. Em segundo lugar, a competência teórico-técnica deve acompanhar a boa formação ética, no sentido de que a ocorrência mais ou menos provável de comportamentos (inadequados) que sejam equivalentes a novos *sintomas* pode em parte ser decorrente da maior ou menor habilidade do terapeuta em estabelecer contingências adequadas para a obtenção de comportamentos *adaptativos*. Cabe aqui uma ressalva quanto ao emprego deste último termo: o fato de se falar frequentemente em comportamentos adaptativos levou a uma outra discussão dentro da polêmica mais ampla do behaviorismo radical. Falar sobre o estabelecimento de comportamentos adaptativos não significa *ajustar* o indivíduo à sociedade, no sentido de atrelá-lo ao *status quo*, no sentido de forçá-lo a fazer o que está estabelecido, no sentido de reproduzir o cenário de desigualdades sociais vigentes e inserir-se nele como uma peça que precisa funcionar de modo determinado. Comportamentos adaptativos, sempre, fazem referência a um funcionamento do indivíduo que o faz sentir-se melhor, que respeita a individualidade das demais pessoas, mas que pode – em muitos casos – representar mudanças sociais. Ou seja, é óbvio que o cliente pode e deve agir no sentido da transformação social, se esta for a ação apropriada para o comportamento adaptativo: ele, cliente, deve tomar parte ativa nessa decisão. Mas trata-se de outra polêmica que mantém elo com a presente discussão.

Em teoria, o behaviorismo radical certamente assegura pressupostos à Análise do Comportamento que permitem a esta desvencilhar-se de situações como as típicas da controvérsia da *substituição de sintomas*. Entretanto, por diversas razões a análise aplicada não tem usado com propriedade todas as descobertas experimentais da Análise Experimental do Comportamento nem se tem valido completamente de sua própria filosofia de ciência. Mais que isso, tem sido por vezes negligente com relação à sua própria capacitação para o desenvolvimento do que ousou chamar de *engenharia comportamental*.

Assim, este contexto crítico pretende, no âmbito mais amplo do trabalho, não se circunscrever a apontar uma questão pontual como a da substituição de sintomas, mas reiterar, com vistas a um redelineamento, os desvios e a negligência, até em comportamentos de cunho ético (e que terão tratamento mais detalhado em seguida), os quais foram apontados pela literatura crítica na área aplicada da ciência comportamental.

O método de pesquisa e os procedimentos utilizados na Análise do Comportamento não dão conta do caráter interno e privado: o behaviorismo radical explica apenas uma fração superficial das ações humanas

Primordialmente, pretende-se neste item que sejam reveladas algumas dimensões das principais características polêmicas que circundam as dicotomias *privado-público* e *mental-físico*. Especialmente, serão recuperadas questões relativas ao behaviorismo enquanto filosofia de ciência que se defronta com esses problemas diante da crítica, mas também se tocará de modo superficial na questão da suposta incompetência do método de pesquisa da Análise do Comportamento para lidar com o problema.

O behaviorismo de Skinner tem designado de *mentalistas* as correntes que pretendem analisar o comportamento como consequência direta (em termos causais) da existência real de um *aparelho mental*. A maioria dessas abordagens chamadas mentalistas tem, historicamente, privilegiado a utilização da introspecção como forma de coleta de dados para a interpretação do curso das ações humanas e, nesse sentido, tem apresentado inconvenientes por duas razões. São elas, conforme Oliveira (1982, p.4-5):

1) A observação dos fenômenos mentais era feita indiretamente através do relato verbal dos introspeccionistas, comparando-o com os correlatos fisiológicos passíveis de serem coletados, oferecidos ou registrados pela aparelhagem disponível;

2) Não havia concordância entre os relatos verbais de dois ou mais observadores, e até mesmo entre os relatos de um mesmo observador quando este fosse submetido à mesma situação-teste em ocasiões diferentes.

O objetivo dos estruturalistas era o de fazer da Psicologia uma ciência natural, mas discrepâncias sempre encontráveis nas observações dos fenômenos mentais através do método introspectivo não eram compatíveis com as demonstrações experimentais realizadas em laboratórios de Física, Química e Fisiologia, onde os fenômenos direta ou indiretamente observados apresentavam resultados conforme as previsões estabelecidas pelos experimentadores.

A perspectiva teórica citada corresponde particularmente à maneira com que os estruturalistas pretendiam analisar sentimentos, que na terminologia de Wundt se referiam aos aspectos subjacentes às sensações. É nesse contexto que acontece a intervenção do operacionismo na Psicologia. Os operacionistas sugeriam que se passasse a estudar a discriminação de intensidades de estímulos (nada a ver com a discriminação tal como vista na Análise Experimental do Comportamento) como caminho inicial exemplificador da busca de objetividade. Por certo, quem sofreu influência direta desse operacionismo (somado ao positivismo) foi Watson, que previa, no seu já citado manifesto de 1913: 1. a negação da mente; 2. a redução da experiência à fisiologia das secreções glandulares e aos movimentos dos músculos; 3. a atribuição do comportamento à aprendizagem mediante um paradigma de condicionamento clássico; 4. a minimização das influências hereditárias e fatores biológicos primários; 5. que os processos conscientes, de cuja existência duvida, estão além da pesquisa científica.

Para Oliveira (1982, p.6):

> A ortodoxia inflexível dos primeiros behavioristas aliada a declarações intempestivas de Watson com o seu famoso *dictum* ... foi responsável por considerável parte das emotivas críticas depreciativas endereçadas ao Behaviorismo de então e impropriamente repetidas mais de 50 anos após em relação ao Behaviorismo Radical de nossos dias, que nada tem a ver com os pressupostos filosóficos e metodológicos da escola clássica.

E prossegue Oliveira (p.7), ao referir-se ao behaviorismo metodológico, quanto à mesma questão dos fenômenos mentais:

> ao se livrar de forma – digamos – cirúrgica, dos difíceis problemas que se levantam quando aceita-se trabalhar com fenômenos privados, atingiu os seus próprios objetivos, pois foi aceito por considerável parcela de membros da comunidade científica.

Subsequentemente, surge o behaviorismo radical, que aceita a introspecção, se bem que não na formulação tradicional wundtiana, mas na forma dos relatos verbais checáveis por outras observações ou dados correlatos do comportamento (mas não dados fisiológicos, em geral). Com isso, o behaviorismo radical se opõe ostensivamente à posição dos adeptos do behaviorismo metodológico, que negam, simplesmente, a existência dos fenômenos privados e sua condição de passíveis de estudo por uma ciência do comportamento. Com Oliveira (1982, p.8):

> Skinner não os considera fictícios nem irrelevantes, entretanto faz duas observações muito importantes quanto aos fenômenos privados: a primeira refere-se à sua *natureza* e a segunda é relativa à *confiabilidade* que pode ser outorgada aos dados coletados pelo método introspectivo. Em relação ao primeiro ponto Skinner diz que há uma grande diferença entre o que os behavioristas radicais observam no mundo individual privado e o que os introspeccionistas acreditavam ou acreditam estar observando. O que os introspeccionistas creem estar observando é um mundo imaterial, interno, um reflexo do mundo exterior. Quando nós realizamos a introspecção o que estamos observando é o nosso próprio comportamento. E o nosso comportamento é fruto da atividade orgânica; é o nosso próprio corpo realizando suas funções. O relato verbal relativo a um fenômeno observado introspectivamente é um comportamento verbal que expressa o que sentimos ocorrer *com* ou *na* parte do nosso corpo que está sendo observada.

Com esse tipo de introspecção, Skinner não está querendo dizer que quando o indivíduo a realiza esteja fazendo uma espécie de pesquisa fisiológica nem que o que sente introspectivamente sejam causas do comportamento. Para acompanhar seu raciocínio, vale a pena retomá-lo numa de suas últimas publicações (1989a, p.38-40):

> A palavra de ordem na revolução cognitiva é: "A mente está de volta!". Nasce uma "grande nova ciência da mente". O behaviorismo quase destruiu nossos interesses pelo assunto, mas foi derro-

tado e devemos retomar o fio da meada onde os filósofos e os primeiros psicólogos pararam.

Certamente, têm sido ditas coisas extraordinárias sobre a mente. As realizações mais sofisticadas da espécie foram a ela atribuídas; diz-se que funciona a velocidades miraculosas. Porém o que é a mente e o que ela faz são coisas ainda longe de serem esclarecidas. Todos nós falamos da mente com pouca ou nenhuma hesitação, mas estacamos quando solicitados a dar uma definição. Os dicionários não ajudam em nada. Para entender o que significa *mente*, é preciso primeiro considerar *percepção, ideia, sentimento, intenção* e muitas outras já examinadas aqui, e devemos procurar definir cada uma delas com a ajuda das outras. Talvez seja a essência mesma da mente não poder ser definida. No entanto, podemos verificar como a palavra é usada e o que as pessoas parecem dizer quando a empregam.

A mente é com frequência mencionada como se fosse um lugar. Quando nos ocorre fazer algo, dizemos que nos "veio à mente". Se o fazemos, é porque "temos em mente" o que devemos fazer... É significativo que tendamos mais a dizer "use sua cabeça" ou "use seu cérebro" do que "use sua mente", como se sentíssemos necessidade de nos referir a algo mais substancial ... A mente que a revolução cognitiva colocou em evidência é igualmente a executora das coisas. É a executora dos processos cognitivos. Ela percebe o mundo, organiza os dados sensoriais em todos os significantes e processa a informação. É o dublê da pessoa, sua réplica, seu representante, seu sósia. Tome qualquer sentença em que a mente faça alguma coisa e veja se o significado é substancialmente alterado se você substituir o sujeito. Diz-se, por exemplo, que "a mente não é capaz de compreender infinitamente". Será que isso não significa que nenhuma pessoa é capaz de compreender infinitamente? Os processos cognitivos são *processos comportamentais* [grifo nosso]; são coisas que as pessoas fazem.

A velha e crucial confusão é imaginarmos que existe algo mais, ou que aquilo que sentimos quando nos comportamos é a causa do nosso comportamento. Desde o tempo dos antigos gregos, a investigação vem incidindo em determinantes internos. O coração, os pulmões, o fígado, o pâncreas, além dos humores e finalmente o cérebro têm sido candidatos promissores. Na qualidade de órgãos, eles têm a vantagem de poder ser observados de uma forma possivelmente mais confiável em cadáveres. Porém, os filósofos logo perceberam que as percepções, sentimentos, intenções e assemelhados têm existência independente.

Até este ponto, fica parcialmente clara a posição do behaviorismo radical quanto à questão do mental, em alguns aspectos importantes.

Em *primeiro* lugar, Skinner alerta para o fato de que as definições comumente encontradas (em dicionários ou na linguagem coloquial) mais atrapalham do que ajudam qualquer compreensão do que seja mente.

Em *segundo* lugar, exemplifica esse uso indiscriminado do conceito com significados diversos conforme seja a situação ou o objetivo pretendido pelo usuário: por vezes o conceito sinonimiza uma intenção ("tenho em mente..."), por vezes indica sua localização num plano real (mente referindo-se a cérebro).

Em *terceiro* lugar, Skinner refuta a metáfora da mente como sinônimo do *homúnculo* interno que seria responsável pelas nossas ações externas; nesse sentido, estas, em geral, são compreendidas ou explicadas como formas de representação do que se passa na mente.

Em *quarto* lugar – e até como consequência inevitável de seu raciocínio –, Skinner rejeita a função causal da mente; o que observamos internamente são processos comportamentais (em outros textos se referirá, também, a *estados corporais*, algo já apontado pelos críticos como de pouca sintonia em relação à ideia de comportamento).

Em *quinto* lugar, no prosseguimento da sua obra, Skinner lembra que não observamos a mente propriamente, por meio da introspecção; o que fazemos é observar e relatar estados corporais e/ou comportamentos, mas não uma entidade; a mente constitui-se no que inferimos dessa observação.

Complementa Skinner (1989a, p.40-1):

Por sua vez, os psicólogos cognitivistas voltaram-se para a ciência do cérebro e a ciência da computação para confirmar suas teorias. A ciência do cérebro, dizem eles, eventualmente nos dirá o que processos cognitivos realmente são. Responderão de vez por todas as velhas questões sobre o monismo, o dualismo e o interacionismo. Ao construir máquinas que fazem o que as pessoas fazem, a ciência da computação demonstrará como a mente funciona. O que há de errado com tudo isso não é que os filósofos, psicólogos, cientistas do cérebro e cientistas da computação encontrarão; o erro reside na direção para a qual estão olhando. Nenhuma explicação sobre o que acontece dentro do corpo humano, por mais completa que seja, explicará as origens do comportamento humano ... Podemos atribuir uma pequena parte do comportamento humano ... à seleção natural e à evolução das espécies, mas parte do comportamento humano deve ser atribuída às contingências sociais verdadeiramente complexas a que chamamos culturas.

Essa posição às vezes é caracterizada como a que lida com a pessoa como se ela fosse uma caixa preta, ignorando seu conteúdo ... Os analistas do comportamento deixam o que está dentro da caixa preta para aqueles que dispõem dos instrumentos e métodos necessários ao seu estudo apropriado. Existem duas lacunas inevitáveis em qualquer ponto de vista comportamental: uma entre a ação estimuladora do ambiente e a resposta do organismo e outra entre as consequências e a mudança resultante no comportamento. Apenas a ciência do cérebro pode suprir essas deficiências. Ao fazê-lo, completa a descrição; não fornece uma explicação diferente. *O comportamento humano eventualmente será explicado e só poderá ser explicado pela ação conjunta da Etologia, da ciência do cérebro e da análise do comportamento* [grifo nosso].

A análise do comportamento não precisa esperar até que a ciência do cérebro tenha feito sua parte. Os fatos comportamentais não mudarão e serão suficientes tanto para a ciência como para a tecnologia. A ciência do cérebro pode descobrir outros tipos de variáveis que afetam o comportamento, mas terá de recorrer ao analista comportamental para uma explicação mais clara de seus efeitos.

Prosseguindo na listagem de pontos essenciais da análise skinneriana, fica claro, em *sexto* lugar, que o behaviorismo radical está claramente admitindo que uma parcela (relativamente pequena) do comportamento pode ser atribuída à determinação filogenética; ou seja, admite (e discute, em várias publicações) a importante influência que o processo evolutivo das espécies registra sobre os comportamentos, mas continua privilegiando as condições atuais como modeladoras fundamentais do repertório individual.

Em *sétimo* lugar, Skinner torna claro que, ao relatar o que introspectivamente observa ou *sente*, o organismo está se referindo necessariamente a estados corporais e/ou comportamentos, de modo que, à ciência do comportamento não é facultado (nem possível, tendo em vista o atual e limitado desenvolvimento tecnológico) visualizar os mecanismos subjacentes ao comportamento. Exposto de outro modo, ao olhar para dentro de si, o organismo *não vê* seu coração, seus nervos óticos, sua *mente*, seu cérebro, enquanto conjunto de estruturas que intermedeiam as relações entre comportamento e ambiente; ele *apenas* está consciente (na medida em que pode relatá-las) das ações que realiza, estando estas, neste caso, em âmbito privado; nessa direção, Skinner entende que a dissecação anatomofisiológica dos mecanismos envolvidos na execução do comportamento é objeto de estudo de outras áreas preocupadas em tornar-se uma ciência do cérebro, mais que de uma ciência do comportamento.

Nessa perspectiva, Skinner procura clarificar sua preocupação com os chamados eventos mentais. Classifica-os na condição de eventos privados que estão sob a pele e rejeita claramente alguns dos fundamentos básicos do dualismo cartesiano, tal como listados por Ribes (1990, p.4): 1. o mental se concebe como o causal interno; 2. a interação do homem e dos organismos com seu meio é redutível à ação mecânica, passiva, reflexiva; 3. o mental, enquanto substância primária independente do material, obedece a princípios próprios.

Fica evidente a rejeição definitiva do behaviorismo radical para com qualquer concepção dualista. Esse dualismo de substância sofreu ao longo do tempo diversas modificações, mas fundamentalmente é configurado na interpretação que Ryle (1949, p.11) faz da visão cartesiana:

> Com as duvidosas exceções dos idiotas e dos bebês, cada ser humano tem um corpo e uma mente ... os corpos humanos estão no espaço e estão submetidos a leis mecânicas que governam a todos os demais corpos no espaço. Os processos e estados corporais podem ser vistos por observadores externos ... porém as mentes não estão nesse espaço e a atividade da mente não é testemunhável por outros observadores; sua carreira é privada. Somente eu posso ter conhecimento direto dos processos e estados da minha mente. Uma pessoa, por conseguinte, vive através de duas histórias colaterais, uma consistente com o que se passa no seu corpo, outra consistindo no que se passa em sua mente. A primeira é pública; a segunda, privada.

Essa doutrina representa o que Ryle denominou e acabou reconhecido como o "mito do fantasma da máquina"; afirmava que imaginar uma dicotomização mente-corpo nesse sentido constitui erro de categorização, na medida em que não há termos de comparabilidade entre os dois conceitos (mente e corpo) se, por suposição, não pertencem ao mesmo estofo estrutural.

Para o behaviorismo radical enquanto filosofia de ciência parece declaradamente aceito um monismo fisicalista. E, embora nem todos na área concordem, mesmo os analistas da área aplicada privilegiam o entendimento de Skinner (1967) de que não há necessidade de supor que os eventos que acontecem sob a pele de um organismo tenham propriedades especiais. Na sua prática, têm como líquido e certo que os comportamentos encobertos são atividades do organismo. Nesse sentido, sonhar, pensar, sentir são comportamentos e como tais não precisam nem devem ser considerados como eventos mentais ou cognitivos. Para Delitti (1993), "considerá-los como mentais ou mesmo de uma natureza diferente dos comportamentos observáveis pressuporia a crença em uma mente ou *psique*, o que não faz parte da proposta behaviorista radical" (p.41).

Essa posição faz referência exclusiva ao behaviorismo radical – é bom que se frise uma vez mais. Não reflete o pensamento de outros behaviorismos, enquanto no campo da filosofia da ciência. Assim como não reflete as preferências de alguns terapeutas comportamentais. Para identificar essas discrepâncias, Carvalho (1976), ao referir-se à dicotomia observável/não observável, alerta para a ideia básica em jogo, que implicaria opor comportamento, como foco de interesse e objeto central da Psicologia, a fenômenos mentais ou psíquicos que almejem a mesma condição. Alerta que a questão não representa discrepâncias certamente existentes entre uma posição behaviorista e outras não behavioristas. Assegura:

> Há aqui algumas sutilezas a considerar. Dentro do próprio Behaviorismo, o status do comportamento como objeto da Psicologia não é invariável. Lacey (1973) classifica o Behaviorismo em três tipos: segundo o Behaviorismo *filosófico*, não há dois tipos de fenômenos, o mental e o comportamental, onde o conhecimento do comportamento forneça evidência para o mental, mas somente um tipo: os fenômenos mentais são redutíveis ao comportamento. Seria essa a posição de Skinner em *Ciência e Comportamento Humano*. O segundo tipo, o Behaviorismo *metodológico*, consiste numa tese sobre a metodologia científica correta (o ponto de partida adequado para a ciência psicológica é a observação do comportamento) e não pressupõe nada sobre a existência e a natureza dos fenômenos mentais: aceita a vida mental como parte de teorias, mas não como dado básico da Psicologia. No terceiro tipo, o Behaviorismo *radical*, representado nos trabalhos mais recentes de Skinner, a questão da existência e natureza da mente não tem nenhum interesse para a Psicologia científica; o objeto de pesquisa e o conhecimento observável e a escolha desse objeto se justifica com

base na tese de que ela possibilita uma explicação completa do comportamento. (p.10)

Esclareça-se, por fundamental (para que não haja dubiedade na interpretação do trecho acima), que nas considerações e análise da literatura behaviorista, assim como nos escritos de Skinner, o behaviorismo radical está, sim, interessado na *mente*, mas se ela estiver sendo entendida como o conjunto dos eventos privados, e não como constructo ou aparato de outro estofo físico que o restante da realidade.

Resolvidas, em tese, as dissensões internas ao behaviorismo acerca da consideração ou não dos eventos mentais como objetos de análise, é interessante voltar, com Carvalho (1976), às raízes histórico-culturais da divergência entre o behaviorismo radical, de um lado, e as doutrinas mentalistas, de outro. Sua análise facilita a compreensão das razões (reitere-se, não teóricas, mas culturais) que levaram os psicólogos norte-americanos a assumir preferencialmente uma visão objetivista quanto à questão do dualismo-monismo. A autora supõe que as tradições culturais e ideológicas das sociedades que produzem pensadores têm função determinadora no modo com que estes adotam teoricamente suas posições.

Admite Carvalho (1976) que as tradições ideológicas e culturais europeias, com a valorização social do trabalho intelectual por oposição ao trabalho aplicado, implicaram a valorização do conhecimento puro e a colocação do mesmo como objetivo tipicamente humano e por isso superior, ao mesmo tempo que favorável a um elitismo social que "o advento das democracias modernas não conseguiu eliminar".

De outro lado, admite que essa tradição filosófica europeia nunca permitiria o abandono de concepções clássicas sobre o mundo, o homem e o conhecimento, mas manteria acesas essas concepções, ainda que sujeitas a eventuais modificações superficiais. Embora haja textos acerca da história norte-americana discordantes quanto à camada social/intelectual que mais influenciou o espírito da então colônia, a autora referida, na sua análise, argumenta que a nova cultura ocidental inaugurada na América se caracterizaria pela ausência dos pressupostos e preconceitos antes mencionados. Afirma:

> Quem criou a cultura americana não foi a elite intelectual europeia, mas, ao contrário, representantes de uma camada social bem pouco favorecida pelos valores sociais de suas culturas de origem – ou mesmo dissidentes desses – e talvez por isso mesmo prontos a abandoná-los e a construir novos valores, inspirados pelo novo modo de vida que adotaram e pelo sucesso material e prático que ele lhes trouxe. Quando a cultura europeia, sob a forma de representantes do trabalho intelectual e científico, foi importada para a América, já encontrou uma estrutura ideológica que dispensava a importação de ideologia; seu desenvolvimento na América, ao contrário, foi marcado por essa estrutura. (p.9)

Essa análise, se considerada correta, ajuda a esclarecer uma das críticas mais comum ao behaviorismo radical. É a chamada "crítica da origem". Segundo ela, a tradição objetivista do behaviorismo radical excluiria de sua análise os sentimentos, sensações, emoções, percepções etc. simplesmente porque essa é uma escola surgida num berço capitalista e afeiçoada, desde o início da colonização americana, às benesses do mundo material que proporcionariam descuido para com o espírito. Visto de outro modo, a crítica sugere que o behaviorismo só poderia acontecer politicamente dentro do contexto capitalista norte-americano: a herança cultural objetivista norte-americana estaria, portanto – ao demarcar-se pela característica de conquista do Novo Mundo, do pragmatismo dos resultados necessários imediatamente à sobrevivência da nova sociedade e do utilitarismo disso decorrente –, certamente implicando, para o escopo da Psicologia, forte rejeição a técnicas e métodos que discordassem desses pressupostos. O behaviorismo, nesse sentido, teria sido um resultado *natural* da cultura norte-americana, tendo o *Zeitgeist* para o seu surgimento acontecido por volta do começo do século XX. Daí o manifesto watsoniano de 1913.

O dualismo, nesse contexto cultural, não permaneceria, sem dúvida, com chances de sobrevivência. A rejeição confirmou-se com o behaviorismo, sendo que seus analistas discutiram em diversas oportunidades a mesma questão, denominando-a por diferentes dicotomias, tais como em Ribes (1982): objetividade-subjetividade; interno-externo; privado-público; implícito-manifesto. Há discussões especialmente semânticas a acompanhar a aceitação ou não dessas dicotomias, mas Skinner refere-se, mormente, ao conceito de eventos privados.

Os eventos internos permitem seu conhecimento *aproximado* pelo refinamento das técnicas de introspecção, na verdade metodologicamente convertidas em relatos verbais. Skinner argumenta que o conhecimento do estofo ou dos mecanismos pelos quais os eventos privados se dão é tarefa das ciências do cérebro e não reduz a importância de uma análise funcional do comportamento.

Para Alcaraz (1978), os avanços tecnológicos parecem permitir cada vez mais um conhecimento acurado da privacidade, porque as inferências acerca dos processos encobertos tornar-se-iam cada vez mais passíveis de comprovação. Para esse autor, no futuro, a incursão ao mundo privado se ampliará na medida em que se descubram novas técnicas de registro da observação, o que não significará invadir a privacidade, mas uma abertura de novas vias de comunicação entre os seres humanos.

Inúmeros autores já lidaram com a questão (inter-relacionada) do estudo da consciência, da introspecção e dos estados internos no behaviorismo. Zuriff (1986), por exemplo, em sua importante tentativa de reconstrução conceitual do behaviorismo, encontra dificuldades no que designa uma rejeição à introspecção, sob o argumento de que esses dados, em geral, podem não alcançar a objetividade necessária à ciência. Uma segunda objeção é a de que a própria consciência não é absolutamente objetiva, mas Zuriff adianta que talvez resida aí o problema de descobrir-se, primeiro, a que tipo de conceito de consciência se está referindo: pergunta se ela pode ser definida objetivamente ou se o termo está naturalmente fadado a discussões metafísicas. A terceira objeção diz respeito ao fato de que os dados da introspecção só seriam atestáveis por uma única pessoa e, nesse sentido, equaliza-se o conceito de *subjetivo* a *privado* e de *objetivo* a *público*.

Neste ponto, abrir parênteses para retomar a questão do dualismo é imprescindível. Tem causado polêmica o atribuir ou não a Skinner uma concepção teórica dualista, em função das contraposições relativas a estes termos: *objetivo, subjetivo, privado, público, físico* e *mental*. Quando discute o autoconhecimento na Psicologia comportamental, Tourinho (1995) pondera que a concessão ao evento privado de um caráter de inacessibilidade à observação (direta) cria embaraços ao modelo skinneriano. Nesse sentido, "distinguir os eventos entre públicos e privados pode significar a permanência de um certo traço dualista na abordagem skinneriana, a despeito do esforço para que este tipo de problema seja superado" (p.33). Para Tourinho, o problema da acessibilidade (direta ou indireta) aos eventos privados remete a um caráter dualista, ainda que Skinner (1984) insista sempre em falar apenas de eventos físicos:

> É verdade que falar de um mundo público e de um mundo privado "leva a uma interpretação dualista", mas o dualismo é simplesmente aquele entre o público e o privado, não entre o físico e o mental; e a distinção de público e privado é uma distinção de fronteiras, não de natureza. (p.658)

Para Skinner, embora haja reconhecimento do sério problema do acesso aos eventos privados (no qual as pesquisas pouco progrediram até o presente), a expressão *dualismo* se refere apenas à suposta dicotomia físico-mental (um dualismo de substância), em que tal díade se referiria à existência de dois estofos, duas estruturas, duas dimensões. Na verdade, entenda-se que a recusa skinneriana ao dualismo sustenta-se na conceituação original da expressão, que se refere à existência de dois estofos (dualismo de substância): com isso não concorda Skinner, que acredita apenas em uma *única* dimensão: física.

É por tal razão que Skinner sempre insiste em dizer que não se pode equalizar inexoravelmente *objetivo* e *físico*, ou *mental* e *subjetivo*, ou *público* e *objetivo*, ou *privado* e *subjetivo*. Na verdade, entende que toda instância de ação é *física*, independentemente de ser pública ou privada e que esta última dicotomia (público-privado) pode corresponder, no máximo, a um dualismo de fronteiras. Contudo, embora todo o seu esforço (na obra interpretativa *Verbal behavior*, por exemplo), não chega a explicitar, em sua vasta produção, os mecanismos de acesso objetivo ao privado, como argumenta Tourinho (1995, p.48-9):

> Por último, independentemente da contradição marcada pelas duas posições acima citadas, resta um problema não resolvido por Skinner ao tratar da privacidade. Trata-se do traço dualista que permanece com a distinção dos eventos entre públicos e privados, sendo o privado concebido enquanto um evento inacessível à observação pública direta. Este problema reflete-se na formulação dos eventos privados enquanto eventos físicos, sem qualquer indicação de como verificar a suposta natureza física. Ele fica evidente quando se indaga a respeito de indicadores da topografia de um comportamento privado e não se encontra resposta nas proposições de Skinner.

Já para Rachlin (1984), a extensão na qual será possível ou não admitir a análise de eventos privados por uma ciência behaviorista relaciona-se com a ideia de contexto (o ambiente ampliado na sua maior extensão, o que é visto por alguns como tautológico, na medida em que a ideia de ambiente já implicaria a sua dimensão completa). Assim, para esse autor, se os termos referentes ao mental se reportam ao contexto ambiental aberto (em relação ao comportamento imediato), é possível estudá-lo numa ciência comportamental. Na medida em que os termos mentais se referirem a contexto interno ou encoberto, eles não têm lugar numa ciência do comportamento, o que configuraria certo resquício do behaviorismo metodológico.

Analistas prudentes do campo dos eventos privados exemplificados no *Verbal behavior* (cf. D'Oliveira, 1984) assim avaliam as classificações e os principais conceitos aí apresentados *(mando* e *tacto,* por exemplo):

> Uma análise mais específica e esmiuçada das classificações de Skinner, em contextos empíricos, permitiu, em última análise, o levantamento de "críticas" ao próprio sistema de classificação e à descoberta de termos mais precisos para descrever fenômenos mais complexos – como aquele proposto por Michael, em 1982 – o da operação estabelecedora. E parece-me que é nesta direção que deveríamos seguir, enquanto analistas do comportamento, interessados na área do comportamento verbal: realizar, num primeiro momento, "críticas de dentro", analisando e testando, empiricamente, o grande número de conceitos e análises que já temos disponível com o livro "O Comportamento Verbal", ao invés de adotarmos, sem suficientes testagens e confrontos empíricos, novas maneiras de se analisar e novos referenciais de observação. (p.34)

Para alguns críticos exasperados, não apenas quanto ao comportamento verbal o behaviorismo radical tenta, de maneira infrutífera, incluir a mente no escopo do seu objeto de estudo. Todavia, "a ciência comportamental tenta provar que as pessoas não são livres, dignas e moralmente responsáveis", e essa atitude resultaria, em grande parte, "da postura antimentalista de Skinner, que secciona parte vital do ser humano" (Dennett, 1978, p.54 do seu picante *Skinner skinned*). O antimentalismo skinneriano é sintetizado por Keat (1972) em cinco pontos fundamentais. Skinner rejeitaria o mentalismo porque: 1. ele diminui o poder explicativo; 2. envolve o emprego de teorias; 3. tende a invocar o *homem interior* ou agentes internos, vendo o homem como agente autônomo; 4. afasta a atenção do estudo do comportamento; 5. envolve a ontologia dualista do *mental* e do *físico*. Reiterando, sinteticamente, o que já se discutiu sobre o tema: 1. a questão do poder explicativo refere-se fundamentalmente ao caráter inferencial que acabaria vinculando-se à ideia da mente; 2. as *teorias* a que se refere Keat devem ser aqui compreendidas em conformidade com o artigo de Skinner (1950) e analisadas em Carrara (1994); 3. o problema de se apelar para a metáfora do *homúnculo* interior faz recair na falácia da causação retroativamente infinita, ou seja: se o *homem interior* determina as ações externas, o que determina as ações de tal *homúnculo*?; 4. o comportamento, com essa perspectiva mentalista, deixaria de enfocar as classes de respostas identificáveis, para centrar-se em constructos inobserváveis; 5. passa-se, forçosamente, a admitir um dualismo cartesiano simples, com a existência real do mental e do físico enquanto estofos diferentes, com permissão visível para um possível retorno ao paralelismo psicofísico.

Interpretação em termos de organocentrismo e dimensões pré-comportamentais visualiza-se na proposição de Moore (1981), que assegura que para os behavioristas radicais o mentalismo pode ser considerado como uma orientação particular para a explicação do comportamento envolvendo os seguintes fatores implícitos ou explícitos: 1. a bifurcação da experiência humana em dimensões comportamentais e pré-comportamentais; 2. o uso de termos psicológicos para se referir a entidades organocêntricas de dimensão pré-comportamental; e 3. o uso de entidades organocêntricas como antecedentes efetivamente causais na explicação do comportamento.

Para Hayes & Brownstein (1986, p.181):

> Sem dúvida, muitas das objeções à Análise do Comportamento referem-se a eventos privados e sua investigação. A alternativa

predominante à análise comportamental é o mentalismo. Objeções ao mentalismo podem ser localizadas em duas categorias básicas: objeções metafísicas e objeções metateóricas. As metafísicas são dirigidas ao conceito literal de dualismo... as metateóricas dizem respeito à incompletude do mentalismo para a mensuração no sentido de atingir os objetivos da predição e do controle.

Para Bertalanffy (1964), a questão fundamental não é a de seccionar ou não o ser humano em partes como a *mental* e a *física*, nem a de tentar responder de uma vez por todas se a Psicologia deve adotar uma posição dualista ou monista, e sim que não se compare o estudo do comportamento animal com a Psicologia:

> O campo da cultura, os símbolos, os valores... são tanto *físicos* quanto *mentais*, embora possuam suas leis autônomas... novos desenvolvimentos em ambos os campos são esperados na esfera específica do comportamento humano. (p.44)

A intenção favorável, porém, somada às dificuldades que o behaviorismo radical ainda possui em lidar com eventos privados, gerou discussões acerca da influência da epifenomenologia na concepção filosófica da Análise do Comportamento. O epifenomenalismo (Locke, 1966, p.203)

> é a doutrina segundo a qual os conteúdos mentais, por exemplo ideias, opiniões, emoções e similares, são incidentalmente subprodutos de processos físicos ou fisiológicos e eles não possuem eficácia causal sobre o comportamento ou outras ideias (*sic*) que o indivíduo possua.

Por certo, a concepção do epifenomenalismo não é a que Skinner mantém, embora também não admita a efetividade causal dos eventos privados sobre os comportamentos abertos, enquanto configurem alguma espécie de teleologia. A verdade proeminente no rastreamento retrospectivo da análise crítica acerca do tópico do mentalismo é a de que a área tem estado confusa e ressente-se de incursões mais sérias de pesquisa para que se desbaste o caminho. É o que aponta Schnaitter (1978, p.172):

> A ampla obra de Skinner sobre os eventos privados constitui-se num árbitro equivocado nesse ponto. Sua discussão dos eventos privados é difícil de entender, mesmo após extenso estudo. Muitas das dificuldades dizem respeito à conjunção de dois pressupostos que parecem apontar em direções diferentes. Isto é, "o behaviorismo radical ... não pode relegar a possibilidade de auto-observação ou de autoconhecimento ou suas possíveis utilizações ... Ele restaura a introspecção" (Skinner, 1974, p.16). Mas, de outro lado, "isso não significa ... que o que é sentido ou introspectivamente observado sejam as causas do comportamento". Skinner nos fala que os eventos privados são cognoscíveis e que tal conhecimento pode ser usado pelo conhecedor. Com a ressalva de que o que é conhecido não são causas...

Se se aponta (como em Schnaitter), por um lado, certa inconsistência na assertiva skinneriana, por outro, às vezes se constata com esta alguma surpresa com a crítica. Em "Ten inner causes", Zuriff lista aspectos fundamentais em que Skinner atentaria à importância das causas internas (embora o próprio Skinner não os admita como causas). Zuriff revela que, revendo essas dez classes de causas internas, torna-se claro que o behaviorismo radical não pode ser criticado por negligenciar causas internas do comportamento. Pergunta por que, então, Skinner tem sido frequentemente criticado pela sua objeção a essas causas internas. Providencia a resposta indicando que Skinner objeta a certas espécies de *teorias* que postulam causas internas, o que é incompatível com o sentido apontado por Keat (1972), referido anteriormente.

Enfim, as proposições são inúmeras acerca do assunto. Natsoulas (1978a, 1978b) sugere um modelo de consciência (no sentido da acepção 4 do *Oxford English Dictionary*) à luz do modelo skinneriano. Esse autor (1978a) escreve que, segundo tal dicionário, a primeira vez que o termo *consciência* aparece impresso remonta a 1681. Seu similar, *consciente* ou *cônscio* apareceu antes, em 1601, para referir-se a coisas inanimadas ou referentes de ações humanas privadas. Anuncia que, depois de quase quatrocentos anos, uma variedade de significados muito grande aparece entre os psicólogos. De fato, sete entradas estão listadas no *Oxford English Dictionary* de 1933, com mais uma entrada suplementar na edição de 1972. Contudo, Natsoulas reporta-se à análise da quarta entrada, que informa que a consciência vincula-se a um "estado ou faculdade de tornar-se consciente, como condição ou evento concomitante ao pensamento, sentimento e volição", ou seja, estará ocupado com a questão dos eventos privados na perspectiva skinneriana, questão essa que finalmente mobiliza, hoje, vários grupos de pesquisa.

Alston (1974) preocupa-se em argumentar contra a possibilidade de que o behaviorismo e a Psicologia, de modo geral, possam sobreviver sem o uso de dados privados; Staddon (1983), ao discutir a noção de causa e suas aplicações ao behaviorismo, suspeita que "supersimplificações do behaviorismo, como movimento historicamente derivado das polêmicas posições de J. B. Watson, têm provocado reações em diversos setores quanto à forma de retratar a vida mental" (p.48); Kheen (1964) procura dar uma interpretação funcional à análise da consciência e seus papéis no behaviorismo; Creel (1980) acentua o caráter eminentemente físico dos eventos privados, reafirmando o materialismo monista de Skinner; Allen (1980) tenta fazer alguma aproximação do operacionismo de Bridgman ao behaviorismo radical, analisando a obra de ambos os autores no tocante à experiência privada; Moore (1980) retoma a distinção entre o behaviorismo radical e outras versões do behaviorismo, especialmente a vertente metodológica, tendo em vista discernir ambos os edifícios teóricos quanto ao problema dos eventos privados e questões similares; Fodor (1981), num artigo para a *Scientific American*, ilustrado com charges inusitadas, supõe (em frontal discrepância com o que efetivamente Skinner defende) que o behaviorismo radical "é a filosofia da mente que nega a existência da própria mente e dos estados, propriedades e operações mentais. O behaviorista radical acredita que o comportamento não tem causas mentais. Ele considera o comportamento do organismo como respondendo a estímulos. O papel da Psicologia é *catalogar* [grifo nosso] as relações entre estímulos e respostas" (p.125); Natsoulas (1983) retoma o assunto dos estados internos para concordar com Skinner em que "talvez o problema mais difícil jamais enfrentado pelo behaviorismo seja como tratar o conteúdo da consciência"; Burton (1984), Killeen (1984), Moore (1984), Schnaitter (1984) e Natsoulas (1985, 1986) retomam sob diversos ângulos a questão do conceito e do conteúdo da consciência nesse paradigma teórico, denotando uma preocupação com o que talvez seja o mais controvertido – e talvez mais nebuloso – assunto a gerar controvérsias na literatura, até porque o fato de consolidar-se como questão sobre a qual se tem menos dados observáveis abre espaço para ampla especulação.

Essa amostra representa exemplo de que esse assunto, por si só, pode constituir-se em tema para dezenas de trabalhos, com variações específicas. Todavia, o tratamento aqui proposto, por pretender-se absolutamente geral e incipiente quanto à densidade da crítica e quanto a um simples perfil dessa mesma crítica, restringe-se à análise de uma parcela de argumentos que se supõe fundamental. Nessa direção, resume-se apropriadamente a questão a partir do que apresentou Abib (1985). Assegura, a respeito da questão da eventual existência de um *aparelho psíquico*, ou seja, uma mente responsável pela intermediação do comportamento, que:

> A metáfora do aparelho psíquico não indica dimensões físicas que possam sugerir métodos de observação direta do aparelho, en-

tão não é possível desenvolver uma ciência empírica da mente e, consequentemente, uma segunda ciência que relacionasse os fatos e conceitos comportamentais a uma ciência empírica da mente. Nesse sentido, pode-se afirmar que explicar o comportamento através da metáfora do aparelho psíquico é comprometer-se com mais redundância de informações do que explicá-lo por meio da metáfora da transmissão sináptica. A metáfora do aparelho psíquico é, pois, rigorosamente paralisante para o conhecimento do comportamento, uma vez que se o aparelho psíquico não é passível de observação direta, *em princípio*, então o conhecimento que se pode ter dele é apenas e *sempre inferencial*.

Por outro lado, é nesse aspecto paralisante da metáfora do aparelho psíquico que Skinner vê um dos grandes méritos de Freud, pois, desse modo "o próprio Freud apontou que nem toda a vida mental era acessível à observação direta, que muitos eventos mentais no aparelho psíquico eram necessariamente inferidos" (Skinner, 1976, p.80). Em vista disso, Freud representava cada descoberta que realizava através de uma relação causal constituída por três eventos. Um sintoma comportamental era produzido por ação do aparelho psíquico que por sua vez era afetado por alguma condição ambiental, que frequentemente ocorria na vida anterior do indivíduo... (p.71)

Com relação à problemática da intencionalidade, Abib (1985) faz alicerçada análise. Informa que o comportamento humano aparenta estar dotado de intencionalidade, no sentido de parecer dirigido para o futuro, "carregado de crenças e expectativas quanto ao que pode acontecer em um tempo que não é o de hoje, mas o de amanhã". Com isso, os eventos que poderão, talvez, ocorrer no futuro acabariam determinando, sob a forma de representação, o comportamento subsequente, ou seja, acaba parecendo que o que vai acontecer é causa do que ocorre no presente. A princípio, um contrassenso. Mas esclarece a questão com os argumentos que se seguem:

> Seria ingenuidade achar que estas são afirmações facilmente descartáveis visto que introduzem a ideia de causas finais, que a

> Física e a Biologia, por exemplo, já descartaram há certo tempo. Certamente, a ciência não pode explicar o ocorrido pelo não ocorrido, pois o que ainda não aconteceu não pode explicar o que agora acontece. Entretanto, quando se pensa ou se imagina um acontecimento futuro, introduz-se, através da subjetividade, uma representação do futuro que é anterior à ocorrência da própria ação. A representação fornece o elo que permite inverter a ordem temporal dos fenômenos, posicionando-os numa sequencia apropriada ao trato científico. Ou seja, se a representação do evento futuro é algo que acontece antes da própria ação, torna presente o evento futuro antes da própria ação; então ele é causa antecedente da ação. (p.74)

Esclarece Abib que, eventualmente, embora não estejam sempre presentes fisicamente, objetos e coisas podem estar presentes no campo sensorial do indivíduo. Nesse sentido, o "teatro interno da subjetividade" permite a representação de algumas dimensões perceptíveis do objeto, de modo que essa representação pode definir a experiência direta e imediatamente conhecida pela pessoa, "enquanto o mundo das coisas e objetos será conhecido indireta e mediatamente, através da representação". Fica aí colocada, entre o sujeito e o objeto, a subjetividade como elemento mediador que permite o conhecimento inferencial do objeto.

Abib aprofunda o polêmico assunto, assegurando que eventos futuros não se dão na experiência sensorial do sujeito, já que se constata uma lacuna temporal entre o que pode ocorrer no futuro e o que acontece no presente.

> Mais uma vez, a representação de eventos futuros preenche essa lacuna, tornando-os imediatos e diretos na subjetividade. Portanto, os eventos e acontecimentos futuros, quando ocorrerem, terão sido, na sua relação com o sujeito, mediatizados pela subjetividade. A representação corrige então a lógica defeituosa introduzida pelas causas finais na explicação do comportamento e, consequentemente, pode substituí-las nessa função.

[Para Skinner] quando se diz que a classe de respostas operante tem sua probabilidade de ocorrência aumentada porque no passado pelo menos um membro da classe produziu resultados favoráveis ou positivos para o organismo, reconhece-se um efeito do futuro no comportamento (um membro da classe produziu resultados favoráveis para o organismo) que é conceituado no passado (porque no passado pelo menos um membro da classe...) pois não existe um plano na natureza.

Entretanto, o fato de que não existe um plano na natureza não significa que a evolução da espécie e o comportamento dos organismos não se dirijam ao futuro. Pelo contrário, pois "... características selecionadas por eventos passados parecem *delineadas* para ter um efeito no futuro" (Skinner, 1978, p.19). Essa orientação para o futuro implica todo o sentido das consequências produzidas pelo comportamento operante, pois, de fato, elas se situam após a ocorrência do operante e, portanto, são futuras em relação a ele. Com efeito, as consequências do comportamento, embora não funcionem como *causas finais* [grifo nosso] do comportamento, são, por outro lado, eventos que revelam a orientação que ele toma, pois "por sua própria natureza ele se dirige para o futuro: uma pessoa age *a fim de que* algo aconteça, a finalidade aqui significando ordem temporal de eventos" (Skinner, 1974, p.55). Um organismo diante de uma situação presente orienta-se para o futuro, isto é, busca ou procura uma consequência porque em algum momento no passado, diante de uma situação similar a esta, foi bem-sucedido, isto é, produziu a consequência que agora "procura". Na situação presente ele se encontra perante estímulos discriminativos, sob os efeitos de alguma condição motivacional e com uma história passada em relação a essa situação, que são efetivamente os verdadeiros determinantes de seu comportamento de buscar ou procurar uma consequência, isto é, de orientar-se para o futuro. Portanto, como se vê, não existe incompatibilidade alguma entre dizer que o comportamento operante está orientado para o futuro e simultaneamente sustentar que não é o evento futuro que o determina, mas sim os eventos antecedentes associados com as consequências de reforço e a história passada do organismo. (p.75-6)

Com esses argumentos, esclarece-se a crítica relativa à intencionalidade. Parece claro que o comportamento é, efetivamente, *causado* como qualquer outro evento na natureza. Ou seja, algum evento que ocorre temporalmente *antes* dele o determina, o que confirma a tipologia lógica *se, então*. O que, por outro lado, leva muitos a acreditarem na determinação teleológica, ou seja, uma orientação direcionada para o futuro mediante uma perspectiva interna corresponderia à aparência da busca de objetivos. O responder, no presente, de modo similar ao responder do passado e não em função de uma *busca* de eventuais consequências futuras, é muito claro. Bato à porta antes de entrar (ainda que seja uma porta verde, e não envernizada, ainda que discrimine que não será a mesma pessoa que está no aposento para o qual dá tal porta); no exemplo, suponhamos que o bater à porta tenha sido funcionalmente seguido da (positiva) consequência de autorização para entrar. Não é difícil vislumbrar que, diante de uma situação nova, *absolutamente* desconhecida, não seria possível "agir em função da intenção", de vez que não se poderia imaginar, em tese, o que esperar como consequência de qualquer comportamento nessa situação desconhecida. Na prática, não é assim que as coisas ocorrem, até porque não há o "absolutamente desconhecido": em termos extremos, há um contínuo de similaridade entre cada parte do contexto comportamental, o que leva a outra discussão importante, que inclui formação de conceitos, classe de estímulos, classe de respostas, generalização, discriminação, variabilidade e por aí afora. Retomando, com Abib (1985) fica clara a influência das consequências sobre algum elemento de uma classe de respostas que no presente momento tem sua probabilidade de ocorrência aumentada. É nesse sentido e nesse momento que a história passada de inter-relação organismo-ambiente provê informações para compreender *como* o organismo está *motivado* para a ação, isto é, de que maneira o comportar-se *para* ou *tendo em vista* ou *visando a* ou *objetivando* ou *querendo* ou *buscando* alguma coisa, na verdade refere-se à repetição (aqui também com variações, certamente, porque não se pode conceber dois comportamentos, na prática, absolutamente iguais) de um comportamento (similar) em razão das consequências passadas. Por certo, nos casos de comportamentos ainda não existentes no repertório – e sobre os quais não se viabiliza argumentar em termos de *repetição*, ainda que com a necessária variabilidade – a explicitação de sua ocorrência sustenta-se no conceito de modelagem.

A existência da mente, portanto, como estrutura de existência real, mas diferente da composição física de qualquer outra parte do corpo, ou do próprio comportamento, sendo rejeitada pelo behaviorismo radical, leva consigo, na mesma rejeição, a ideia do propósito enquanto causa. Não se deve compreender, todavia, que Skinner rejeite o que é chamado de vida mental. Ao contrário, divergindo do behaviorismo metodológico, ele privilegia e conclama para o estudo do que denomina eventos privados, aos quais atribui natureza tal que confirma seu monismo fisicalista.

Entrementes – e isso se torna fundamental na construção de um perfil da crítica e na visualização de um eventual realinhamento de tendências do behaviorismo radical –, não tem sido conseguida uma atenção mais ampla, em termos de pesquisa, ao projeto de Skinner sobre eventos privados. Nesse sentido, contrariando o que sempre defende, ou seja, o envolvimento da Análise do Comportamento no específico campo da *vida mental*, se houve progressos, estes se deram no campo da literatura conjectural, que se fixa no campo absolutamente teórico, tal como no exemplário utilizado nas referências deste trabalho. Espera-se, assim, uma definição programática do behaviorismo radical e da Análise do Comportamento na direção da realização efetiva de pesquisas e na formação de grupos de estudo da questão dos eventos privados, de resto tema extremamente relevante e central nas divergências com outras abordagens.

Área 3 (Ético-social)

A prática do controle gera relação de manipulação unilateral: a questão dos valores e o behaviorismo radical como reacionário e antidemocrático

Embora Skinner tenha dito inúmeras vezes que o controle, na realidade, está associado à ideia de determinação do comportamento, a literatura crítica acerca desse tema é intensa e controversa. Os esclarecimentos de Skinner constituíram-se em artigos eminentemente técnicos, de modo que não foram sempre bem absorvidos, especialmente pela crítica leiga ou que, ao menos, não tivesse boa familiaridade com o rol de pressupostos da abordagem. Nas suas publicações para o grande público, Skinner efetivamente não se esforçou para esclarecer o conceito de controle. De certo modo, usou frequentemente uma linguagem provocativa, o que aumentou a intensidade da crítica. Nas suas duas mais controvertidas obras (*Walden Two* – uma novela em que nem poderia (pela época) e à qual nem caberia ser esclarecedora a respeito – e *Beyond freedom and dignity*) Skinner sempre acentuou arestas nessa área conceitual.

Perguntas preliminares precisam ser feitas antes que se incursione pelo campo do controle e suas consequências sobre as concepções acerca do behaviorismo radical como reacionário e antidemocrático. Quem controla o que, como, quando e por quê?

O problema tem níveis de complexidade reconhecíveis em Psicologia e necessariamente sua análise foge aos estreitos limites das conceituações de dicionários e enciclopédias. A amplitude de significados da palavra *controle* é hoje imensa e diversificada, produzindo, até por isso, as confusões mais notáveis entre profissionais de variada formação.

O sentido primeiro em que o termo é empregado em qualquer ciência diz respeito à metodologia e técnicas de pesquisa utilizadas visando à obtenção de conclusões válidas, precisas e fidedignas, isto é, quando o cientista, por exemplo, pretende concluir a respeito dos efeitos da variável A sobre a variável B, precisa exercer controle sobre outras eventuais variáveis que possam somar (ou subtrair) seus efeitos aos da variável A. Esse controle de variáveis estranhas, no sentido dado por McGuigan (1981), pode ser obtido por diversos procedimentos metodológicos ou estatísticos (aleatorização, balanceamento, contrabalanceamento, randomização e outros). Esses procedimentos precisam ser empregados, necessariamente, na pesquisa experimental tradicional com grupos de sujeitos, visando aumentar significativamente a probabilidade de acerto das conclusões. Nesse sentido, o *controle* tem um significado especial de que as eventuais variáveis estranhas, num experimento, estão sob o *domínio* do pesquisador, ou seja, ele conseguirá, ao chegar às conclusões ou interpretações dos resultados, quantificar e qualificar a influência de todas as variáveis em jogo na determinação do objeto de estudo da pesquisa.

Em particular na metodologia recomendada por Skinner por intermédio da Análise Experimental do Comportamento, com o uso do delineamento de sujeito único, o controle é exercido pelo planejamento e programação da pesquisa e em particular pelo estabelecimento de um seguro grau de comparabilidade entre o que ocorre *antes* e o que ocorre *depois* de algum tipo de procedimento adotado. Esse conhecimento prévio das condições sob as quais as variáveis estão agindo (ou interagindo, conforme o caso) assegura ao pesquisador o controle no sentido metodológico da ciência.

Um segundo uso fundamental do termo *controle* refere-se ao contexto das relações interpessoais. Nesse caso, o behaviorismo radical assegura que, intencionalmente ou não, conscientemente ou não, discriminando seus atos ou não, as pessoas detêm contingências que determinam, em maior ou menor grau, o comportamento de seus semelhantes. Esse tipo de controle inclui estímulos discriminativos, reforçamento ou punição, entre outras possibilidades, combinados de formas complexas pelos esquemas de reforçamento e que têm papel fundamental na multideterminação das relações interpessoais. Essa é uma fonte de confusão interminável. Conforme Carrara (1992, p.111-2):

> Interpretações incorretas também acontecem nessa área da concepção behaviorista, ou seja, muitos equalizam o simples *entendimento* da mútua determinação comportamento-comportamento como uma suposta (e absurda) *recomendação* para o exercício do controle pessoal em diversas instâncias. Uma extensão do uso do termo *controle* é aquele que envolve as agências controladoras, no sentido em que Skinner considerou (1953). Tais agências, que incluem governo, religião e toda sorte de instituições (educacionais, econômicas, filantrópicas, etc.), estão organizadas sob a égide de uma série de normas que possuem maior ou menor poder de controle sobre o comportamento humano.
>
> Esse poder varia de simples recomendações ("o cigarro é prejudicial à saúde") até determinações legais mais severas ("sequestro é crime inafiançável"), de modo que o anúncio das contingências que acompanham os comportamentos mostra que as consequências estão, em maior ou menor grau, sob *controle* institucional. Também nesse sentido, mal-entendidos diversos têm acontecido, com acusações de que o Behaviorismo estaria, de forma excepcionalmente reacionária, a favor do exercício desse tipo de controle, tal como ele existe institucionalizado hoje, na medida em que representaria uma concepção positivista do conhecimento. Todavia, no mínimo três aspectos precisam ser mais bem analisados: primeiro, em que medida o Behaviorismo se constitui numa concepção positivista (leia-se Abib, 1985; Smith, 1987); segundo, em caso afirmativo, que positivismo é esse (veja-se distinções importantes no artigo de Cupani, 1990); e terceiro, o moderno Behaviorismo mostra exatamente o contrário, tentando desenvolver formas de contracontrole ao poder tal como hoje institucionalizado (Holland, 1974, 1978a, 1978b; Skinner, 1953, 1971, 1989).

Ainda outro sentido em que se usa comumente a expressão *controle* envolve situações terapêuticas e outras em que haja implicações dos conceitos da Análise do Comportamento sendo utilizados. No emprego de técnicas de modificação de comportamento, por exemplo, a responsabilidade profissional depende de dois aspectos inseparáveis: preparo técnico e formação ética do analista. Conforme Carrara (1992, p.112):

> Lamentavelmente, essa formação ético-técnica nem sempre é a melhor e alguns abusos acabam sendo praticados em nome da modificação de comportamento. Por exemplo, não é incomum que modificadores tenham como pressuposto que o estabelecimento de metas a serem atingidas pela modificação seja de sua *exclusiva* competência. Pior que, no estabelecimento dessas metas, o parâmetro de escolha sejam seus valores *pessoais* de vida. Todavia, a boa formação em modificação de comportamento deve recomendar exatamente o contrário. E é aí que o sentido do termo *controle* precisa ser analisado. Ou seja, modificar o comportamento ou estabelecer condições sob as quais o comportamento se altere não significa estabelecer condições na direção que o modificador deseja, gosta, prefere. Na verdade, esse controle despótico, às vezes não discriminado (ou não "consciente") pelo modificador, pode ser concretamente evitado através de uma série de medidas. E, embora se esteja (aqui) usando como básica a situação clínica, adaptações podem ser feitas para a modificação em situação educacional, de relações do trabalho e outras.

Vários críticos acabam entendendo que Skinner e o behaviorismo radical *recomendam* controle, no sentido de decisão e determinação do que deve acontecer com as pessoas, que ficariam à mercê do profissional behaviorista da Psicologia como se fossem *marionetes* (por vezes, é exatamente essa a metáfora empregada). Segundo a percepção de muitos críticos, a *arma* do controle funcionaria como um instrumento à disposição do behaviorista (ou colocado por este nas mãos de alguém que detém o poder), que teria implícita na sua formação uma suposta autonomia para controlar. Outras análises críticas, mais bem fundadas em dados e afirmações da área, estão exemplificadas nas coletâneas de artigos feitas por Burgess & Bushell Jr. (1969), Wheeler (1973) e Ishaq (1992).

Ainda mais complexa, infundada e corroborativa dessa imagem maquiavélica (no sentido mais negativo da expressão) de profissional, é a ideia de que Skinner e os behavioristas radicais recomendam o controle aversivo. Nada mais incorreto. Skinner (e inúmeros colaboradores) fizeram grande número de estudos acerca de como funcionam as contingências aversivas. O que é absolutamente necessário, uma vez que as relações interpessoais punitivas ocorrem de forma natural no cotidiano: apenas isso já justificaria a necessidade de ter seu funcionamento estudado e compreendido, se o objeto de estudo da Psicologia permanece sendo a natureza humana. Mas daí a *recomendar* o uso do controle aversivo existe grande distância, que Skinner, aliás, nunca percorreu. Ao contrário, em seus vários artigos sempre condenou tal uso. Os problemas com a questão do controle visto do lado de dentro do behaviorismo são outros. Ou seja, é necessário, com grande urgência, o desenvolvimento e a colocação, à disposição da população, dos benefícios sociais provenientes de uma propalada (e irreal) sociedade igualitária, de uma tecnologia de *contracontrole* aos mecanismos de opressão social. Um trabalho denso e fundamental sobre a questão dos eventos aversivos, da punição, da coerção, que além de fazer uma análise funcional detalhada do assunto explicita com clareza como a Análise do Comportamento de B. F. Skinner o concebe, foi publicado por Sidman (1995).

Retomando a ironia por vezes incômoda de Skinner e sua convicção acerca dos efeitos das contingências sobre o comportamento, observe-se o que afirma (1971b, p.35):

> a luta pela liberdade está preocupada com estímulos intencionalmente fornecidos por outros indivíduos. A literatura da liberdade

tem identificado esses indivíduos e tem sugerido meios de fugir deles, ou de enfraquecer ou destruir seu poder. Tem tido êxito na redução dos estímulos aversivos empregados no controle intencional, mas errou ao definir a liberdade em termos de estados de espírito e sentimentos. Por isso, não tem sido capaz de lidar eficazmente com técnicas de controle que não provoquem a fuga ou a revolta, mas, no entanto, produzem consequências aversivas. Tem sido forçada a rotular todo controle como errado e a deturpar muitas das vantagens extraídas de um ambiente social. Está despreparada para o passo seguinte, que não será o de libertar o homem do controle, mas sim analisar e modificar os diversos tipos de controle a que se encontram submetidos.

Na mesma direção, críticas exacerbadas, como as de Elms (1981), contra *Walden Two*, acabam considerando aquela obra como uma proposta efetiva para toda a sociedade, quando, na verdade, na época em que foi escrita (a partir de 1945) e publicada (1948), representava a ideia experimental, reformulável, de uma novela ficcional acerca de uma comunidade pequena, inacabada, como a que hoje existe, denominada Los Horcones, onde, aliás, se pesquisa e se produz conhecimento derivado da própria vivência de realidade de uma comunidade baseada nos princípios da análise comportamental (e onde as mudanças de estilo sociocultural são constantes, gerando intérmina retroalimentação à própria organização experimental-experiencial comunitária).

As análises têm todo tipo de alvo, mas sempre são centralizadas pela ideia de controle. Essa ênfase no controle, especialmente vinculada à programação de contingências e à previsibilidade do comportamento (mitos da descrição e da predição), acaba por fazer detonar sobre o behaviorismo radical a pecha de visão reacionária e antidemocrática. Reacionária na medida em que serviria sempre aos interesses do poder dominante, até porque agiria sempre na vertical (de "cima para baixo") e porque a ideia de controle se identificaria com a concepção de domínio institucional sobre a maioria da população, como a concepção que se revela na prática do mundo capitalista. Ou seja, onde capital e trabalho vivem uma dicotomia em que, evidentemente, o primeiro tem todo o predominante uso da tecnologia e da organização administrativo-burocrática em prejuízo do segundo. Para esse processo todo contribuiria o behaviorismo, porquanto forneceria técnicas e procedimentos para a manutenção do poder dominante. Do mesmo modo, o caráter antidemocrático do behaviorismo sobreviria na medida em que suas técnicas, por suposto, não podem ser usadas em favor da maioria populacional desfavorecida, estando apenas ao alcance das minorias privilegiadas, detentoras do poder político e econômico.

O percurso histórico da crítica à questão do controle e adjacências é longo. A crítica questiona se a ciência pode servir a algum poder político (Lasswell, 1970), refere-se a um suposto "jogo de adestramento" praticado na modificação de comportamento com estudantes em sala de aula (Winnett & Winkler, 1972) ou defende a modificação de comportamento dessa mesma acusação (O'Leary, 1972), entre outras variantes temáticas. A crítica também ora passa pela discussão do controle como ideia inalienável do determinismo científico (Vorsteg, 1974), ora pela responsabilidade moral ou jurídica (Walton, 1974), ora pelo levantamento da opinião pública acerca do controle comportamental (Ulrich, 1967).

A diversidade da literatura é intensa e inalcançável sua completa cobertura neste espaço, mas vale retomar o tema do controle a partir de Ulrich, que assegura que o controle do comportamento humano é um fato. Pretender que ele não exista é não caminhar adiante: "... o desconhecimento sobre os fatores causais do comportamento intensifica o encaminhamento do homem para uma situação em que será simplesmente o objeto de controle por outrem ou por circunstâncias ambientais casuais" (p.231).

Estudar a questão do controle, por si, não leva à multiplicação, necessariamente, de um controle mais ou menos despótico sobre as pessoas: outras variáveis estão em jogo. A história da civilização está repleta de formas de controle (aversivo, nas guerras, por exemplo) que independeram do estudo científico desse tema. Contudo, por evidente, todo avanço no conhecimento do que seja controle pode levar (felizmente) a um correspondente incremento no desenvolvimento de conceitos e procedimentos de contracontrole. Esse equilíbrio (entre controle e contracontrole) parece ter um caráter até mesmo ecológico se se pensa na preservação filogenética (e mesmo ontogenética) da espécie humana.

O uso do controle, é claro, pela própria organização político-econômica hoje prevalecente, fica mais facilmente acessível aos grupos dominantes. Mas isso também acontece com qualquer outra espécie de conhecimento ou tecnologia. Ou seja, também estão mais facilmente à disposição dos grupos dominantes objetos, instituições, decisões etc. O que resta à grande maioria da população – e é o que se parece procurar hoje, especialmente no Terceiro Mundo – é apoderar-se, por ações coletivas, dos mecanismos de controle disponíveis e do conhecimento científico produzido, para estabelecer formas de contracontrole e criar mecanismos de defesa para a equalização de condições de sobrevivência social digna para todos.

Com efeito, por certo as implicações do controle e sua compreensão inteira são problemas que perdurarão por bastante tempo, como já perdura a noção de ciência utilitarista *versus* ciência desinteressada, ou seja, se a ciência deve estar comprometida imediatamente com mudança social ou não (e é similar ao problema frequentemente discutido de ciência básica *versus* ciência aplicada). Essa questão transforma-se de um problema científico em um problema de política das instituições financiadoras de pesquisa, isto é, são esses institutos e, em última instância, o poder constituído (e grandemente alienado da participação direta dos próprios cientistas, parcamente representados nesses órgãos) que acabam decidindo que tipos de pesquisa financiarão. Ainda que toda a isenção possível possa ser atribuída aos pareceristas de projetos, a própria organização institucional e as políticas públicas no setor de ciência e tecnologia acabam se sobrepondo a questões como esta, da relação dominador-dominado, varrida sob o tapete como inúmeros outros problemas relevantes no setor.

Mas, insistindo na questão do controle, observem-se os considerandos de Lacey (1984, p.32-3):

> O problema que surge aqui é saber se há um quadro de referência dentro do qual as teorias formuladas no contexto das diferentes concepções de homem possam ser diretamente comparadas ou se são efetivamente incomensuráveis. A questão é complexa demais para ser resolvida aqui. A responsabilidade ainda recai sobre a concepção skinneriana do homem. Sem ela, as teses e o programa de Skinner tornam-se ininteligíveis, como também a afirmação de que a predição e o controle do comportamento são critérios externos para avaliar teorias psicológicas.
>
> Esses argumentos levantam uma série de questões difíceis, com implicações de longo alcance:
>
> 1) Como pode o compromisso com uma concepção de homem ser racionalmente justificado? É ele sujeito a uma justificação racional, ou apenas a uma explicação psicológica, sociológica ou histórica?
>
> 2) Será possível levar adiante a pesquisa em Psicologia sem compromissos com uma concepção de homem? Em caso positivo, seria isso desejável? Nesta pergunta, não estão em jogo os compromissos conscientes de um pesquisador, mas o problema de se a inteligibilidade do programa do qual a pesquisa faz parte deve embasar-se numa concepção de homem.
>
> 3) Pode-se defender algo como a distinção dos empiristas lógicos entre o contexto da descoberta e o contexto da justificação? Poder-se-ia então sustentar que a existência de qualquer programa deriva de uma concepção de homem ou é motivada por ela, mas que se deve deixar para uma resolução empírica eventual tudo o que não representa um envolvimento tentativo num programa? Se

uma proposição como essa pudesse ser sustentada, parece que requereria uma metodologia que não restringisse de antemão as opções empiricamente concebíveis. Uma tal metodologia poderia, por exemplo, incentivar o desenvolvimento de teorias e programas conflitantes, nos casos em que o conflito não fosse sujeito, nos estágios preliminares de desenvolvimento, a qualquer forma de resolução direta. Quais seriam, do ponto de vista da legitimidade das aplicações, as consequências de tal posição?

A tentativa de fornecer uma resposta a essas perguntas deve ser deixada para outra oportunidade ... Alguns dirão, sem dúvida, que o presente artigo, ao invés de fornecer esclarecimentos acerca do papel metodológico da predição e do controle do comportamento, apenas lançou mais confusão sobre o assunto. Prefiro dizer que ele revelou dificuldades de que não se tinha consciência e levantou perguntas que poderão nos levar para mais perto da verdade. Este é o caminho através do qual progridem a Ciência e a Filosofia.

Lacey está se referindo, durante toda sua argumentação nesse artigo, à complexidade dos problemas da predição e do controle. O primeiro, uma questão a que se pode responder proporcionalmente ao desenvolvimento tecnológico da Análise do Comportamento. O segundo, mais de fundo que de superfície, um problema ético e conceitual mais que importante: vital para o behaviorismo moderno. O controle, na acepção que significa "influência sobre outrem", constitui questão para a qual não se deveria pretender *solução*, já que, nesse sentido, é parte da natureza humana. Com Sá (1983, p.141), que exercita uma análise sobre similitudes entre a questão do poder em Foucault e o controle em Skinner, tem-se que:

> O insistente emprego do termo *controle* por Skinner provém basicamente do que ele considera uma cientificamente necessária "hipótese de trabalho", qual seja a conjetura inicial de que o comportamento (animal ou humano) como variável dependente observável é sempre *controlado* por variáveis independentes atual ou

potencialmente identificáveis. Munido dessa convicção, Skinner chegou à descoberta de que as principais de tais variáveis controladoras são as assim chamadas "contingências de reforço" (isto é, as consequências de respostas operantes que retroagem sobre o organismo que as tenha emitido, alterando a probabilidade de emissão futura dessa classe de respostas por esse organismo); contingências essas que podem ser naturalmente providas pelo ambiente físico ou histórico, culturalmente dispostas por ambientes sociais específicos... Caracterizando esses diferentes níveis ou instâncias de controle interpessoal, uma pessoa comporta-se de uma maneira que altera o comportamento de outra pessoa por causa das consequências que o comportamento dessa segunda tem para a primeira (ou seja, reforça-a); no controle típico do grupo, duas ou mais pessoas, manipulando variáveis que têm um efeito comum sobre o comportamento de um indivíduo, submetem-no a um controle mais poderoso; e, finalmente, para suprir as deficiências dos controles pessoal e grupal, certas agências controladoras melhor organizadas – como o governo, religião, psicoterapia, economia e educação – manipulam variáveis específicas mais complexas, conseguindo assim operar com maior sucesso.

Esse conceito de controle do comportamento humano tem sido percebido pelos oponentes de Skinner de forma frequentemente enviesada. Historicamente, foi assunto para Rogers (1956, 1958), por exemplo. Nesse último artigo, que se convencionou chamar *Debate Rogers-Skinner*, este coloca:

> É certo, o controle do comportamento humano nunca foi um tema popular. Qualquer esforço no sentido do controle comumente faz surgirem reações emocionais. Não hesitamos em admitir, mesmo para nós próprios, que estamos empenhados no controle e podemos recusar-nos a controlar, mesmo quando isso poderia ser útil, por medo de crítica. Aqueles que explicitamente mostraram interesse no controle foram tratados rudemente pela história. Maquiavel é o grande protótipo. Como disse dele MacAulay, "de seu nome cunharam um epíteto para um patife e de seu sobrenome

um sinônimo para o demônio". Houve razões óbvias para isso. O controle que Maquiavel analisou e recomendou, assim como a maior parte do controle político, utilizava técnicas aversivas à pessoa controlada. As ameaças de punições do tirano, como as do governo operando no mesmo plano, não têm como fim – qualquer que seja o seu resultado – serem apreciadas por aqueles que são controlados. Mesmo quando as próprias técnicas não são aversivas, o controle é comumente exercido para os propósitos egoístas do controlador e, daí, tem efeitos indiretamente punitivos sobre os outros. A inclinação natural do homem para se revoltar contra o controle egoísta tem sido explorada com bons propósitos naquilo que chamamos a filosofia e a literatura da democracia. A doutrina dos direitos do homem tem sido efetiva no sentido de despertar os indivíduos para a ação conjunta contra a tirania governamental e religiosa. (Rogers & Skinner, 1958, p.1060)

A discussão entre Skinner e Rogers é evidentemente mais ampla e profunda do que o trecho acima pode sugerir. Todavia, centra-se na defesa que faz Skinner de uma certa *naturalidade* com que se precisaria encarar a existência do controle, embora seu implícito (?) reconhecimento, no último parágrafo, acerca da necessidade de mudar as mãos em que se deposita tal controle. A amplitude dessa discussão e a discordância de Rogers podem ser exemplificadas no trecho subsequente, do mesmo artigo:

Creio que na apresentação feita aqui por Skinner e em seus escritos prévios, há uma séria subestima do problema do poder. Esperar que o poder que se está tornando possível pelas ciências do comportamento seja exercido pelos cientistas, ou por um grupo benevolente, parece-me uma esperança com pouca base tanto na história moderna quanto na antiga. Parece bem mais possível que os cientistas do comportamento, mantendo suas atitudes atuais, ficarão na posição dos cientistas de foguetes alemães especializados em mísseis teleguiados. No início, eles trabalhavam arduamente para que Hitler destruísse a URSS. Se os cientistas do comportamento estão interessados apenas em fazer avançar a ciência, parece muito provável que eles servirão aos propósitos de qualquer indivíduo ou grupo que tenha o poder. Mas a falha principal que eu vejo nesta revisão daquilo que está envolvido no controle científico do comportamento humano é a negação, incompreensão, ou alta subestima do papel de finalidades, objetivos, ou valores em sua relação com a ciência. Este erro (como parece a mim) tem tantas implicações que eu gostaria de dedicar algum espaço a ele... (Rogers & Skinner, 1958, p.1064)

Rogers bem aponta a intransigência skinneriana nessa questão. Skinner, quando comenta Maquiavel, deixa entrever que, se o controle então proposto em *O príncipe* se assemelhasse a um controle positivo, essa simples inversão de polaridade justificaria seu uso. Na verdade, essa é importante falácia na proposta skinneriana: não é porque o controle seja positivo que se justifica admiti-lo como forma de domínio ou de ditame organizacional em todas as situações e – principalmente – mãos. A tirania também se faz – e muito – por alguns tipos de controle positivo: benesses que são um engodo estão sendo constantemente apresentadas à população pelos governos despóticos (salário mínimo *mínimo*, salário-família simbólico, aposentadorias e loterias, para exemplificar essa prática). Se esse argumento for verdadeiro – e assim parece neste contexto – então está havendo equívoco que envolve dois arrazoados: uma coisa é admitir que o controle existe, é inevitável, é imanente às relações interpessoais (com o que se concorda); outra coisa é admitir que o controle, se positivo, é *sempre* aceitável e justificável (do que, no limite, se discorda profundamente). Na verdade, o que deve estar em jogo para o behaviorista radical (como, de resto, para qualquer profissional da Psicologia) é o fato de que – sendo o controle inerente à natureza humana, mas permitindo intervenção que pode mudar suas características e efeitos – é possível e necessária a construção de defesas contra o controle despótico, seja ele veiculado por punição ou por reforço positivo. Para exemplos banais: 1. no caso de escolha necessária entre técnicas de ensino que usem procedimentos positivos ou negativos (reforçamento ou punição), é óbvia a escolha da primeira estratégia, dado que a finalidade (aprendizagem) é eleita como consensualmente desejável; 2. no caso da escolha possível entre técnicas positivas ou negativas de controle por parte da parcela do empresariado que quer obter conformação da classe trabalhadora aos seus interesses corporativos (maior produtividade *versus* menor custo de mão de obra), eticamente não cabe a mesma liberdade de escolha, porquanto, se se pretende uma sociedade igualitária e justa, não está presente uma finalidade consensualmente desejável. Mas isto é apenas um exemplo pífio onde o consenso é admissível. Nem sempre é o caso. Nem sempre o consenso justifica uma ação. Nas buscas de consenso, maiorias podem consegui-lo por coerção, ainda que as minorias possam ter ideias e reivindicações legítimas. O que constitui nova questão provocativa, não exclusiva do behaviorismo radical, mas que alcança toda a Psicologia.

De qualquer modo, as situações antes mencionadas são diferentes, ao menos enquanto se coloca, na análise, como efetivamente presentes as instâncias que podem *decidir* sobre a intervenção controladora (aluno, pais, professores, no caso da situação de aprendizagem; trabalhador, patrão, sindicato, governo, no caso da situação concreta de produtividade empresarial). Embora óbvio, faz sentido mencionar que, no primeiro exemplo, a *desejabilidade* do comportamento de aprender, adquirir/construir conhecimento passa pela parcela comunitária que determina esse caráter de desejável ou não (dá-se por entendido que o analfabetismo da maioria permite um controle despótico que implica técnicas de controle antidemocráticas de mais baixo custo e de mais fácil aplicação).

Além disso, o que se deve procurar é a Psicologia como ciência a serviço da busca de uma sociedade justa (mais do que apenas a serviço de uma suposta, virtual e impossível *compreensão neutra* da natureza humana); nesse caso, não se tem no segundo exemplo a possibilidade de uma escolha dicotômica, justa e equilibrada, entre controle positivo ou negativo. A procura do equilíbrio nas relações interpessoais passa, necessariamente, pelo colocar nas mãos do controlado perdedor novos procedimentos que lhe permitam ascender à condição de controle mútuo, isto é, onde se delineiem situações de aproximação a um equilíbrio. Com isso, é oportuno aduzir que esse *equilíbrio perfeito* é naturalmente inalcançável. Trata-se de uma utopia a ser sempre perseguida, até porque, se definitivamente (em tese) alcançada, terminaria com o caráter dinâmico das relações interpessoais, de resto para alguns um paradoxo acerca da própria vida, para outros nada mais que uma natural relação dialética. Se tal raciocínio geral é aceitável, a busca da igualdade, nesse sentido, deveria levar sempre o mais próximo possível a ela, embora qualquer igualdade absoluta e definitiva seja apenas uma desejável utopia.

Retomando a crítica, alguns poucos behavioristas fizeram incipientes esforços e ainda nada menos que engatinharam no trabalho de tentar fazer sua abordagem tornar-se útil à maioria oprimida da população, seja assegurando atendimento clínico à camada de renda insuficiente, seja colocando-se com um conjunto de técnicas e procedimentos bem estabelecidos de contracontrole, seja por um elenco de vias similares possíveis. No primeiro caso, enquadra-se, para exemplo, o trabalho de Sampaio (1981, p.1):

> Uma grande parcela da população de nosso país, a classe socioeconômica mais baixa, não tem recebido, a não ser em quantidade mínima, o devido cuidado com relação à saúde, em especial à chamada saúde mental ... neste trabalho, o autor propõe-se a descrever uma forma de intervenção psicológica, em modificação de comportamento de crianças de baixa renda...

No segundo caso, evidentemente de amplo alcance, é precursor o conhecido esforço de James Holland (1974, 1976,

1978a, 1978b), com seus especialmente desafiantes trabalhos como "Are behaviorial principles for revolutionaries?", "Behaviorism: part of the problem or part of the solution?" e "To Cuba with the Venceremos Brigade", três modelos de como o behaviorismo pode e deve começar a preocupar-se em se colocar à disposição da luta das classes oprimidas visando a sua libertação política, econômica e social, a despeito da existência real da discussão acerca de uma pretensa neutralidade ideológica da ciência. Tal contribuição se pode dar quando se almeja a participação da Psicologia num projeto dirigido à construção da verdadeira cidadania (cf. Carrara, 1995).

Ainda outras tentativas, de sorte diferente, mais preocupadas com o nível teórico que com o de engajamento, são as de Staats (1980), com seu behaviorismo social; entusiasta de novo modelo de convivência interpessoal é Todd (1970), com sua versão de *Walden Two*; e mais ambicioso parece Ardila (1980), com sua tentativa de aproximação entre behaviorismo e marxismo, uma tarefa sobejamente complicada. Do próprio Skinner, alguns esforços foram feitos em artigos específicos, além dos já citados, como "Toward the cause of peace: what can Psychology contribute?" (1985a) e "Between freedom and despotism" (1977b), embora com prudência alguns autores analisem o surgimento dessas tentativas e de outras como uma questão de tempo e de limites oferecidos pelo incipiente desenvolvimento da ciência comportamental (Stillman, 1975). A isso se deve acrescentar que não se trata exclusivamente do fato de que a Psicologia em geral e a Análise do Comportamento em particular sejam impúberes. Trata-se, fundamentalmente, de que as tentativas de reverter esse quadro de colocação da ciência do comportamento mais disponível ao poder do que à maioria da população é uma questão também histórico-cultural. As populações que sofrem hoje mais fortemente as consequências do poder econômico centralizado, da má distribuição de renda, das desigualdades sociais, da corrupção, do uso da máquina administrativa para manutenção *ad aeternum* do *status* socioeconômico de alguns, são a latino-americana, a africana e parte da asiática, entre outras. Ou seja, deve-se esperar, descartando nacionalismos exacerbados, mas ao menos por coerência, que os cientistas que convivem nesses contextos estejam *naturalmente* mais motivados a produzir técnicas e procedimentos de contracontrole, em vez de se esperar que essa facilidade provenha dos contextos onde há maior equilíbrio social e preservação de direitos civis. Todavia, à vista do exemplo de Holland, isso não justifica um afastamento científico (sob severos critérios de seleção) em relação à comunidade e à produção científica dos países *tutelares*, até porque conhecer a literatura pelas vias universalizantes dos modernos recursos da documentação assegura apropriar-se a tempo (para eliminá-los) da lógica de eventuais mecanismos de dominação. Parte desse esforço parece estar ao alcance da abordagem behaviorista radical, todavia apenas se remodelada por alguma renovada vertente teórica (contextualista?) e por um aprofundamento ético-técnico. Não se trata, todavia, de um empreendimento isolado: há muito que compartilhar com outras abordagens, certamente possuidoras de similar fatia de contribuição.

O campo da Análise Aplicada do Comportamento: o behaviorismo radical, quando presente na prática clínica, educacional e de relações humanas, baseia-se em análise superficial e é necessariamente antiético

Embora parte do que se dirá aqui mantenha vínculo, no campo da argumentação, com o que já se antecipou na subseção anterior, supõe-se que haja suficiente especificidade que faça o tema ser merecedor de espaço particular na construção de um perfil da crítica.

Queixa-se frequentemente a crítica de que a Análise Aplicada do Comportamento é, por definição, superficial, na medida em que leva em conta apenas aspectos *extrínsecos* do comportamento e resume o ambiente às dimensões físicas palpáveis imediatas dos *objetos* que contextualizam as ações humanas. Para esclarecimento desse ponto, não é demasiado recuperar parte das proposições mais comuns subjacentes à análise funcional do comportamento que é preliminar à intervenção clínica e educacional (Skinner, 1977a; Danna & Matos, 1982; Rimm & Masters, 1983). Tal intervenção pode permitir: a) a instalação de novos comportamentos; b) a eliminação de comportamentos existentes; c) o aumento ou diminuição, em alguma medida, de um comportamento específico (quanto à sua duração, frequência, intensidade); d) a eliminação de inconvenientes constituída pela correção morfológica de algum comportamento (em relação à sua topografia, por exemplo).

De toda maneira, o que se pretende é algum tipo de alteração no repertório de comportamentos do cliente. Indo aos pressupostos, já que se supõe que os comportamentos têm sua ocorrência controlada pelo ambiente (no sentido amplo que inclui variáveis organísmicas, como explícito em Kanfer & Phillips, 1974), o terapeuta comportamental na situação clínica e o educador comportamentalmente orientado costumam partir, no seu encadeamento de trabalho, para a tentativa de compreensão adequada das situações ambientais mantenedoras da ocorrência dos comportamentos em questão.

Na clínica, nessa fase, a preocupação é mais ou menos a seguinte: dado que a situação é composta, temporalmente, por eventos físicos e sociais que ocorrem imediatamente antes e depois dos comportamentos-alvo, cabe ao profissional um trabalho de análise sistemática dessa sequencia de eventos que se repetem quando da ocorrência do comportamento, de modo que se conheçam os eventos controladores do mesmo. Conhecidos esses eventos, o passo subsequente, além de uma análise do esquema de contingências que relaciona ambiente e comportamento, é a elaboração de um procedimento terapêutico que, basicamente, envolve o rearranjo de contingências. Esse rearranjo, se bem que dependa fundamentalmente de cada caso em particular, normalmente tem sua construção facilitada pelo conhecimento que o terapeuta tem de um conjunto de técnicas razoavelmente desenvolvido e, por replicações bem-sucedidas, considerado como funcional na análise aplicada do comportamento e na terapia comportamental. Depois de coletados dados que permitam uma avaliação do repertório do cliente antes do procedimento (o que constitui, via de regra, uma linha de base), a intervenção terapêutica é então iniciada, tomando-se medidas durante e após a aplicação, de modo que se tenha informações suficientes sobre os resultados do procedimento, que em geral são comparados aos anteriores a ele.

As diferenças entre essas medidas (se tomadas as devidas cautelas do ponto de vista metodológico no controle estrito de eventuais variáveis estranhas) devem refletir os efeitos do procedimento adotado. Encerrado o caso, sugere-se um trabalho de acompanhamento, a espaços de tempo sucessivamente mais prolongados, de modo a obter informação sobre a durabilidade e consistência dos efeitos obtidos e sua generalização à situação natural em que vive o cliente (trata-se do procedimento conhecido como *follow-up*).

Nesse ponto a crítica parece estar parcialmente justificada. Parcialmente porque, do ponto de vista ético, o behaviorismo radical absolutamente *não* sinaliza com pressupostos segundo os quais em qualquer aplicação prática da Análise Experimental do Comportamento seja recomendado um direcionamento previamente estabelecido pelo terapeuta, e sim, ao inverso, é notória a recomendação de que sempre sejam respeitadas todas as escolhas do cliente, para cuja clara consciência o terapeuta, evidentemente, pode e deve contribuir.

Entretanto, a crítica tem razão em que (embora também haja recomendação ao contrário nas boas faculdades e cursos de teorias e técnicas psicoterápicas) a Análise do Comportamento tem sido feita (por alguns exemplos não propriamente *exemplares* de profissionais, como ocorre em qualquer profissão) de maneira superficial. Skinner recomenda que a análise funcional deve abranger *todas* (na acepção literal da palavra, isso é inviável) as contingências possíveis que tenham alguma função determinadora sobre o comportamento. Todavia, por comodidade ou negligência, ou mesmo por deficiência na formação ético-profissional, alguns psicólogos têm tornado essa análise funcional muito restrita aos eventos *relatados* pelo cliente e – mais ainda – restrita a contingências que o terapeuta *suspeita* terem efeito sobre o comportamento. Assim, a Análise Aplicada do Comportamento precisa, valendo-se de sua crítica interna e mesmo da crítica externa que pensa ser essa superficialidade decorrência de pressupostos da ciência do comportamento, fortalecer mediante os cursos oferecidos a ideia de ampliação da análise de contingências. Conforme mencionado por Carrara (1984, p.3-4):

> A título de exemplo, tomemos um problema relatado por uma informante, a mãe de uma criança em idade escolar. Na clínica, ela diz ao terapeuta que está muito preocupada com a repetência escolar da criança, diz que já falou com a professora, mas que não vê maneira de conseguir fazer com que o desempenho dela melhore. O modificador programa sessões com a criança, onde em situações pré-arranjadas de ensaio comportamental observa a criança em situações (artificiais, porque na clínica) cooperativas, competitivas, de desempenho de atividades acadêmicas diversas. Observa uma certa lentidão, um desempenho incerto e frágil. Um profissional menos experiente ficaria impressionado com a possibilidade de algum déficit. Poderia imaginar a localização do problema numa dimensão individual, isto é, como resultante de algum tipo de deficiência orgânica, de desenvolvimento, em última análise decorrente de inabilidade intraindivíduo.
>
> Outro profissional, no entanto, poderia duvidar dessa possibilidade. E, considerando-a simplista e pouco provável, procuraria mais detalhes a respeito das circunstâncias que cercam os compor-

tamentos-alvo. Isso significaria um esforço no sentido de investigar eventos que poderiam ser apontados a partir de um estudo das relações funcionais entre o comportamento e suas consequências.

Assim, o terapeuta poderia preocupar-se (como na maior parte das vezes realmente acontece) em elaborar investigação relevante acerca das relações do indivíduo com sua família, com seus professores, com seus amigos, com os colegas de sala de aula, enfim com seu ambiente social próximo; investigaria, ainda, as mudanças circunstanciais de seu ambiente físico, de modo que poderia estar identificando novas possíveis razões para o fracasso acadêmico do seu cliente.

Esse modificador, naturalmente, encontraria novas bases para formular hipóteses acerca do problema. Ele poderia suspeitar, mas ainda não argumentar com dados suficientes – e também é o que geralmente acontece – que o comportamento do cliente está sendo mantido por inadequações na sequenciação instrucional da escola, por falta de habilidade em liberar contingências reforçadoras por parte dos professores, por falta de um sistemático acompanhamento em casa, através dos pais, por uma questão de estigmatização do aluno em razão de alguma diferença em relação à classe, etc. E é muito provável que o modificador tenha certa dose de razão. Ele poderá, até, ter suas hipóteses de trabalho aparentemente confirmadas, geralmente de modo equívoco, com base na análise funcional que fez, de modo que elaborará um procedimento para o caso e os resultados, em curto prazo e sob uma avaliação superficial e imediata, sejam positivos.

O problema fundamental desse tipo de enfoque está numa análise *incompleta* das relações funcionais entre comportamento e ambiente, que leva a resultados fictícios, aparentemente corretos, mas que em bom número de casos podem ser considerados próteses, correções provisórias e específicas de alguns padrões comportamentais. Portanto, se se pretende produzir mudanças duradouras, permanentes e generalizadas nos padrões do comportamento mudado, é de se supor que, se não todas, pelo menos a maior parte das variáveis relevantes deve ser investigada – o que não se deve confundir com investigação de causas *profundas* ou *remotas* dos atuais comportamentos em foco. (Ressalve-se, no exemplo, que a situação abstrata usada provavelmente não se referiria, sequer, a um caso *clínico*, mas a uma simples questão de reorganização de contingências em situação acadêmica básica).

Assim, cabe ao profissional da área aplicada um papel muito mais significativo do que por vezes se encontra: o de estudioso, nessa situação aplicada, do todo social, econômico e político que, dentro de uma realidade como a brasileira, são fatores da mais crucial importância. Especialmente na situação terapêutica, deve-se partir para considerações mais concretas a respeito de dois ângulos da questão: o *problema ético* de uma análise mais abrangente das variáveis envolvidas no processo terapêutico e o *problema prático* da montagem de estratégias adicionais para esse mesmo processo. Com relação ao primeiro aspecto, supõe-se, de início, que analisar melhor as variáveis envolve duas questões: uma *análise mais ampla* das contingências e uma análise de *contingências mais amplas*, o que são duas coisas significativamente distintas e complementares entre si. Quanto à amplitude da análise, é apenas um esforço de estudo sobre a eficácia dos profissionais, o que se pede não encarar como um julgamento, que caberia melhor aos clientes desses mesmos profissionais e à comunidade a que servem. Na análise já citada (Carrara, 1984, p.5):

> O que se quer enfatizar, tão somente, é que uma análise mais ampla envolve toda uma postura profissional: por um lado ele, inevitavelmente, despenderá mais tempo, porque analisará mais dados, para decidir sobre um procedimento específico (ou, ao invés de mais tempo, mais esforço em menos tempo); por outro lado, isso supõe a necessidade de desenvolvimento, nos cursos de graduação, de programas mais extensos e estruturados com vistas a essa ênfase na condução terapêutica; de outra parte, pelo fato de que é possível que se entre mais tarde em procedimento, é preciso trabalhar, em contrapartida, os mecanismos que garantam nível de motivação alto para permanência do cliente: se ele não vê resultados e ao mesmo tempo não se trabalha para que vislumbre essa possibilidade, será comum que abandone a terapia; além disso, re-

comendação adicional é necessária no sentido de que os terapeutas se obriguem a recorrer à literatura relativa ao caso e que se habituem a estimular a criação e participação em reuniões clínicas; finalmente, essa postura do profissional, se julgada relevante, pode estar sendo iniciada de maneira a, em função dessa necessidade, tornar-se urgente a realização de pesquisas nessa linha. Nesse caso, se estará pensando especialmente em investigações que revelem como essa mudança de postura do profissional se reflete no bem-estar do cliente e de que tipos de técnicas e estratégias poderia se valer para, objetivamente e com boa probabilidade de acerto, conseguir tal finalidade.

Com relação à análise de contingências mais amplas, supõe-se, identicamente, a existência de algumas necessidades e identifica-se a presença de algumas áreas conflituosas, ou, ao menos, de difícil acesso. É possível, ao se fazer a análise funcional dos comportamentos do repertório do cliente a serem mudados, uma variação na maneira de proceder à coleta dos dados que configuram eventos antecedentes e consequentes ao comportamento, de modos que variam quanto à eficácia e fidedignidade dos dados registrados. Assim, o *A-B-C* – eventos antecedentes-comportamento-eventos consequentes – é coletado:

1. A partir de verbalizações do cliente, que diz o que geralmente acontece antes e depois do comportamento-alvo (esses dados são falíveis, porque o cliente pode estar com dificuldades emocionais quaisquer que mascarem sua habilidade de auto-observação). Fica aqui visível um conjunto de motivos para considerar apenas após muito cuidado metodológico o recurso ao relato verbal (que pode incluir a introspecção).

2. A partir de relatos de terceiros, em que especialmente nos casos de crianças, o trabalho terapêutico é conduzido segundo um modelo triádico (terapeuta-mediador-cliente); mesmos problemas quanto à fidedignidade dos dados ocorrem.

3. A partir de observação sistemática dos comportamentos-alvo, feita pelo profissional na situação natural e na clínica;

nesta, ele até faz observações, mas na situação natural fica impedido por uma série de fatores, como dificuldade de locomoção, custo financeiro para o cliente, número de clientes, privacidade de alguns comportamentos e, particularmente, interferência nos resultados da própria observação, pela sua simples presença.

Na realidade, um pouco das três maneiras, reunidas, tem sido o usual em modificação de comportamento, levando a riscos que continuarão existindo, por bom tempo, de forma que a visualização clara de um problema, que deveria ser derivada da análise funcional, fica frequentemente contaminada.

Parece evidente, então, que alguns cuidados essenciais precisam ser tomados no momento da aplicação prática dos conceitos derivados da Análise do Comportamento. Primeiro, cuidados de modo que seja especialmente respeitada a vontade do cliente (não se trata de entrar aqui na questão da idade ou das condições sob as quais o cliente pode decidir sobre as metas da sua própria mudança terapêutica), com eventual ajuda dos que convivam com ele. Dito de outro modo, deve-se, sim, levar em conta a preocupação rogeriana com respeito à questão da diretividade: o terapeuta é quem possui (e, nesse sentido, controla) o conhecimento profissional quanto às técnicas científicas, mas absolutamente *não* deve dirigir (apesar de que diretividade *zero* seja impossível) peremptoriamente a escolha de *metas* terapêuticas, embora seja inerente e natural que guie o processo terapêutico enquanto profissional detentor de conhecimento técnico-teórico.

Um segundo aspecto importante é o de que a análise de contingências deve ampliar-se: tanto deve ampliar-se a própria análise, como o espectro das contingências analisadas. Para colaborar nesse sentido, torna-se necessária modificação nos programas dos diversos cursos e a construção de textos mais abertos no sentido do contexto socioeconômico-político em que vive o usuário da análise do comportamento.

Finalmente, com Ulrich (1975), "ainda creio que vale a pena ajudar as pessoas e, se for necessário, *protegê-las da nossa ajuda* [grifo nosso], porém não devemos enganar-nos, pensando que temos algo assim como a resposta final para todos os problemas" (p.141).

Com a mesma orientação já se manifestaram outros autores: desde Krasner (1962), com uma das mais tradicionais revisões acerca do controle do comportamento e responsabilidade social; Kanfer (1965), sobre algumas questões éticas da manipulação comportamental, sugerindo, na direção que já se analisou aqui, que a comunidade social como um todo e não particularmente os psicólogos devem estabelecer regras dentro das quais a modificação de comportamento precisa ser conduzida; e Wexler (1973), com sua análise pormenorizada dos conceitos da legislação norte-americana em relação à utilização de reforçadores arbitrários, especialmente encontráveis nos trabalhos em instituições fechadas como hospitais psiquiátricos.

A ética na modificação do comportamento é uma questão fundamental a ser redimensionada na perspectiva do behaviorismo radical, até porque é o ramo da ciência do comportamento que – mesmo não sendo tão de perto aceita pelos profissionais da ciência básica – está imediatamente em contato com o usuário dessa ciência. É a ele que se devem dirigir todas as considerações da melhor ética e da melhor análise. Amplitude maior dessa análise e melhor formação profissional na área são imprescindíveis, portanto.

O behaviorismo negligenciaria instintos, sentimentos, motivos, emoções, dons inatos e criatividade: o behaviorismo radical seria desumanizante

Conforme já se frisou na subseção anterior, um dos grandes líderes do que se convencionou chamar "terceira força da Psicologia" foi Carl R. Rogers, por longo período um dos mais conhecidos críticos do behaviorismo como filosofia de uma ciência considerada *desumanizante*. Identificado na literatura por suas preocupações com o caráter diretivo das relações terapeuta-cliente, com a limitação das liberdades pessoais nas relações sociais e com o modo vigente do fazer científico, Rogers empreendeu esforço significativo, a partir da década de 1950, para colocar em foco o tipo de abordagem psicológica que melhor respondesse a suas preocupações.

A publicação do famoso debate que manteve com Skinner acerca do controle do comportamento humano, como já se frisou, levou o público profissional e leigo a centrar-se especificamente em questões como: Quem será controlado? Quem exercerá o controle? Que tipo de controle será exercido? Em busca de qual valor será exercido o controle? Coloca em xeque a posição de Skinner sobre as finalidades com que se desenvolve a experimentação na ciência em geral e, ainda, os próprios objetivos de uma visão *bem-sucedida* de sociedade que Skinner publicara em 1955. Discordando veementemente de Skinner, afirma Rogers (Rogers & Skinner, 1958, p.1061):

> assim, mesmo ao tentar evitar tal escolha, parece impossível escapar ao fato de que uma *escolha anterior* [grifo nosso] de valor é necessária para qualquer empresa científica, ou para qualquer aplicação do conhecimento científico. Desejo tornar claro que não estou dizendo que valores não possam ser incluídos como tópicos da ciência.

Rogers analisa a posição de Skinner afirmando que este parece estar convencido de que o próprio desenvolvimento científico é que vai determinar quais os novos rumos da ciência, o que considera um engano, porque considera o pesquisador como um elemento vital nesse desenvolvimento contínuo, ou seja, a escolha pessoal subjetiva interfere a cada ponto em que a orientação muda. Os resultados de uma ciência, os resultados de um experimento, para Rogers, não podem e nunca poderão ditar qual é o próximo objetivo científico a seguir.

Mostra o exemplo do átomo, em que fica, para ele, muito evidente que o conhecimento científico em desenvolvimento sobre a estrutura atômica não traz consigo nenhuma escolha necessária quanto ao objetivo a que esse conhecimento servirá, de modo que a ciência fica, de novo, a critério de uma escolha pessoal subjetiva que deve ser feita por muitos indivíduos. Acautela para o perigo de que, sem rever os conceitos de poder e de controle, estejamos próximos a versões diversas das utopias culturais, como em *1984* e *Walden Two*: "Não é simplesmente uma fantasia. Algo desse tipo pode mesmo ser o futuro mais provável. Mas é um futuro inevitável?". Ele próprio responde, voltando-se para o campo da psicoterapia, que considera *desumanizante*, num procedimento que equaliza com lavagem cerebral, o tipo de terapia em que há uma diretividade acentuada; seria o caso, por exemplo, da psicoterapia em que há um controle deliberado do cliente, com o terapeuta moldando-o de conformidade com seus valores pessoais. Nesse caso, o indivíduo se tornaria um ser submisso de modo extremo, num exemplo de desintegração da personalidade e reformulação da pessoa do cliente nos termos desejados pelo indivíduo que controla. É nessa direção que Rogers encaminha sua terapia centrada no cliente como solução para a questão da desumanização, o que se faria no seguinte sentido:

> estamos profundamente empenhados na predição e influência no comportamento, ou mesmo no controle do comportamento. Como terapeutas, instituímos certas condições de atitudes, e o cliente tem relativamente pouca participação no estabelecimento dessas condições. Predizemos que, se certas condições estabelecidas se efetivarem, consequências específicas se seguirão ao comportamento do cliente. Até aqui, é um controle amplamente externo, em nada diferente do que Skinner descreveu, mas aqui termina toda e qualquer semelhança. As condições que escolhemos predizem consequências comportamentais como estas: o cliente tornar-se-á autodiretivo, menos rígido, mais aberto à evidência de seus sentidos,

mais bem organizado e integrado, mais semelhante ao ideal que escolheu para si próprio. Em outras palavras, estabelecemos por controle externo as condições que predizemos, sendo seguidas por controle interno pelo indivíduo, em busca de objetivos internamente escolhidos. (p.1062)

Nessa perspectiva, fica claro que Rogers opõe-se ao behaviorismo, no seu próprio entendimento, por escolher valorizar o homem como autorrealizador do seu devir, por valorizar a criatividade, por reduzir ao mínimo o poder de controle. Rogers manifesta preocupação com o desenvolvimento futuro da ciência: sua direção, no campo da Psicologia, precisaria ser proximamente revista, para evitar que o poder de controle caia em mãos inábeis.

Todavia, na verdade, o que Skinner pretende não corresponde ao que Rogers entende como desumanização do homem. Skinner e o behaviorismo radical pretendem, de fato, uma *desomunculização*, ou seja, rejeita-se definitivamente a figura do *homem interior* enquanto protótipo das explicações causais envolvendo sentimentos, estados da mente e processos ou estruturas mentais. Optam, Skinner e os behavioristas radicais, pelas alternativas da história genética e, principalmente, da história ambiental. Rejeitam a convicção da Psicologia da terceira força (de Rogers e Maslow) que, ao tentar explicar o comportamento, acabaria por ressuscitar a ideia de *homem interno*.

Skinner (1972, p.18) também deplora a crítica de Matson (1971), que acusa o behaviorismo de autoritarismo, quando informa:

> as críticas remontam à época de Pavlov e Watson, mas essas visões estão cinquenta anos atrás. Os behavioristas que eu conheço (e os professores MacCorquodale e Day estão entre eles) são pessoas gentis, preocupadas com os problemas do mundo atual, preocupadas com o colocar os métodos científicos a serviço de resolver nossos problemas e preocupadas com o mau uso do poder derivado

das descobertas do behaviorismo. E como eles colocam, o behaviorismo é uma forma de humanismo...

Na sua visão particular, Skinner esclarece ainda que é possível definir como humanista quem, por causa do ambiente a que tem sido exposto, está de algum modo preocupado com o futuro da humanidade.

Outra área na qual o behaviorismo é criticado, e, até por isso, acaba sendo considerado uma abordagem que negligencia parte fundamental das ações humanas, é a área que trata da questão da criatividade. O percurso da crítica mostra uma desconfiança significativa acerca da competência do behaviorismo para trabalhar com essa questão. A crítica, resumidamente, tem considerado que o behaviorismo não é capaz de explicar as realizações criativas em nenhuma área (arte, música, literatura, ciência, educação etc.) e, de outra parte, que a aplicação dos pressupostos behavioristas, especialmente na corrente skinneriana, não permite o desenvolvimento da criatividade; ao contrário, a Análise Aplicada do Comportamento levaria o educando à repetição reprodutivista do que lhe é passado pelo professor, em vez de permitir e incentivar a criação e a inventividade no processo de aprendizagem.

Skinner diz que as contingências de reforço também se assemelham às contingências de sobrevivência na produção de coisas novas. Diz que a palavra-chave no título de Darwin era *origem* e que a seleção natural explicava a origem de milhões de espécies diferentes que povoam a superfície da Terra, sem recorrer a uma mente criadora. Skinner faz referência a dois conceitos caros para os críticos e que são ponto comum nas diversas outras restrições ao behaviorismo, ou seja: *energia* criadora e *mente* criadora, ambos como forma ou expressão de alguma força difusa ou alguma estrutura não palpável, o que ele, naturalmente, considera como proposições linguísticas não aceitáveis. Afirma (1968) que os psicólogos cognitivistas tendem a confinar-se à estrutura dos pensamentos expressos em vez de ao próprio pensar e que as variáveis com que o pensamento enquanto *estrutura* está ligado não podem, em geral, ser manipuladas. Skinner (1972, p.381) assegura que o comportamento criativo pode, como tantos outros, ser ensinado:

aprender com as técnicas dos demais é algo que não interfere com o descobrimento de técnicas próprias. Pelo contrário, o artista que tem adquirido toda uma variedade de técnicas, herdadas de seus predecessores, encontra-se em situação ótima para realizar autênticos descobrimentos originais. E é mais provável que seja original se se procurar ensiná-lo a ser original.

A tentativa de produzir um artista *criador* pode parecer contraditória. Como pode o comportamento ser original e criador tendo sido "produzido"? A produção pressupõe alguma forma de controle externo, porém a criatividade, tomada literalmente, nega tal controle. Essa é a razão que explica por que tendemos a associá-la com uma vida interior. Arthur Koestler adota essa postura em seu livro *The act of creation*. Para Koestler, uma análise comportamental da criatividade não somente é impossível, senão ridícula, posto que não pode surgir a originalidade partindo de um sistema "mecanicista". Uma *mente* criadora não explica nada, embora para os críticos devesse estar em atividade na hora da criação. É como o pedido de um milagre: solicita-se que a mente faça o que o corpo não sabe fazer. Porém, devemos explicar como a mente o faz e, se aceitamos tal missão, descobrimos que simplesmente colocamos nosso problema original em termos muito mais complicados.

A novidade ou a originalidade podem produzir-se dentro de um sistema totalmente determinista. Um esquema arquetípico conveniente é a teoria da evolução. As formas vivas da Terra mostram uma variedade que está muito acima da variedade das obras de arte. A diversidade se atribuía tempos atrás a divagações de uma mente criadora, porém Darwin propôs outra explicação. A palavra "origem" em *A origem das espécies* é importante, posto que o livro é essencialmente um estudo da originalidade. A multiplicação e a multiplicidade de formas vivas é explicada pela mutação e pela seleção natural, sem recorrer a um projeto prévio. No comportamento do artista que produz obras originais existem elementos que podem comparar-se a isso.

Skinner entende, portanto, que o ensinar a pensar, como ensinar o caminho para a aquisição de novas habilidades, sejam elas consideradas criativas ou não, demanda programas de contingência que podem ser sistematicamente estabelecidos por meio de uma tecnologia comportamental. A criação desses tipos de programa é, provavelmente, o que mostraram factível Holland et al. (1976), que citam, entre outros, programas que tornaram possível ensinar, com a instrução programada, crianças a escreverem poesia com reconhecida criatividade.

Em acréscimo, uma revisão crítica dos estudos behavioristas acerca da criatividade é feita por Winston & Baker (1985), que mostram o resultado de treze anos de estudos experimentais sobre o assunto: mesmo indicando progressos imensuráveis, atentam para a permanência de problemas na definição comportamental de criatividade e a necessidade de um aprimoramento na análise do processo criativo; referem-se, entretanto, a empreendimentos bem-sucedidos como os de Campbell & Willis (1978), realizados em situação natural. Além do artigo já mencionado, Skinner manifestou-se especificamente sobre o tema em outra oportunidade (1970).

Ficam claros dois tipos distintos de crítica com relação à questão da criatividade. O primeiro, de que o behaviorismo não seria competente para *construir* o comportamento criativo, o que fica respondido pelas observações anteriores, ou seja, há inúmeros exemplos nos quais o desenvolvimento de comportamentos socialmente reconhecidos como criativos fez parte de programas de contingência. O segundo, de que a utilização de procedimentos behavioristas na situação de ensino mecanizaria a aprendizagem e impediria o surgimento natural dessa aprendizagem de forma criativa. Essa questão, igualmente importante e também de cunho filosófico-metodológico, precisa ser mais bem cuidada. Ocorre que para o behaviorista a criação decorre da transformação das informações (ou coisas, ou fatos etc.) preexistentes em eventos até então desconhecidos para o indivíduo ou para a sociedade mais ampla. Ou seja, criar não implicaria "fazer surgir do nada" alguma coisa *nova*, mas transformar eventos preexistentes em eventos até então não familiares, sendo esse reconhecimento do novo proporcionado pelo contexto social à volta do *criador* (na verdade, uma maneira, embora aparentemente pragmática, de se falar numa espécie de "usos não usuais"). Essa forma de raciocínio, embora menos romântica e aparentando-se utilitarista, não desmerece em nada o valor da criatividade. Ao contrário, ao preocupar-se em explicá-la funcionalmente, ressalta as diferenças individuais (decorrentes da história filogenética e ontogenética) e mostra que alguns serão mais criativos que outros, no sentido de que estão mais habilitados a realizar transformações reconhecíveis pela sociedade do que outros.

Dada essa concepção de criatividade, a questão de o behaviorismo supostamente tolhê-la, em sala de aula, durante o processo de aprendizagem, torna-se um problema relacionado com a diretividade do ensino (no sentido rogeriano). Ou seja, caso esteja o professor exigindo do educando um direcionamento exclusivo em torno de determinados objetivos educacionais, sem que se assegure ao aluno incursões extraprogramáticas, tolhe-se de fato a criatividade e, por conseguinte, impede-se a construção do conhecimento. O mesmo ocorre (e é frequente) nas situações em que alguns professores exigem que o aluno decore o conteúdo, em vez de aprender a lidar com ele, compreendendo-o.

Ocorre que em nenhum momento o behaviorismo *recomenda* procedimentos do gênero. Ao contrário, é perfeitamente possível assegurar que o aluno possa ter o desenvolvimento de sua aprendizagem determinado por contingências naturais em vez de artificiais. Ainda assim, há que fazer a ressalva de que a questão não se contrapõe a qualquer pressuposto behaviorista (o behaviorismo radical *não* contém postulados ou corolários que pretendam inibir a criatividade). Trata-se, quando eventualmente ocorrer qualquer programação de ensino que impeça o aluno de construir seu conhecimento ou criar, de um problema de competência do profissional que estiver envolvido na elaboração de tal projeto/plano/programa. O que é um risco para qualquer abordagem, de modo que tolher a criatividade não parece ser um *privilégio* do behaviorista, mas um risco a que está sujeito qualquer profissional.

Mais uma vez, nesse sentido, o behaviorismo radical não leva, intrinsecamente, na sua formulação, uma tendência *desumanizante*, embora seja possível (como o é em outras correntes) que seu uso sofra desvios não recomendáveis. A questão, nesse caso, permanece muito mais na formação profissional do que na reformulação de princípios básicos da linha teórica.

O behaviorismo tem sido também criticado, indiscriminadamente, por não levar em conta motivos, emoções, instintos, dons inatos e, principalmente, por desdenhar sentimentos (Ishaq, 1992), além de valores morais. Por certo, cada uma das palavras-conceito aí citadas precisaria de um trabalho especial, na linha da etimologia, para melhor compreensão de seu significado, antes que se pudesse incursionar por qualquer outra consideração. São conceitos que estão espalhados pela literatura psicológica e que mantêm significados diferentes conforme sejam utilizados em contextos particulares e por autores distintos. Todavia, para os propósitos desta análise, e apesar do alerta para possíveis confusões, não se pretende aprofundar essa discussão, até pelo fato de que se tomarão os termos no seu sentido mais coloquial, como em geral são utilizados pela crítica.

Têm constituído grande obstáculo para o behaviorismo a existência e a exigência de que sejam absorvidos por essa abordagem o que se convencionou chamar de *termos disposicionais*, que indicam alguma direção à ação determinada por alguma intencionalidade ou propósito. Skinner tem sido fortemente criticado por negar claramente a utilidade desses conceitos disposicionais dentro de uma ciência do comportamento (o assunto, aqui, não deve confundir-se com a ideia de operações estabelecedoras, um arranjo contextual que altera a probabilidade de ocorrência de determinados comportamentos).

O tipo de crítica mencionada, que está explícita em obras diversas (1953, 1969, 1971, 1974), leva os críticos a repúdios como os de Pritchard (1976) ou de Scribner (1972/1973), e o principal problema parece ser o de que os behavioristas e seus críticos aparentam estar sempre falando a partir de referenciais completamente diferentes. Skinner, por sua parte, tenta explicar (1974) que não se trata de negar a existência de comportamentos (encobertos ou abertos) que reflitam sentimentos ou emoções, mas a negação refere-se à explicação de ambos como resultantes de determinação através de eventos internos ou de alguma estrutura mental ou também de utilizá-los como mecanismos explicativos de outros comportamentos sem lhes atribuir o estofo material (físico) necessário. Skinner com a palavra (1974, p.188):

> É difícil compreender por que se diz tão frequentemente que o behaviorismo negligenciaria a dotação inata. A observação descuidada de Watson, de que poderia tomar qualquer recém-nascido saudável e transformá-lo em médico, advogado, artista, comerciante, como também em mendigo ou ladrão, dificilmente poderia responder por isso, já que o próprio Watson repetidamente se referia à "hereditariedade e ao equipamento de hábitos" das pessoas. Uns poucos behavioristas, particularmente J. R. Kantor, minimizaram, se é que não negaram, uma contribuição genética, e em seu entusiasmo por aquilo que poderia ser feito pelo ambiente, outros agiram sem dúvida como se a dotação genética não tivesse importância; poucos, porém, afirmaram que o comportamento é "ilimitadamente maleável".

A Etologia e a Psicologia Experimental – forma geral – corroboram a fala de Skinner sobre a importância da herança genética (embora permaneçam divergências quanto à forma dessa influência), com estudos diversos mostrando a importância da bagagem genética. Gould & Marler (1986, p.74), por exemplo, assumem que "usualmente vistos como diametralmente opostos, aprendizagem e instinto são parceiros: o processo de aprendizagem, em criaturas de todos os níveis de complexidade mental, é frequentemente iniciado e controlado instintivamente". Skinner admite a influência genética, mas não a prioriza como outros autores. Isso incomodou muitos críticos. Herrnstein (1977) procurou saída inusitada, porém sistematicamente rejeitada, para a questão da herança genética. Ele acaba isolando inapropriadamente afirmações de Skinner, como se este igualasse conceitos tais como comportamento adjuntivo, repertório filogênico e comportamento inato para dizer que nenhum dá conta das suas preocupações, que envolveriam uma terceira categoria de comportamentos, aduzida ao operante e ao respondente, que seria uma instância de autorreforçamento, com *status* de impulso próprio de cada espécie e responsável pela explicação de muitas ações. Autores behavioristas diversos deploram afirmações de tal gênero, pela confusão conceitual que sugerem.

O que o behaviorismo radical nega, portanto, não são os sentimentos, emoções ou influência genética. Aquilo com que Skinner e seguidores não concordam é com a utilização de sentimentos e emoções como repositórios ou fontes causais ou explicativas do comportamento, bem como com a influência genética como única ou prioritária determinante do modo de comportar-se. Ele procura, em diversos textos, incluir nas preocupações da Análise do Comportamento a necessidade de pesquisas com as diversas questões arroladas nesta subseção, mas faz questão de rejeitar sua condição causal. Como em *Science and human behavior* (1953, p.97), quanto às emoções:

> Se o problema da emoção for concebido apenas como questão de estados interiores, não é provável que se consiga progressos em

tecnologia prática. Não é de qualquer auxílio, na solução de um problema prático, dizer-se que algum aspecto do comportamento do homem se deve à frustração ou à ansiedade; precisamos também saber como a frustração ou a ansiedade foram induzidas e como podem ser alteradas. No final, nos encontramos lidando com dois eventos – o comportamento emocional e as condições manipuláveis das quais esse comportamento é função – que constituem o objeto próprio do estudo da emoção... Não se confunda a emoção como um "estado" hipotético, com o comportamento observado durante uma emoção; não se confunda com a fome nada além do comer. O homem encolerizado, como o homem faminto, mostra uma tendência a agir de certa maneira. Pode nunca chegar a agir daquela maneira, mas, não obstante, podemos lidar com a probabilidade de que o fará.

De qualquer maneira, resta evidentemente muito ao behaviorismo radical ainda por fazer no campo das emoções, dos sentimentos, dos motivos, da criatividade. Não existem muitos programas de pesquisa sistematizados nessas áreas. Poucos são os estudos publicados em periódicos especializados em arte, por exemplo, que tenham características de análise comportamental. Nessa direção, o behaviorismo radical é incipiente e realmente – não no sentido teórico, mas no de escassa produção de pesquisa em certas áreas, em contrapartida à extensa produção em outras – não dá conta da explicação de grande parte do comportamento, apesar dos esforços conjecturais de Skinner. O que não se encara como demérito, de vez que os esquemas conceituais apresentados indicam auspiciosa chance de explicação desses temas.

Ao negligenciar a dignidade e o livre-arbítrio, o behaviorismo radical seria uma ameaça aos ideais libertários

Particularmente pelo tipo de redação que deu ao seu *Beyond freedom and dignity* (1971b), para o português vertido como *O mito da liberdade* (1972), ao tratar das noções fundamentais de liberdade e dignidade humanas, Skinner recebeu críticas inúmeras, provenientes não só da mídia como também de profissionais da área de Psicologia, Filosofia e Ciências Sociais. Skinner também faz sua crítica ao que denominou de tradicional "literatura da liberdade e da dignidade" pela conceptualização não objetiva desses dois ideais extremamente caros à humanidade. Importa recuperar parte de suas afirmações para avaliar o modo com que encara essas questões. Para tanto, supõe-se justificada a transcrição de longa citação (1971b):

> A importância dessa literatura dificilmente pode ser questionada. Sem ajuda ou orientação, as pessoas se submetem a condições aversivas de uma forma sem dúvida surpreendente. Isto é verdadeiro até mesmo quando tais condições fazem parte do ambiente natural. Darwin observou, por exemplo, que habitantes da Terra do Fogo pareciam não fazer qualquer esforço para se proteger do frio; usavam pouquíssimas roupas, até mesmo nas intempéries. E um dos fatos mais surpreendentes na luta pela liberdade de um controle intencional é a frequente constatação da omissão. Muitos se submeteram, durante séculos, às mais evidentes formas de controle quer religioso, quer estatal ou econômico, lutando pela liberdade apenas esporadicamente, se é que o fizeram. A literatura da liberdade tem contribuído significativamente para a eliminação de muitas práticas aversivas no governo, na religião, na educação, na vida familiar e na produção de bens. No entanto, as contribuições dessa espécie nem sempre são descritas nesses termos. Pode-se dizer que algumas teorias tradicionais conceitualmente definiram a liberdade pela ausência de controle aversivo, mas a ênfase recai na maneira pela qual esta condição se faz sentir. Já de outras teorias tradicionais, poderíamos dizer que conceituaram a liberdade como condição onde o indivíduo se comporta sem controles aversivos, mas o que se enfatiza nesse ponto de vista é um estado de espanto associado ao fato de se fazer o que se quer. Segundo John Stuart Mill, "a liberdade consiste em fazer o que se deseja". A literatura da liberdade tem sido importante na modificação das práticas ...

mas, apesar disso, não definiu sua missão como sendo a mudança de estado de espírito e sentimentos.

A liberdade é, por assim dizer, uma "propriedade". Alguém escapa ou destrói o poder de um agente de controle com o intuito de se sentir livre; e uma vez que o consiga e possa fazer o que deseja, nenhuma ação além dessa é recomendada ou prescrita pela literatura da liberdade, salvo uma vigilância eterna para que o controle não volte a se instalar. (p.28-9)

O problema é libertar os homens, não do controle, mas de certos tipos de controle, e só poderá ser solucionado se nossa análise puder considerar todas as consequências em jogo. Refletir sobre o sentimento do povo em relação ao controle, antes ou depois da atuação da literatura da liberdade sobre ele, não conduz a discussões úteis. Não fosse pela injustificada generalização de que todo controle é ruim, poderíamos lidar com o ambiente social como lidamos com o não social. Embora a tecnologia tenha libertado o homem de certos aspectos aversivos do controle, não o libertou do ambiente. Aceitamos o fato de que dependemos do mundo que nos cerca, e simplesmente modificamos a natureza da dependência. Do mesmo modo, para tornar o ambiente social tão livre quanto possível de estímulos aversivos, não precisamos destruir esse ambiente ou fugir dele; precisamos remodelá-lo.

A luta do homem pela liberdade não se deve ao desejo de ser livre, mas há certos processos característicos de comportamento do organismo, cuja consequência principal é evitar ou fugir dos chamados aspectos aversivos do ambiente. As tecnologias físicas e biológicas têm estado interessadas principalmente nos estímulos aversivos naturais; a luta pela liberdade está preocupada com estímulos intencionalmente fornecidos por outros indivíduos. A literatura da liberdade tem identificado esses indivíduos e tem sugerido meios de fugir deles, ou de enfraquecer seu poder. Tem tido êxito na redução dos estímulos aversivos empregados no controle internacional, mas errou ao definir a liberdade em termos dos estados de espírito ou sentimentos. Por isso, não tem sido capaz de lidar eficazmente com técnicas de controle que não provoquem a fuga ou a revolta, mas, no entanto, produzem consequências aversivas. Tem sido forçada a rotular todo controle como errado e a deturpar muitas das vantagens extraídas do ambiente social. Está despreparada para o passo seguinte, que não será o de libertar os homens do controle, mas, sim, analisar e modificar os diversos tipos de controle a que se encontram submetidos. (p.35-6)

Com relação à questão da dignidade, afirma Skinner:

Qualquer evidência de que o comportamento de uma pessoa pode ser atribuído a circunstâncias externas, parece ameaçar sua dignidade ou valor. Nossa tendência é não valorizar alguém por suas realizações que, na verdade, se devem a forças sobre as quais não tem controle. Toleramos, em parte, algumas evidências nesse sentido, ao aceitarmos sem alarde alguns indícios de que o homem não é livre. Ninguém se inquieta quando importantes detalhes de obras de arte ou literatura, carreiras políticas e descobertas científicas são atribuídos a "influências exercidas na vida dos artistas, escritores, estadistas e cientistas, respectivamente". Como, porém, a análise do comportamento traz outros indícios, as realizações pelas quais se é valorizado quase que se anulam e tanto a evidência quanto o conhecimento que a produziu passam a ser questionados.

A liberdade é um problema referente às consequências aversivas do comportamento, mas a dignidade diz respeito ao reforçamento positivo. Quando alguém se comporta de um determinado modo, que consideramos reforçador, aumentamos a probabilidade de que venha a agir novamente assim, através de elogios ou de aprovação... A recompensa e a aprovação são geralmente reforçadores porque se alguém elogia uma pessoa ou aprova um ato seu, tende a reforçá-la de outras formas também. O reforço pode ser a redução de uma ameaça, ao mesmo tempo que aprovar uma resolução muitas vezes se resume simplesmente em deixar de se lhe opor.

É possível que haja uma tendência natural para reforçarmos aqueles que nos reforçam, assim como parece haver uma inclinação para atacarmos quem nos ataca; mas esse comportamento é gerado por muitas contingências sociais. Elogiamos os que trabalham em nosso benefício, porque somos reforçados por continuarem a fazê-lo. Quando damos valor a alguém por alguma coisa, associamos uma consequência reforçadora adicional. Elogiar uma pessoa por ganhar um jogo é enfatizar que a vitória dependeu de algo que ela fez, e assim a vitória se torna mais reforçada ainda. (p.37-8)

Pode parecer não haver ganhos compensadores quando a dignidade ou o valor são descaracterizados por uma análise científica fundamental, não se considerando as aplicações tecnológicas. É inerente ao progresso científico que as funções do homem autônomo sejam assumidas uma a uma, à medida que o papel do ambiente vai sendo mais bem compreendido. Uma concepção científica parece degradante, porque nada resta eventualmente para o mérito do homem autônomo. E quanto à admiração no sentido de deslumbramento, o comportamento que admiramos é o que não somos capazes de explicar ainda. A ciência naturalmente busca uma explicação mais ampla desse comportamento, seu objetivo é a elucidação do mistério. Os defensores da dignidade protestarão; ao fazê-lo, contudo, estarão adiando uma realização pela qual, tradicionalmente falando, receberam os maiores reconhecimentos e pela qual seríamos admirados.

Reconhecemos a dignidade ou o valor de alguém quando o valorizamos pelo que fez. O grau dessa valorização é inversamente proporcional à evidência das causas do seu comportamento. Se não sabemos por que uma pessoa age de determinado modo, atribuímos então o comportamento à própria pessoa. Tentamos obter maior reconhecimento de nós mesmos, ocultando as razões de certos comportamentos ou alegando razões menos poderosas para agirmos. Evitamos passar por cima dos méritos alheios, controlando as pessoas sutilmente. Admiramos as pessoas até onde não somos capazes de explicar o que fazem, e então a palavra "admirar" significa "maravilhar-se com". O que podemos chamar de literatura da dignidade diz respeito à preservação do mérito alheio. Pode-se opor aos progressos da tecnologia, inclusive de uma tecnologia do comportamento, pois tais progressos destroem as possibilidades de ser admirado e de uma análise fundamental por oferecer uma explicação alternativa ao comportamento do qual o próprio indivíduo anteriormente se vangloriou. Portanto, a literatura se coloca no caminho de uma realização humana mais ampla. (p.46-7)

É oportuno interromper a citação, neste ponto, para simples constatação das razões fundamentais pelas quais Skinner produziu tanta rejeição quando tratou das questões da liberdade e da dignidade. Seu raciocínio caminha por uma análise de desmerecimento da literatura a respeito e deságua na conclusão de que tal literatura chega mesmo a impedir "uma realização humana mais ampla". Desnecessárias explicações maiores para se entender por que toda a mídia e toda a ciência, que sempre estiveram às voltas com questões tão imensamente caras como liberdade e dignidade humanas, se revoltaram e passaram a publicar recensões críticas, réplicas e artigos diversos. Não sem motivo, já que, mesmo que Skinner estivesse tecnicamente correto em sua análise, não o estaria politicamente, uma vez que, embora tal literatura possa não levar objetivamente a efetivas conquistas no sentido da mudança ou eliminação do controle social autoritário, ela manteve como sua *finalidade básica*, durante toda a existência da humanidade, a tentativa de encontrar os caminhos do bem comum. De modo que não seria tal finalidade, a luta pela liberdade e pela democracia, senão a metodologia envolvida, a questão fundamental sob avaliação crítica por Skinner.

Do ponto de vista técnico, Skinner questiona a literatura da liberdade no sentido de que esta tentaria abolir o controle e, para ele, não há como eliminá-lo, mas apenas alterá-lo, já que é parte inerente à natureza das interações humanas. Ressaltando uma vez mais que, do ponto de vista da filosofia behaviorista radical (com seu preliminar determinismo), o comportamento (tanto em grupo quanto individualmente) está inevitavelmente sujeito ao controle, entendido este como toda sorte de *influência* que receba e exerça sobre o ambiente em geral, mas particularmente sobre o ambiente social. Para Skinner, portanto, o controle é inevitável. A afirmação choca, porém o que ele está querendo afirmar é que o controle não deve ser identificado, como geralmente é feito pelo leigo, com o controle aversivo. Algum controle, no sentido da multideterminação, inevitavelmente existe. O que ele propõe, *in abstracto*, é a substituição do controle por controle sempre positivo, como já se explicitou em outro lugar deste trabalho. Dito mais pormenorizadamente, o que Skinner pretende é um planejamento cultural no qual a sociedade, organizada, eleja quais serão as formas das regras, normas, acordos e leis que manterão controladas as condutas humanas, ao mesmo tempo que prescreve controle positivo do comportamento.

É nesse ponto que se chocam, para os críticos, os seus conceitos e os de Skinner acerca da liberdade. Entra aí a questão do livre-arbítrio, não admitido por Skinner como sendo algo inerente ao ser humano, mas uma questão unicamente de arranjo de contingências. Assegura ele que, nesse sentido, maior ou menor liberdade dependem de um arranjo mais, ou menos, bem elaborado de contingências.

No momento em que declara que o controle é inevitável, Skinner está (supostamente, diga-se) se colocando em oposição frontal à sua crítica, que por tradição nega o controle e entende que este é abominável, já que tolhe as liberdades individuais. Nesse sentido, entende a crítica que Skinner e seu behaviorismo radical são defensores do controle social. O caso, entretanto, é que o intuito de Skinner é mostrar que o controle inevitavelmente existe e que suas formas precisam ser alteradas, pelo rearranjo de contingências sociais, representadas pelas condutas individuais e das instituições (governo, religião, educação, agências de controle em geral).

Discussão semelhante, mas de menor intensidade, se apresenta na análise skinneriana da dignidade. Diz Skinner que o fato de se pensar numa ciência do comportamento em que se torna possível a identificação das contingências que determinam as condutas consideradas dignas simplesmente retira ou reduz muito o mérito de quem executa tal ação (digna). Ou seja, quando se desconhece, ou quando se vive sob condições em que não há interesse em conhecer as reais razões pelas quais uma pessoa foi levada a praticar uma ação digna (ou qualquer outra aprovável: benevolente, altruísta etc.), acaba-se por atribuir todo o mérito a qualidades internas, intrínsecas, a caracteres idiossincráticos da pessoa. No caso de uma ciência do comportamento, a compreensão das contingências se faria de tal modo que muito da meritocracia cairia por terra. O que, no entender da crítica, retiraria muito da qualidade *humana* do ser humano, ou seja, a conduta se encaminharia para uma insossa compreensão mecanicista. Retomando Skinner (1971b):

> Há uma tendência corrente de substituir controle por responsabilidade, e provavelmente o controle não é visto como uma propriedade do homem autônomo, pois explicitamente se refere a condições externas. A afirmativa de que só "um homem livre pode ser responsável por sua conduta" contém dois significados, dependendo de em que estamos interessados: se na liberdade ou se na responsabilidade. Se queremos dizer que as pessoas são responsáveis, nada devemos fazer para infringir sua liberdade, pois se não forem livres para agir não poderão ser consideradas responsáveis. Se queremos dizer que são livres, devemos considerá-las responsáveis por seu comportamento, mantendo as contingências, pois se agissem do mesmo modo em contingências não punitivas, ficaria claro que não seriam livres. (p.57-8)
>
> Até certo ponto, as literaturas da liberdade e da dignidade contribuíram para a atenuação lenta e irregular dos aspectos aversivos do ambiente humano, incluindo os aspectos empregados no controle intencional. Mas a tarefa foi reformulada de tal forma que, hoje, não podem aceitar o fato de que todo o controle é exercido pelo ambiente e que o caminho a ser delineado é o estabelecimento de *melhores ambientes em vez de melhores homens*. [grifo nosso] (p.63)

Nesse trecho, fica evidente o entusiasmo desmedido de Skinner com a possibilidade de que sua ciência do comportamento seja capaz de servir, tão imediatamente, como o instrumento ideal para que se rearranjem as contingências que abririam o caminho em direção à liberdade. Fica evidente, também, que sua discrepância mais aguda está em apontar o rearranjo de contingências como fator crucial na direção de mudar o homem. Ou seja, para que se consiga mudar o homem é necessário, paradoxalmente, mudar as condições sob as quais ele próprio vive, movido pelas atuais circunstâncias desfavoráveis. Afirma (1971b):

> O melhor governo é aquele que menos governa, ou seja, quando tem à disposição outras formas de controle. Na medida em que o governo é definido pelo seu poder de punir, a literatura da liberdade tem sido útil ao promover a transferência para outros métodos, mas em nenhum outro sentido tem libertado as pessoas do controle governamental. Economia livre não significa ausência de controle econômico, pois nenhuma economia será livre enquanto os produtos e o dinheiro permanecerem como reforçadores. Quando nos recusamos a estabelecer qualquer controle sobre salários, preços, usos de recursos naturais, com o objetivo de não interferir na iniciativa privada, deixamos o indivíduo sob o controle de contingências econômicas não planejadas. Também não existe escola "livre". Se o professor não ensina, os alunos somente aprenderão se contingências menos explícitas, mas ainda assim eficazes, prevalecerem. O terapeuta não diretivo pode libertar seu paciente de certas contingências prejudiciais de vida, mas o paciente "encontrará sua própria solução" somente se contingências éticas, governamentais, religiosas, educacionais, ou de qualquer outra ordem o induzirem a fazê-lo. (p.75) Uma pessoa não age pelo bem ao próximo ou por causa de um sentimento de posse, ou se recusa a fazê-lo por causa de um sentimento de alienação. Seu comportamento depende do controle exercido pelo ambiente social. (p.85)

[Assim] a luta pela liberdade e dignidade tem sido entendida muito mais como uma defesa do homem autônomo do que propriamente como uma revisão das contingências de reforçamento sob as quais as pessoas vivem. Uma tecnologia do comportamento será útil no sentido de reduzir de forma satisfatória as consequências aversivas do comportamento, próximas ou retardadas, e de ampliar as possibilidades de realização do que o ser humano é capaz, mas os defensores da liberdade se opõem ao seu emprego. A oposição pode suscitar algumas questões que dizem respeito a "valores".

A quem cabe decidir o que é bom para o homem? Como uma tecnologia mais eficaz será empregada? Por quem e com que objetivo? Estas são, na realidade, questões referentes a reforços. Durante o curso da evolução, para algumas espécies algumas coisas se tornaram "boas" e podem ser usadas para induzir as pessoas a agirem "pelo bem dos outros". Quando usadas em excesso, podem ser desafiadas e o indivíduo pode se voltar para coisas boas apenas para si. O desafio pode ser respondido pela intensificação das contingências que geram o comportamento em direção ao bem alheio, ou salientando os benefícios individuais negligenciados anteriormente, tais como os conhecidos por segurança, ordem, saúde, riqueza e sabedoria. Possivelmente de forma indireta, outras pessoas trarão o indivíduo sob o controle de algumas consequências remotas de seu comportamento e o bem do outro, então, resultará no bem do próprio indivíduo. (p.95-6)

Quando discute *Walden Two*, Andery (1993) retoma a questão da substituição do controle aversivo por reforçamento positivo, a partir de Skinner (1978). Para a autora, Skinner entende que a chave da questão do planejamento cultural estaria na formação de uma cultura em que seus membros mantenham fortes relações interpessoais, assegurando controle maior por contingências de reforçamento do que por regras mediadas institucionalmente. Na literatura crítica, todavia, frequentemente encontram-se severas críticas à utopia skinneriana de *Walden Two*, por vezes advindas, no entender de Rakos (1992), de mal-entendidos de dois tipos: o primeiro, que vê o behaviorismo radical concebendo o homem como um autômato apenas possuidor de reflexos, cuja criatividade a tecnologia comportamental procuraria tolher em favor de uma conformidade ao ambiente; o segundo derivado de uma falha dos behavioristas em mostrar aos demais estudiosos sua apreciação da complexidade das relações sociais e do comportamento humano, em consequência de suas asserções dogmáticas e extremadas. Para Rakos, os behavioristas estão apenas começando a transitar dos fenômenos simples para os complexos. Nesse sentido, assevera que *Walden Two* é obra que precisa ser entendida como mais uma utopia, acrescentando que não deve ser entendida como um modelo definitivo de proposta de vida em comunidade. Para ele, essa *não* deve ser entendida como a grande contribuição de Skinner: "De uma só pessoa não se pode esperar uma utopia realizável, a solução para os problemas educacionais, a descoberta do caminho para a paz e harmonia no mundo, ou a eliminação da pobreza". O legado de Skinner, diz Rakos (1992), é "muito mais valioso que suas próprias soluções", e, referindo-se de novo ao livro: "Ele nos ensinou um caminho frutífero e luminoso para analisar o comportamento dentro do seu contexto" (p.1505). Na prática, inúmeras aplicações da ciência do comportamento estão sendo implementadas, muitas sob as ressalvas que já se comentaram neste livro. Quanto ao delineamento cultural, muito há que ser feito. No estilo *Walden Two*, por exemplo, apenas uma comunidade experimental, no mundo inteiro, sobrevive até hoje: trata-se de Los Horcones, localizada em Hermosillo, estado de Sonora, no México, fundada em outubro de 1973 por um grupo de sete pessoas interessadas na prevenção e solução de problemas sociais mediante uma sociedade alternativa baseada na cooperação, igualdade, não violência, compartilhamento e respeito ecológico. Tais ideais são manifestados pelos próprios membros da comunidade, que conduzem experimentos sociais, publicam artigos científicos e mantêm um *site* na internet (http://www.loshorcones.org.mx) em que se pode saber detalhes sobre como vivem seus membros quanto à educação pessoal e de seus filhos, relações interpessoais, código de contingências comunitárias, sistema econômico, distribuição igualitária de bens, sistema de admissão de membros, trabalho, sistema de governo (personocracia), busca da autossuficiência, características da família comunitária, saúde, religião e muitos outros aspectos (Los Horcones, 1997). Os limites para uma eventual generalização direta dos achados de uma comunidade experimental diminuta para a população de todo um país podem ser vislumbrados em outra novela utópica, *Walden Três*, que Ardila escreveu em 1979 e que foi recentemente vertida ao português (2003).

As mudanças necessárias na prática social para a construção de uma nova cultura são muitas, naturalmente. Na perspectiva de Skinner, torna-se imprescindível um rearranjo de contingências sociais. Dito de modo coloquial, uma mudança nas *regras do jogo* é indispensável. Para muitos, essa mudança deve começar com o ensino de novos valores morais e éticos, a partir da escola, o que corresponde ao projeto de preparação para a cidadania. Na perspectiva de Goldiamond (1968), a reconstrução da ideia de direitos e deveres, possivelmente pela reorganização das contingências sociais, pode ser um caminho. Que deve levar em conta as críticas de Mills (1982), acerca dos conceitos do que é *bom* ou *positivo* ou *mau* ou *negativo* na perspectiva skinneriana.

A questão da dignidade e da liberdade, que faz que, para os críticos, Skinner pareça a esses conceitos uma séria ameaça, recebeu tratamento semelhante em diversos autores (Berlyne, 1972; Platt, 1972; Gianotti, 1974; Audi, 1976; Begelman, 1978; McGray, 1984; Garrett, 1985; Segal, 1987). Seria impraticável, ao mesmo tempo que não constitui objetivo específico deste ensaio, por não se pretender um estado da arte, a análise particularizada do tema aqui colocado. Almeja-se, portanto, ter uma ideia panorâmica do contexto e do perfil amplo da crítica, de modo que uma visão geral da mesma pode contribuir para uma reavaliação de tendências.

Não é demais, todavia, reafirmar que a densidade da crítica, especialmente no item da liberdade e da dignidade, sempre foi muito grande. Quando a literatura é escrita por não cientistas, mas pelo *staff* dos jornais e revistas, em geral há uma linguagem mais sensacionalista, porque o periódico dirige-se ao grande público e o objetivo é a venda de muitos exemplares. Num desses artigos (*Time*, 1971, p.5), lê-se:

> A mais grave ameaça de Skinner é o seu autoritarismo, na visão dos seus críticos. Eles rejeitam a ideia de que o homem não pode mais se dar ao luxo da liberdade, e acreditam no fato de que ele não se pode dar mais ao luxo do oposto. Diz Herbert C. Kelman, psicólogo social de Harvard: "para aqueles de nós que sustentamos o encarecimento da liberdade de escolha do homem, como um valor fundamental, qualquer manipulação do comportamento, independente da 'boa intenção' da causa que essa manipulação possa ter, essa sempre será má proposta".

Para Kelman, a "ambiguidade ética" da manipulação comportamental é a mesma, quer a limitação na escolha venha "através da punição ou recompensa, ou mesmo através de um arranjo tão perfeito na sociedade, que as pessoas não possam mais escolher". Rollo May, psiquiatra existencialista, acredita que Skinner é um ditador totalitário, sem sabê-lo plenamente. "Nunca encontrei nenhum lugar para o rebelde no sistema de Skinner", diz ele, "entretanto a capacidade de rebelião está na essência de uma sociedade construtiva". Richard Rubenstein, professor de religião na Florida State University, pergunta-se o que poderia acontecer aos possíveis rebeldes que surgissem na sociedade de Skinner: "suponha que algum futuro controlador diga a grupos dissidentes: 'comportem-se, malditos!'. O que impediria o controlador de empregar a sua própria decisão final?".

Skinner é cético com respeito à democracia. Observando que a sociedade já está usando tais meios ineficazes de controle comportamental, como persuasão e educação convencional, ele insiste que os homens de boa vontade devem adotar técnicas mais eficazes, usando-as para "bons propósitos". Em sua sociedade planificada, diz ele, o controle seria equilibrado pelo contracontrole, provavelmente fazendo "do controlador um membro do grupo que ele controla". Isso ajudaria a assegurar que a punição nunca seria aplicada, mantém Skinner, ressaltando "que foi o uso do controle aversivo que destruiu Hitler: o sistema nazista tinha construído em si mesmo a sua própria destruição. Quando se controla desse modo as pessoas estão prontas a reagir".

Afora os exageros do senso comum, depreende-se da crítica que o behaviorismo radical de Skinner deve dedicar especial atenção à tarefa de desenvolver tecnologias a serem colocadas à disposição da maioria excluída da população, no sentido de ajudá-la a se instrumentalizar para a conquista de mais amplo equilíbrio social. Ou seja, apenas analisar tecnicamente o fato de que os controles são inevitáveis não assegura a colocação, no lugar desses controles existentes, de formas alternativas que sejam favoráveis à maioria.

Nessa direção, é preciso lembrar que o trabalho a ser desenvolvido não é apenas técnico, o que pode ser suprido por pesquisas de alternativas de contracontrole a serem utilizadas numa psicologia comunitária verdadeiramente engajada. É necessário, ainda, que se continue procedendo à especulação teórica, mecanismo suscitador de férteis alternativas, em princípio, com as quais o behaviorismo radical possa mostrar que, de fato, pode não ficar ao lado do poder dominante (nem ser unicamente utilizado por este), mas que pode ter um projeto para estar ao alcance da pessoa comum em busca de sua verdadeira cidadania.

Nesse sentido, uma das coisas mais importantes a que o behaviorismo radical deve dar atenção é a difusão dos conhecimentos acerca das relações funcionais entre o comportamento e eventos do meio e sobre como esse controle pode ser (e é) construído socialmente. Compartilha-se com Omote (1995) que "o conhecimento (ou a "transparência") acerca dos mecanismos de controle social é, seguramente, um instrumento fundamental para as populações eventualmente submetidas ao controle totalitário" (p.7).

Naturalmente, os analistas do comportamento já deram demonstração das potencialidades da abordagem para o encaminhamento apropriado de soluções a várias questões sociais. Análise criteriosa das publicações de alguns dos mais relevantes periódicos científicos em que os behavioristas escrevem (*Journal of Applied Behavior Analysis, Behaviorists for Social Action Journal, Behavior Analysis and Social Action* e *Behavior and Social Issues*) foi feita por Rillo (2002), listando grande variedade de questões comunitárias abordadas e razoável número de publicações. Entretanto, é certo que resta ainda uma grande gama de indagações sobre quais as maneiras concretas pelas quais o behaviorista pode contribuir na perspectiva do delineamento cultural. Essa, a nosso ver, é a área de atuação mais importante para a Psicologia, de modo geral, nos próximos anos.

Miscelânea: outras críticas e temas polêmicos

Inúmeras outras comparações, críticas, recensões e possíveis comparações estão postas na literatura científica a partir do behaviorismo em geral e, particularmente, do behaviorismo radical. Muitas aproximações e distinções foram tentadas, como a de Ulman (1991), entre Marx e Skinner. Entretanto, como o escopo deste ensaio cobre limitadamente algumas categorias e critérios arbitrariamente sugeridos, apenas mais alguns exemplos serão abordados para ampliar a amostra de possibilidades que o leitor encontrará diretamente na literatura.

Algumas dimensões da divergência Freud x Skinner

De modo oposto a Freud, Skinner privilegia, no behaviorismo radical, a influência do mundo exterior sobre o comportamento, embora, como já se frisou, admite a significativa importância das condições corporais internas. Por essa preferência por um interacionismo organismo-ambiente que se reflete numa concepção probabilística quanto à frequência de ocorrência do comportamento, Skinner tem sido criticado veementemente. Tal se dá no tocante a sua recusa em acreditar na existência de estruturas internas da personalidade. Sua concepção em relação ao que chama de "mundo interior da emoção e da motivação" à vista da análise freudiana, é dada em *About behaviorism* (1974):

> [Os mecanismos de defesa] têm sido definidos como "as reações de personalidade por meio das quais um indivíduo tenta satisfazer suas necessidades emocionais; por exemplo, harmonizar esforços conflitantes: reduzir sentimentos de ansiedade ou de culpa oriundos de desejos, pensamentos e emoções que não são aceitáveis". Conceituações alternativas podem ser deduzidas das contingências responsáveis pelo comportamento do qual se inferem os dinamismos. Considerarei três exemplos, usando definições do *Third International Dictionary*, de Webster.
>
> *Repressão*: "Um processo ou mecanismo de defesa do ego pelo qual desejos e impulsos incapazes de ser satisfeitos são mantidos fora da consciência ou tornados inacessíveis a ela". Em vez de "desejos ou impulsos", leia-se "probabilidade de comportamento"; em vez de "incapazes de ser satisfeitos", leia-se "extintos ou punidos" e em vez de "mantidos fora da consciência ou tornados inacessíveis a ela", leia-se "não observado introspectivamente" ... Temos então o seguinte: o comportamento que é punido torna-se aversivo e ao não adotá-lo ou não "vê-lo" uma pessoa evita estimulação aversiva condicionada. Há sentimentos associados a isso, mas os fatos são explicados pelas contingências. A palavra "repressão" faz parte de uma complexa metáfora que dá um caráter dinâmico ao efeito da punição. Quando os sentimentos não podem ser expressos, diz-se que a pressão aumenta até ocorrer uma explosão. Um jornal afirma que "o que assusta em pessoas caladas como Bremer, Sirhan e Oswald é que deve haver milhões como eles nos Estados Unidos,

guardando a raiva dentro de si até – por falta da válvula de segurança que a maioria dos indivíduos possui – explodirem". Mas o que acontece quando uma pessoa "guarda a raiva dentro de si" e o que é a "válvula de segurança" por via da qual muitas pessoas descarregam a pressão emocional? As respostas hão de ser encontradas nas condições em que o comportamento se torna muito forte porque não pode ser emitido.

Muitas vezes temos consciência de uma forte tendência a fazer ou dizer alguma coisa, embora nos falte ocasião para tal; podemos estar "arrebentando de boas notícias", mas não temos a quem contá-las. Mais frequentemente, todavia, não respondemos porque fomos punidos; "reprimimos nossa raiva" porque fomos castigados ao "expressá-la". Se ocorre subitamente algo assim como uma explosão, é porque a situação se modificou. Encontramos alguém com quem falar e então liberamos um "fluxo constante de palavras" ou nosso comportamento se torna mais forte do que os comportamentos incompatíveis que o deslocaram anteriormente. Se uma explosão tem consequências indesejáveis para outrem, podem-se tomar medidas apropriadas para evitá-la. A "pressão" pode ser reduzida criando um ambiente no qual o comportamento seja livremente emitido ou então "os impulsos possam ser canalizados para escoadouros mais úteis". "Armas de brinquedo", diz um psiquiatra, "permitem que as crianças resolvam seus conflitos e liberem algumas de suas necessidades agressivas". Em vez disso, deveríamos dizer que elas permitem às crianças comportarem-se agressivamente de formas impunes. (p.134-5)

Skinner prossegue em sua análise com os conceitos de *conversão* e *sublimação*, na mesma linha do que fez com *repressão*. Não é difícil visualizar sua tendência a substituir toda forma de controle ou determinação interna do comportamento (através da dinâmica das estruturas internas e da libido freudianas) por condições em que se encontram arranjados eventos antecedentes e consequentes do comportamento. Em virtude dessa tendência Skinner tem sido criticado, por ter abandonado o "mundo interior", de certo modo relegando o homem a uma condição desumanizante. Formulações comportamentais dos pressupostos freudianos foram analisadas por Chandra (1976) e Messer & Winokur (1980), com mais riqueza de pormenores.

Behaviorismo e pressupostos neurológicos sob suspeição

Aronson (1976), entre outros autores, coloca em dúvida o que caracteriza como um certo descaso do behaviorismo radical para com os dados da fisiologia dos organismos. A ênfase de tal tipo de crítica é a de que, ao fazer a ponte entre comportamento e ambiente, Skinner negligencia todo o processo biológico interno. Outras defesas são na direção do tradicional conceito de arco reflexo, segundo o qual possuímos vias aferentes, centros nervosos e vias eferentes mediando essa relação comportamento-ambiente. Acusa-se Skinner de abandonar essa estrutura e de tentar explicar o comportamento sem sua existência, com evidente supersimplificação. Posiciona-se Skinner (1974, p.23):

> Uma pequena parte do universo está contida dentro da pele de cada um de nós. Não há razão de ela dever ter uma condição física especial por estar situada dentro desses limites, e eventualmente haveremos de ter uma descrição completa dele, descrição que nos será fornecida pela anatomia e pela fisiologia. Todavia, no momento, não dispomos de uma descrição satisfatória e por isso parece ser mais importante que entremos em contato com ela de outras maneiras. Nós a sentimos e, num certo sentido, a observamos e seria loucura negligenciar tal fonte de informação só por ser a própria pessoa a única capaz de estabelecer contato com seu mundo interior. Não obstante, nosso comportamento, ao estabelecer esse contato, precisa ser examinado.
>
> Respondemos ao nosso próprio corpo com três sistemas nervosos, dois dos quais estão particularmente relacionados com traços internos. O chamado sistema interoceptivo transmite a estimulação de órgãos como a bexiga e o aparelho digestivo, as glândulas e seus canais, e os vasos sanguíneos. É de fundamental importância

para a economia interna do organismo. O chamado sistema proprioceptivo transmite a estimulação dos músculos, articulações e tendões do esqueleto e de outros órgãos envolvidos na manutenção da postura e na execução dos movimentos. Usamos o verbo "sentir" para descrever nosso contato com esses dois tipos de estimulação. Um terceiro sistema nervoso, o exteroceptivo, está basicamente envolvido no ver, ouvir, degustar, cheirar e sentir as coisas do mundo que nos cerca, mas desempenha também papel importante na observação de nosso próprio corpo.

Com efeito, o desinteresse skinneriano para com a complexidade do sistema neurológico subjacente ao comportamento tem soado como uma negativa a respeito da própria existência de um estofo dessa ordem. Não é o caso. Tal impressão é decorrente do fato de que o behaviorismo radical tem focalizado prioritariamente as interações comportamento-ambiente, sem entender que seja possível, com a biotecnologia vigente, compreender de modo cabal as exatas funções dos mecanismos interiores de *processamento* dessas interações. Daí à metáfora da "caixa preta" é apenas um passo. Por essa postura é que Skinner tem sido acusado de tratar com um organismo vazio, como se isso fosse possível. Como já se disse em outros momentos deste trabalho, o lugar das variáveis organísmicas, biológicas, neurológicas, internas, está certamente reservado no que considera de mais importante o behaviorismo radical, sob abrigo da questão dos eventos privados. Entretanto, deixa a exploração de uma parte disso (o escopo estrutural e funcional biológico) ao encargo e à sorte do desenvolvimento futuro dessa biotecnologia. Por certo, a Genética, a Informática, a Ciência da Computação, a Inteligência Artificial, a Neurologia e muitos outros campos têm progredido de tal forma que o vaticínio de Skinner, de que o futuro mostrará cada vez melhor o que está sob a pele, está se cumprindo gradativa e rapidamente, sempre mantida a convicção de que o material de que se compõem comportamento e cérebro são os mesmos, ambos representantes do monismo fisicalista.

Contudo, as críticas de Aronson (1976) devem ser consideradas como tendo reflexos importantes em pelo menos uma outra direção: o behaviorismo radical não pode permanecer eternamente à espera de que um completo e final desenvolvimento da área neurofisiológica se consolide. Deve, hoje, retomar um espaço de pesquisa na direção de uma *integração teórica* com outras áreas, o que tendências recentes, como a abordagem biocomportamental, têm buscado consolidar. O conhecimento não se dá apenas sob o rótulo do veículo teórico que cada profissional escolhe: debater sua qualidade e seus fundamentos é uma virtude, mas dar de ombros ao que outros produzem, porque não respondem ao mesmo nome e sobrenome do que particularmente batizamos de ciência constitui, no limite, preconceito e presunção injustificados.

As relações entre behaviorismo e etologia

Dúvidas recaem sobre a generalidade dos procedimentos de condicionamento animal utilizados por Skinner durante suas pesquisas. Seus ex-discípulos, os Breland, utilizaram sua metodologia para realizar o treinamento de muitos animais, em geral com finalidades comerciais (especialmente na área da publicidade). Todavia, as observações feitas pelos Breland, no decurso do adestramento de muitas espécies de animais, levaram-nos a se afastarem dos pontos de vista skinnerianos sobre o condicionamento operante. Breland & Breland (1961), num famoso artigo ("The misbehavior of organisms"), assinalaram diversos incidentes de fracasso no ensino dos comportamentos operantes a algumas espécies animais, suspeitando que a continuidade filogenética proposta por Skinner pudesse estar sob risco. Por exemplo (conforme Marx & Hillix, 1976, p.402):

> Os guaxinins, porcos, macacos-de-cheiro e outros animais mostraram, frequentemente, ter dificuldade em soltar uma ficha

que estavam aprendendo a inserir num distribuidor de comida, do mesmo modo que os humanos inserem moedas em máquinas. Os Breland acreditam que os comportamentos mais primitivos, relacionados com alimento, foram ativados em ensaios anteriores e que esses comportamentos mais primitivos interferem no desempenho da resposta operante.

Breland & Breland (1961, p.684) descreveram essa tendência, que chamaram de *inclinação instintiva*:

> O princípio geral parece ser que, quando um animal tem fortes condutas instintivas na área da resposta condicionada, o organismo – depois de uma operação contínua – tenderá para a conduta instintiva, em detrimento do comportamento condicionado e até com retardamento ou exclusão do reforço.

Os Breland, formados na tradição ambientalista skinneriana, transformaram-se em psicólogos que foram, mais tarde, responsáveis por uma certa reviravolta de alguns behavioristas no sentido do nativismo, iniciada pelos etologistas e ainda mantida em alguns grupos de profissionais da Psicologia americana. Quanto à continuidade entre espécies e o fracasso na experimentação, resta replicação sistemática para se saber as verdadeiras razões para o insucesso dos experimentos dos Breland: 1. ou há realmente discrepâncias significativas entre espécies; 2. ou existiram falhas de procedimentos na programação das pesquisas; 3. ou se exigiram respostas a serem condicionadas impróprias para a espécie (exemplo pelo absurdo, não se pode ensinar, por mais reforço que se lhe dê, um rato a voar); 4. e/ou alguma espécie de *impulso* na manutenção de respostas básicas de sobrevivência existem.

Críticas similares são apresentadas em artigo posterior (Bailey & Bailey, 1980), que retoma o velho argumento da contrapreparação, segundo o qual algumas características filogenéticas sobressaem em determinadas condições, acarretando uma espécie de resistência ao condicionamento: se isso se confirmasse em larga escala – e admitido o princípio da continuidade interespécies –, estaria aí configurada a retomada da questão do livre-arbítrio. Reiterando, no caso das demais espécies, a contrapreparação dar-se-ia pela sobreposição do instinto às contingências, ao passo que no homem tal resultado se daria pela capacidade de recusar-se aos efeitos do condicionamento.

Behaviorismo e espiritualidade: considerações sobre alguns apontamentos da crítica

Enquanto ciência, a Análise Experimental do Comportamento compatibiliza-se com a corrente filosófica do behaviorismo radical. Isto posto, fica reiterada a ideia de que tal ciência lida, exclusivamente, com o estofo físico e, portanto, absolutamente materialista do fenômeno que estuda, ou seja, o comportamento dos organismos. Nesse sentido, já se frisou aqui que o behaviorismo radical pode ser considerado como uma espécie de *monismo fisicalista*, em oposição a qualquer outra forma de conceber caracteres, ações e consciência humana que se articule como defesa de um dualismo cartesiano.

Hayes (1984b) percorre um caminho que não é o de preocupar-se com a defesa da existência ou não de dois estofos, um material e outro imaterial. O que esse autor pretende é a compreensão cada vez maior das razões que motivam as pessoas a ficarem apegadas à ideia dualista. Nesse sentido, sugere a necessidade de estudos acurados dos comportamentos supersticiosos, das crenças, das expectativas pós-vida e das normas sociais e religiosas adotadas, pois é provável que tal tipo de análise permita melhor compreensão das razões pelas quais as contingências desse gênero têm tão forte poder de controle sobre o comportamento.

Na verdade, o behaviorismo radical, ao assumir uma posição efetivamente monista, aparenta exigir de seus seguidores, em termos de convicções pessoais (crenças religiosas, por exemplo), um certo adestramento à suposição de que, finda a materialidade, estará finda a história pessoal do indivíduo. De certo modo, no entanto, os behavioristas têm tentado, por vezes sem sucesso (no que são atacados como incoerentes), separar o que se convenciona chamar de mundo da ciência do mundo das crenças pessoais associadas à religiosidade, até pela impossibilidade física da realização de um "experimento definitivo" que prove ser verdadeira ou falsa a ideia da existência de outra dimensão, pós-organísmica. Esse campo, embora repleto de imensa densidade de discussões desde a existência e origem do próprio homem, permanece completamente sem solução. Por outro lado, alguns autores têm tentado associar as convicções pessoais dos behavioristas (na ideia de controle e determinação científica, por exemplo) com a sua vida pessoal particular (exemplo comum: "os behavioristas são insensíveis", "os behavioristas não têm sentimentos", "os behavioristas são autoritários, reacionários, ateus, incapazes de valorizar a criatividade, a arte etc."). O que, evidentemente, é ideia das mais primárias, até porque transfere para a vida particular supostas críticas atribuíveis (?) à concepção teórica (e aqui já analisadas nas seções correspondentes).

Este é, contudo, um fascinante campo aberto para a reflexão: em que ponto se distanciam e se separam (se é que o fazem) a ciência e a fé? Quanto de dogma existe no que se convenciona chamar de ciência? Quanto de científico existe nas concepções religiosas acerca da origem do universo? Quão fundamentadas estão as diversas histórias da História que sustentam a atual civilização?

Não são questões, por óbvio, que possam ser respondidas por qualquer área nem por teste científico isolado, por tratar-se de questão de convicção individual e não de avaliação de natureza empírica. Também nenhuma decisão parece possível a partir das suposições de qualquer facção religiosa. Nem viáveis por qualquer trabalho introdutório, como o presente. Mas é neste exato ponto que se imbricam os interesses de tantos quantos pretendam ampliar conhecimento, seja factual, seja dogmático. Não será qualquer das psicologias que, isoladamente, sem o auxílio da Física, da Química, da História, da Antropologia, poderá dar conta da explicação de todas as dimensões do homem. Nesse sentido, também o behaviorismo radical permanecerá absolutamente incompleto: não se pode imaginar factível qualquer completa Psicologia do homem, mas apenas de partes deste. Espera-se que a Psicologia, portanto, se ocupe cada vez mais de aspectos humanos verdadeiramente significativos.

Behaviorismo, situacionismo, ambientalismo, contextualismo

O behaviorismo em geral e a ciência do comportamento que aplica seus pressupostos, em particular, têm sido acusados de centrar-se especificamente, quando de suas análises, na situação que está sendo estudada, mais do que no próprio sujeito. Em outros termos, a Análise do Comportamento, por exemplo, revelar-se-ia centrada na situação onde o comportamento ocorre e não na pessoa do cliente com seus valores morais, sensações, emoções e sentimentos intrínsecos.

Desde Bowers (1973), o situacionismo vem sendo condenado por permitir uma compreensão do comportamento humano que se circunscreve às condições de um determinado momento apenas parcial e que tem baixo grau de generalidade. Ou seja, centrar-se nas condições ambientais, para a crítica, faz o behaviorista preterir o próprio homem e suas condições particulares como objeto de estudo da ciência do comportamento.

A crítica, sem dúvida, é absolutamente vaga, até porque não há como conceber o estudo do comportamento *qua* comportamento, ou seja, sempre o comportamento estará ocorrendo em dado momento, sob determinadas circunstâncias, numa interação organismo-ambiente indissociável e ininterrupta ao longo da vida. Vista desse modo a ação do organismo, não há, sequer, como falar-se em situacionismo, mesmo porque, sempre que se analisa o comportamento, tal análise torna necessária referência ao ambiente e, sempre que se analisam as contingências ambientais, faz-se necessária referência ao comportamento que opera sobre o ambiente ou sob a sua influência. Na mesma direção, também há crítica frequente ao caráter ambientalista do behaviorismo, que, assim, relegaria a segundo plano as questões internas do organismo. É claro que cabe aí a ressalva de que o ambientalismo desposado pelo behaviorismo – se entendido no sentido contextual, que implica eventos intra e extraorganismo – abrange todo e qualquer tipo de evento que, de qualquer forma, afete o comportamento.

Assim, o interacionismo refletido na compreensão skinneriana representa uma visão que de há muito superou a preocupação com a possibilidade de que, ao olhar o ambiente, o profissional se esqueça do que primariamente pretendia ver, o organismo. Por certo, o behaviorismo radical precisa, isto sim, aperfeiçoar esse olhar. Sua atenção para com a necessidade de ampliação do contexto enfocado, por exemplo, é questão crucial.

As relações (im)possíveis entre behaviorismo e fenomenologia

Diferenças básicas já foram apontadas em outro ponto deste trabalho entre o behaviorismo metodológico e o behaviorismo radical. A fundamental entre essas diferenças é a restrição rasante que o behaviorismo metodológico faz em relação aos eventos que não sejam publicamente observáveis. Brody & Oppenheim (1966), trabalhando com o conceito de behaviorismo metodológico, para o qual a experiência privada não seria admissível enquanto dado, mas apenas seus sintomas publicamente observáveis, apontam uma situação de tensão teórica entre a abordagem behaviorista e a fenomenológica. Ou seja, as relações de aproximação entre ambas as abordagens tornam-se impraticáveis, dada a convicção diferente de cada qual quanto ao objeto de estudo.

Brody & Oppenheim (1966) conceituam também a fenomenologia no sentido similar à interpretação de MacLeod, ou seja, existiria uma Psicologia puramente fenomenológica, que privilegiaria a experiência imediata como dado básico na abordagem e que, ao contrário do behaviorismo metodológico, se valeria da introspecção e dos relatos pessoais em geral para analisar a dinâmica das relações humanas.

Todavia, se essa aproximação é impraticável, uma outra foi considerada factível e envolve não o behaviorismo metodológico, mas o behaviorismo radical, no que se tenta encontrar saídas para as diferenças metodológicas apontadas por Brody & Oppenheim (1967). Trata-se da proposta de Day (1969b), que no seu "Radical behaviorism in reconciliation with phenomenology" mostra o behaviorismo radical como uma linha psicológica que admite o estudo dos eventos privados e que, principalmente por essa razão, admite a existência e a qualificação, para uma análise científica, dos dados da experiência pessoal e interna. A questão também é analisada por Greaves (1972), Giorgi (1975) e Dooley (1982), com o levantamento de convergências e divergências entre as duas teorias. Essa é uma questão absolutamente indefinida e cujos estudos se alastram na literatura das duas tendências.

O mote básico é o de que, quando se estuda o comportamento na perspectiva behaviorista, se está fundamentalmente preocupado com o "fenômeno em si", mais que em qualquer estrutura subjacente e num passado remoto como agente causal. A preocupação fenomenista seria compartilhada pelo behaviorista radical, nessa direção, com seus colegas fenomenólogos. Contudo, muita discrepância, inclusive metodológica, se dá entre as duas vertentes, desde que Husserl, pelo lado da fenomenologia, e Watson, pelo lado do behaviorismo, corporificaram dois tipos de acesso às ações humanas. A aproximação/distanciamento entre as duas linhas teve discussão fortemente impulsionada a partir do simpósio *Behaviorism and phenomenology: complementary bases for modern Psychology*, que, entre outros expoentes, incluiu a participação de Rogers e Skinner, e teve os diálogos editados em 190 páginas do livro de T. W. Wann (1964).

As relações entre behaviorismo e humanismo: aproximação e distanciamento

A focalização predominantemente objetiva do behaviorismo radical sobre eventos concretos, na sua perspectiva objetivo-fisicalista, tem produzido reações diversas. Entre elas, uma corrente que reivindica a mudança do foco da análise do *fazer* para o *ser*. É nesse sentido que os que se autodenominam humanistas têm escrito em relação ao behaviorismo. Um exemplo particular é o de Shoben Jr. (1965, p.212), que assim se expressa:

> A grande oportunidade da Psicologia não está em descartar o grande desenvolvimento dos aparatos metodológicos, mas em utilizá-los numa visão humanista, de modo que a questão passe a ser a descoberta das "leis do homem", em vez das "leis das coisas". O que essa transformação mais profundamente requer é uma revisão do foco de análise das fontes de problemas. Em lugar de tentar uma estrutura de ciência tendo como modelo a Física, o foco deve derivar da experiência direta – do "eu", das relações interpessoais, da sociedade, da educação, da arte, da ciência, da religião etc. Se esse é o estofo de que os poemas são feitos, essa é também a base de que o exame da experiência humana deve ser feita, à luz da história e no contexto de valores explícitos. Espera-se que a Psicolo-

gia diga mais respeito ao conhecimento humano do que sirva aos objetivos de uma ciência formal, devendo os resultados da observação empírica à compreensão da condição humana.

A ideia que permeia tal argumento é a mesma já encontrada em outras áreas da crítica, isto é, rejeita-se o que é mais primário e caro ao behaviorismo: a colocação do comportamento humano como objeto de estudo de uma ciência natural. A velha questão da Psicologia como *ciência natural* ou *ciência social* (ou *humana*) encontra-se aí de forma renitente. A posição do behaviorismo radical já é velha conhecida e a da sua oposição também, de modo que outro ângulo deduzido dessa polêmica é o que argúi ser ou não o behaviorismo uma forma de humanismo. Já se viu, por outros críticos, que alguns sugerem uma característica desumanizante ao behaviorismo, ao que refutam os behavioristas. Retomando Skinner (1971b, p.35):

> Uma ciência do comportamento não ... desumaniza o homem; ela o desomunculiza. Ela rejeita explanações do comportamento humano baseadas em sentimentos, estados da mente e processos mentais e procura alternativas nas histórias genética e ambiental. Ela trata, talvez, a pessoa como objeto, mas como um objeto extraordinariamente engenhoso e complexo e, ao fazê-lo, tenta compreender o homem no sentido em que outras ciências o fazem em relação aos seus objetos de estudo. Uma tecnologia do comportamento baseada em tal ciência não é somente relevante para os problemas humanos, ela é possivelmente capaz de resolvê-los. Isto está em forte contraste com o humanismo enquanto "terceira força"... Os behavioristas que eu conheço ... são pessoas gentis, frequentemente preocupadas com os problemas que preocupam todo mundo hoje em dia, que veem a oportunidade de usar os métodos da ciência para compreender esses problemas e que estão plenamente conscientes dos perigos do uso inadequado do poder que eles estão criando. Como disseram MacCorquodale e Day, o behaviorismo *é* humanismo, nesse sentido.

Em artigo posterior sobre o mesmo assunto, manifesta-se Skinner (1972, p.18):

> Parece haver *duas* formas de conhecer, ou de conhecer a respeito de alguma pessoa. Uma está associada ao existencialismo, à fenomenologia, ao Estruturalismo. Trata-se de conhecer o que uma pessoa *é*, ou do que é feita, ou o que ela vai tornar-se. Tentamos conhecer outra pessoa, nesse sentido, tal como conhecemos a nós mesmos. Encaramos seus sentimentos com simpatia ou empatia. Pela intuição descobrimos suas atitudes, intuições e outros estados da mente. Comunicamo-nos com ela no sentido etimológico de tornar ideias ou sentimentos comuns a ambos. Nós o fazemos tanto mais efetivamente quanto melhor estabelecemos boas relações interpessoais. Essa é uma forma passiva e contemplativa de conhecimento. Se pretendemos predizer o que a pessoa fará, assumimos que, como nós, ela se comportará de acordo com o que ela *é* [grifo nosso]; seu comportamento, como o nosso, será a expressão dos seus sentimentos, estados da mente, intenções, atitudes e assim por diante.
>
> O outro sentido do conhecimento é uma questão do que a pessoa *faz*. Podemos observar isso tão diretamente como qualquer outro fenômeno no mundo; não é necessária nenhuma espécie especial de conhecimento. Explicamos por que uma pessoa se comporta tal como o faz através de suas relações com o ambiente, em vez de basearmos em estados ou atividades internas. O ambiente influi na evolução das espécies e chamamos o resultado de história genética... Pela análise dos efeitos desse ambiente, nós nos dirigimos à predição e ao controle do comportamento.

Embora não rejeite a possibilidade de que a vida interna do organismo tem o principal papel nas ações de um organismo visto como um todo, Skinner, nesse artigo, mesmo mostrando alguma sensibilidade para com as tentativas de aproximação teórica das perspectivas existencialista-humanista e behaviorista, faz questão de mostrar algumas diferenças metodológicas que assume como imprescindíveis. A questão permanece irresolvida, embora as análises, de tempos em tempos, bem como o *modismo* (e seus nefastos efeitos sobre a Psicologia e a ciência em geral) frequentemente tentem aproximações ou distanciamentos entre as duas visões. Tentativas bem elaboradas são as de Matson (1971), Wollner (1975), Krasner (1978) e Jenkins (1985).

Behaviorismo social e behaviorismo radical

O behaviorismo tem muitas faces, como já se frisou anteriormente. Algumas delas, como o behaviorismo watsoniano e o hulliano, não sobreviveram efetivamente na história da Psicologia, embora possam ter deixado suas marcas. Não é o caso do behaviorismo social de Staats, contemporâneo de Skinner, que, se não obteve o mesmo reconhecimento (e a mesma crítica) do behaviorismo radical, possui nas suas propostas (embora não em sua metodologia) virtudes essenciais que deveriam ser aproveitadas para uma reavaliação do moderno behaviorismo.

Staats é um crítico de Skinner, sobretudo no que diz respeito ao conteúdo de *Beyond freedom and dignity*, e seu behaviorismo social constitui resposta satisfatória em alguns aspectos, mas insatisfatória em outros, àquela obra. Inclui conceitos derivados do cognitivismo, tais como personalidade, intencionalidade e propósito. Do ponto de vista teórico, muitos problemas decorrem dessa perspectiva. Todavia, na direção de um pensar o behaviorismo radical de acordo com suas metas (uma ampla compreensão do comportamento humano), certamente a crítica do behaviorismo social de Staats é valiosa.

Um trecho em que trata da questão da personalidade é representativo da posição de Staats (1980, p.106):

> É tradicional, no behaviorismo, ignorar o conceito de personalidade. A personalidade é considerada como uma palavra que se re-

fere à maneira como uma pessoa se comporta. O behaviorismo simplesmente pressupõe que a personalidade (leia-se comportamento) é um efeito e, como tal, deve e pode ser explicada pela história individual de aprendizagem. Esta pressuposição afasta o conceito de personalidade de qualquer consideração. No Behaviorismo Radical não é considerada, sistematicamente, a possibilidade de que a personalidade tem um papel causal sobre o que o indivíduo faz, no que ele experimenta e no que ele, mais tarde, se torna.

Todavia, o fato é que muitas pessoas que têm estudado de forma sistemática o comportamento humano estão convencidas de que toda pessoa tem características, uma personalidade que a auxilia no *como* ela determina suas ações, experiências e resultados ao longo de sua vida. A área de medidas psicológicas está fundamentada sobre a pressuposição de que as características da personalidade podem ser descritas, de que a avaliação de tais características oferece informação relativa aos processos causais que acontecem na vida do indivíduo. Skinner excluiu tudo que se referia a esse nível de pesquisa e, de fato, rejeitou que tal atividade seja importante para a construção de uma ciência do comportamento.

Este é um bom exemplo da metodologia de exclusão que tem caracterizado essa abordagem. Mas é difícil uma teoria científica ter sucesso quando rejeita os fatos. E é um fato que as características de personalidade que são medidas parecem ter um status causativo. Grupos de crianças podem ser separadas, por exemplo, de acordo com seus resultados num teste de inteligência. Observar-se-á, então, que o grupo de crianças que apresenta um alto QI terá, no futuro, um desempenho melhor e executará melhor muitas atividades que exigem aprendizagem. Como outro exemplo podem ser usados testes de interesse semelhantes às pessoas que tiveram sucesso numa tarefa e aquelas cujos interesses são diferentes daquelas pessoas. Outra vez, os testes parecem medir uma causa, porque os interesses que foram medidos predirão o sucesso dos grupos na execução daquela atividade particular.

Tais fatos e o interesse na personalidade e na sua mensuração não deveriam ser antitéticos a um Behaviorismo mais complexo. A divisão entre os dois campos é uma consequência dos conflitos causados pela revolução behaviorista, mas não está envolvido nenhum princípio nesta divisão. A reaproximação entre a teoria tradicional da aprendizagem e a teoria tradicional da personalidade é possível quando se aceita que existem personalidades individuais. As características da personalidade ajudam a determinar os comportamentos presentes e futuros do indivíduo.

Não se pode deixar de notar a linha que Staats persegue: preconiza uma retomada da velha ideia de personalidade subjacente como determinante causal do comportamento, o que Skinner e os behavioristas radicais efetivamente abandonaram há tempo. Tal perspectiva confronta-se com a questão complexa de adaptar-se, em tese, à ideia de um determinismo científico, mas na prática esbarra em sérios obstáculos, ou seja, o problema de uma determinação interna, no sentido de que a personalidade passa a constituir-se de características de um estofo não palpável. Mas Staats continua, a seu modo, defendendo um *behaviorismo psicológico* ou *paradigmático* e o aponta como alternativa vantajosa em relação ao cognitivismo para o avanço da Psicologia (Staats, 1994).

Com A. R. Almeida (tradutor do texto citado de Staats e seu ex-aluno), em nota à tradução, é viável concordar que, "com relação à proposta de Staats de que sua teoria seja, num futuro breve, um novo paradigma a orientar toda a Psicologia, prefiro fazer, como os fenomenologistas husserlianos, uma 'suspensão de juízo' e esperar que o posterior desdobramento do Behaviorismo Social seja efetivo em termos experimentais ou na própria formulação dos seus conceitos e novos princípios" (p.98).

O papel da teoria no behaviorismo radical: polêmica perene

Duas respostas condicionais são apresentadas por Skinner à questão da necessidade ou não da utilização de teorias. Uma é positiva, no sentido da utilização de teorias que sejam a expressão de relações uniformes, com significação formalizada de dados em abreviado número de termos. Outra é negativa, caso se queira dar explicação a qualquer fenômeno apelando a ações ou eventos que ocorrem em outro nível de observação e em outra dimensão que não aquela em que a situação e o comportamento envolvidos estão em jogo.

Pela primeira vez de modo sistemático, o assunto da necessidade das teorias foi tratado por Skinner no seu "Are theories of learning necessary?" (1950). Conforme Carrara (1994, p.42), nessa ocasião Skinner

> alinhava críticas severas ao fazer científico enquanto processo que se valha, eminentemente, de certo gênero de elucubrações teóricas. Como quase toda a sua extensa obra, esse artigo aponta uma posição polêmica, que ainda hoje permanece e se agudiza, questionando, já a partir do título, a necessidade de elaboração de teorias da aprendizagem na forma como então tradicionalmente se procedia. À primeira vista, Skinner estaria, no artigo, rejeitando a teorização em ciência, mas a leitura atenta do texto esclarece e contextualiza a questão, mostrando com precisão o tipo de elaborações teóricas que o autor rejeita. Todavia, a publicação gerou fortes reações e levou mesmo muitos a fazerem generalizada referência a Skinner como eminentemente ateórico ou mesmo antiteórico. Com efeito, ele conduz seus argumentos para a rejeição a um certo tipo de construção teórica, mas é preciso rever que tipo de pressupostos teóricos estavam sendo desaprovados no artigo... Skinner objeta a três tipos de teorias: as neurofisiológicas, as mentalistas e as conceituais, que, respectivamente, ou 1) apelam à explicação do comportamento com base numa concepção não empírica de funcionamento do sistema nervoso central, ou 2) fazem referência a causas do comportamento localizadas na mente (para ele um construto hipotético constantemente associado a razões teleológicas para o comportamento) ou, finalmente, 3) se movem num campo onde não há fatos observáveis diretamente.

A questão da elaboração de teorias e seus desdobramentos vem de há muito sendo discutida na Psicologia (Boring, 1953b; Dallenbach, 1953; Johnson, 1963; Hayes, 1978; Williams, 1986), porém seu espectro dentro do behaviorismo radical é um caso particular. Recentemente, Schlinger Jr. (1992) atribuiu certo sucesso às investidas teorizantes de Skinner, analisando a área do desenvolvimento infantil. Menciona, concordando com ela, uma asserção de Zuriff (1986), segundo o qual a teoria skinneriana consiste em conceitos que expressam relações funcionais entre comportamento e variáveis ambientais. Acrescenta que a teoria de Skinner dá-se sobre um panorama de estrutura única e física (monista fisicalista), porque a Análise do Comportamento pressupõe materialismo ontológico, segundo o qual o mundo consiste de objetos e eventos materiais, em contrapartida, por exemplo, à Psicologia Cognitiva, que pressuporia, além disso, a inclusão de objetos e eventos não materiais. Todavia, para as finalidades presentes, a polêmica que se instala é: Skinner é teórico, ateórico ou antiteórico? Essa é uma questão relativa, conforme se constata, retomando Carrara (1994, p.46-7):

> não cabe caracterizar Skinner de modo absoluto (e, por extensão, a Análise do Comportamento) como definitivamente teórico, ateórico ou antiteórico. É necessário contextualizar a questão, levando em conta que a obra do autor, quase toda, se compõe de um alinhavo complexo de conjeturas e dados de pesquisa que apontam para a possibilidade de uma *elaboração teórica* tanto mais consistente quanto mais seguros forem os dados e resultados das investigações. Por outro lado, no sentido da conceituação da teoria como inicialmente o fez no artigo de 1950, Skinner é necessariamente *antiteórico*, já que o modo de pesquisar em Análise do Comportamento e a própria Filosofia de ciência que a sustenta (o Behaviorismo Radical) pressupõem a exclusão de apelos a quaisquer variáveis de dimensões estranhas à do comportamento sob análise.

Portanto – e sob qualquer circunstância – há que se pensar Skinner, no que se refere ao fato de que esteja ou não afeto à elaboração teórica, de modo apenas relativo: trata-se, previamente, de se delimitar o conceito de teoria em jogo, para em seguida pensar em definir suas convicções.

Embora a priorização skinneriana aos dados empíricos, o processo de teorização, como prática científica, está *frequentemente* presente na Análise do Comportamento quando se faz articulação dos dados de pesquisa com os princípios sob análise, mas está *sempre* presente quando se está na instância da filosofia de ciência que é o behaviorismo radical. Nesse sentido, a metafísica skinneriana, seja um dia consolidada empiricamente (daí uma eventual *morte* do behaviorismo radical) ou seja constantemente mutável e eternamente dependente da Filosofia, sempre dependerá, ela própria, a metafísica, de outros pressupostos (teóricos), em regressão infinita. Por exemplo, assumir o determinismo probabilístico como pressuposto implica assumir variabilidade empírica, implica assumir limites empíricos da observação e assim por diante. Nessa perspectiva, ainda que o behaviorista radical procure descrever com certa acuidade os pressupostos de sua filosofia de ciência, sempre estaremos sujeitos a um processo de *regressão infinita*, uma busca interminável de "pressupostos dos pressupostos". Em outros termos, sempre precisamos afirmar uma condição, um pressuposto atrás de outro para que cheguemos a um panorama definido do que constitui toda a metafísica subjacente à Análise do Comportamento? Por exemplo, se um dia quisermos demonstrar empiricamente o pressuposto do determinismo probabilístico, na esteira da construção de uma epistemologia empírica, não estaremos sujeitos a adotar algum método para tal? Ou seja, será que, se adotarmos a postura de uma metafísica mutável não corremos certo risco de cair na esparrela de exacerbado relativismo científico? Algo como admitir que todo conhecimento obtido na AEC sofre de algum relativismo, a depender dos pressupostos adotados. É certo que o cientista deve ser cuidadosa e ponderadamente relativista. Mas não pode ser *completamente* relativista. Se o fosse, seria *absolutamente* relativista. Logo, paradoxalmente – pela adoção do absoluto –, deixaria automaticamente de ser relativista. O cuidado, portanto, não parece estar em admitir definitivamente a necessidade de pressupostos em regressão infinita, mas escolher alguns deles, fundamentais, e descrevê-los clara, objetiva e funcionalmente, na esteira da influência lógica de Ernst Mach, talvez.

As relações entre behaviorismo e cognitivismo: do antagonismo explícito à proximidade possível

Caso se parta do contexto brasileiro de literatura psicológica contemporânea, a conclusão preliminar é, naturalmente, a de que nenhuma aproximação é possível entre behavioristas e cognitivistas. De fato, acompanhando Skinner e levando em conta exclusivamente as questões da intencionalidade, da admissão ou não de propósitos e a aceitação ou não de uma estrutura mental, essas abordagens são efetivamente inconciliáveis.

Em razão de tudo que já foi exposto quanto às características do behaviorismo radical, os grandes obstáculos para qualquer aproximação dessas duas correntes são os conceitos mentalistas, rechaçados pelo behaviorismo desde os tempos de Watson. Todavia, muita confusão se tem feito em torno do que constitua um real paradigma do behaviorismo e esse tem sido o fator essencial para que esse distanciamento (que por vezes se constitui em choque passional nos meios acadêmicos) aconteça em todos os níveis de discussão.

A questão da teleologia já foi analisada em seção anterior, mas não se dispensa retomar Skinner (1989a) quanto a esse assunto, para clarificar eventuais diferenças (barreiras) entre as duas abordagens:

Como a Análise Experimental tem demonstrado, o comportamento é modelado e mantido por suas consequências, mas apenas pelas consequências que permanecem no passado. Nós fazemos o que fazemos por causa do que *aconteceu*, e não do que *acontecerá*. Infelizmente o que aconteceu deixa poucos traços observáveis e a razão pela qual fazemos o que fazemos, bem como o quão dispostos estamos a fazer algo, estão, consequentemente, muito além do alcance da introspecção. Talvez por isso, como veremos mais adiante, o comportamento tem sido tão frequentemente atribuído a um ato ou desejo iniciador, originário ou criativo ... Muitos termos cognitivos descrevem estados corporais que aparecem quando comportamentos fortes não podem ser executados porque uma condição necessária está ausente. A origem da palavra genérica para designar estados dessa natureza é óbvia: quando algo é desejado dizemos que o *queremos*. Em termos de dicionário, *querer* é "sofrer o desejo de". *Sofrer* originalmente significava "suportar", mas hoje quer dizer "padecer", e um querer muito intenso com certeza pode ser penoso. Fugimos disso fazendo qualquer coisa que tenha sido reforçada por aquilo que agora estamos desejando e que desejamos no passado.

... Acredita-se amplamente que os analistas comportamentais não lidam com os processos cognitivos chamados pensamentos. Em geral, usamos *pensar* com referência a um comportamento fraco. Se não estamos totalmente dispostos a dizer: "Ele está errado", dizemos: "Penso que ele esteja errado". Pensar é, frequentemente, uma palavra mais suave, usada em lugar de saber; dizemos: "Penso que esta é a maneira de fazer isto", quando não estamos totalmente dispostos a dizer "Eu sei que esta é a maneira" ou "Esta é a maneira". Também usamos *pensar* quando um comportamento mais forte não está disponível. Assim, pensamos sobre aquilo com que algo se parece quando esse algo não está presente para ser visto, e pensamos em fazer alguma coisa que, no momento, não podemos fazer.

Porém vários processos de pensamento *nada têm a ver* [grifo nosso] com a distinção entre comportamento forte e fraco, ou entre particular e público, aberto e encoberto. Pensar e fazer algo torna possível o comportamento. Um problema é a situação que não evoca uma resposta efetiva; nós o resolvemos mudando a situação até que a resposta ocorra. Telefonar para um amigo é um problema se não sabemos o número e nós o resolvemos procurando o número. Etimologicamente, *resolver* (*solve*) corresponde a "soltar" ou "libertar", como o açúcar é *dissolvido* (*dissolved*) no café. É nesse sentido que pensar é o *responsável* pelo *fazer* [grifo nosso]. "É o modo como as pessoas pensam que determina como elas agem." Portanto, fica clara a hegemonia da mente. Mas, novamente, os termos que usamos começam como referência ao comportamento.

... O que há de errado nessa reflexão não é o que os filósofos, psicólogos, cientistas do cérebro e cientistas da computação encontraram ou encontrarão; o erro reside na direção para a qual estão olhando. Nenhuma explicação sobre o que acontece dentro do corpo humano, por mais completa que seja, explicará as origens do comportamento humano. O que acontece dentro do corpo não é um *início* [grifo nosso].

... Contingências verbais de reforçamento explicam o que descrevemos que sentimos ou observamos introspectivamente. A cultura verbal que arranja tais contingências não teria evoluído se isso não tivesse sido útil. Condições corporais não são *causas* [grifo nosso] do comportamento, porque são efeitos colaterais das causas. As respostas das pessoas a questões sobre o que sentem ou pensam frequentemente nos dizem algo sobre o que aconteceu com elas ou sobre o que fizeram. Podemos entendê-las melhor e antecipar o que farão. As palavras que usam são parte de uma linguagem viva que pode ser usada sem problemas tanto por psicólogos cognitivistas como por analistas do comportamento em suas vidas diárias. (p.30-42, passim)

Em contrapartida a Skinner, para os cognitivistas em geral, embora o conhecimento seja *construído* respeitando-se o papel interagente do organismo em relação ao seu meio, o *eu iniciador* e a *mente teleológica* desempenham um papel fundamental. Skinner manifestou-se no sentido de que, mantidas inalteradas essas convicções básicas, qualquer conciliação torna-se impraticável. Isso se fez de modo decisivo em seu artigo sob o provocante título de "Why I am not a cognitive psychologist" (1977a) e seus argumentos se completaram em "Cognitive science and behaviourism" (1985b), "The origins of cognitive thought" (1989b) e "Can Psychology be a science of mind?" (1990).

A trajetória das discussões em torno da aproximação e do distanciamento que envolvem behaviorismo e cognitivismo é motivo de intensa divulgação na literatura psicológica. Para exemplificar: Kendler (1971) amplia as distinções entre a visão pavloviana de primeiro e segundo sistema de sinais, a piagetiana com o sensório-motor e os diversos processos de pensamento, a freudiana sobre processos primários e secundários e a behaviorista sobre a análise de casos levando em conta o controle de contingências; Boneau (1974) tenta aproximar-se de uma forma que compatibilize as duas correntes, para acomodá-las no que denomina de behaviorismo cognitivo; Ledwidge (1978) incursiona pela área aplicada da análise e pergunta se o que se convencionou chamar de modificação do comportamento cognitivo (atualmente terapia cognitivo-comportamental) é efetivamente um passo na direção correta, uma vez que um levantamento de estudos de casos clínicos não mostrou, no seu estudo, nenhum progresso quanto à efetividade de tal terapia; Greenspon & Lamal (1978) rejeitam a necessidade do uso de constructos cognitivos na Análise Aplicada do Comportamento, mostrando que, em síntese, a análise das bases fisiológicas, filosóficas e sistemáticas desta e da Psicologia Cognitiva indica algumas diferenças significativas. Aduzem, ainda, que as diferenças na ênfase bem como na orientação geral das duas abordagens sugerem que as posições não são suficientemente compatíveis para justificar uma inclusão de construções cognitivas na análise comportamental. Conceituar o comportamento verbal como um fenômeno em vez de como um epifenômeno, em conjunção com outras variáveis específicas, assegura ao analista não cognitivo compreender o comportamento e as mudanças comportamentais. Dá-se por esclarecido que os analistas têm sido produtivos na investigação de fontes intraorganísmicas de controle comportamental que são compatíveis com a estrutura sistemática da Psicologia operante:

> assim, a combinação de fontes ambientais e intraorganísmicas (relacionadas a constructos cognitivos) de controle do comportamento prova ser inadequada e inefetiva na compreensão do desenvolvimento, manutenção e modificação do comportamento, de modo que esta não precisa de constructos cognitivos. (p.350)

Segal (1978), ao contrário, destaca a grande importância da utilização, se não de uma teoria, pelo menos de uma terminologia cognitiva na compreensão do comportamento e admite a necessidade de um ponto de união entre as duas correntes; Jaremko (1979, p.552) entende que o movimento cognitivo-comportamental

> é um importante avanço na ciência do comportamento, mas seus "flertes" com o mentalismo são a razão potencial do afastamento dos profissionais da análise operante ... espera-se que o conhecimento mais claro das objeções de uma para com outra abordagem permita a consolidação de uma aproximação entre os profissionais das duas áreas...

Lacey (1980) prende-se à específica questão do debate cognitivo-behaviorista entre Chomsky e Skinner e tenta mostrar que apenas o estabelecimento de um referencial sobre a concepção de natureza humana de ambos pode permitir melhor compreensão dos dois pontos de vista contrastantes; Wessells (1981, 1982) analisa obras de Skinner entre 1953 e 1977 e critica sua posição pelo que considera explicações inadequadas das teorias cognitivas; mais tarde, Landwehr (1983) critica o artigo de Wessells; Pierce & Epling (1984) entendem que as duas áreas precisam progredir muito para uma compreensão completa do comportamento, auxiliando-se também das contribuições da Biologia; Shimp (1984) vê a Análise Experimental do Comportamento como produtora de uma técnica especial (o delineamento de sujeito único) que se afigura maneira promissora de se aproximar da compreensão de muito do comportamento, o que não propiciaria o cognitivismo; Schnaitter (1987) entende que behaviorismo e cognitivismo possuem diferenças intransponíveis (intitula seu artigo: "Behaviorism is not cognitive and cognitivism is not behavioral"), mostrando que, ao passo que o objeto do behaviorismo consiste em estabelecer relações entre comportamento e o contexto de sua ocorrência, o objeto do cognitivismo é estabelecer o delineamento da maquinaria interna por meio da qual os organismos se comportam nesse contexto. Para ele, tanto behaviorismo quanto cognitivismo são exemplos representativos de instâncias mais inclusivas que podem ser designadas, alternativamente, de *contextualismo* e *organocentrismo*; White, McCarthy & Fantino (1989) e Legrand (1990) são exemplos que analisam a questão mostrando que o debate prosseguirá na literatura científica, todavia sem qualquer solução definitiva.

É certo, por ora, que ambas as correntes têm enormes contribuições a serem aproveitadas na compreensão do comportamento humano individual e em grupo e que, até por conta das discussões acrimoniosas e passionais, não se têm tornado realidade. Em artigo recente, Slocum & Butterfield (1994) contextualizam a proximidade entre as duas correntes, sustentando que a maior dissensão na Psicologia científica moderna ocorre entre analistas comportamentais e psicólogos cognitivistas, porém aduzindo que, embora os dois grupos falem em linguagens muito diferentes, muitas similaridades emergem quando se vai diretamente aos resultados de pesquisa e aos problemas estudados. Concordam com os prevalecentes argumentos de Catania (1973, 1989) de que os cognitivistas tendem a responder a questões *estruturais* e os behavioristas priorizam questões *funcionais*, de modo que suas análises complementam uma à outra e, caso se ignorem mutuamente, estão fadadas a manter grande lacuna teórica na Psicologia.

Maiores esforços para discussões verdadeiramente científicas e profissionais são necessários nessa direção, especialmente no contexto universitário brasileiro, onde a formação de grupos que se isolam em razão unicamente de convicções teóricas é uma realidade atrasada e marcadamente negativa no panorama da ciência nacional. Mais que isso, a organização de fóruns para discussão das divergências ora aludidas tem sido sempre superficialmente efetivada. Isto significa dizer que, muitas vezes por falta de um investimento na verticalidade da análise, tem-se escolhido divergir em função de rupturas na horizontalidade ou na linearidade atribuídas aos fenômenos em discussão. O debate acerca das divergências entre estratégias teóricas de acesso ao psicológico, na universidade brasileira, precisa passar por uma – por assim dizer – reforma ética e de conteúdo. Em geral, tal realidade carece, em primeiro lugar, de uma ampliação teórica sobre os temas e parâmetros em discussão, que pode ser conseguida a partir de reformulações curriculares e de ações efetivas na direção de um aprofundamento em questões epistemológico-metodológicas das diversas linhas, já nos cursos de formação das universidades. Em segundo lugar, torna-se necessário um efetivo profissionalismo quando se discutem divergências teóricas sérias. São completamente antiéticas – e, sobretudo, improdutivas – as mútuas acusações passionais que fazem alguns articulistas e, mais frequentemente, alguns conferencistas quando *se* defendem na sua abordagem (em vez de argumentar para defender *a* abordagem). As plateias, por vezes incautas e em formação, especialmente quando compostas pelos calouros, estão em geral sequiosas para ouvir a *verdade* sobre o psicológico: não lhes é difícil convencer-se pelo emocional do discurso e pela sua chance de aprovação social na comunidade acadêmica, ainda que os prejuízos da fragilidade teórica sobrevenham inevitavelmente no futuro. Do exposto, supõe-se como importantes as contribuições das diversas acepções teóricas. Não é diferente em relação a cognitivismo e behaviorismo: ambas precisam ser analisadas com profissionalismo para que a Psicologia possa convalidar partes de suas descobertas enquanto valiosas à maioria da população.

Críticas ao behaviorismo radical e confusões de endereço: os diferentes behaviorismos

Conforme já se discutiu anteriormente, significativo porcentual da crítica está erroneamente encaminhado. Grande parte da bibliografia acerca das deficiências de uma ciência comportamental não tem um destinatário certo: não se dirige a qualquer forma específica de behaviorismo, mas a este de maneira geral. As críticas ao behaviorismo, nesse caso, tendem a dirigir-se a Skinner, na medida em que esse autor ainda é hoje considerado o grande líder do movimento. Todavia, em inúmeras ocasiões, na prática, referem-se a questões que, absolutamente, nada têm a ver com as proposições skinnerianas.

Enfim, seria no mínimo descuidado, do ponto de vista ético, adotar Skinner como uma espécie de bode expiatório. Porém, seria igualmente uma afronta imaginar que Skinner não fosse o responsável por grande parte do peso adquirido pela maior parte das afirmações e convicções objetivistas acerca do comportamento.

Assim, ao mesmo tempo que críticas dirigidas ao behaviorismo de Skinner (quando, via de regra, dizem respeito ao conteúdo das convicções de Watson) devem ser devidamente ponderadas, as críticas generalizadas ao behaviorismo poderão servir como ocasião para o surgimento de alternativas interessantes na direção de auxiliar qualquer análise teórico-prática pretendida.

De modo específico, é preciso reiterar o que já se disse a respeito das convicções teóricas essenciais que receberam a nomenclatura behaviorista. De um lado, tem-se a crença de que absolutamente nada que fuja à possibilidade de identificação e estudo naturais e de acesso aferido por consenso, por acordo intersubjetivo, pode ser objeto de estudo da Psicologia, sentido com o qual se identifica, na verdade, muito mais o behaviorismo metodológico. Com Matos (1997), pode-se ver que essa vertente behaviorista, influenciada também pelo positivismo lógico do Círculo de Viena, acaba abandonando os eventos privados de consideração, sob pretexto de que são convencionalmente inobserváveis: "Considerando que eu só tenho acesso às informações que meus sentidos me trazem, o positivista lógico conclui que não posso ter informações sobre minha consciência, cuja natureza difere da de meu corpo" (p.57). Dessa suposta dupla natureza depreende-se uma espécie de dualismo que, evidentemente, não combina com a posição skinneriana, que admite e cultua o estudo dos eventos privados, apenas que compreendidos como tendo o mesmo estofo (físico) que qualquer outro evento.

Como já se citou anteriormente, não se pode falar num único behaviorismo. Como consequência, também não se pode endereçar qualquer crítica que não especifique a que tipo de comportamentalismo se dirige. Com isso, o que se constata entre professores, alunos e também na grande literatura é um *erro de destinatário*, ou seja, parte significativa da crítica que se dirige ao behaviorismo radical não se refere ao aparato teórico defendido por essa corrente. Na verdade, seria conveniente, sempre, estudar o contexto histórico das influências recebidas pelas diversas variantes behavioristas. Com Lopes Jr. (1992, p.28):

> Neste sentido, passaríamos a caracterizar estas diferentes versões de "behaviorismos" a partir das diferentes influências epistemológicas às quais tais versões estiveram expostas, bem como a partir da investigação das incidências destas influências no modo como cada versão abordou questões que perduram ao longo de toda a história e evolução da tradição behaviorista.

Isso absolutamente *não* livra o behaviorismo radical de críticas. Ao contrário, conforme se pôde acompanhar nas seções anteriores, certa parcela é procedente e, inadvertidamente ou não, contribui para um realinhamento possível do behaviorismo radical. Há outras críticas, porém, em que seus autores estão vivendo o tempo das convicções de Watson, Boring, Stevens, Hull e Tolman (sem sabê-lo exatamente) ou são tão desestruturadas de modo a fazer pensar que não estão vivendo tempo algum do behaviorismo.

Além das diversas distinções entre behaviorismos anteriormente apresentadas a partir de Kantor, bem como as de cunho eminentemente epistemológico (em contrapartida a psicológico) discutidas por Rorty (1995, especialmente capítulos IV e V), aqui mais interessa a principal distinção que precisa ser feita e que se dá entre o behaviorismo metodológico e o behaviorismo radical. O primeiro exclui de consideração qualquer fenômeno que não possa ser publicamente conhecido e o segundo, ao contrário, admite e preocupa-se com os fenômenos localizados sob a pele, a que denomina eventos privados. Ainda para distinção, o *metodológico* do primeiro refere-se à preocupação em aplicar à Psicologia o método científico usado nas ciências naturais, em que não haveria lugar para acontecimentos não públicos. Por outro lado, o *radical* do segundo atribui ao comportamento e suas inter-relações com o ambiente a *raiz* da compreensão da conduta humana. Por vezes, *radical* tem sido erroneamente entendida como uma posição de intransigência de Skinner. O termo behaviorismo radical não foi cunhado com esse sentido, mas com o de atribuir ao comportamento uma importância especial enquanto raiz para a compreensão do ser humano e, por isso, radical. Também representa, no limite, uma rejeição aos eventos internos como causa do comportamento. Em todo caso, as posições teóricas antimentalistas têm sido defendidas pelos behavioristas de modo persistente. Portanto, como em outras correntes teóricas da Psicologia, o behaviorismo, ao ser analisado, precisa antes ser qualificado, bem como compreendido preliminarmente a respeito de que pressupostos efetivamente defende ou não, sob risco de *erro de endereço* e confusão desnecessária.

Textos esclarecedores acerca desses fundamentos teóricos e a trajetória dos diferentes behaviorismos podem ser encontrados em Schneider & Morris (1987), que traçam a história da expressão *behaviorismo radical*, com vasta bibliografia sugerida. Fundamentos básicos são bem descritos por Zuriff (1980) com relação ao behaviorismo skinneriano; por Spence (1948) com relação ao behaviorismo clássico de Watson, ao seu próprio e ao de Hull e Tolman (todavia, Stephenson (1953) reanalisa o trabalho de Spence); por Agudelo & Guerrero (1973), que discutem principalmente diferenças entre comportamento operante e respondente; por Williams (1931), que descreve nada menos do que cinco tipos de behaviorismos representados por Watson, Weiss, Lashley, Hunter e Tolman, já nessa época; por Kendler & Terrace (1970), que, ao fazerem uma recensão de *Contingencies of reinforcement: a theoretical analysis*, destacam as principais convicções teóricas de Skinner (mas perguntam, em trocadilho, por causa do artigo de 1950 deste, se o título não deveria ser *Contingencies of reinforcement: a theoretical analysis*).

Para dirimir as diferenças entre o behaviorismo metodológico e o radical, os escritos de Moore (1981) e Day (1983), já citados, são essenciais, mas contribuem igualmente Kidd & Natalício (1982a, 1982b); Hayes (1984); Natalício (1985); Paniagua (1986) e Mahoney (1989).

Tourinho (1987, p.5) sumaria diferenças entre behaviorismos:

> Resumindo essas questões, o Behaviorismo Radical trata dos eventos privados como eventos físicos (enquanto os behavioristas metodológicos tendem a atribuir-lhes outra natureza) e acredita ser tarefa da Psicologia tratar desses eventos, mesmo que de forma

inferencial (enquanto os behavioristas metodológicos insistem no princípio da verdade por consenso público).

Nota-se, em virtude de constante má compreensão do behaviorismo radical, em larga escala confundido com outras vertentes, muita crítica inapropriada (ressalve-se, uma vez mais, a existência de muitas análises pertinentes, já aqui citadas). Bower (1986) oferece um exemplo de artigo escrito numa perspectiva chargista, partilhando de uma tendência que já foi designada no *Psychological Record* (1975) de antibehaviorismo (vide Swartz, 1970), ao qual se associaram psicanalistas, cognitivistas, fenomenólogos e etologistas, numa queda de braço que não parece episódica, mas duradoura. Dessa disputa, que se tem prolongado de forma aparentemente improdutiva e, por vezes, tem-se constituído em gratuito antagonismo, espera-se começar a colher algumas lições. É esse objetivo que se pretendeu dar como norte a este incipiente trabalho.

7
Os efeitos da audiência crítica: novas tendências para o programa behaviorista radical?

Reitere-se, preliminarmente, que um efetivo realinhamento do behaviorismo radical não pode ser plenamente alcançado unicamente a partir de uma análise isolada como a presente. Entretanto, o exame do cenário crítico e do percurso histórico do behaviorismo, tentado na tese que originou este livro, incita a ousar algumas considerações e propostas, cuja apreciação pelo leitor supõe-se como caminho preliminar para uma compreensão mais clara do quanto e como poderia um behaviorismo radical reavaliado servir à orientação de metas dos programas de pesquisa e estudos teóricos em curso. Nessa direção, é certo que ao longo da história transformaram-se os compromissos da Psicologia e hoje existe a evidente necessidade de que qualquer corrente que pretenda ser uma ciência do comportamento está inerentemente comprometida com a construção de procedimentos que atendam às aspirações da maioria da coletividade. Com isso, algumas dimensões do behaviorismo radical precisam ser reavaliadas para colocá-lo a serviço de uma visão progressista de sociedade, apesar da pecha que se lhe atribui frequentemente como corrente positivista reacionária.

Este breve ensaio pretende não mais do que reunir sob um perfil razoavelmente compreensível as principais vertentes da crítica sobre as deficiências do behaviorismo. Ao reuni-las, torna-se possível tentar nova tarefa, que é a de, aproveitando-as quando pertinentes (a partir de uma visão interna e com os esclarecimentos metodológicos antepostos na introdução do trabalho), fazer sugestões, quando couberem, na direção de uma remodelação das práticas behavioristas, especialmente com relação à sua possível participação nos delineamentos culturais. Tais mudanças por vezes se referem à filosofia, por vezes à metodologia, por vezes à aplicação dos conceitos e da tecnologia disponíveis.

Foram feitos alguns esclarecimentos acerca dos diferentes behaviorismos e da imprecisão de alguns conceitos muitas vezes deturpados, para tentar evitar o que A. R. Almeida, em nota de tradução no já mencionado artigo de Staats (1980), constatou:

> como em nosso país se identifica o Behaviorismo com Skinner, e como são pouco conhecidas as contribuições dos behavioristas não operantes. Suspeito que esse viés no conhecimento tem sido a causa de muitas e improfícuas discussões em torno do behaviorismo, já que poucos conseguem acompanhar o seu desenvolvimento na Análise Experimental do Comportamento. *Et pour cause*, as discussões que ocorrem nos meios acadêmicos são precárias e passionais, como se o problema pudesse ser tratado com os radicalismos das discussões de uma tarde de futebol no Maracanã. (p.98)

As fontes de confusão não se restringem às salas de aula e corredores das universidades, podendo ser encontradas em respeitáveis periódicos e – o que é fonte disseminadora incomparável – nos livros-texto de Psicologia. Todd & Morris (1983) e Morris (1985), por exemplo, analisando vários escritos acadêmicos, concluíram que, por serem os livros-texto comumente o maior meio de interação entre o público e o behaviorismo, os analistas do comportamento precisam esforçar-se muito para reparar esses erros e prevenir possíveis consequências negativas da má compreensão assim disseminada. Para o estudo das distorções, é interessante acompanhar o relato de Turkat & Feuerstein (1978, p.194) sobre alguns episódios encontrados na literatura. Eles informam, particularmente, sobre a clássica modificação de comportamento:

> Todos os artigos indexados sob a rubrica modificação de comportamento no *New York Times* nos últimos cinco anos foram examinados ... em aproximadamente 48% dos artigos, a modificação de comportamento foi apresentada inapropriadamente ... por vezes modificação de comportamento foi equalizada com psicocirurgia, lavagem cerebral, privação sensorial e até tortura. Por exemplo, na edição de 28.5.1974, Nordheimer relata modificação como um procedimento de "conversão da personalidade. Isso pode ser obtido por privação sensorial, isto é, obrigar o sujeito a ficar confinado em uma sala escura à prova de som ... ou submetê-lo a um som ou luz inexoráveis ... a famosa tortura chinesa da água (comparativamente) cai numa segunda categoria".
>
> Um respeitado colunista (Tom Wicker) em 1974 definiu modificação de comportamento como "um termo disfarçado que pode significar qualquer forma de cirurgia cerebral do tipo *Clock-work orange* ... ele usualmente inclui experimentação com drogas e a maioria dos casos pretende produzir prisioneiros dóceis e cidadãos certinhos". O título do artigo de Wicker era *A bad idea persists*.

Turkat & Feuerstein prosseguem exemplificando a má compreensão do behaviorismo com outros absurdos como os já citados. Isso confirma o que já se disse anteriormente, ou seja, que parte da crítica, por impertinente (o próprio B. F. Skinner já reclamou disso, numa entrevista dada a Evans, em 1972, que foi intitulada "I have been misunterstood..."), está sendo necessariamente descartada. Todavia, muitos críticos sérios e competentes foram examinados e é a partir dessa via que o behaviorismo pode progredir, no sentido de aprimorar-se. E é com esse objetivo que este capítulo se dedica a absorver as observações dotadas de parcimônia e argumentação consistente. A título de imperfeito perfil, destinado a preambular as considerações finais deste trabalho, seguem-se, sintetizadas, algumas *áreas de atrito* a serem consideradas:

1. Embora não sejam completamente convincentes os argumentos da crítica acusando o behaviorismo radical de reducionista, em certa medida essa mesma crítica pode ser vista como importante alerta, sugerindo reavaliação num certo sentido. Ou seja, é seguro que ter o comportamento como objeto de estudo, na perspectiva skinneriana, não leva necessariamente a relegar a segundo plano e muito menos em negar a importância do estudo do que se convenciona chamar de *vida interna*. Em inúmeras oportunidades, Skinner já se manifestou sobre a importância de se desenvolverem procedimentos nessa área, conforme se analisou na seção apropriada. Entretanto, embora o behaviorismo não sofra de um *reducionismo de princípio* (derivado de seus pressupostos teóricos), ele padece de um *reducionismo de prática*. Ou seja, parece existir uma tendência à explicação dos comportamentos mais complexos (especialmente os encobertos) de uma maneira simplificada, que não é recomendada pela própria teoria, deixando de lado, inadvertidamente, grande parte do contexto e das contingências que delimitam o comportamento. Nesse sentido, dentro dos objetivos deste trabalho, o behaviorismo deve contrapor aos limites da pesquisa restrita às condições ultracontroladas do laboratório o direcionamento de pesquisa e artigos teóricos acerca de eventos privados enquanto comportamento humano complexo. Maior investimento nessa área certamente ampliará o espectro da compreensão das intrincadas contingências e regras implicadas nas redes de relações entre organismo e contexto ambiental. Todavia, para evitar o que se denomina aqui de reducionismo (ingênuo) na prática, reformulações importantes devem ser feitas nos cursos de formação profissional.

2. É historicamente proeminente, na literatura crítica, a questão da generalidade com que o behaviorismo trataria seus resultados em relação a homens e demais espécies. As restrições básicas referem-se à alegada impropriedade da transferência de resultados de pesquisa em laboratório (frequentemente utilizando o rato albino) para o comportamento humano. Por essa via, parte significativa da crítica é avessa à ideia da continuidade entre espécies, sendo que a intensidade (e verticalidade) das rejeições varia desde a dúvida acerca da distância qualitativa entre comportamentos humanos e animais até a aversão (muitas vezes emocional) no tocante ao que se convencionou chamar pejorativamente de "psicologia de ratos". O fato é que, se foi valioso para o behaviorismo um amplo período de pesquisa básica com animais, em que muitos pressupostos agora já testados com humanos foram classicamente estabelecidos, não pode permanecer hoje essa mesma realidade de pesquisa. Em termos de validação, ao menos, o próprio modelo replicativo de delineamento de pesquisa proposto por Skinner prevê a testagem de pressupostos em novos seres e sob novas condições situacionais, de modo que a cada mudança replicativa se possa visualizar o que ocorre nos resultados de pesquisa. Seja mais ou seja menos intensa a continuidade filogenética, os resultados da pesquisa é que podem demonstrá-lo efetivamente. Todavia, a realidade prática aponta mais uma virtude a ser desvelada na crítica, esteja ela correta ou não: a ampliação da pesquisa incluindo seres humanos e – sobretudo – comportamento verbal e relações interpessoais de modo geral (comportamento social) é cada vez mais o caminho apontado.

Depreende-se disso que, embora a pesquisa com animais possa prosseguir, porque de fato ajuda muito a compreender processos básicos e a gerar paradigmas a serem testados com humanos, deve-se ampliar o investimento e a formação de grupos de pesquisa voltados diretamente para o comportamento humano. Mesmo porque a tecnologia básica até aqui desenvolvida assegura hoje um acesso mais bem sustentado em todas as áreas. A título de exemplo, devem multiplicar-se os grupos que estudam comportamento verbal e equivalência de estímulos e os que fazem o exercício crítico das análises teóricas. Essa é uma segunda reformulação de rumos que pode ser recomendável ao behaviorismo radical, no rastro do que a crítica consciente aponta. Não se trata, portanto, de invalidação de pressupostos, mas de redirecionamento de tendências de programas acadêmicos.

3. O behaviorismo tem sido acusado de *mecanicista* e, nesse caso, a contribuição da crítica não implica que seja possível (ou necessária) mudança no paradigma básico do behaviorismo radical. No sentido da metáfora da "caixa preta", sem dúvida, o behaviorismo já não pode ser acusado, até porque o Skinner teórico (e não o do laboratório) acena com sua dissidência ao behaviorismo metodológico, que exclui de cena os eventos privados por sua inacessibilidade pública. Mas a crítica é mais uma vez útil, porque estimula a procura de um modelo que fuja ao padrão considerado simplista do paradigma das relações estímulo-resposta, para exigir uma análise de contingências mais abrangente. Todavia, essa ampliação da variabilidade causal do comportamento não significa uma fuga ao modelo básico da relação antecedentes-comportamento-consequentes e, portanto, não descaracteriza o behaviorismo radical.

4. A pecha de *positivista*, no sentido mais negativo do termo, foi contextualizada em uma das subseções do capítulo anterior e pôde-se concluir que o behaviorismo, inclusive o radical, sofreu influência das teses positivistas, sem, contudo e por isso, intrinsecamente representar ameaça à instituição do livre-pensamento ou uma mensagem de apoio às instituições totalitárias. Mas a crítica contribui para tornar claro que os analistas do comportamento, em boa medida, pouco cederam de sua ciência para as finalidades mais amplas da consolidação da luta democrática e para servir como instrumento (de uma tecnologia do

comportamento) útil para as populações marginalizadas. Está claro que o objetivismo não constitui mal em si. Ao contrário, é meta alcançável também na Psicologia, mas deve servir aos interesses maiores da comunidade. Skinner mostra em diversas ocasiões, entretanto, que não se deve confundir essa influência e esse rumo com o que propuseram os *positivistas lógicos* do Círculo de Viena, que influíram fundamentalmente na configuração do behaviorismo metodológico.

5. A questão da *circularidade* lógica dos conceitos de estímulo e resposta e suas inter-relações percorreu, na crítica, igualmente um caminho circular: é um beco sem saída, na medida em que, mesmo que alguma circularidade seja admitida, não há como negar a efetividade prática dos conceitos e a sua comprovabilidade em todas as circunstâncias em que foram testados. Assim, essa não é questão fundamental a incomodar o behaviorismo radical e a Análise do Comportamento, por ora. As definições pelas consequências superam, em muito, as definições do tipo thorndikeano, mediante certo grau de *agradabilidade* ou outras dotações intrínsecas dos eventos, o que, aí sim, são eventos não testáveis. Nessa linha, portanto, embora o debate seja saudável, o corpo teórico do behaviorismo parece momentaneamente inalterado.

6. O problema da *intencionalidade* é tema bastante sério e razão entre as maiores que divorciam behaviorismo radical e cognitivismo. Publica-se em livros-texto e divulga-se nas salas de aula, frequentemente, que os behavioristas têm um modelo de homem passivo, isto é, que ficaria sempre à mercê das influências do meio, como que *esperando* o mundo agir sobre ele. Nada mais incorreto. Na verdade, o privilégio da influência atribuída ao ambiente não vai por esse caminho. O que o behaviorismo radical pretende é considerar o ambiente (sociocultural, biofísico e bioquímico) como condição fundamental para que se instalem ou se alterem, ou se eliminem comportamentos. Mas isso se dá numa concepção de homem interagente, e não pas-

sivo. Para o cognitivismo, a visão de natureza humana deve ser a do homem ativo, daí a questão do propósito, da teleologia, da intencionalidade. O que o behaviorismo nega é uma função causal para o intencional que se passaria sob a pele e a que ele dá um *status* de condição corporal sentida, por vezes equivalendo a um comportamento encoberto. Essa é uma posição da qual, certamente, o behaviorismo radical não abrirá mão tão facilmente – ao menos não na direção em que a crítica é feita –, até porque uma das características vitais do behaviorismo é o seu antimentalismo exacerbado. No que o behaviorismo deve, contudo, observar e valer-se da crítica é em abrir maior espaço para a pesquisa dos eventos privados – e, para tanto, não terá diferente alternativa do que a de encontrar alguma objetivização nas novas versões da velha introspecção e relato verbal. Pesquisa metodológica com esse objetivo também será imprescindível.

7. Na área aplicada, somam-se artigos acusando a Análise do Comportamento, por exemplo, de ineficaz, especialmente quanto ao *fenômeno* da substituição de sintomas. Já se argumentou que a ideia de sintomas parte de um modelo médico psicodinâmico com o qual não concorda o behaviorismo. Todavia, os comportamentos que são assumidos como *sintomas* apenas ocorrem em consequência de *erros de procedimento*. Ou seja, ao planejar um procedimento terapêutico, o psicólogo (no caso, um analista do comportamento) pode ter deixado de prever a instalação de comportamentos desejáveis que teriam a função de prover os reforçadores que antes eram obtidos mediante comportamentos *indesejáveis*. A questão, aí, circunscreve-se à (in) competência profissional na elaboração da programação de contingências. Todavia, a área prática (não apenas clínica), como em qualquer outra profissão, desafortunadamente, contém exemplos de profissionais que atuam utilizando o que se poderia chamar de um behaviorismo ortodoxo, isto é, ao pé da letra, uma versão não crítica, ética e socialmente inconsistente. Esse tipo de deficiência, reitere-se, está presente na formação

profissional enviesada de qualquer corrente psicológica. Deve ser corrigido por ações concretas nos currículos dos cursos de Psicologia, na elaboração de textos e mesmo por uma nova política de publicações e traduções da literatura científica.

A título de exemplo do que costumeiramente ocorre nos cursos de formação de Psicologia, os primeiros contatos dos alunos com a Análise do Comportamento dão-se, de modo fragmentado, pela disciplina Psicologia Geral. Depois dessa visão dicotômica, vieses críticos são passados, via de regra, através de outras disciplinas obrigadas a *escolher* esta ou aquela linha de atuação. Finalmente, o aluno, quando entra em efetivo contato com a Análise do Comportamento, o faz nas aulas de Psicologia Experimental (onde o Experimental é – erroneamente – equiparado a behaviorismo) e/ou nos de exercícios de laboratório em comportamento operante, com ratos albinos *wister*. Daí a sensação efetiva de que se trata, mesmo, de uma *psicologia de ratos*, ou seja, a aparência – logicamente compreensível – é a de que esse paradigma se circunscreve à realidade de outras espécies animais. Em geral, os textos são importados de uma realidade absolutamente díspar em relação à brasileira, mantendo até mesmo a estrutura frasal em inglês (como algumas das citações traduzidas que se mencionaram no presente trabalho) e os exemplos originais. Além disso, em geral os currículos não têm mantido discussão (dentro de uma disciplina como Filosofia(s) da Psicologia) acerca de pressupostos epistemológicos das diversas abordagens. O aluno, em geral, acaba apegando-se – sem ter oportunidade de analisar verticalmente as diversas teorias e sem poder debatê-las em ambiente acadêmico aberto – aos paradigmas com que mais concorde pela emoção do que pela razão decorrente do debate. Contudo, tal prejuízo não é carreado exclusivamente para o behaviorismo, senão para toda a Psicologia: se tal ocorre nos cursos de Psicologia, ainda mais se dá nos cursos em que ela funciona apenas como disciplina complementar, como é o caso de Pedagogia e diversas licenciaturas.

8. O behaviorismo tem sido acusado de *superficialidade* na sua análise, especialmente porque se circunscreveria às ações simples dos organismos, mas esbarraria nas explicações do comportamento complexo. Apesar dos esforços dos diversos autores para obter uma compreensão behaviorista mais ampla de sociedade (o próprio Skinner o tentou por diversas vezes), é compreensível a queixa da crítica no sentido de que o behaviorismo ainda está devendo nessa área. Essa acepção do conceito de superficialidade só deverá ser corrigida pela proposição de um debate crítico muito amplo e do exercício de uso e produção de uma literatura conjectural acerca do funcionamento da sociedade a partir das contribuições da Psicologia, uma vez dada a impossibilidade de amplos "experimentos sociais". A atomização da visão de contexto, nesse sentido, é um risco existente e que pode ser parcialmente evitado mediante a adoção de alguma espécie de Análise Comportamental Contextualista, que se propõe ao final deste ensaio. Todavia, não parece haver outro caminho que não seja uma teorização preliminar, vista aqui como fonte de hipóteses que possam ser consideradas férteis para futuras pesquisas. Quando, por outro lado, o conceito de superficialidade se refere à questão do não dar conta do comportamento integral, refutações são necessárias. Na verdade, já se demonstrou que o que está novamente em jogo é a convicção antimentalista do behaviorismo radical. A via de acesso ao comportamento *mais amplo* reivindicado pela crítica foi apontada por Skinner em vários artigos e, atualmente, grupos de pesquisa começam a adentrar a dimensão privada do comportamento com mais vigor (e rigor).

9. A literatura crítica é densa ao falar sobre a questão do *controle* e suas implicações, acusando o behaviorismo de uma suposta unilateralidade na questão do controle e de, por isso, gerar uma posição necessariamente reacionária e antidemocrática. A história da prática não nega que algumas experiências desastrosas foram tentadas, especialmente nos Estados Unidos.

Tal se deu em hospitais psiquiátricos e clínicas, como já é sobejamente conhecido. Entretanto, os usos inapropriados do controle são também uma questão de desrespeito ou desconhecimento da ética fundamental dos profissionais da área. Uma sólida formação técnica, associada a uma consistente formação ética, impediria que usos antissociais fossem tornados concretos.

Há exemplos a mostrar que isso é possível. Dentro do behaviorismo, muita gente está igualmente preocupada com a questão das desigualdades sociais, com a questão da distribuição injusta de renda e de todas as outras oportunidades, com a questão especial do poder de controle que está nas mãos de grupos minoritários em desfavor da maioria da população. Entretanto, essa é uma via de duas mãos: passa pelo estudo científico da questão do controle e passa por efetivas ações políticas nas quais todos os interessados devem se envolver, enquanto militantes da cidadania. O behaviorista Holland (1974, p.280) dizia que:

> Se queremos que uma ciência do comportamento esteja a serviço de uma nova sociedade igualitária, temos que fazer grandes mudanças em nossa forma de trabalhar. Em primeiro lugar, é necessário que interrompamos o trabalho que tenha alta probabilidade de estar a serviço da riqueza e do poder. Em segundo lugar, temos que adaptar nosso trabalho às necessidades diretas do povo que luta por libertar-se do controle e da exploração por parte da elite que se instala no poder. Isto implica tanto uma análise das formas de controle que a sociedade usa, como o desenvolvimento de formas de contracontrole que possam ser usadas por pessoas com recursos muito limitados. E, em terceiro lugar, temos que explorar as formas de modificação de comportamento que sejam compatíveis com um sistema igualitário, não materialista e não elitista, senão construtivo, quando menos no tocante aos meios para produzir uma mudança revolucionária do homem.

Desde que Holland escreveu esse artigo ("Are behavior principles for revolutionaries?") e outros na mesma linha, alguma coisa tem sido feita, mas não o suficiente, na Análise do Comportamento, para a produção de um trabalho engajado numa espécie de psicologia comunitária, onde o conhecimento possa ser construído, também quanto ao comportamento, para benefício da maioria. Entre parênteses, coloque-se abreviadamente aqui que a ideia de uma *atitude construtivista* não tem necessariamente a ver com uma visão teórica construtivista no sentido em que o estruturalismo a veicula: configura-se tal atitude como mecanismo que avalia o caráter de representatividade social de tal conhecimento elaborado. O caráter de construção do conhecimento pode dar-se em perspectivas teóricas diferentes, conquanto a ideia de interação organismo-ambiente (especialmente social) esteja presente. Por certo, ainda que as condições para um trabalho nessa direção sejam inerentes a um paradigma objetivizante e concreto da realidade, pouco de prático tem sido feito para valorizá-las e colocá-las à sorte das decisões da comunidade: para tanto, uma reorientação programática do behaviorismo radical exigiria franco envolvimento em pesquisa e debates na área. Exemplo interessante, embora isolado, de como os conceitos derivados da Análise do Comportamento podem servir, de modo essencialmente prático, à busca de uma sociedade cooperativa, justa e igualitária, pode ser encontrada, como mencionado, na comunidade Los Horcones.

10. Na área aplicada a análise de contingências é limitada, acusa a crítica. Com boa dose de razão, a literatura crítica mostra que a Análise do Comportamento em clínica, por exemplo, do mesmo modo que outras correntes, tem-se apegado ao contexto limitado das relações diádicas. Embora em tese a modificação de comportamento pregue o acesso a outras fontes de informação, a verdade é que, por comodismo de muitos modificadores (e sua consequente dificuldade em conseguir resultados ainda melhores), essa resistência em ampliar o contexto da análise de contingências traz sérios prejuízos à abordagem.

Como já se ressaltou, todas as considerações mostram, irrefutavelmente, ser imprescindível uma ampliação do contexto de análise, ou seja, a área aplicada precisa passar a considerar, com mais profundidade, as questões relativas à ampliação das contingências levadas em consideração. O contexto social, político, econômico, da família, do trabalho, da nutrição, do estado de saúde e tantos outros são também parte do ambiente e na maioria das vezes são conjuntamente determinantes de grande parte do comportamento. Novas perspectivas dentro de um *behaviorismo contextualista* começaram a surgir na literatura (Biglan, 1988; Hayes, 1988; Morris, 1988; Hayes & Hayes, 1992) e revelam fundadas esperanças numa reconstrução positiva.

11. O behaviorismo tem sido acusado de *desumanizante*, por relegar conceitos caros ao homem, como sentimentos, talentos, motivos, criatividade e outros. A questão, analisada no capítulo anterior, mostra que há um falseamento, pela crítica, das propostas do behaviorismo radical. Na verdade, uma retrospectiva da pesquisa e dos escritos conjecturais acerca do assunto mostra o inverso. O que há é, ocasionalmente, confusão conceitual, decorrente da concepção antimentalista e de uma visão pré-objetivista do behaviorismo, que descartam entidades mentais e constructos hipotéticos internos como explicativos do comportamento. Pouco, nesse sentido, pode-se exigir em termos de mudanças, até porque é pedra angular do behaviorismo o comportamento como unidade básica de análise de todas as atividades humanas.

12. A enumeração das críticas aqui sumariadas é absolutamente arbitrária. Como já se esclareceu, tal literatura se constitui, na realidade, de um emaranhado de pontos de vista. Essa teia se entrecruza em todas as dimensões, até porque há grande dificuldade em se separar, na literatura científica, textos ou partes de textos que constituam análise teórica sistemática daqueles que se configurem como livre opinião. Todavia, seguindo essa (imperfeita e intérmina) sequência, acusa-se também o

comportamentalismo como um flagelo aos ideais libertários e democráticos. Essa crítica decorre especialmente de dois livros de Skinner (1971b, 1972), que chocaram seus opositores, porque Skinner põe em xeque os conceitos de liberdade e dignidade, tal como frequentemente veiculados na literatura, sendo por isso confundido como sendo contrário a esses ideais. Na verdade, a linguagem e o estilo perspicaz e irônico de Skinner foram coadjuvantes da sua rejeição, embora não responsáveis diretos pela sua má compreensão. O que ele pretende *não* é uma luta contra os ideais democráticos, embora uma leitura apressada possa levar a tal interpretação. Pretende, isso sim, tornar *concretas* quaisquer tentativas de mudança e entende que isso apenas uma ciência objetiva pode assegurar. Seu modo prático, entretanto, foi contundente e gerou proliferada discórdia. Como já se frisou anteriormente, tem-se de antemão que a ciência não é neutra: dela lançam mão os mais poderosos, em primeiro lugar. Mas é preciso construir espaços onde o conhecimento sirva como modo de deter tal uso discricionário em relação à maioria da população.

Muitas outras críticas e suas consequências foram apresentadas no corpo deste trabalho, sem que se julgue necessário repeti-las neste resumo. Entretanto, algumas palavras à guisa de *discussão* (mas não de *conclusão*) tornam-se necessárias.

Supõe-se que o desenvolvimento do estudo tenha mostrado que o behaviorismo radical tem sido atacado acertadamente em alguns aspectos e incorretamente em outros, sobretudo quando se constata alguma miscelânea dos diversos tipos de behaviorismo. Por outro lado, supõe-se que tenha ficado transparente e irrefutável a necessidade de algumas mudanças significativas nas tendências contemporâneas do empreendimento skinneriano e que elas devem se refletir fundamentalmente em mudanças de *postura* mais do que de postulados. Ou seja, supõe-se que essa corrente dispõe de um corpo teórico, uma filosofia de ciência e uma tecnologia suficientemente desenvolvidas (mas não totalmente prontas) e que essa estrutura possa ser solidamente aproveitada para a reconstrução do empreendimento behaviorista radical, nas direções já apontadas. Novos esforços, por exemplo, são sugeridos por Guerin (1992, p.1429), na análise experimental do comportamento social:

> Os pontos assinalados neste artigo têm implicações sobre como a análise experimental do comportamento social pode ser conduzida. O mais importante desses pontos é que a pesquisa em análise do comportamento tem sido predominantemente sobre contingências ambientais diretas não mediadas por outras pessoas, em contrapartida àquelas sobre propriedades especiais do comportamento verbal. Isso significa que precisamos conhecer mais sobre como o controle social é manipulado na prática através das comunidades verbais... os numerosos estudos sobre representações sociais, feitos por psicólogos sociais, indica a existência de um importante fenômeno social esperando para ser abordado pela análise do comportamento.

Compartilhando dessa citação, naturalmente, supõe-se que este trabalho (antecipadamente com a certeza de que não se constitui em solução às demais polêmicas em curso na literatura da área) pode ao menos se configurar em ponto de apoio para novos investimentos de profissionais interessados, como o autor, em que a Psicologia se consolide como ciência e esteja a serviço de toda a população, e não apenas a alguns segmentos privilegiados.

Além dos esforços internos ao behaviorismo na busca de ajustes constantes dos enfoques dos programas de pesquisa e estudos teóricos, certamente os constantes esclarecimentos, através da literatura, à parcela equivocada da crítica, ou a análise criteriosa (como em Rodrigues, 2000) de ocasionais distorções acerca da abordagem, devem prosseguir, caso se esteja convencido das potenciais contribuições behavioristas radicais à solução de alguns dos problemas sociais relevantes da atualidade. Dois interessantes e recentes livros (Robinson, 2003a e 2003b, respectivamente) exemplificam tal esforço e merecem ser lidos pelos que buscam formação behaviorista consistente: *Trece trucos de magia: el origen verbal de los mitos en Psicología* e *Lo que el cognoscitivismo no entiende del conductismo.*

Palavras finais

Nenhuma novidade existe, mas, paradoxalmente, toda novidade existe no fato de que o conhecimento científico pode ser utilizado ao sabor de diferentes concepções éticas, quando sob domínio de diferentes interesses. Nenhuma novidade, na medida em que a ciência, em si mesma, não dispõe de qualquer mecanismo ético autopropulsor: não consiste, *em princípio*, em instrumento de discricionária posse deste ou daquele estrato social. Toda novidade existe, contudo, no sentido relativo de que, apesar da ausência de um mecanismo ético autorregulador, a atualidade enseja mais que nunca o momento de atentar profunda e seriamente para os tipos de utilização de tal conhecimento, em contrapartida a uma atropelada busca de inovações científico-tecnológicas.

Tal assertiva não pretende reivindicar, por óbvio, que se proceda a uma estagnação do processo de descoberta ou qualquer absurdo similar. Contudo, o que se supõe urgente é centrar o foco de atenção no estudo dos mecanismos através dos quais as descobertas científicas ficam disponíveis a certos setores da sociedade e, sobretudo, em como colocá-las a serviço de pressupostos igualitários. O caminho aqui percorrido não ambiciona obter consenso com as ideias do leitor: seu discernimento a respeito dos encaminhamentos que deveriam ser dados às polêmicas levantadas pode ser diverso do deste autor. Todavia, ainda que apresente mais perguntas que respostas ao leitor, espera-se estar apontando temas provocativos para novos estudos e pesquisas.

Tal como a ideia de que não basta mais negar contornos de neutralidade à ciência. Isso já estaria posto de uma vez por todas. Há que se redirecionar metas científicas, acrescentando à ciência do *por quê?* e do *como?* uma ciência do *para quê?* e do *para quem?*. Ou seja, embora seja muito controversa a tese da ciência socialmente comprometida, procurar-se fazer uma ciência *neutra* não passaria de – contraditoriamente – um modo de torná-la instrumento provavelmente a serviço das classes dominantes. Mais precisamente, o que se espera, no mínimo, não da ciência, mas antes de seu produtor, o cientista, não é compromisso classista-corporativista, mas compromisso com a ideia de que a ciência só pode estar a serviço da equidade interpessoal. Se há algum compromisso admissível e desejável do cientista, este se refere ao seu vínculo ético quanto à procura de uma sociedade equânime e igualitária. Compromisso, nesse sentido, não deve ser confundido com comprometimento. Aquele contextualiza e socializa o *locus* da descoberta. Este discrimina, circunstancia e individualiza o privilégio do dominar o saber.

De diferentes maneiras, a questão das finalidades da ciência já percorreu ampla literatura, infelizmente sempre produzindo mais calor que luz. As fricções do discurso acerca da ética científica, no entanto, pouco deram importância ao papel da Psicologia na questão. E é em razão, no mínimo, de sua absoluta pertinência à problemática dos *usos* das descobertas da Psicologia que essa querela é aqui retomada. Um relevante estudo sobre variados aspectos da filosofia política do behaviorismo radical, das finalidades da ciência, das questões éticas e teóricas do compromisso social da Análise do Comportamento com o planejamento cultural pode ser encontrado em Dittrich (2004).

O presente ensaio, embora diga respeito à Psicologia em geral, aflora, em seus fundamentos, de uma realidade acadêmica de ensino, o que torna parte das reflexões automaticamente voltada para a realidade educacional. Nessa perspectiva, é crucial tornar claro quanto o paradigma behaviorista tem sido (mal) veiculado no campo educacional, lamentavelmente a partir de uma atitude de discreta ausência crítica, por vezes praticada ou aceita de forma passiva por muitos que se intitulam analistas.

Retomando o cerne da argumentação inicial, procedimentos científicos (em Psicologia) têm produzido enormes descobertas, sem que, contudo, se esteja sequer imaginando a possibilidade de que o comportamento humano possa ser totalmente desvendado. Todavia, a par desse processo de descoberta, não se identifica paralelo desfecho à pergunta do *para quê? e/ou para quem?*. No caso behaviorista, a maioria dos seguidores parece ter-se contentado com descobrir como as coisas funcionam, o que é valioso, mas limitado. Via de regra, por mais corretos e demonstráveis que sejam os pressupostos do paradigma, o estudo de sua utilização precisa agora ser aprofundado. Embora nisso não vá nenhuma novidade conceitual, está implícita uma necessidade de revisão e reorientação da linha (propiciada pelo exercício da literatura crítica e também da constatação prática da utilização inadequada de grande parte de tais pressupostos).

A Psicologia, talvez a mais ruidosamente subdividida das áreas de conhecimento, possui hoje, apesar disso, um corpo de descobertas relativamente amplo, considerando-se o curto período de sua busca sistemática pela cientificidade. Apesar de sua ampla subdivisão de abordagens, qualquer profissional maduro reconhece hoje que há inegáveis contribuições de cada uma das matrizes psicológicas (na acepção de Figueiredo, 1991): em cada fenômeno, embora possa haver conjecturas teoricamente divergentes sobre as particularidades, tem havido consenso quanto a certos aspectos gerais. Esse consenso mínimo indica, pelo menos, dois importantes aspectos: 1. as ações humanas são, apesar de complexas, passíveis de um estudo sistemático e, nisso, não constituem objeto de estofo *sui generis* ou inacessível; 2. existe a inegável possibilidade de que os procedimentos de análise sejam diferentes no acesso a tais ações, oportunidade essa conferida pelo caráter dinâmico e multideterminado dos repertórios comportamentais.

Assim, também o behaviorismo radical tem evidentes contribuições a dar à compreensão do processo social, em particular no que se refere aos mecanismos de origem, manutenção e alteração dos padrões comportamentais. O aproveitamento desse conhecimento como instrumento dirigido à equalização interpessoal aparenta ser o que carece de priorização, até porque – mormente na prática da Psicologia brasileira – o que se fez até aqui foi importar behaviorismo, cognitivismo, fenomenologia, psicanálise integrais: as variáveis de caráter cultural, econômico-social e político-ideológico têm sido suficientemente hipotetizadas e pouco pesquisadas. Nesse caso, pesquisa e ampliação da consciência ética devem, pois, andar juntas na mesma direção. E é nessa direção que um redelineamento programático gradativo do behaviorismo radical pode dar-se. Na perspectiva deste ensaio, talvez a prioridade acabe por ser a ampliação do contexto de influência sobre o comportamento: uma Análise Comportamental Contextualista deve prover condições para uma contribuição a um só tempo tecnicamente competente e eticamente democrática na área educacional. A equalização infeliz e preconceituosa e a postura defensiva intransigente (de parte a parte, dos behavioristas e de seus críticos) acerca de uma atuação prática baseada nas ideias de manipulação, de superdiretividade, de *comércio* de recompensas e coisas do gênero, pode ter seu réquiem muito próximo. Por certo, há um papel maior a ser desempenhado pela Psicologia no processo educacional: maior, certamente, que as diferentes proposituras teóricas podem oferecer, isoladamente. Sobretudo na realidade brasileira, espera-se que esse papel esteja comprometido com a construção da cidadania (a despeito da vulgaridade a que esse conceito tem sido exposto recentemente), que não pode prescindir de quaisquer contribuições concretas da Psicologia, respeitadas as dificuldades que tal realidade sob reconstrução apresenta. Com Laranjeira, em análise pertinente e relevante a partir de enfoque teórico distinto (1995, p.26):

> Certo é que a educação não se faz sobre os dados dos sonhos, mas sim, da realidade. Então, certo é que, como habitantes de um país que os pessimistas chamam de subdesenvolvido e os otimistas de em vias de desenvolvimento mas que todos sabem que a maioria da população vive em condições de extrema distância das condições ideais, temos que aprender e ensinar a sobreviver na adversidade e isto significa não estarmos a serviço dessa adversidade (o que fazemos quando a constatamos e lamentamos), mas bem ao contrário, colocá-la a nosso serviço (o que fazemos quando a constatamos e buscamos transformá-la).

É necessário reprisar a concepção de que é dinâmico e não consensual o papel que a Psicologia pode e/ou deve desempenhar nas várias áreas aplicadas, especialmente na Educação. Todavia, esse caráter dinâmico e não consensual não pode mais ser igualado a uma mixórdia qualquer: existe razoável concordância teórica – se bem que a prática nem sempre confirme – acerca do que é preciso fazer ou deixar de fazer para que se possa abrir caminho para uma Educação voltada para a cidadania. O exemplário de excelentes reflexões críticas, no caso brasileiro, passa – sob risco inevitável de muitas omissões – por M. Chauí, L. A. Cunha, P. Freire, M. Gadotti, J. C. Libâneo, M. H. S. Patto, D. Saviani, A. J. Severino e F. Fernandes. Dessas reflexões resulta um norte para a atuação educacional que pode resumir-se nas palavras de Severino (1986, p.100):

A práxis dos educadores, se fundada em e coerente com uma visão crítica da realidade social, se desenvolvida com vistas a objetivos político-educacionais relacionados com os interesses reais da universalidade da população despossuída e, finalmente, se instrumentada com o saber competente, poderá contribuir efetivamente para a transformação social e, consequentemente, para a construção, no Brasil, de uma sociedade mais justa.

Configura-se, aqui, apenas mera insistência dizer que o comportamento ético em Educação deve pautar-se por tais recomendações, mas há que se ressaltar a visível inconsistência com que os diferentes projetos educacionais (quer tenham constituído simples rumores, quer tenham sido consolidados como oficiais pelo Estado) tentam atingir esses ideais. Se, de um lado, poucos analistas do comportamento têm estado presentes entre os que, na literatura, estudam criticamente os problemas educacionais da atualidade, por outro, os teóricos de outras abordagens, em geral, também frequentam menos que o desejável o âmbito dos projetos de pesquisa e a literatura eventualmente resultante que recomende intervenções concretas na direção sugerida por Severino (1986).

Essas dificuldades são identificadas em quaisquer paradigmas teóricos da Psicologia: nenhum está a tal ponto estruturado que possa ser tomado como modelo estável a sustentar um verdadeiro projeto educacional. De modo particular, entretanto, o behaviorismo é a abordagem que, na prática, tem estado mais afastada da consolidação de uma escola transformadora (assim como, em geral, de projetos de delineamento cultural mais abrangentes). Como já se explicitou neste ensaio, tal se dá por variadas razões, entre as quais: 1. sua preocupação histórica com questões metodológicas em pesquisa básica, em vez de a um investimento em áreas complexas do comportamento humano; 2. sua focalização exacerbadamente específica em contingências imediatas presentes na situação sob estudo, em detrimento de uma ampliação de análise que leve em conta de modo mais enfático as variáveis de ordem social, econômica, política e ideológica, também presentes na situação, mas a exigir que sejam completamente desveladas, em particular quando se trata de contingências de sobrevivência, a longo prazo; 3. sua origem objetivista, que faz aparentar verdadeira a quem o estude superficialmente a ideia da impossibilidade de análise do que está sob a pele; 4. seu suposto caráter antidemocrático e reacionário, derivado de um nascedouro filosoficamente positivista e politicamente capitalista, com o que se constituiria, sem escapatória, em incompatível, ainda que hoje tão distante dessa origem, com os ideais de uma sociedade democrática; 5. sua desatenção para com parcela bem estruturada e competente da crítica (questão que está sob a ótica deste trabalho), o que acaba resultando em aparente não concordância com os ideais libertários e igualitários da maioria dos demais componentes da comunidade acadêmica.

Sobretudo por essas razões é que o behaviorismo tem sido confundido, *bona fide*, com um paradigma intrinsecamente incapaz de servir aos objetivos da transformação social: na verdade, tal interpretação se deduz da prática corrente com que os derivativos behavioristas têm sido empregados. Confundir docilidade e obediência em sala de aula com progresso e desenvolvimento acadêmico (cf. Winnett & Winkler, 1972), confundir a instalação de comportamentos que obedecem às regras institucionais de um hospital psiquiátrico com comportamentos que se incompatibilizem com os sintomáticos de um quadro geral de desvio (cf. Ayllon & Azrin, 1968) e reduzir metas de desenvolvimento educacional a objetivos instrucionais desvinculados do contexto político e socioeconômico (cf. Popham, 1976; Popham & Baker, 1976) podem ser amostras de áreas diferentes que apontam situações clássicas da procura de uma eficiência descontextualizada do social. Infelizmente, o exemplário seria mais amplo, embora existam valiosas tentativas que levam em conta o contexto mais abrangente do comportamento.

Como consequência, o behaviorismo em geral (e, por herança histórica, o behaviorismo radical) acabou por configurar-se como paradigma incongruente com uma visão social progressista. Contudo, é exatamente o oposto que se reivindica neste ensaio. Ou seja, toma-se como tese que o behaviorismo pode oferecer procedimentos auspiciosos para a construção de uma escola e de toda uma sociedade democrática e progressista. É por essa via que as últimas pesquisas e ensaios teóricos buscam recaracterizar o modelo skinneriano.

Em particular, a Educação brasileira tem enfatizado um modelo reprodutivista, que resulta, conforme Severino (1986), da formação capitalista predominante nessa sociedade. As classes dominantes, com isso, têm manifestado, consciente ou inconscientemente, sua clara opção pela instauração e/ou manutenção dessa característica educacional reprodutivista, já identificada por tantos autores. A escola, entendida como instituição que proporciona a cada indivíduo do coletivo social a oportunidade de ampliar contato com o saber elaborado, tem estado, com isso, em muitas ocasiões, a serviço da manutenção do estado de dominação estratégica pelas minorias economicamente privilegiadas. Embora não se mantenha mais hoje o ingênuo sonho de que a escola, sozinha e diretamente, possa ser responsável pela transformação social, há consenso em que ela pode colocar-se a serviço de uma análise crítica das contradições de uma sociedade de classes. Até por isso, o foco nas relações capital/trabalho, seu funcionamento e o papel de indivíduo e coletividade nessa relação devem ser propostos hoje como centro da atenção acadêmica. À escola é reservado um papel oposto ao que tem desempenhado, consoante Severino (1986, p.96):

> Assim, se de um lado a educação pode disfarçar – legitimando-as ideologicamente – e abrandar as contradições e os conflitos reais que acontecem no processo social, de outro ela pode também

desmascarar e aguçar a consciência dessas contradições – denunciando-as criticamente, negando-lhes legitimidade.

Por certo, a superação das mazelas sociais, especialmente da Educação brasileira, não pode ser alcançada por via única, por paradigma teórico *ditado* pelo Estado, tal como tem, via de regra, acontecido. Além disso, não há modelo teórico sequer próximo de acabado que dê conta de uma compreensão e transformação da Educação brasileira. Mais que isso, até por tratar-se de questão de interesse coletivo, os espaços para discussão de diferentes (e divergentes) projetos devem ser democraticamente garantidos, isto é, as *alternativas* educacionais precisam ser asseguradas sob respaldo do próprio Estado. O que, reitere-se, contraria a própria política recente de, a cada gestão administrativa, anunciar-se a solução (em geral, apenas teórica) para as questões da educação. Pela história da Educação brasileira, com essa prática, passaram professores autoritários, altruístas, burocratas e desautorizados, respectivamente pelos modelos de escola tradicional, nova, tecnicista e libertária: os modelos teóricos, a cada momento desses, embora obviamente compatíveis com cada qual, acabaram indo para além do que originalmente propunham, para atender à meta imposta. Do mesmo modo não se duvide que, apesar do tom construtivista estatal hoje enunciado, o real *modus operandi* dos educadores no cotidiano está longe de compatível com muitos dos pressupostos requeridos.

É de se supor, com isso, que a Educação siga para a identificação de um novo caminho que lhe permita, a um só tempo, pleitear a emancipação social sem precisar temer ou fechar os olhos a todas as novas descobertas e procedimentos científicos. Estes, caso não sejam encarados como dados reais aos quais se pode dar o tratamento que interessa aos ideais de uma sociedade igualitária e, ainda, caso não sejam (a partir do mundo acadêmico) por ela apropriados, fatalmente se voltarão uma vez mais contra ela própria. Por outra, caso se adote como verdadeiro o pressuposto de que o conhecimento pode advir de múltiplas fontes, pautadas em diferentes procedimentos, métodos e técnicas, por óbvio, temer um behaviorismo (ainda que redelineado) em virtude, por exemplo, "de suas origens vinculadas ao berço capitalista norte-americano" configura-se fuga a uma realidade que, ao contrário, pode tornar-se instrumento útil para um contracontrole ao processo de dominação social.

Por outro lado, nem o behaviorismo, nem o cognitivismo, nem a fenomenologia – e com certeza nem um behaviorismo contextualista ou qualquer outro modelo – poderão constituir-se, isoladamente, em panaceia para os problemas da Educação e os problemas de qualquer área aplicada da Psicologia. Todavia, todas e cada uma dessas abordagens – sem que isso implique a defesa de miscelânea teórica sob o amparo frágil do ecletismo – podem dar importantes contribuições na direção da transformação social. Sem dúvida, até pela própria natureza de sua formação profissional, todo psicólogo deve manter alguma utopia social. Talvez, diante do clamor por soluções para os conflitos sociais vigentes, a Psicologia tenha um papel importante e o momento requeira a viabilização da utopia de Ardila, de uma Síntese Experimental do Comportamento (indicações bibliográficas a partir da recensão de Carrara, 2004c).

Contribuir para a ampliação do conhecimento, aliás, é o que define o próprio papel do pesquisador: se se concorda com o fato de que o conhecimento científico é cumulativo e de posse coletiva, tem-se como certa, do mesmo modo, a convicção de que toda nova descoberta, desde que cuidada sob padrões básicos quanto ao método, torna-se passível de aglutinação ao conjunto desse conhecimento científico. Descartá-lo por não convir a uma acepção teórica adotada é mero preconceito. Essa intenção de contribuir é igualmente bem exemplificada pelo título de um conhecido livro organizado por E. S. de Alencar (1993) – *Novas contribuições da Psicologia aos processos de ensino e aprendiza-*

gem – em que autores de diferentes linhas reúnem artigos com o objetivo proposto, como também se exemplifica num trecho da apresentação do livro de E. Ferreiro (1986, p.8):

> Todas as nossas investigações sobre a psicogênese da linguagem escrita são orientadas pelo *interesse em compreender melhor e ajudar* a superar esse mal endêmico da maioria dos países latino-americanos, que é o fracasso escolar no início da escola de 1º grau. [grifo nosso]

O behaviorismo tradicional, desafortunadamente – e como se explicitou no começo deste trabalho –, não reservou tempo suficiente para examinar outras contribuições teóricas e a literatura que o critica. Essa postura, entre outras razões, lhe custou relevantes perdas ao longo do tempo. Hoje constitui-se inevitável a necessidade de ser reavaliado enquanto linha teórica, na trilha das razões já apontadas. Na prática, o behaviorismo menos admitiu influências do que seus antagonistas o fizeram. Por exemplo, ainda que contestada parcialmente, a instrução programada foi alvo de significativas pesquisas e debates na escola psicológica soviética: Talízina (1988) dedica um dos seis capítulos de seu livro à discussão dos prós e contras desse instrumento. Segundo Luria (1994), antes que Vygotsky pudesse optar (com seu grupo de colaboradores, que incluía Luria) pelo seu modelo socioconstrutivista, debruçou-se em análise intensa e extensa dos autores da época:

> É provavelmente impossível avaliarmos todas as influências que sofremos quando, em 1925, empreendemos uma grande revisão da Psicologia. Mas tenho consciência de alguns recursos de que nos valemos. Para a base da ciência natural, recorremos ao estudo que Pavlov havia feito sobre a "atividade nervosa superior"... As unidades estruturais básicas que produziam ajustamentos adaptados ao ambiente estavam então sendo estudadas por Pavlov e colaboradores em seu laboratório experimental perto de Lenin-

grado. A psicofisiologia pavloviana proporcionou um apoio materialista a nosso estudo da mente. (p.21-37, passim)

Diga-se, de passagem, que Luria, nesse texto, inadvertidamente ou não, acaba por confirmar as bases que levariam, na devida época, a uma divisão clara entre behaviorismo metodológico e behaviorismo radical. Anuncia que Wundt e Ebbinghauss, na segunda metade do século XIX, acabaram por atribuir à Psicologia o *status* de ciência natural, com o que processos e aspectos como valores, desejos, atitudes, raciocínios abstratos não poderiam – sob os critérios da época – ser explicados diretamente por tal modelo científico. Segundo Luria.

> Examinando essa situação, Vygotsky mostrou que a divisão do trabalho entre os psicólogos da ciência natural e os psicólogos fenomenológicos havia produzido um acordo implícito, segundo o qual as funções psicológicas complexas, aquelas mesmas funções que distinguiam os seres humanos dos animais, não podiam ser estudadas cientificamente. Os naturalistas e os mentalistas haviam artificialmente desmembrado a Psicologia. Era sua meta, e nossa tarefa, criar um novo sistema que sintetizasse estas maneiras conflitantes de estudo. (p.21-37, passim)

Não resta dúvida, ao menos, quanto à clareza com que Vygotsky, já no começo do século XX, antevia problemas com relação ao que Skinner viria mais tarde propor como caráter distintivo do behaviorismo radical: a necessidade de se encontrar uma alternativa de estudo aos eventos privados. Vygotsky a encontrou através de seu socioconstrutivismo e certamente a aperfeiçoaria ainda com maior brilhantismo (não fosse seu desaparecimento prematuro), ao passo que Skinner o fez percorrendo caminho bastante diverso, até por conta das dificuldades que as dissensões entre os respectivos países impuseram à ciência.

Behaviorismo radical

Hoje estão definitivamente transpostas as barreiras da comunicação em função do fim da Guerra Fria e, mesmo, do emergente desenvolvimento da multimídia. O acesso às bases de dados e bibliotecas do mundo inteiro aponta a direção futura como sendo a da integração (sem perda de identidade) científica. Certamente, se tal se pode dar no âmbito mundial, tanto mais fácil de ocorrer (em princípio) em realidades particulares. No caso brasileiro, conclui-se, *ex expositis*, pela superação da época de impertinentes dissensões entre os pequenos grupos da academia, o que deve dar-se por uma discussão efetivamente profissional em busca de caminhos alternativos para a Psicologia e a Educação. Nesse sentido, se o behaviorismo pretende também contribuir para a consolidação de uma nova prática científica e ético-política em favor de uma sociedade justa e equilibrada, há que se desfazer de qualquer postura defensiva ou de retaliação, para rumar a um partilhamento crítico com as demais abordagens. Destas, por evidente, é esperada igual prática.

Assim, especialmente algumas mudanças de ênfase tornam-se necessárias. O conteúdo estrutural do behaviorismo radical constitui contribuição sólida, nos moldes em que foi apresentado por Matos (1993). A essa estrutura básica os analistas do comportamento têm, recentemente, tentado propor alguns reparos, na concepção deste autor bastante auspiciosos para a consolidação de um paradigma que se proponha a verticalizar sua visão das interações sociais complexas.

Sem dúvida, é preliminar a uma compreensão da eventual importância da contribuição de um caráter contextualista à Análise do Comportamento a própria delimitação dos conceitos de *contexto* e *circunstância*. Conforme Carrara & Gonzalez (1996, p.207-8):

> Dizer em que medida a Análise do Comportamento pode ou não ser considerada contextualista, entretanto, depende de como se concebem algumas unidades teóricas que servirão de instru-

mento nessa análise. Duas dessas unidades estão contidas na ideia de *contexto* e *circunstância*. A raiz latina de *contexto* aponta, obviamente, para a representação de conjunto, de todo, de totalidade, de ligação entre partes. A etimologia de *circunstância* aponta para o caráter do particular, do único, da condição específica. Naturalmente, porque se trata aqui de uma análise epistemológica e não filológica, é suficiente ficar claro que a ideia de contexto, na vertente psicológica, estará representando um conjunto de condições (quer sejam internas ou externas ao organismo, quer sejam condições físicas, químicas, biológicas ou sociais) sob as quais o comportamento acontece. Em contrapartida, a ideia de circunstância se fará acompanhar da representação de uma única condição, num sistema de vínculo linear onde se desconsidera a implicação de que o próprio modo de interligação entre condições influi no comportamento sob análise. Em outras palavras, a ideia de contexto, de todo, de conjunto de condições, aponta para um modo causal mais amplo e complexo do que a simples soma de circunstâncias isoladas.

Pode-se dizer, com segurança, que as análises que permaneceram na superfície dos rótulos, antes de Morris (1988) e Hayes (1988), não conseguiram visualizar a possibilidade de que a Análise do Comportamento se redirecionasse pelo caminho contextualista. Na verdade, grande parte dos analistas do comportamento (notadamente os modificadores de comportamento) contribuíram para que pechas como as de positivista, mecanicista, reducionista ou atomista – para exemplificar – recaíssem sobre qualquer projeto que ousasse ampliar a objetividade científica em Psicologia. Isso se deu através da reificação do conceito paradigmático da tríplice contingência e da supersimplificação das condições sob as quais ocorrem os fenômenos comportamentais nas diversas situações do cotidiano. Por exemplo, ao se debruçar sobre uma análise funcional qualquer, o analista visualizava: 1) a instalação de novos comportamentos, ou 2) a eliminação de comportamentos existentes, ou 3) o aumento ou diminuição, em alguma medida, de um comportamento específico (duração, frequência, intensidade), ou 4) a correção morfológica de algum comportamento (quanto à topografia, por exemplo). Para tanto, limitava-se à procura de circunstâncias particulares (mas raramente reconstruindo toda a sua trama de conexões) que se apresentavam associadas à ocorrência dos comportamentos-alvo. Embora naturalmente salva a ideia concreta de relação funcional entre comportamento e contingências em razão da frequência de ocorrência concomitante de ambos, prejudicava-se, especialmente nos casos mais complexos de causalidade intercruzada, a possibilidade de intervenção mais segura e direta no contexto onde acontecia o comportamento. Ou seja, uma parte das mudanças esperadas deveria acontecer por conta da ideia de generalização (de estímulos e de respostas). Nem a todos os analistas do comportamento passaria despercebida a questão: muitos relatos apontam para uma preocupação com o aprofundar-se nos famosos levantamentos do tipo A-B-C (Antecedents-Behavior-Consequences) antes de apressar-se na programação de contingências.

Como já se frisou antes, o redelineamento do behaviorismo radical também é fundamentalmente de escolha programática da direção das pesquisas e ampliação da abrangência da análise, muito mais que paradigmática: ao longo de sua história, tentativa de dar maior completitude à análise de contingências se fez mediante o acréscimo de símbolos às relações contingenciais, como em Kanfer & Phillips (1970), com o conhecido (?) paradigma S-O-R-C-K. Até então, não se tinha claro quanto uma representação paradigmática de símbolos podia corresponder a uma límpida explicitação de variáveis determinantes de comportamentos complexos. Tinha-se por ingênuo suposto que demarcar simbolicamente o biológico (O), por exemplo, era suficiente para considerar apropriadamente todas as variáveis dessa ordem que contribuíam na determinação do comportamento. Entretanto, o tempo e as situações incumbiram-se de mostrar que a pesquisa experimental é o caminho apropriado para a identificação de quais sejam e em que medida são funcionais os tipos particulares de variáveis a contingenciar o comportamento. A necessidade frequentemente apontada de ampliação da análise de contingências (cf. Carrara, 1984) deu-se não apenas por conta das evidentes necessidades decorrentes de aprimoramento ético-técnico na área aplicada, mas como consequência natural do desenvolvimento e progresso na área de pesquisa básica. Por certo, não foi sem discernimento dessas e de mais razões que Sidman (1986) alertou para a premência da ampliação da unidade de análise dos fenômenos comportamentais humanos e pioneiramente polarizou as iniciativas de pesquisa na área de equivalência de estímulos. A ampliação da complexidade do paradigma que se utiliza no controle contextual é decorrente da própria funcionalidade complexa de muitos comportamentos, especialmente onde o uso da linguagem esteja presente. É como instrumento de acesso ao comportamento complexo que a tríplice relação de contingências amplia-se para quádrupla ou quíntupla dimensão: além do estímulo discriminativo, da resposta e das consequências, somam-se o estímulo condicional (ou instrucional) e o controle condicional de segunda ordem. Na análise de situações sociais complexas, a noção de metacontingências parece auspiciosa, ainda que esteja exigindo maior sistematização.

Atualmente, a área de equivalência de estímulos é das mais promissoras e, particularmente no Brasil, conta com pesquisadores dedicados na UFSCar, UNESP e USP (ver De Rose et al., 1992; De Rose, 1993; Lopes Jr. & Matos, 1995). Este último artigo veicula ponderações fundamentais para os propósitos deste trabalho, vez que, embora recomendando maior número de "elucidações experimentais convincentes... [que] poderão fornecer melhor caracterização do controle contextual" (p. 38), aduz importantes esclarecimentos acerca do estado atual das investigações sobre o assunto. Na área educacional, são promissoras, embora incipientes, as investigações acerca do comportamento de leitura com compreensão, "considerada a partir do treino e da emergência de uma rede de relações condicionais entre estímulos" (p.35). Investigam-se, também a partir da mesma metodologia, implicações da equivalência para dificuldades de leitura e problemas de indisciplina (Peres & Carrara, 2004).

Todavia, retome-se aqui, por oportuna, a ideia do contextualismo historicamente originário da concepção de Pepper (1942), embora através de um novo caminho, que não é, certamente, o mesmo trilhado por Tolman, que acompanhou diretamente a produção pepperiana. É claro que, embora os cursos de ação sejam obviamente diferentes (a ideia contextualista advinda de um modelo estético-filosófico de concepção de mundo – as hipóteses cosmogônicas de Stephen Coburn Pepper –, por um lado, e a ideia da necessária ampliação do contexto contingencial sob análise ao se tentar explicitar claramente uma dada classe de respostas, por outro), com pouco esforço são identificáveis algumas similitudes no objetivo final de ambas as trajetórias. Ou seja, o que se pretende, por fim, é uma Análise do Comportamento que se configure mais abrangente e vertical no analisar as condições sob as quais se dão os comportamentos. Até porque se admite o contextualismo pepperiano como leitura filosófica apropriada ao moderno behaviorismo radical. Em comunicação pessoal a este autor, Abib (1995) aponta, com propriedade:

> Acho que as raízes do pensamento filosófico de Skinner são o naturalismo, positivismo e pragmatismo norte-americano. O contextualismo parece-me uma expressão do pragmatismo. Penso também que o pragmatismo e o contextualismo representam um itinerário mais produtivo do que o naturalismo e o positivismo para instruir a leitura da obra de Skinner, especialmente o *Verbal behavior*.

Sem dúvida, há muito em que se exercitar o debate mecanicismo-contextualismo na Análise do Comportamento. Todavia, pode-se antecipar que o caminho aparentemente mais promissor para o behaviorismo radical moderno passa por um redimensionamento que pretende aproximar – embora nunca sinonimizar – seu modelo analítico à ideia de ampliação do contexto em que ocorre o comportamento. Nessa direção, a ideia de *contexto* talvez seja melhor, no mínimo quanto à semântica, do que a ideia de *ambiente*. Em termos ideais, o contexto amplia o ambiente para além das condições externas ao organismo e para além dos eventos causais presentes no exame do ato-no-contexto, ou seja, amplia a busca da causalidade (leia-se: das relações funcionais) para eventos que corroboram a construção histórica do comportamento. Expondo por outro ângulo, a ampliação da análise quanto ao contexto em que se insere o comportamento pretende, sem perder objetividade ou lançar mão de eventos de outra natureza estrutural (portanto, mantido o monismo fisicalista), ganhar em alcance explicativo e em capacidade de atentar para a realidade da multideterminação comportamental. Há, nessa perspectiva, um papel importante para a Psicologia (e, talvez, para a Análise do Comportamento) no cenário nacional:

> Uma ciência da Psicologia, portanto, diante de um quadro de desigualdade social indiscutível hoje prevalecente no mundo todo, não pode mais omitir-se de compromisso por conta de um duvidoso ideal de neutralidade. Tal neutralidade tem representado um constructo ficcional alinhado com o ideal de uma ciência acima de quaisquer outros empreendimentos mundanos, mais do que um traço compatível com o importante e intransferível papel dessa mesma ciência, ao lado da educação, da economia, da política (no melhor sentido que essas expressões possam assumir) para a busca do maior bem-estar possível para a maioria da população. Parece que, sem nacionalismos exacerbados, sem pontuar confrontos de classe evitáveis, bem como sem deixar de continuar aperfeiçoando suas técnicas de controle de variáveis para assegurar resultados cada vez mais válidos e procedimentos mais transparentes, é perfeitamente realizável um empreendimento científico da Psicologia (e, em particular, da AEC e do Behaviorismo Radical) comprometido com a disponibilização de instrumentos conceituais e práticas teóricas que permitam, também, por parte das populações desprotegidas, o acesso a condições mais dignas de existência. Condições de tal natureza, evidentemente, implicam uma série de ações que

não são típicas da Psicologia (ações na política econômica, na política educacional, na ética política). No entanto, estar atenta para tais condições que compõem o contexto mais amplo onde ocorre o comportamento, de modo cada vez mais sistemático e competente, parece ser tarefa e desafio valioso e relevante. É nesse sentido, no sentido de um compromisso com o assegurar o acesso mais direto e mais fácil dessa parcela da população ao uso do conhecimento científico gerado na Psicologia, que parece possível e, embora sem ingenuidades, faz-se vislumbrar a oportunidade de que a pesquisa na área aplicada se amplie cada vez mais para a compreensão e a mudança das condições de vida das pessoas que atualmente vivem dentro de contextos sociais deletérios, sob variado aspecto. (Carrara, 2003, p.137-8)

Por certo, não se pode imaginar numa Análise Comportamental Contextualista uma saída definitiva, fácil ou imediata para o acesso preciso, ético e completo ao comportamento. Entretanto, a multiplicação de publicações após os artigos pioneiros de Hayes (1988) e Morris (1988) é visível e auspiciosa. Esses autores, bem como Reese (1996), Barnes & Roche (1994) e outros, têm liderado o debate sobre o contextualismo na Análise Comportamental. Morris, que aprofunda a questão em artigos (1993) e conferências (1994a, 1994b, 1995a, 1995b, 1995c), afirma, em texto apresentado em congresso realizado em Palermo (1994a), que:

> Talvez o caminho mais frutífero para estruturar o atual debate não seja a discussão opondo mecanicismo e contextualismo, mas outros dois debates: um entre a Análise do Comportamento e o mecanicismo e outro entre a Análise do Comportamento e o próprio contextualismo... (p.32)

O que pretende Morris é que não basta argumentar que o behaviorismo radical difere do behaviorismo watsoniano (claramente mecanicista), mas aprimorar a análise de quanto e em que o paradigma atual pode configurar-se contextualista. É nessa direção (de quanto serve a um modelo revigorado de Análise do Comportamento a ideia de contexto) que o professor Morris tem escrito com frequência, conforme atesta em comunicação pessoal ao autor deste ensaio (Morris, 1995a). Em artigo diverso, no qual a autora (Matos, 1997) não está discutindo implicações do contextualismo (nem, talvez, do mesmo contextualismo aludido por Morris), mas com que objeto o behaviorismo radical trabalha, está clara a importância fundamental da ideia de contingência (e, em consequência, do contexto no qual esta se dá): "Ao final das contas, o behaviorista radical não trabalha propriamente com o comportamento, ele estuda e trabalha com contingências comportamentais, isto é, com o comportar-se dentro de contextos".

Por fim, ideia básica de um contextualismo na Análise do Comportamento vincula-se ao pressuposto de que a ciência, pautada numa filosofia behaviorista radical, deve fundar-se, muito mais do que numa sempre incompleta concepção ambientalista (em contraposição à nativista), primordialmente numa concepção de que é da exploração de cada uma das partes e de todo o contexto que se pode melhor compreender as raízes do comportamento. Historicamente (Carrara & Gonzalez, 1996, p.209-10):

> Quando Pepper (1942) delineou seu mais amplo trabalho orientador com relação ao contextualismo, não tencionava generalizar influência ao campo da Psicologia, especificamente. Propôs, basicamente, um modelo orientado pelo que chamou de metáforas-raiz e que pretendiam servir de quadro teórico para interpretação de fenômenos de diferentes naturezas (o que até justifica o título de seu principal trabalho, *World hypotheses: a study of evidence*). Pepper enuncia apenas quatro hipóteses com certo vigor para a explicação de qualquer fenômeno: formismo, organicismo, mecanicismo e contextualismo. O escopo do presente trabalho centra-se apenas nas contraposições básicas de mecanicismo e contextualismo. Na análise de Hayes (1988), o mecanicismo, obvia-

mente baseado na metáfora da máquina, atinge parte do Behaviorismo e parte do Cognitivismo: no primeiro, exemplifica-se com clareza no Behaviorismo ortodoxo de Watson e outros behavioristas pré-skinnerianos; no segundo, em todas as vertentes que de algum modo utilizam a metáfora do computador (e os conceitos correspondentes de *input, output, hardware, software* e os diversos tipos de memória) para simular uma compreensão do que se convencionou denominar de funcionamento mental. Fica claro que a metáfora da máquina não é aplicável a todo Cognitivismo e nem a todo Behaviorismo. No presente caso, o interesse reside particularmente na orientação mais moderna da Análise do Comportamento, sustentada pelo Behaviorismo Radical skinneriano, no qual a literatura recente tem identificado características contextualistas.

Retomando a dicotomia contextualismo-mecanicismo, emergem como características deste último, na Psicologia, as tentativas de definir estímulo e resposta, entre outros conceitos, mediante uma perspectiva atomista, elementarista, reducionista, em detrimento de uma visão funcional; também é típica a concepção de que as partes ("peças") envolvidas na conduta humana têm significado em si mesmas, ainda que analisadas separadamente do todo, de modo que a ideia da análise particularizada do comportamento acaba prevalecendo; o conceito de justaposição, contiguidade ou associação de estímulos, quando apenas obedecidas relações de linearidade, como no caso de partes das chamadas teorias S-R, seguramente implica uma espécie de mecanicismo, sobretudo sob influência da pressuposição de uma certa passividade do organismo (diferentemente da Análise do Comportamento, onde se pressupõe interação organismo-ambiente e não simples sujeição do organismo, como por vezes se veicula); no mecanicismo, as partes não são estudadas enquanto presentes e em funcionamento no todo comportamental, e sim isoladas para análise sob o argumento da maior facilidade de compreensão. Todavia, é importante que se ressalvem, aqui, os riscos de se denominar de modo absoluto qualquer orientação teórica em Psicologia: atribuída, por exemplo, a designação de mecanicista ao Behaviorismo watsoniano, corre-se o risco de incluir aí partes de sua obra que foram essencialmente descritivo-funcionais e que, respeitado o contexto histórico de seu trabalho, poderiam ser dispensadas desse e de outros rótulos. Tais riscos se derivam da impossibilidade de relativização que qualquer designação taxativa impõe (especialmente as negativas, como a de mecanicista): todo rótulo é absoluto, por certo. Mais prudente será falar, sempre, em características mecanicistas ou características contextualistas.

Com efeito, características distintas de diferentes abordagens são às vezes exacerbadas pelos seus seguidores ou críticos, o que pode refrear as intermitentes referências à busca de uma integração teórica em Psicologia. Os exageros, refletidos tanto na busca do ecletismo teórico em vista da leitura incompleta acerca das diversas abordagens quanto no apaixonado arraigamento a algum enfoque teórico sem levantar os olhos para o restante da ciência, constituem erros metodológicos com igual prejuízo. O profissional, nessas condições, ou fica tomado de uma espécie de conduta maníaca destinada a defesas incondicionais e acríticas de determinado ponto de vista, ou, então, fica contaminado por uma espécie de banzo que o torna incapaz de fazer leituras razoavelmente impessoais e independentes do seu objeto de estudo. Neste último sentido, talvez se pudesse ousar falar numa espécie de *psychological blues*, parafraseando o valioso conceito proposto por Da Matta (1978) quanto ao ofício de etnólogo (*anthropological blues*). A busca de explicações pelo ser humano (a princípio, para compreender-se e, em seguida, para compreender também o coletivo) é imemorial e foi sempre incessante e envolvente, embora jamais tenha desfrutado de consensualidade. Em outro trabalho, fez-se referência ao tema (Carrara, 1995a):

> Ao contrário, tal consensualidade parece definitivamente inalcançável, no sentido estrito de se imaginar uma teoria única que dê conta da explicação precisa de todo o psicológico. Essa virtual impossibilidade é decorrente da complexidade do objeto de estudo da Psicologia: para a construção desse fenômeno confluem variáveis

de toda natureza, de intensidades diversas e em momentos temporalmente diferentes. Além disso, constitui-se em fator especialíssimo o conjunto de variáveis de natureza social (no sentido distintivo em que as variáveis sociais – aqui incluídos o ideológico, o político, o cultural, o econômico, o familial, o institucional etc. – não interferem nos objetos de estudo da maioria das outras ciências, como a Física, a Química, a Astronomia, por exemplo). Dessa maneira, por sua natureza complexa, pode-se depreender do psicológico a necessidade de uma trajetória sempre incompleta de explicações, procedimentos e modos de abordagem. Embora os esforços já feitos na tentativa de consensualidades parciais (exemplificadas culturalmente até pelo surgimento de certos regionalismos, como uma psicologia "americana" ou "soviética"), a natureza complexa do objeto de estudo da Psicologia não permite identificar em futuro próximo a existência real de uma teoria unificada.

Entretanto – e isto é parte do argumento central aqui apresentado – não há razão ético-científica para a rejeição mútua de resultados de pesquisa e reflexões teóricas que se pautem por certos cuidados metodológicos reconhecidamente aprimorados e amplamente aceitos. Certamente, cabe intensa discussão sobre o que seja ciência e sobre o que seja metodologia científica, mas aqui se faz referência, em particular, a certas realidades acadêmicas primitivas ainda prevalecentes nas universidades, que levam igualmente a "regionalismos" sem similares em outros campos da ciência. Ou seja, armam-se situações que se aproximam de conflituosas, a despeito de que cada concepção empírico-teórica possa dar conta, isoladamente, do todo psicológico e, por consequência, do psicológico todo. Afortunadamente, esse tipo de atitude, ainda que por inúmeras razões se tenha instalado fortemente na universidade, está perto de ser amplamente desmontada. E o fundamento para esse desmonte é irresistível, porque independe de concepção teórica, político-ideológica, filosófica ou epistemológica: trata-se da realidade das pesquisas, como se verá a seguir... (p.1-2)

Até recentemente, notava-se um crescimento no número de abordagens em Psicologia e suas proposições eram encaradas, antes de qualquer discussão prévia, como absolutamente paralelas, antagônicas e divergentes. Hoje emerge clara uma tendência ao esvaziamento na formulação de novas correntes teóricas (sérias) e um movimento maciço nas tentativas de conhecimento vertical dos fenômenos mediante a valorização do pesquisar como forma de solidificar a argumentação teórica:

> Nessa direção, este final de século defronta-se com a internacionalização do conhecimento e, por conseguinte, com a possibilidade de identificação mais ágil de resultados similares ou divergentes em todo o mundo e sob estruturas diferentes quanto ao método e à filosofia de ciência. Entretanto, essa mesma amplitude da multimídia conduz à possibilidade, cada vez mais presente, de aprimoramento de linguagens e unidades conceituais que permitam comunicação razoável inter-abordagens, de modo que, efetivamente, se possa visualizar descobertas convergentes, por mais diversos que tenham sido os mecanismos de sua descoberta. Nessa perspectiva, pelo menos dois cuidados emergenciais precisam ser tomados, antes de concluir pela possibilidade de uma ciência da Psicologia que seja universalizante (sem ser universal), objetivizante (em contrapartida a objetiva) e integradora (sem pretender ser integrada):
>
> 1) Manutenção de identidades – aparenta ser impraticável qualquer tentativa de estabelecer uma abordagem única, em função das origens cultural e filosoficamente diferentes das correntes atuais, bem como do status hoje instituído para cada qual. Assim, embora unificada pelas tendências acima descritas (universalizante, objetivizante e integradora) a Psicologia agora emergente não necessita (nem deve) prescindir de suas origens demarcatórias. A manutenção das identidades teóricas que notabilizaram Freud, Piaget, Skinner, Rogers e Vygotsky, para exemplificar, são mantidas até como mecanismo de compreensão (e fonte de novas elaborações) dos caminhos teóricos possíveis para o acesso ao psicológico;
>
> 2) Fuga ao sincretismo – uma emergente Psicologia moderna não se constrói, todavia, pelo simples arranjo ou acomodação de forças explicativas que por vezes são efetivamente conflitantes. A questão que se coloca não é a da busca de verdade mediante con-

senso ou mediante conflito: o que se procura é um compartilhamento não sincrético de contribuições. Nesse sentido, compartilhar descobertas, corolários teóricos e resultados de pesquisa não é o mesmo que justapô-los sem critérios: dá num caminho próximo do que seja uma visão interdisciplinar, em oposição a multidisciplinar. (Carrara, 1995a, p.4)

Se tais objetivos estão longe de ser atingidos, ao menos recíprocos cuidados para com a discussão transparente e desapaixonada, sobretudo vinculada à identificação de vantagens para a maioria da população, tornam-se imprescindíveis. Nesse sentido, a um programa behaviorista radical redelineado sob a ótica do contextualismo ético-teórico, cabe dar o passo inicial, com o propor-se a redefinir sua contribuição à compreensão do comportamento humano, especialmente no panorama educacional. Como se expõe em *Contextualismo, contracontrole e cidadania* (Carrara, 2001, p.37):

> É muito cedo para que o contextualismo pepperiano possa mostrar-se contribuição definida para acentuar o distanciamento do behaviorismo contemporâneo em relação às análises meramente circunstanciais das relações comportamento-ambiente (daí sua característica incipiente que carece de muita pesquisa para eventual consolidação), mas ao mesmo tempo não parece tão distante e sem propósito conjecturar sobre que, com seu auxílio conceitual (portanto, talvez não seja, nesse sentido, insipiente), os instrumentos do contracontrole possam ser disponibilizados à maioria da população na sua luta em busca da cidadania.

Provavelmente, é na Educação e nos projetos de planejamento cultural que residem os campos mais férteis para uma atuação transformadora da Psicologia, embora não haja um nome genérico a designar distintos campos de aplicação articulados pela ideia de delineamento cultural. Mesmo as tentativas de conceituação da Psicologia Comunitária ainda são incipientes, passando por uma caracterização mínima dessa área de atuação: ênfase no pragmatismo, melhoria da qualidade de vida das comunidades e primado das questões interpessoais, em contrapartida ao tradicional foco da Psicologia sobre o indivíduo (Gomes, 1999). Nenhuma dúvida persiste acerca de que a Psicologia tem papel insubstituível em qualquer projeto de construção da cidadania. Prioridade tal se mostrou em iniciativa do Conselho Federal de Psicologia, que instituiu prêmio nacional para contemplar trabalhos que delimitassem a atuação dessa área do conhecimento acerca das questões fundamentais do comportamento humano envolvidas num projeto de construção da cidadania brasileira. Por essa via – e em consonância com os pressupostos centrais aqui eleitos – o autor deste ensaio, em trabalho com que participou desse concurso (Carrara, 1995b), explicita:

> Tão antiga quanto o próprio ser humano, a busca da igualdade talvez seja o propósito mais complexo e controvertido que se impõe na vida em sociedade. Ser igual implica, por pressuposto, a existência do plural: ao menos duas pessoas são necessárias, interagindo no mesmo espaço de vida. E essa convivência interpessoal, que tem sua significação afetada por uma multiplicidade de variáveis, é o objeto de estudo fundamental da Psicologia.
>
> A compreensão do conceito de igualdade social conduz a um inevitável exame dos modos de organização social do Estado, a uma percepção necessária das relações entre participação e emancipação e à constatação de sua indissociabilidade em relação às ideias de liberdade e cidadania. Não sem o risco de algum reducionismo involuntário, é possível analisar essas vinculações conceituais à luz do papel que a Psicologia pode desempenhar como área detentora de conhecimento promissor para a compreensão e mesmo a militância no contexto da cidadania. Esclarecer esses mecanismos, todavia, torna-se impossível se se ousa prescindir das contribuições dos antropólogos, dos sociólogos e dos historiadores, para dizer o mínimo. Qualquer tentativa apenas vertical dentro da Psicologia torna-se inócua em razão da própria natureza do fenômeno: o aprofundamento da análise está condicionado a um míni-

mo de horizontalidade ditado pela interdisciplinaridade. Nessa direção, o presente ensaio incluirá, preliminarmente, uma incursão às raízes históricas daquilo que constitui o tipo de organização sociopolítica mais comum na sociedade contemporânea, sempre buscando desvelar implicações para a compreensão da cidadania.

... Privilegiar a participação e rejeitar a cidadania concedida são procedimentos estratégicos para assegurar legitimidade ao processo, mas são igualmente instrumentos para se compreender que outra díade, moralização-educação, embora condição necessária, não pode ser vista como constituindo solução única e isolada para a instituição de uma sociedade igualitária. A defesa ingênua da educação como mecanismo isoladamente suficiente para a transformação social constitui raciocínio que elide a questão do poder (Arroyo, 1988) e se reduz a um pedagogismo estéril, descolado do econômico, do político, do ideológico.

... Uma das brechas fundamentais, mas não a única, através da qual a população pode aprimorar seus projetos de conquista da cidadania é a educação. Não se pense, todavia, no processo educacional como veículo único para tal conquista. Se assim fosse, qualquer projeto que mudasse certas estatísticas brasileiras seria suficiente: embora desejável, não será o fato de que deixemos de ter trinta milhões de analfabetos funcionais e vinte milhões de analfabetos absolutos que concederá ao país o título de Brasil-cidadão. Claro está que a reversão desse quadro só pode resultar de um esforço de toda gente séria e comprometida com mudanças, mas, além disso, existe muito trabalho a ser feito. A educação formal, pelo menos, não pode eliminar completamente as tentativas de "domesticação ideológica", apesar de que funcione como espaço seguro de discussão.

... Definitivamente, a função precípua da educação é de ordem política, como condição ao desenvolvimento da participação e no melhor sentido que o conceito de política possa ter. Num bom projeto de cidadania, alguns componentes básicos incluem a noção de formação e não de adestramento; a noção de sujeito social e não de recipiente passivo do saber; a noção de conquista e não de concessão da cidadania; a noção de direitos e deveres do cidadão; a noção de democracia como forma de governo mais bem habilitada a tornar possível a participação; a noção de liberdade, de igualdade e de comunidade, que levam à consolidação de ideologias comprometidas com a redução de diferenças sociais. (p.1-13)

Diante desse quadro, resta ainda alertar para o fato de que:

Afortunadamente, não há excesso de zelo em se delimitar com clareza as razões e implicações, menos estratégicas que éticas, dos principais mecanismos em jogo no processo. Em particular no caso brasileiro, onde a Psicologia tem curta história e, via de regra, sofre as mazelas das adaptações teóricas importadas, não é sem tempo que a consciência ética do psicólogo seja estimulada para agir de modo consequente. A partir da concepção de que constitui cidadania a qualidade social de uma sociedade organizada sob a forma de direitos e deveres majoritários e não – o que é engodo corriqueiro – uma série de valores do psicólogo enquanto pessoa (por mais virtuosos que possam parecer), o profissional deve buscar suas fontes, de qualquer natureza teórica, de modo a pensar um projeto que implique o desenvolvimento coletivo.

Respeitados os pressupostos sociopolíticos do projeto, o passo seguinte consiste na escolha da natureza teórica do trabalho. Será mais progressista, mais "engajado", politicamente correto, trabalhar com esta ou aquela abordagem? Há alternativas teóricas que são incompatíveis com um trabalho comunitário? Desafortunadamente ou felizmente, não há respostas prontas para essas questões. No entanto, seguramente não é a linha teórica apenas que delimita a amplitude e alcance de um projeto de construção da cidadania, mas uma demarcação clara da conquista pretendida. Ajuda muito tentar responder com nitidez à tradicional e sempre atual questão: a quem a Psicologia estará servindo nesse momento? Se a resposta representar avanços coletivos na direção da democracia, da igualdade e da cidadania, qualquer obstáculo relacionado à natureza teórica poderá ser superado.

O trabalho básico do profissional estará centrado no colocar integralmente o conhecimento acumulado em Psicologia a serviço dos setores majoritários da população que reivindicam mudança: nessa direção, todas as vertentes teóricas têm contribuições a oferecer, sem distinção. Ainda que nenhuma delas, isoladamente, possa responder completamente a todas as dúvidas formuladas, o conhecimento em Psicologia possui hoje argumentos sólidos para inúmeros problemas. Além disso, cabe ao bom profissional a necessidade de ser transparente às contribuições teóricas divergentes, desde que assentadas em pelo menos uma de duas virtudes: bons dados e argumentação sólida. Qualquer outra postura pode implicar ortodoxia infrutífera: já se disse que a Psicologia atual possui diversas construções teóricas sérias, porém igualmente possui alguns modismos perigosos. Finalmente, nessa questão da preferência teórica, a própria multiplicidade de concepções é uma questão de direitos e liberdade de pensamento implícita na própria ideia de cidadania. Aliás, inserida na constituição brasileira: há psicólogos de todas as formações e espera-se que a pluralidade das teorias adotadas possa representar uma vocação democrática da própria área. (p.14-6)

Na prática, um projeto da Psicologia para a Educação e outras áreas aplicadas – e, de modo precípuo, um projeto behaviorista radical (com ênfase, talvez e melhor, contextualista), deve incluir iniludível revisão de algumas de suas características criticadas. Contudo, permanece clara a possibilidade de que diferentes vias sejam utilizadas para a compreensão do ser humano. Nesse sentido, behavioristas, fenomenólogos, estruturalistas e tantos outros devem abrir mão da ilusória exclusividade que até aqui advogaram, de modo a estarem preparados para uma nova era na Psicologia: precisam perguntar-se o que a Psicologia tem a fazer, *em conjunto*, em favor da construção da cidadania. Na verdade, parece um tempo de aproximação dos psicólogos à ideia de *utopística* de Wallerstein (2003, p.8), para contribuírem com sua ciência para a elaboração de projetos não de um futuro perfeito, mas "de um futuro cujas melhoras sejam verossímeis e que seja historicamente possível".

Como toda a Psicologia, a Análise do Comportamento e o behaviorismo radical permanecem sob as indagações críticas a respeito de qual o perfil político-ideológico e, mesmo, quais os alinhamentos verdadeiramente éticos com os quais deverá compartilhar suas descobertas científico-tecnológicas. As respostas a esse tipo de indagação podem ser várias, mas, no mínimo, passam por um exame das políticas públicas (A quais projetos o indivíduo-psicólogo ou a categoria-psicólogo se alinharia, num dado momento histórico do avanço da democracia?), passam por uma análise dos documentos legais (O que prescreve a Constituição brasileira, especialmente seu quinto artigo, sobre direitos e deveres do cidadão? O que prescrevem os códigos de ética profissional dos Conselhos de Psicologia? O que prescrevem os documentos norteadores de pesquisa com seres humanos do Conselho Nacional de Saúde?), bem como se submete a um processo democrático consultivo dinâmico e interminável (O que pretende o cliente, em particular? Quais as expectativas éticas, em casos específicos – como quando se trabalha com crianças –, dos pais da criança, de seus professores, da escola, da comunidade próxima? O que esperam os pares dos potenciais clientes (representados pelas organizações diversas, associações de bairros e outras), sejam indivíduos, sejam grupos de pessoas?

 É evidente que o psicólogo precisará sempre ficar atento às demandas éticas de toda ordem, para que não sejam prevalecentes na sua atuação seus próprios valores individuais. Todavia, não é nada simples, nem completamente possível, qualquer intervenção asséptica, em que o profissional possa agir com neutralidade, independentemente de sua própria história de vida. Assim, esse exercício ético será sempre parte do compromisso do psicólogo pesquisador, do psicólogo teórico e do psicólogo da área aplicada. Para ainda maior complexidade dessa decisão, a Análise do Comportamento também se defronta com o cenário da literatura crítica a seu respeito, que, como se examinou até aqui, é suficientemente denso para exigir dos analistas cada vez mais dedicação à orientação ética. E, aumentando ainda mais o rol de dificuldades, aduz-se a questão da pertinência ou impertinência do behaviorismo radical na luta por reformas ou por revoluções sociais, sobretudo em situações (a maioria) complexas implicadas no delineamento cultural, em que o processo de tomada de decisões sempre se defronta com a velha díade das fundamentais questões da Ética e da Moral. Para exemplo, ainda que simplista, a partir do exame de um texto clássico de Holland (*Servirão os princípios comportamentais para os revolucionários?*):

> ... A pergunta de Holland remeteria ao comportamento de tomar decisões, em cuja tarefa o analista do comportamento pode auxiliar explicitando as condições para o arranjo de contingências e a previsão de possíveis consequências para cada opção disponível. A liberdade assim entendida remete à ideia de que as decisões que visam à emancipação econômica, social e política da população em relação aos modelos sociais fortemente estratificados implica ações em várias frentes, uma delas sendo de responsabilidade do psicólogo, qual seja uma intervenção no limiar da articulação entre o individual e o coletivo. No caso do analista, via atuação no nível da ampliação do acesso às variáveis que controlam o comportamento.
>
> Na trilha dessa concepção, indaga-se sobre como tomamos decisões: a partir de nossa vontade individual, intrínseca, imanente? A partir das contingências que cercam os comportamentos envolvidos na própria decisão? Para exemplo: a adição às drogas resulta, de fato, de uma livre opção? O aluno de psicologia pode fazer quaisquer disciplinas e compor a formação curricular que desejar, a seu livre gosto, ou esse comportamento é eminentemente controlado por regras? Alguém constrói moradias na favela e favelas às margens de locais de iminente risco de deslizamento de terra simplesmente porque quer, porque está intimamente motivado para tal? O masoquista, por certo, escolhe o que designamos, numa primeira avaliação, como *sofrimento*, não em virtude de um mecanismo decisório interior chamado livre-arbítrio, mas provavelmente porque sua tomada de decisão, num rol possível de formas diferentes de manifestação de sua sexualidade, é compatível

exatamente com comportamentos com os quais aprendeu a obter consequências reforçadoras. Os grandes idealistas podem até escolher morrer fuzilados do que abdicar de suas causas (apenas sua história pessoal de interação com um ambiente particular, via reforçadores e eventos aversivos, explica as diferenças individuais nos comportamentos apresentados). É a história individual que está em jogo e, por conta disso, os exemplos podem ser divergentes: Galileu Galilei, num certo momento, abjurou suas descobertas (no sentido de que nem o homem nem a terra seriam o centro do universo) para escapar da condenação à morte. Parece insuficiente uma explicação da liberdade dirigida à busca do agradável, do bem pessoal, de uma motivação privada inacessível. Na verdade, as contingências são complexas e determinam ações, por vezes automutiladoras, mas funcionais em virtude da história filogenética e/ou ontogenética. Um exemplo enigmático e provocativo poderia ser apreendido de Göethe: "... Não te detêm as distâncias/ Ó, mariposa! E nas tardes,/ Ávida de luz e chama,/ Voas para a luz em que ardes". (Carrara, 2002, p.223)

Como anunciado no início deste livro, aproximar-se de alternativas para os problemas complexos do avanço do behaviorismo em direção à construção de projetos comprometidos com o delineamento cultural constituiu uma das metas deste sempre incompleto ensaio. Com efeito, a formalização de seu encerramento não tem a pretensão de ocorrer oferecendo definitiva solução aos problemas que fez emergir. Por certo, o texto não responde a nenhuma expectativa de respostas prontas aos complexos problemas que aponta. Ao contrário, limitou-se a incipientes sugestões e pretendeu ensejar o desdobramento de questões cruciais para a Psicologia e a formulação de novas indagações acerca de como colocá-la a serviço da verdadeira justiça social. Se o fez, ainda que moderadamente, terá cumprido seu objetivo central.

Referências bibliográficas

ABIB, J. A. D. *Skinner, naturalismo e positivismo*. São Paulo, 1985. 216p. Tese (Doutorado) – Instituto de Psicologia, Universidade de São Paulo.
ABIB, J. A. D. Comunicação pessoal, 25.10.1995.
AGATI, A. P. R. Efeito x reforço: uma pseudo-oposição. *Arquivos Brasileiros de Psicologia*, v.4, p.65-70, 1987.
AGUDELO, R., GUERRERO, J. El sistema psicológico de B. F. Skinner. *Revista Latinoamericana de Psicología*, v.5, p.191-216, 1973.
ALCARAZ, V. M. Lo privado y lo publico en Psicología. *Enseñanza y Investigación en Psicología*, v.4, p.307-19, 1978.
ALENCAR, E. S. (Org.) *Novas contribuições da Psicologia aos processos de ensino e aprendizagem*. São Paulo: Cortez, 1993. 217p.
ALLEN, H. J. -P. W. Bridgman and B. F. Skinner on private experience. *Behaviorism*, v.8, p.15-29, 1980.
ALSTON, W. P. Can Psychology do without private data? *Behaviorism*, v.1, p.71-102, 1974.
ANDERY, M. A. Uma sociedade voltada para o futuro. *Temas em Psicologia*, v.2, p.23-30, 1993.
ANTIBEHAVIORISM: Counterrevolution or semantic confusion? *Psychological Record*, v.25, p.139-45, 1975.
ARDILA, R. Conductismo y marxismo. *Revista de Psicología General y Aplicada*, v.35, p.955-67, 1980.

ARDILA, R. *Walden Três*. Trad. Kester Carrara. Santo André: ESETec, 2003.

ARONSON, J. L. Some dubious neurological assumptions of radical behaviorism. *Journal of Theory of Social Behavior*, v.6, p.49-60,1976.

ARROYO, M. Educação e exclusão da cidadania. In: BUFFA, E., ARROYO, M., NOSELLA, P., *Educação e cidadania*: quem educa o cidadão? São Paulo: Cortez, 1988.

ASSIS, J. B. Psicólogo sonhava com uma "física do pensar". *Folha de S. Paulo*, São Paulo, 25 ago. 1990. Ilustrada, p.E-6.

AUDI, R. B. F. Skinner on freedom, dignity, and the explanation of behavior. *Behaviorism*, v.4, p.163-86, 1976.

AYLLON, T., AZRIN, N. H. *The token economy*: a motivational system for therapy and rehabilitation. New York: Appleton, 1968.

BACHRACH, A. J. *Introdução à pesquisa psicológica*. São Paulo: Herder, 1969, 165p.

BANACO, R. A. Podemos nos beneficiar das descobertas da ciência do comportamento? In _____. (Org.). *Sobre comportamento e cognição*. São Paulo: ARBytes, 1997. v.1, p.543-55.

BANACO, R. A. (Org.). *Sobre comportamento e cognição*. São Paulo: ARBytes, 1997, v.1.

BARNES, D., ROCHE, B. Mechanistic ontology and contextualistic epistemology: a contradiction within Behavior Analysis. *Behavior Analyst*, v.17, p.165-8, 1994.

BARBA, L. S. *O comportamentalismo radical e o conceito de causalidade*. São Paulo, 2003. Tese (Doutorado. Programa de Pós-graduação em Psicologia Experimental) – Instituto de Psicologia, Universidade de São Paulo. 231p.

BARON, J. Is experimental Psychology relevant? *American Psychologist*, v.26, p.713-6, 1971.

BARROS, R. S. M. A ilustração brasileira e a ideia de universidade. *Boletim da FFCL USP*, v.241, 1959.

BAUM. W. M. *Compreender o behaviorismo*: ciência, comportamento e cultura. Porto Alegre: Artmed, 1999. 290p.

BAUM, W. M., HEATH, J. L. Behavioral explanations and intentional explanations in Psychology. *American Psychologist*, v.47, p.1312-7, 1992.

BAYLEY, R. E., BAYLEY, M. B. A view from outside the Skinner box. *American Psychologist*, v.35, p.942-6, 1980.

BECKNER, M. Aspectos da explicação em teorias biológicas. In: MORGENBESSER, S. (Org.). *Filosofia da ciência 2*. 2.ed. São Paulo: Cultrix-EDUSP, 1975.

BEGELMAN, D. A. Skinner's determinism. *Behaviorism*, v.6, p.13-26, 1978.

BEM, D. J. Self-perception theory. In: BERKOWITZ, L L. (Ed.). *Advances in experimental social Psychology* (v.6). New York: Academic Press, 1972.

BERBÉCHKINA, Z., ZÉRKINE, D., JÁKOVLEVA, L. *O que é materialismo histórico?* Moscovo: Edições Progreso, 1987, 286p.

BERG, I. A. The use of human subjects in psychological research. *American Psychologist*, v.25, p.47-97, 1954.

BERGO, A. C. O positivismo: caracteres e influência no Brasil. *Reflexão*, n.25, p.47-87, 1983.

BERKOWITZ, L L. (Ed.). *Advances in experimental social Psychology* (v.6). New York: Academic Press, 1972.

BERLYNE, D. E. Invited commentary: B. F. Skinner's Beyond freedom and dignity, *Journal of Behavior Therapy and Experimental Psychology*, v.3, p.261-3, 1972.

BERMAN, D. S. Cognitive-behaviorism as a dialectic contradiction: the unity of opposites. *Human Development*, v.21, p.248-54, 1978.

BERTALANFFY, L. The mind-body problem: a new view. *Psychosocial Medicine*, v.26, p.29-45, 1964.

BIGLAN, A. Behavior Analysis and the larger context. *Behavior Analyst.*, v.23, p.25-32, 1988.

BIGLAN, A., GLASGOW, R. E., SINGER, G. The need for a science of larger units: a contextual approach. *Behavior Therapy*, v.21, p.195-215, 1990.

BONEAU, C. A. Paradigm regained? Cognitive behaviorism restated. *American Psychologist*, v.29, p.297-309, 1974.

BORING, E. G. *A history of experimental Psychology*. New York: Appleton, 1950.

_____. A history of introspection. *Psychological Bulletin*, v.50, p.169-87, 1953a.

_____. The role of theory in experimental Psychology. *American Journal of Psychology*, v.66, p.169-84, 1953b.

BOTOMÉ, S. P. Determinação do comportamento e intervenção social: a contribuição da Análise Experimental do Comportamento. *Cadernos de Análise do Comportamento*, v.3, p.30-69, 1982.

BOWER, B. Skinner boxing: take your seats, please. The guru of behaviorism is set to challenge the palookas who discarded his scientific approach. *Science News*, v.129, p.92-4, 1986.

BOWERS, K. S. Situationism in Psychology: an analysis and critique. *Psychological Review*, v.80, p.307-36, 1973.

BRANCH, M. N. The role of "memory" in the Analysis of Behavior. *Journal of Experimental Analysis of Behavior*, v.28, p.171-9, 1977.

BRELAND, K., BRELAND, M. The misbehavior of organisms. *American Psychologist*, v.16, p.681-4, 1961.

BRODY, N., OPPENHEIM, P. Tensions in Psychology between the methods of behaviorism and phenomenology. *Psychological Review*, v.73, p.295-305, 1966.

_____. Methodological differences between behaviorism and phenomenology in Psychology. *Psychological Review*, v.74, p.330-4, 1967.

BRUYNE, P., HERMAN, J., SCHOUTHEETE, M. *Dinâmica da pesquisa em Ciências Sociais*: os polos da prática metodológica. Rio de Janeiro: Francisco Alves, 1977.

BUFFA, E., ARROYO, M., NOSELLA, P. *Educação e cidadania*: quem educa o cidadão? São Paulo: Cortez, 1988.

BUNGE, M. *La investigación científica*: su estrategia y su filosofia. Barcelona: Ariel, 1969.

BURGESS, R. L., BUSHELL JR., D. *Behavioral Sociology*: the experimental analysis of social process. New York: McMillan, 1969. 418p.

BURNHAM, J. C. On the origins of behaviorism. *Journal of History of Behavioral Science*, v.4, p.143-52, 1968.

BURTON, R. G. B. F. Skinner's account of private events: a critique. *Journal of Theory and Social Behavior*, v.14, p.125-40, 1984.

CAHOON, D. D., Symptom substitution and the behavior therapies. *Psychological Bulletin*, v.69, p.149-56, 1968.

CAMPBELL, C. A. Is "freewill" a pseudo-problem? *Mind*, v.60, p.446-65, 1951.

CAMPBELL, D. T., STANLEY, J. C. *Delineamentos experimentais e quase-experimentais de pesquisa*. São Paulo: EPU, Edusp, 1979. 140p.

CARRARA, K. *Terapia comportamental*: reflexões sobre a amplitude da análise de contingências. Bauru: Fundação Educacional de Bauru, 1984. 12p. (Mimeogr.).

_____. *Pesquisa, positivismo e quantificação*: breve roteiro. Campinas, 1988. 11p. (Trab. aproveitamento – Programa de Doutorado em Psicologia da Educação-Unicamp)

_____. *Relação behaviorismo-positivismo*: notas preliminares para uma análise das concepções vigentes em Educação. São Carlos, 1989, 16p. (Monografia apresentada ao Programa de Doutorado em Educação, UFSCar)

_____. Acesso a Skinner pela própria obra: publicações de 1930 a 1990. *Didática*, v.28, p. 195-212, 1992a.

CARRARA, K. A questão do controle na abordagem comportamental. *Psicologia: Argumento*, v.10, p.109-15, 1992b.

_____. Implicações dos conceitos de teoria e pesquisa na Análise do Comportamento. *Psicologia: Teoria e Pesquisa*, v.10, p.41-7, 1994.

_____. *Em busca do acesso integral ao psicológico*: novas unidades conceituais para uma trajetória intérmina. Marília, 1995a. 13p.(Monografia apresentada ao Programa de Pós-graduação em Educação, UNESP)

_____. *A Psicologia e a construção da cidadania*. Brasília, 1995b. 20p. (Monografia apresentada no "Prêmio Halley Bessa", do Conselho Federal de Psicologia – menção honrosa)

_____. A Psicologia e a construção da cidadania. *Psicologia: Ciência e Profissão*, v.16, p.12-7, 1996.

_____. *Redimensionamento do behaviorismo radical pós-skinneriano a partir da análise do percurso histórico da crítica ao pensamento behaviorista*: implicações preliminares na área educacional. Marília, 1996. 547p. Tese (Doutorado) – Faculdade de Filosofia e Ciências, UNESP.

_____. Contextualismo, contracontrole e cidadania. *Revista da APG – PUCSP*, 2000, v.9(21), p. 23-37.

_____. Retomando a pergunta de Holland: "Servirão os princípios comportamentais para os revolucionários?". In GUILHARDI, H. J., et al. *Sobre comportamento e cognição*, v.9, p.218-25. Santo André: ESETec, 2002. 385p.

_____. *O mito da Síntese Experimental do Comportamento*: reflexões a partir do behaviorismo radical e do contextualismo pepperiano. Marília, 2003. 175p. Tese (Livre-docência) – Faculdade de Filosofia e Ciências, UNESP.

_____. Pesquisa quantitativa: buscando a métrica da qualidade? In: *Cadernos de Formação – Metodologia de Pesquisa Científica e Educacional* – Projeto Pedagogia Cidadã, p.55-9. São Paulo: PROGRAD-UNESP, 2004a.

_____. Causalidade, relações funcionais e contextualismo: algumas indagações a partir do behaviorismo radical. *Interações: Estudos e Pesquisas em Psicologia*, v.9(17), 2004b, p.29-54.

_____. Resenha de El legado de Rubén Ardila – Psicología: de la Biología a la Cultura, de Luis Flórez Alarcón. *Interamerican Journal of Psychology*, v.38(1), 2004c, p.141-2.

CARRARA, K., GONZALEZ, M. H. Contextualismo e mecanicismo: implicações conceituais para uma análise da Análise do Comportamento. *Didática*, v.31, p. 197-217, 1996.

CARVALHO, A. M. A. Considerações sobre alguns pressupostos da Psicologia e suas implicações teóricas e metodológicas. *Psicologia*, v.2, p.1-20, 1976.

CATANIA, A. C. The psychologies of structure, function and development. *American Psychologist*, v.28, p.434-43, 1973.

_____. Autoclitic process and the structure of behavior. *Behaviorism*, v.8, p.175-86, 1980.

_____. *Aprendizagem*: comportamento, linguagem e cognição. Porto Alegre: Artmed, 1999. 467p.

CATANIA, A. C., SHIMOFF, E., MATHEWS, B. A. An experimental analysis of rule-governed behavior. In: HAYES, S. C. (Ed.). *Rule-governed behavior*: cognition, contingencies, and instructional control. New York: Planum Press, 1989, p.119-50.

CERVO, A. L., BERVIAN, P. A. *Metodologia científica*. São Paulo: McGraw-Hill , 1978. 144p.

CHANDRA, S. Repression, dreaming and primary processes thinking: skinnerian formulations of some freudian facts. *Behaviorism*, v.4, p.53-75, 1976.

CHIESA, M. Radical Behaviorism and scientific frameworks: from mechanistic to relational accounts. *American Psychologist*, v.47, p.1287-99, 1992.

CHOMSKY, N. Review of B. F. Skinner's Verbal Behavior. *Language*, v.35, p.26-58, 1959.

_____. Psychology and ideology. *Cognition*, v.1, p.11-46, 1972.

COLEMAN, S. R. When historians disagree: B. F. Skinner and E. G. Boring, 1930. *Psychological Record*, v.35, p.301-14, 1985.

COMTE, A. Cours de Philosophie Positive. Paris: ca. 1830. In: *Os Pensadores*. 2.ed. São Paulo, 1978, 318p.

COSTALL, A. The limits of language: Wittgenstein's later Philosophy and Skinner's Radical Behaviorism. *Behaviorism*, v.8, p.123-31, 1980.

COTTON, J. W. On making predictions from Hull's theory. *Psychological Review*, v.62, p.303-14, 1955.

COZBY, P. C. *Métodos de pesquisa em ciências do comportamento*. São Paulo: Atlas, 2003.

CREEL, R. E. Radical epiphenomenalism: B. F. Skinner's account private events. *Behaviorism*, v.8, p.31-53, 1980.

CUPANI, A. Positivismo, "positivismo" e objetividade científica. *Reflexão*, v.46, p.103-7, 1990.

DALLENBACH, K. M. The place of theory in science. *Psychological Review*, v.60, p.33-9, 1953.

DA MATTA, R. O ofício de etnólogo, ou como ter "Anthropological blues". In: NUNES, E. O. (Org.). *A aventura sociológica*: objetividade, paixão, improviso e métodos na pesquisa social. Rio de Janeiro: Zahar, 1978. p.23-35.

DANNA, M. F., MATOS, M. A. *Estudando observação*: uma introdução. São Paulo: Edicon, 1982.

DARWIN, C. *Expression of emotions in man and animals*. 2.ed. Londres: Murray, 1872, apud MARX, M., HILLIX, W. A., *Sistemas e teorias em Psicologia*. 2.ed. São Paulo: Cultrix, 1976. 755p.

DAY, W. F. On certain similarities between the philosophical investigations of L. Wittgenstein and the operationism of B. F. Skinner. *Journal of Experimental Analysis of Behavior*, v.12, p.489-506, 1969a.

_____. Radical behaviorism in reconciliation with phenomenology. *Journal of Experimental Analysis of Behavior*, v.12, p.315-28, 1969b.

_____. The historical antecedents of contemporary behaviorism. In: RIEBER, R. W., SALZINGER, R. *Psychology*: The theoretical-historical perspectives. New York: Academic Press, 1980. cap.11, p.203-62.

_____. On the difference between radical and methodological behaviorism. *Behaviorism*, v.11, p.89-102, 1983.

DEITZ, S. M. Two correct definitions of "applied". *Behavior Analyst*, v.6, p.105-6, 1983.

_____. "Oh, that's what you mean!" *APA Division 25 Recorder*, v.21, p.1-6, 1986.

DEMO, P. *Metodologia científica em Ciências Sociais*. São Paulo: Atlas, 1981. 255p.

DELLITI, M. O uso de encobertos na terapia comportamental. *Temas em Psicologia*, v.2, p.41-6, 1993.

DENNETT, D. "Skinner skinned". In: Brainstorms. New York: MIT, 1978, cap.4, p.53-70.

DE ROSE, J. C. C. A mente e a liberdade para Skinner. *Folha de S. Paulo*, São Paulo, 25 ago. 1990. Ilustrada, p.E-6.

_____. Classes de estímulos: implicações para uma análise comportamental da cognição. *Psicologia: Teoria e Pesquisa*, v.9, p.283-303, 1993.

DE ROSE, J. C. C., SOUZA, D. G., ROSSITO, A. L., DE ROSE, T. Stimulus equivalence and generalization in reading after matching-to-sample by exclusion. In: HAYES, S. C., HAYES, L. (Org.) *Understanding verbal relations*. Reno: Context Press, 1992, p.69-82.

DITTRICH, A. *Behaviorismo radical, ética e política*: aspectos teóricos do compromisso social. São Carlos, 2004. Tese (Doutorado. Programa de Pós-graduação em Filosofia e Metodologia das Ciências) – UFSCar. 480p.

D'OLIVEIRA, M. M. H. Análise dos operantes verbais de Skinner: implicações para uma nova terminologia e linha de pesquisa. *Cadernos de Análise do Comportamento*, v.6, p.25-37, 1984.

DOOLEY, P. K. Kuhn and Psychology: the Rogers-Skinner, Day-Giorgi debates. *Journal of The Social Behavior*, v.12, p.275-89, 1982.

ELMS, A. C. Skinner's dark year and Walden Two. *American Psychologist*, v.36, p.470-9, 1981.

EPLING, W. F., PIERCE, W. D. Applied Behavior Analysis: new directions from the laboratory. *Behavior Analyst*, v.6, p.27-37,1983.

ESTES, W. K. et al. *Modern learning theory*. New York: Appleton, 1954.

EVANS, R. I. *B.F. Skinner*: the man and his ideas. New York: Dutton, 1968. 140p.

_____. "I have been misunterstood..." – an interview with B. F. Skinner. *Center Magazine*, v.5, p.63-5, 1972.

FENICHEL, O. *The psychoanalytic theory of neuroses*. New York: Norton, 1945, apud CAHOON, D. D. Symptom substitution and the behavior therapies. *Psychological Bulletin*, v.69, p.149-56, 1968.

FERRARI, A. T. *Metodologia da ciência*. 3.ed. Rio de Janeiro: Kennedy, 1974. 248p.

FERREIRO, E. *Alfabetização em processo*. 2ed. São Paulo: Cortez, 1986. 144p.

FERSTER, C. B., CULBERTSON, S., BOREN, M. C. P. *Princípios do comportamento*. São Paulo: Hucitec, Edusp, 1977. 742p.

FERSTER, C. B., SKINNER, B. F. *Schedules of reinforcement*. New York: Appleton, 1957.

FIGUEIREDO, L. C. *Matrizes do pensamento psicológico*. Petrópolis: Vozes, 1991. 208p.

FODOR, J. A. The mind-body problem. *Scientific American*, v.244, p.114-23, 1981.

FRANCK, K. A. Exorcising the ghost of physical determinism. *Environment Behavior*, v.16, p.411-36, 1984.

GALVÃO, O. F. O reforçamento na biologia evolucionária atual. *Revista Brasileira de Terapia Comportamental e Cognitiva*, v.1(1), p.49-56, 1999.

GAMBOA, S. S. (Org.). *Pesquisa educacional*: quantidade-qualidade. São Paulo: Cortez, 1995. 111p. (Questões da nossa época, 42)

GARRETT, R. Elbow room in a functional analysis: freedom and dignity regained. *Behaviorism*, v.13, p.21-36, 1985.

GIANOTTI, J. A. O que é fazer? Um estudo sobre B. F. Skinner. *Est. CEBRAP*, v.9, p.42-85, 1974.

_____. Comte (seleção de textos). In: *Os Pensadores*. São Paulo: Abril, 1983. 318p.

GIBSON, J. J. The concept of the stimulus in Psychology. *American Psychologist*, v.15., p.694-703, 1960.

_____. On the proper meaning of the term 'stimulus'. *Psychological Review*, v.74, p.533-4, 1967.

GIOIA, P. S. *A abordagem behaviorista radical transmitida pelo livro de psicologia direcionado à formação de professores*. São Paulo, 2001. 196p. Tese (Doutorado. Programa de Pós-graduação em Psicologia Educacional) – Pontifícia Universidade Católica de São Paulo.

GIORGI, A. Convergences and divergences between phenomenological Psychology and behaviorism: a beginning dialogue. *Behaviorism*, v.3, p.200-12, 1975.

GOLDIAMOND, I. Moral behavior: a functional analysis. *Psychology Today*, v.2, p.31-4, 1968.

GOMES, A. M. A. Psicologia comunitária: uma abordagem conceitual. *Psicologia: Teoria e Prática*, v.1(2), 1999, p.71-9.

GOODE, W., HATT, P. *Métodos de pesquisa social*. 6.ed. São Paulo: Nacional, 1977. 488p.

GOULD, J. L., MARLER, P. Learning by instinct. *Scientific American*, v.256, p.74-85, 1986.

GREAVES, G. Behaviorism versus phenomenology: a needless conceptual muddle. *Psychological Report*, v.30, p.759-70, 1972.

GREENSPOON, J., LAMAL, P. A. Cognitive behavior modification – who needs it? *Psychological Record*, v.28, p.343-51, 1978.

GUERIN, B. Behavior Analysis and the social construction of knowledge. *American Psychologist*, v.47, p.1423-32, 1992.

GUILHARDI, H. J., et al. *Sobre comportamento e cognição*, v.9, p.218-25. Santo André: ESETec, 2002. 385p.

HALL, M. H. An interview with "Mr. behaviorist": B. F. Skinner. *Psychology Today*, v.1, p.20-3, 1967.

HANSON, N. R. Observação e interpretação. In: MORGENBESSER, S. (Org.). *Filosofia da ciência*. 2.ed. São Paulo: Cultrix, Edusp, 1975. p.128-37.

HARRELL, W., HARRISON, N. R. The rise and fall of behaviorism. *Journal of General Psychology*, v.18, p.367-421, 1938.

HAYES, S. C. Theory and technology in Behavior Analysis. *Behavior Analyst*, v.1, p.25-33, 1978.

HAYES, S. C. But whose behaviorism is it? *Contemporary Psychology*, v.29, p.203-6, 1984a.

_____. Making sense of spirituality. *Behaviorism*, v.12, p.99-110, 1984b.

_____. Contextualism and the next wave of behavioral Psychology. *Behavior Analysis*, v.23, p.7-22, 1988.

_____. (Ed.). *Rule-governed behavior*: cognition, contingencies, and instructional control. New York: Planum Press, 1989.

HAYES, S. C., BROWNSTEIN, A. J. Mentalism, behavior-behavior relations and a behavior-analytic view of the purposes of science. *Behavior Analyst*, v.9, p.175-90, 1986.

HAYES, S. C., HAYES, L. J. Some clinical implications of contextualistic behaviorism: the example of cognition. *Behavior Therapy*, v.23, p.225-49, 1992.

_____. L. J. *Understanding verbal relations*: the second and third international institute on verbal behavior. Reno: Context Press, 1992. 224p.

HEIDBREDER, E. *Seven psychologies*. New York: Appleton, 1933.

HERON, W. T., SKINNER, B. F. The effects of certain drugs and hormones on conditioning and extinction. *Psychological Bulletin*, v.34, p.741-2, 1937.

_____. An apparatus for the study of animal behavior. *Psychological Record*, v.3, p.166-76, 1939.

HERRNSTEIN, R. J. Doing what comes naturaly: a reply to professor Skinner. *American Psychologist*, v.32, p.1013-6, 1977.

HERSEN, M., BARLOW, D. H. *Single-case experimental designs*: strategies for studying behavior change. New York: Pergamon Press, 1982. 373p.

HOCUTT, M. On the alleged circularity of Skinner's concept of stimulus. *Psychological Review*, v.74, p.530-2, 1967.

HOLLAND, B. C. Discussion: appended to H. Spiegel. Is symptom remmoval dangerous? *American Journal of Psychology*, v.10, p. 1282-3, 1968.

HOLLAND, J. G. Servirán los princípios conductuales para los revolucionários? In: KELLER, F. S., RIBES, E., *Modificación de conducta*: aplicaciónes a la educación. México: Trillas, 1974. p.265-81.

_____. Behaviorism: part of the problem or part of the solution? *Journal of Applied Behavior Analysis*, v.11, p.163-74, 1978a.

HOLLAND, J. G. To Cuba with the Venceremos Brigade. *Behavior and Social Action Journal*, v.1, p.21-8, 1978b.

HOLLAND, J. G., SKINNER, B. F. *A análise do comportamento*. 5.reimpr. São Paulo: EPU, Edusp, 1974. 337p.

HOLLAND, J. G., SOLOMON, C., DORAN, J., FREZZA, D. A. *The Analysis of Behavior in planning instruction*. Menlo Park: Addison--Wesley, 1976.

HOLLANDA, F. B. *Benjamim*. São Paulo: Companhia das Letras, 1995.

HULL, C. L. *Principles of behavior*. New York: Appleton, 1943.

_____. *Essentials of behavior*. New Haven: Yale University Press, 1951.

_____. *A behavior system*. New Haven: Yale University Press, 1952.

IMMERGLUCK, L. Determinism-freedom in contemporary Psychology: an ancient problem revisited. *American Psychologist*, v.19, p.170-81, 1964.

ISHAQ, W. (Ed.). *Human behavior in today's world*. New York: Praeger, 1992.

JAMES, W. Does "consciousness" exists? *Journal of Philosophy and Psychology*, v.1, p.477-91, 1904.

JAPIASSU, H. *Introdução à epistemologia da Psicologia*. Rio: Imago, 1982. 180p.

JAREMKO, M. E. Cognitive behavior modification: real science or more mentalism? *Psychological Record*, v.29, p.547-52, 1979.

JENKINS, A. H. Behaviorism and humanism: comment on Woolfolk and Richardson. *American Psychologist*, v.40, p.1139-40, 1985.

JESSOR, R. The problem of reductionism in Psychology. *Psychological Review*, v.65, p.170-8, 1958.

JOHNSON, R. J. Discussion: a commentary in "Radical Behaviorism". *Philosophy of Science*, v.30, p.274-85, 1963.

KANFER, F. H. Issues and ethics in behavior manipulation. *Psychological Report*, v.16, p.187-96, 1965.

KANFER, F. H., PHILLIPS, J. S. *Os princípios da aprendizagem na terapia comportamental*. São Paulo: EPU, 1974. 3v.

KANTOR, J. R. Behaviorism in the history of Psychology. *Psychological Record*, v.18, p.151-66, 1968.

KAZDIN, A. E. Symptom substitution, generalization, and response covariation: implications for psychotherapy outcome. *Psychological Bulletin*, v.91, p.349-65, 1982.

KEAT, R. A critical examination of B. F. Skinner's objections to mentalism. *Behaviorism*, v.1, p.53-7, 1972.

KELLER, F. S., RIBES, E., *Modificación de conducta*: aplicaciónes a la educación. México: Trillas, 1974.

KELLER, F. S., SCHOENFELD, W. N. *Princípios de Psicologia*. 3.ed. São Paulo: Herder, 1968. 451p.

KENDLER, H. H. Environmental and cognitive control of behavior. *American Psychologist*, v.26, p.962-73, 1971.

KENDLER, H. H., TERRACE, H. S. Toward a doctrine of radical behaviorism. *Contemporary Psychology*, v.15, p.529-35, 1970.

KHEEN, J. D. Consciousness and behaviourism. *British Journal of Psychology*, v.55, p.89-91, 1964.

KERLINGER, F. N. *Metodologia da pesquisa em Ciências Sociais*: um tratamento conceitual. São Paulo: EPU, Edusp, 1980. 378p.

KIDD, R. V., NATALÍCIO, L. Toward a radical interbehaviorism. *Interamerican Journal of Psychology*, v.15, p.123-31, 1982a.

_____. An interbehavioral approach to operant analysis. *Psychological Record*, v.32, p.41-59, 1982b.

KILLEEN, P. R. Emergent behaviorism. *Behaviorism*, v.12, p.25-39, 1984.

KOCH, S. Clark L. Hull. In: ESTES, W. K. et al. *Modern learning theory*. New York: Appleton, 1954a.

_____. Environmentalism. In: ESTES, W. K. et al. *Modern learning theory*. New York: Appleton, 1954b.

_____. (Org.). *Psychology*: a study of a science. New York: McGraw-Hill, 1959. v.2.

_____. Review of Skinner's about behaviorism. *Contemporary Psychology*, v.21, p.453-7, 1976.

KOLBE, W. B. F. Skinner: radical behaviorism, logical positivism or dialectic materialism? *Behavioral Social Action Journal*, v.1, p.29-55, 1978.

KOSTILEFF, N. La réflexologie et le béhaviorisme américain. *Psychologie et Vie*, v.2, p.182-7, 1928.

KRASNER, L. The future and the past in the behaviorism-humanism dialogue. *American Psychologist*, v.33, p.799-804, 1978.

KUHN, T. S. *A estrutura das revoluções científicas*. São Paulo: Perspectiva, 1975. 257p.

LACEY, H. M. Problemas metodológicos da concepção behaviorista da linguagem. *Discurso*, v.2, p.119-50, 1971.

_____. *Curso de Filosofia da Psicologia*. São Paulo: Edusp, 1973.

LACEY, H. M. The scientific study of linguistic behavior: a perspective on the Skinner-Chomsky controversy. *Journal of Theory and Social Behavior*, v.4, p.17-51, 1974.

_____. Psychological conflict and human nature: the case of behaviorism and cognition. *Journal of Theory and Social Behavior*, v.10, p.131-55, 1980.

_____. A posição de Skinner acerca da predição e controle do comportamento. *Cadernos de História e Filosofia da Ciência*, v.6, p.5-34, 1984.

_____. *Dois tipos de crítica ao behaviorismo radical*. São Paulo: USP (palestra proferida no Depto. de Psicologia Experimental em 28 ago. 1988. Mimeogr., 15 p.).

LACEY, H. M., SCHWARTZ, B. Behaviorism, intentionality, and socio-historical structure. *Behaviorism*, v.14, p.193-210, 1986.

LAMAL, P. A. The impact of behaviorism on our culture: some evidence and conjectures. *Psychological Record*, v.39, p. 529-35, 1989.

_____. The continuing mischaracterizations of radical behaviorism. *American Psychologist*, v.45, p.71, 1990.

LA METTRIE, J. O. *Man a machine* (trad. inglesa de M.W. Calkins; título original: *L'homme-machine*). Chicago: Open Court, 1912, apud HARRELL, W., HARRISON, N. R. The rise and fall of behaviorism. *Journal of General Psychology*, v.18, p.367-421, 1938.

LANDWEHR, K. On taking Skinner on his own terms: comments on Wessel's critique of Skinner's view of cognitive theories. *Behaviorism*, v.11, p.187-91, 1983.

LARANJEIRA, M. I. *Da arte de aprender ao ofício de ensinar*: relato, em reflexão, de uma trajetória. Marília, 1995. 117p. Dissertação (Mestrado) – Faculdade de Filosofia e Ciências, UNESP.

LASHLEY, K. S. The behavioristic interpretation of consciousness: I. *Psychological Review*, v.30, p.237-72, 1923.

LASSWELL, H. D. Must science serve political power? *American Psychologist*, v.25, p.117-23, 1970.

LAURENTI, C. *Hume, Mach e Skinner*: a explicação do comportamento. São Carlos, 2004. 140p. Dissertação (Mestrado. Programa de Pós-graduação em Filosofia e Metodologia das Ciências) – Universidade Federal de São Carlos.

LEDWIDGE, B. Cognitive behavior modification: a step in the wrong direction? *Psychological Bulletin*, v.85, p.353-75, 1978.

LEE, V. L. Terminological and conceptual revision in the experimental analysis of language development: why? *Behaviorism*, v.9, p.25-53, 1981.

LEE, V. L. Some notes on the subject matter of Skinner's Verbal Behavior. *Behaviorism*, v.12, p.29-40, 1984.

LEGRAND, M. Du behaviorisme au cognitivisme. *L'Année Psychologique*, v.90, p.247-86, 1990.

LEITE, O. S. Fundamentos do behaviorismo lógico. *Boletim*. (Instituto de Psicologia da Universidade do Brasil), v.8, p.11-9, 1958.

LIEBERMAN, D. A. Behaviorism and the mind: a (limited) call for a return to introspection. *American Psychologist*, v.34, p.319-33, 1979.

LOCKE, E. A. The contradiction of epiphenomenalism. *British Journal of Psychology*, v.57, p.203-4, 1966.

_____. Critical analysis of the concept of causality in behavioristic Psychology. *Psychological Report*, v.31, p.175-97, 1972.

LOMBARD-PLATET, V. L. V., WATANABE, O. M., CASSETARI, L. *Psicologia Experimental*: manual teórico e prático de Análise do Comportamento. São Paulo: Edicon, 1998.

LOPES JR., J. *Sobre os critérios de interpretação da história do behaviorismo radical (1930-1945)*: operacionismo e privacidade. São Paulo, 1992. 182p. Dissertação (Mestrado) – Instituto de Psicologia, Universidade de São Paulo.

LOPES JR., J., MATOS, M. A. Controle pelo estímulo: aspectos conceituais e metodológicos acerca do controle contextual. *Psicologia: Teoria e Pesquisa*, v.11, p.33-9, 1995.

LOS HORCONES. *Comunidad Los Horcones*. (*Sit* eacessado em 6.1.2005. Mimeogr.). 122p.

_____. *B. F. Skinner*: una seleccion de citas. Hermosillo: 2001, 275p. (versão preliminar)

LÖWY, M. *As aventuras de Karl Marx contra o Barão de Münchhausen*: marxismo e positivismo na sociologia do conhecimento. 5.ed. São Paulo: Cortez, 1996. 220p.

LUNA, S. V. O falso conflito entre tendências metodológicas. *Cadernos de Pesquisa*, v.66, p.70-4, 1988.

LURIA, A. R. Vigotskii. In: VIGOTSKII, L. S., LURIA, A. R., LEONTIEV, A. N. *Linguagem, desenvolvimento e aprendizagem*. 5.ed. São Paulo: Ícone, 1994.

MAC CORQUODALE, K. On Chomsky's review of Skinner's Verbal Behavior. *Journal of Experimental Analalysis of Behavior*, v.13, p.83-9, 1970.

MACH, E. *The science of Mechanics*: a critical and historical account of its development. Chicago: Open Court, 1915, apud SKINNER, B. F. *Recent issues in the Analysis of Behavior*. New York: Merril, 1989a.

MACKENZIE, B. D. Behaviourism and positivism. *Journal of the History of Behavioral Sciences*, v.8, p.222-31, 1972.

_____. *Behaviourism and the limits of scientific method*. London: Routledge & Kegan, 1977. 193p.

MAHONEY, M. J. Toward an experimental analysis of coverant control. *Behavior Therapy*, v.1, p.510-21, 1970.

_____. Scientific Psychology and radical behaviorism: important distinctions based in scientism and objectivism. *American Psychologist*, v.44, p.1372-7, 1989.

MARKEN, R. S. A science of purpose. *American Behavioral Science*, v.34, p.6-13, 1990.

MARTINEZ, H. Análisis experimental de la conducta verbal. El caso de los reportes verbales. *Revista Mexicana de Psicología*, v.12, p.79-86, 1995.

MARX, M. (Org.). *Psychological theory*: contemporary readings. New York: MacMillan, 1951.

MARX, M. H., HILLIX, W. A. *Sistemas e teorias em Psicologia*. 2.ed. São Paulo: Cultrix, 1976, 755p.

MATOS, M. A. Dzu-yu, ou a liberdade chinesa. *Cadernos de História e Filosofia da Ciência*, v.8, p.101-11, 1985.

_____. Análise de contingências no aprender e no ensinar. In: ALENCAR, E.S. *Novas contribuições da Psicologia aos processos de ensino e aprendizagem*. 2.ed. São Paulo: Cortez, 1992. p.141-65.

_____. Obra de Skinner vai além do positivismo lógico. *Folha de S. Paulo*, São Paulo, 1 jan. 1990. Caderno de Letras, p.F-7.

_____. Com o que o behaviorismo radical trabalha. In: BANACO, R. A. (Org.). *Sobre comportamento e cognição*. São Paulo: ARBytes, 1997. v.1, p.45-53.

_____. O behaviorismo metodológico e suas relações com o mentalismo e o behaviorismo radical. In BANACO, R. A. (Org.). *Sobre comportamento e cognição*. São Paulo: ARBytes, 1997, v.1, p.54-67.

MATOS, M. A., TOMANARI, G. Y. *A Análise do Comportamento no laboratório didático*. Barueri: Editora Manole Ltda., 2002. 303p.

MATSON, F. Psychology and humanism. *The Humanist*, março/abril, p.28-33, 1971.

MC CALL, R. J. Beyond reason and evidence: the metapsychology of professor B. F. Skinner. *Journal of Cl. Psychology*, v.28, p.125-39, 1972.

MC GRAY, J. W. Walden Two and Skinner's ideal observer. *Behaviorism*, v.12, p.15-24, 1984.

MC GUIGAN, F. J. *Psicologia experimental*: um enfoque metodológico. São Paulo: EPU, 1981.

MEAD, G. H. A behavioristic account of the significant symbol. *Journal of Philosophy*, v.19, p.157-63, 1922.

MEEHL, P. On the circularity of the law of effect. *Psychological Bulletin*, v.47, p.52-75, 1950.

MEGDA, S. I. D. Ética e modificação de comportamento na escola. *Revista Marco*, v.4, p.75-88, 1983.

MEICHENBAUM, D. *Cognitive behavior modification*. Morristown: General Learning Press, 1974.

MESSER, S. B., WINOKUR, M. Some limits to the integration of psychoanalytic and behavior therapy. *American Psychologist*, v.35, p.818-27, 1980.

MICHELETTO, N. Bases filosóficas do behaviorismo radical. In: BANACO, R. A. (Org.). *Sobre comportamento e cognição*. São Paulo: ARBytes, 1997. v.1, p.29-44.

MILES, T. R. On the difference between men and machines. *British Journal of Philosophy and Science*, v.28, p.277-92, 1957.

MILLS, J. A. Some observations on Skinner's moral theory. *Journal of Theory and Social Behavior*, v.12, p.141-60, 1982.

_____. Purpose and conditioning: a reply to Waller. *Journal of Theory and Social Behavior*, v.14, p.363-7, 1984.

MOORE, J. On behaviorism and private events. *Psychological Record*, v.30, p.459-75, 1980.

_____. On mentalism, methodological behaviorism and radical behaviorism. *Behaviorism*, v.9, p.55-77, 1981.

_____. On behaviorism, knowledge, and causal explanation. *Psychological Record*, v.34, p.73-97, 1984.

_____. On professor Rychlak's concerns. *Journal of Mind and Behavior*, v.13, p.359-70, 1992.

MORGENBESSER, S. (Org.) *Filosofia da ciência 2*. 2.ed. São Paulo: Cultrix-EDUSP, 1975.

MORRIS, E.K. Public information, dissemination, and Behavior Analysis. *Behavior Analyst*, v.8, p.95-110, 1985.

_____. Contextualism: the world view of Behavior Analysis. *Journal of Experimental Child Psychology*, v.46, p.289-323, 1988.

_____. Mechanism and contextualism in Behavior Analysis: just some observations. *Behavior Analyst*, v.16, p. 255-68, 1993.

_____. *Contextualism, mechanism, and Behavior Analysis*: a review and assessment. In: Second International Congress on Behaviorism and the Sciences of Behavior. Palermo, 1994a. (Manuscrito de trab. apresentado). 35p.

MORRIS, E. K. *"The bogy of mechanism"*: alternative philosophical perspectives on the contextuallism/mechanism debate. In: Association for Behavior Analysis. Atlanta, 1994b. (Manuscrito apresentado em sessão de discussões do congresso anual). 14p.

_____. Comunicação pessoal. 18 nov. 1995a.

_____. *B. F. Skinner, third variables, and problem in the province of knowledge*. In: International Society for the History of Behavioral and Social Sciences. Brunswick, 1995b. (Manuscrito de trabalho apresentado). 31p.

_____. *Evolutionary ontology*. In: Association for Behavior Analysis. Washington, 1995c. (Manuscrito de trabalho apresentado no congresso anual). 15p.

MOXLEY, R. A. From mechanistic to functional behaviorism. *American Psychologist*, v.47, p.1300-11, 1992.

NAGEL, E. *La estructura de la ciência*: problemas de la lógica de la investigación científica. Buenos Aires: Paidós, 1968.

NATALÍCIO, L. Behaviorism at seventy: implications for a philosophy of science of Psychology. *Revista Internacional de Psicología*, v.19, p.1-18, 1985.

NATSOULAS, T. Consciousness. *American Psychologist*, v.33, p.906-14, 1978a.

_____. Toward a model for consciousness in the light of B. F. Skinner's contribution. *Behaviorism*, v.6, p.135-75, 1978b.

_____. Perhaps the most difficult problem faced by behaviorism. *Behaviorism*, v.11, p.1-26, 1983.

_____. The treatment of conscious content: disorder at the heart of radical behaviorism. *Interdisciplinar Journal of Empirical Studies and Foundamental Scientific Methods*, v.18, p.81-103, 1985.

_____. On the radical behaviorist conception of consciousness. *Journal of Mind and Behavior*, v.7, p.87-116, 1986.

NICO, Y. C. *A contribuição de B. F. Skinner para o ensino de autocontrole como objetivo da Educação*. São Paulo, 2001. Programa de Pós-graduação em Psicologia Experimental – Análise do Comportamento, PUCSP. 245p.

NUNES, F., NUNES, L. Metodologia de pesquisa em educação especial: delineamento de pesquisa de sujeito como seu próprio controle. *Tecnologia Educacional*, v.16, p.33-5, 1987.

O'LEARY, K. D. Behavior Modification in the classroom: a rejoinder to Winnett and Winkler. *Journal of Applied Behavior Analysis*, v.5, p. 505-11, 1972.

OLIVA, A. (Org.). *Epistemologia*: a cientificidade em questão. Campinas: Papirus, 1990.

OLIVEIRA, A. *Crítica ao discurso ideológico sobre o behaviorismo radical*. Rio de Janeiro, 1982. Dissertação de mestrado. Pontifícia Universidade Católica. 105p.

OMOTE, S. Comunicação pessoal. Marília, 1995.

PANIAGUA, F. A. The relational definition of reinforcement: comments on circularity. *Psychological Record*, v.35, p.193-201, 1985.

_____. Synthetic behaviorism: remarks on function and structure. *Psychological Record*, v.36, p.179-84, 1986.

PASQUINELLI, A. *Carnap e o positivismo lógico*. Porto: Edições 70, 1983. 143p.

PEPPER, S. C. *World hypotheses*: a study in evidence. Berkeley: University of California Press, 1942. 348p.

PENROSE, R. Précis of the emperor's new mind: concerning computers, minds, and the laws of Physics. *Behavioral and Brain Sciences*, v.13, p.643-55, 1990.

PERES, E. A., CARRARA, K. Dificuldades de leitura: aplicação da metodologia de equivalência de estímulos. *Psicologia da Educação: Revista do Programa de Estudos Pós-Graduados – PUCSP*, v.18(1), p.77-94, 2004.

PICHARDO, J. M. Skinner y la crítica. *Enseñanza y Investigación en Psicología*, v.6, p.264-9, 1980.

PIERCE, W. D., EPLING, W. F. On the persistence of cognitive explanation: implications for Behavior Analysis. *Behaviorism*, v.12, p.15-27, 1984.

_____. Can operant research with animals rescue the science of human behavior? *Behavioral Analyst*, v.14, p.129-32, 1991.

PLACE, U. T. Skinner's Verbal Behavior: why we need it. *Behaviorism*, v.9, p.1-24, 1981a.

_____. Skinner's Verbal Behavior II: what is wrong with it. *Behaviorism*, v.9, p.131-52, 1981b.

PLATT, J. Beyond freedom and dignity: "a revolutionary manifesto". *Center Magazine*, v.5, p.34-52, 1972.

POPHAM, W. J. *Como avaliar o ensino*. Porto Alegre: Globo, 1976. 160p.

POPHAM, W. J., BAKER, E. L. *Como planejar a sequencia de ensino*. Porto Alegre: Globo, 1976. 144p.

POPPER, K. *The open society and its enemies*. Princeton: Princeton University Press, 1945.

PRADO JR., B. Breve nota sobre o operante: circularidade e temporalidade. *Cadernos de Análise do Comportamento*, v.3, p.1-9, 1982.

PREMACK, D. Intentionality: how to tell Mae West from a crocodile. *Beh. Brain Sci.*, v.11, p.522-5, 1988.

PRITCHARD, M. S. On taking emotions seriously: a critique to B. F. Skinner. *Journal of Theory and Social Behavior*, v.6, p.211-32, 1976.

RACHLIN, H. Self-control. *Behaviorism*, v.2, p.94-107, 1974.

_____. Mental, yes. Private, no. *Behavior and Brain Sciences*, v.7, p.566-7, 1984.

_____. Teleological behaviorism. *American Psychologist*, v.47, p.1371-82, 1992.

RAKOVER, S. S. Breaking the myth that behaviorism is a trivial science. *New Ideas in Psychology*, v.4, p.305-10, 1986.

RAKOS, R. F. Achieving the just society in the 21st century: what can Skinner contribute? *American Psychologist*, v.47, p.1499-506, 1992.

REESE, H. W. Mechanistic ontology and contextualistic epistemology: response to Barnes and Roche. *Behavior Analyst*, v.19, p.117-9, 1996.

RIBES, E. *Tópicos y conceptos en la teoria de la conducta*. Mexico: UNAM, 1978 (Mimeogr.). 24 p.

_____. *La naturaleza de las leyes en el estudio del comportamiento*. Mexico: UNAM, 4 dez. 1980. (Manuscrito de conferência)

_____. Los eventos privados: un problema para la teoría de la conducta? *Revista Mexicana de Análisis de la Conducta*, v.8, p.11-29, 1982.

RICHARDSON, R. J. et al. *Pesquisa social*: métodos e técnicas. São Paulo: Atlas, 1985. 287p.

RICHELLE, M. Formal analysis and functional analysis of verbal behavior: notes on the debate between Chomsky and Skinner. *Behaviorism*, v.4. p.209-21, 1976.

RIEBER, R.W., SALZINGER, R. *Psychology: The theoretical-historical perspectives*. New York: Academic Press, 1980.

RILLO, M. O. *O compromisso do analista do comportamento com as questões sociais*: uma análise a partir de publicações. São Paulo, 2002. 139p. Dissertação Mestrado. Pontifícia Universidade Católica. Programa de Estudos Pós-Graduados em Psicologia Experimental – Análise do Comportamento).

RIMM, D. C., MASTERS, J. C. *Terapia comportamental*: técnicas e resultados experimentais. São Paulo: Manole, 1983. 509p.

RINGEN, J. Explanation, theleology and operant behaviorism. *Philosophy of Science*, v.43, p.223-53, 1976.

ROBINSON, J. A. *Trece trucos de magia*: el origen verbal de los mitos en Psicología. Hermosillo, Sonora, México: Editorial Walden Dos – Los Horcones, 2003, 149p.

_____. *Lo que el cognoscitivismo no entiende del conductismo*. Hermosillo, Sonora, México: Editorial Walden Dos – Los Horcones, 2003, 161p.

RODRIGUES, M. E. *Fatores relacionados à oposição ao behaviorismo*: uma proposta de estudo. São Paulo, 2000. Dissertação (Mestrado. Programa de Pós-Graduação em Psicologia Educacional) – Pontifícia Universidade Católica de São Paulo.

ROGERS, C. R. Implications of recent advances in prediction and control of behavior. *Teaching College Record*, v.57, p.316-22, 1956.

ROGERS, C. R., SKINNER, B. F. Some issues concerning the control of behavior. *Teaching College Record*, v.61, p.1057-66, 1958.

RORTY, R. *A Filosofia e o espelho da natureza*. Rio: Relume-Dumará, 1995. 386p.

RUSSELL, B. *Religión y ciencia*. México: Fondo de Cultura Económica, 1985 (orig. de 1935). 172p.

RYCHLACH, J. A question posed by B. F. Skinner concerning human freedom, and an answer. *Psychology: Theory, Research and Practice*, v.10, p.14-23, 1973.

RYLE, G. *The concept of mind*. New York: Barnes & Noble, 1949.

SÁ, C. P. Sobre o poder em Foucault e o controle em Skinner. *Arquivos Brasileiros de Psicologia*, v.35, p.136-45, 1983.

SAHAKIAN, W. S. *Aprendizagem*: sistemas, modelos e teorias. Rio: Interamericana, 1980.

SAMPAIO, D. S. *Modificação de comportamento de crianças, em condições naturais, com população de baixa renda*. São Paulo, 1981. 133p. Dissertação (Mestrado) – Instituto de Psicologia, Universidade de São Paulo.

SANDOVAL, S. Behaviorismo e as ciências sociais. *Cadernos de Análise do Comportamento*, v.3, p.24-9, 1987, 2.ed.

SCHLINGER JR., H. D. Theory in Behavior Analysis: an application to child development. *American Psychologist*, v.47, p.1396-410, 1992.

SCHNAITTER, R. Private causes. *Behaviorism*, v.6, p.1-12, 1978.

_____. Science and verbal behavior. *Behaviorism*, v.8, p.153-60, 1980.

_____. Skinner on the "mental" and the "physical". *Behaviorism*, v.12, p.1-14, 1984.

SCHNAITTER, R. Behaviorism is not cognitive and cognitivism is not behavioral. *Behaviorism*, v.15, p.1-11, 1987.

SCHICK, K. Operants. *Journal of Experimental Analysis of Behavior*, v.15, p.414-23, 1971.

SCHNEIDER, S. M., MORRIS, E. K. A history of the term radical behaviorism: from Watson to Skinner. *Behavior Analyst*, v.10, p.27-39, 1987.

SEARLE, J. R. *Intencionalidade*. São Paulo: Martins Fontes, 1995. 390p.

SEGAL, E. F. Where Behavioral Psychology and Cognitive Psychology meet. *Revista Mexicana de Análisis de la Conducta*, v.4, p.205-16, 1978.

SÉRIO, T. M. A. P. *Um caso na história do método científico*: do reflexo ao operante. São Paulo, 1990. 408p. Tese (Doutorado) – Pontifícia Universidade Católica de São Paulo.

_____. Por que sou behaviorista radical? In: BANACO, R. A. *Sobre comportamento e cognição*. São Paulo: ARBytes, 1997. v.1, p.68-75.

SEVERINO, A. J. *Educação, ideologia e contra-ideologia*. São Paulo: EPU, 1986. 106p.

SHIMP, C. P. Cognition, behavior and the Experimental Analysis of Behavior. *Journal of Experimental Analysis of Behavior*, v.42, p.407-21, 1984.

SHOBEN JR., E. J. Psychology: natural science or humanistic discipline? *Journal of Humanistic Psychology*, v.5, p.210-8, 1965.

SIDMAN, M. *Táticas da pesquisa científica*. São Paulo: Brasiliense, 1976, 400p. (orig. de 1960).

_____. *Coerção e suas implicações*. Campinas: Psy, 1995 (original de 1989). 301p.

SILVA, F. B. Herança filosófica ainda assombra humanistas. *Folha de S. Paulo*, São Paulo, 15 ago. 1990. Ilustrada, p.E-7.

SINGER, E. A. Mind as an observable object. *Journal of Philosophy and Psychology*, v.8, p.180-6, 1911, apud HARRELL, W., HARRISON, N. R. The rise and fall of behaviorism. *Journal of General Psychology*, v.18, p.367-421, 1938.

SKINNER, B. F. The concept of the reflex in the description of behavior. *Journal of General Psychology*, v.5, p.427-57, 1931.

_____. On the rate of extinction of a conditioned reflex. *Journal of General Psychology*, v.8, p.114-29, 1933.

_____. A discrimination without previous conditioning. *Proceedings of the National Academy of Sciences*, v.20, p.532-6, 1934.

_____. The generic nature of the concepts of stimulus and response. *Journal of General Psychology*, v.12, p.40-65, 1935.

SKINNER, B. F. The effect on the amount of conditioning of an interval of time before reinforcement. *Journal of General Psychology*, v.14, p.279-95, 1936.

_____. Two types of conditioned reflex: A reply to Konorski and Miller. *Journal of General Psychology*, v.16, p.272-9, 1937.

_____. *The behavior of organisms*: an experimental analysis. New York: Appleton, 1938. 457p.

_____. The alliteration in Shakespeare sonets. *Psychology Record*, v.3, p.186-92, 1939.

_____. A quantitative estimate of certain types of sound-patterning in poetry. *American Journal of Psychology*, v.54, p.64-79, 1941.

_____. The operational analysis of psychological terms. *Psychological Review*, v.52, p.270-7, 1945.

_____. Differential reinforcement with respect to time. *American Psychologist*, v.1, p.274-5, 1946.

_____. "Superstition" in the pigeon. *Journal of Experimental Psychology*, v.38, p.168-72, 1948a.

_____. *Walden Two*. New York: MacMillan, 1948b (tb. consultada ed. brasileira. São Paulo: EPU, 1977. 316p.).

_____. Are theories of learning necessary? *Psychological Review*, v.57, p.193-216, 1950.

_____. *Science and human behavior*. New York: MacMillan, 1953.

_____. A critique of psychoanalytic concepts and theories. *Scientific Monthly*, v.79, p.300-5, 1954.

_____. The control of human behavior. *Transactions of the New York Academy of Sciences*, v.17, p.547-51, 1955.

_____. A case history in scientific method. *American Psychologist*, v.11, p.221-33, 1956.

_____. The experimental analysis of behavior. *American Scientist*, v.45, p.343-71, 1957a.

_____. *Verbal behavior*. New York: Appleton-Century-Crofts, 1957b.

_____. Teaching machines. *Science*, v.128, p.969-77, 1958.

_____. An experimental analysis of certain emotions. *Journal of the Experimental Analysis of Behavior*, v.2, p.264, 1959.

_____. Teaching machines. *Scientific American*, v.205, p.90-103, 1960a.

_____. Pigeons in a Pelican. *American Psychologist*, v.15, p.28-37, 1960b.

_____. Cultural evolution as viewed by psychologists. *Daedalus*, v.90, p.573-86, 1961.

_____. Operant behavior. *American Psychologist*, v.18, p.503-15, 1963.

SKINNER, B. F. Behaviorism at fifty. In: WANN, T. W. (Ed.). *Behaviorism and phenomenology*: contrasting bases for modern Psychology. Chicago: The University of Chicago Press, 1964. p.79-108.

_____. The phylogeny and ontogeny of behavior. *Science*, v.153, p.1205-13, 1966a.

_____. Contingencies of reinforcement in the design of a culture. *Behavioral Science*, v.11, p.159-66, 1966b.

_____. Visions of utopia. *The Listener*, v.77, p.22-3, 1967.

_____. *The technology of teaching*. New York: Appleton, 1968.

_____. *Contingencies of reinforcement*: a theorethical analysis. New York: Appleton, 1969.

_____. Creating the creative artist. In: *On the future of art*. New York: Solomon R. Guggenheim Museum, The Viking Press, Inc., 1970.

_____. Humanistic behaviorism. *The Humanist*, v.31, p.35, 1971a.

_____. *Beyond freedom and dignity*. New York: Knopf, 1971b.

_____. Humanism and behaviorism. *The Humanist*, v.32, p.18-20, 1972.

_____. *About behaviorism*. New York: Knopf, 1974.

_____. *Registro acumulativo*. Barcelona: Fontanella, 1975 (orig. de 1959).

_____. *Particulars of my life*. New York: McGraw Hill, 1976.

_____. Why I am not a cognitive psychologist. *Behaviorism*, v.5, p.1-10, 1977a.

_____. Between freedom and despotism. *Psychological Today*, v.11, p.80-91, 1977b.

_____. Herrnstein and the evolution of behaviorism. *American Psychologist*, v.32, p.1006-12, 1977c.

_____. *Reflections on behaviorism and society*. New York: Knopf, 1978.

_____. *The shaping of a behaviorist*: part two of an autobiography. New York: Knopf, 1979.

_____. Selection by consequences. *Science*, v.213, p.501-4, 1981.

_____. *A matter of consequences*. New York: Knopf, 1983.

_____. Cannonical papers. *Behavioral and Brain Sciences*, v.7, p.511-724, 1984.

_____. Toward the cause of peace: what can Psychology contribute? *Applied Social Psychology Annual*, v.6, p.21-5, 1985a.

_____. Cognitive science and behaviorism. *British Journal of Psychology*, v.76, p.291-301, 1985b.

_____. *Recent issues in the Analysis of Behavior*. New York: Merril, 1989a (tb. consultada ed. bras. Campinas: Papirus, 1991. 193p.).

SKINNER, B. F. The origins of cognitive thought. *American Psychologist*, v.44, p.13-18, 1989b.

_____. Can Psychology be a science of mind? *American Psychologist*, v.45(11), p.1206-10, 1990.

SKINNER, B. F., BLANSHARD, B. The problem of consciousness – a debate. *Philosophical Phenomenology Research: A Quarterly Journal*, v.27, p.317-37, 1967.

SKINNER, B. F., VAUGHAN, M. E. *Enjoy old age*: a program of self-monitoring. New York: Knopf, 1983. [Ed. bras.: *Viva bem a velhice*: aprendendo a programar sua vida. 4.ed. São Paulo: Summus, 1985.]

SKINNER'S UTOPIA: Panacea or path to hell. *Time*, 20 set. 1971. [Trad. mimeo., s.d., 5p.]

SLOANE, E. H. Reductionism. *Psychological Review*, v.52, p.214-23, 1945.

SLOCUM, T. A., BUTTERFIELD, E. C. Bridging the schism between behavioral and cognitive analysis. *Behavioral Analyst*, v.17, p.59-73, 1994.

SMITH, L. D. *Behaviorism and logical positivism*. Stanford: Stanford University Press, 1986. 398p.

SPENCE, K. W. The postulates and methods of behaviorism. *Psychological Review*, v.55, p.67-78, 1948.

SPIEGEL, T. Is symptom removal dangerous? *American Journal of Psychology*, v.10, p.1279-82, 1967, apud CAHOON, D. D. Symptom substitution and the behavior therapies. *Psychological Bulletin*, v.69, p.149-56, 1968.

SPIELBERG, C. D. The role of awareness in verbal conditioning. *J. Pers.*, v.30, p.73-101, 1962.

STAATS, A. W. *Social behaviorism*. Homewood: Dorsey Press, 1975.

_____. Behaviorismo social: uma ciência do homem com liberdade e dignidade. *Arquivos Brasileiros de Psicologia*, v.32, p.97-116, 1980.

_____. Psychological behaviorism and behaviorizing Psychology. *Behavior Analyst*, v.17, p.93-114, 1994.

STADDON, J. E. R. Sobre a noção de causa: aplicações ao caso do Behaviorismo. *Cadernos de História e Filosofia da Ciência*, v.4, p.48-92, 1983. (Orig. In: _____ *Behaviorism*, v.1, p.25-63, 1973).

STEMMER, N. Skinner's verbal behavior, Chomsky's review, and mentalism. *Journal of the Experimental Analysis of Behavior*, v.54, p.307-15, 1990.

STEPHENSON, W. Postulates of behaviorism. *Philosophical Science*, v.20, p.110-20, 1953.

STILLMAN, P. G. The limits of behaviorism: a review essay of B. F. Skinner's political thought. *American Political and Scientific Review*, v.69, p.202-12, 1975.

SWARTZ, P. A rose for behaviorism. *Psychological Report*, v.27, p.364, 1970.

TALÍZINA, N. F. *Psicologia de la enseñanza*. Moscou: Editorial Progreso, 1988. 366p.

THARP, R. G., WETZEL, R.J. *Behavior modification in the natural environment*. New York: Academic Press, 1969.

THEOPHANUS, A. C. In defence of self-determination: a critique of B. F. Skinner. *Behaviorism*, v.3, p.97-115, 1975.

THIOLLENT, M. *Crítica metodológica, investigação social e enquete operária*. São Paulo: Polis, 1987.

TIBERIUS, R. G. Freedom within control: an elaboration of the concept of reciprocal control in B. F. Skinner's "Beyond freedom and dignity". *Interchange*, v.5, p.46-58, 1974.

TODD, R. "Walden two", three? Many more? *New York Times Magazine*, v.1513, p.24-5; 114-26, 1970.

TODD, J. T., MORRIS, E. K. Misconception and miseducation: presentations of radical behaviorism in Psychology textbooks. *Behavior Analyst*, v.6, p.153-60, 1983.

TODOROV, J. C. Behaviorismo e Análise Experimental do Comportamento. *Cadernos de Análise do Comportamento*, v.3, p.10-23, 1987, 2.ed.

TOLMAN, E. C. A new formula for behaviorism. *Psychological Review*, v.29, p.44-53, 1922.

_____. *Purposive behavior in animals and men*. New York: Appleton, 1932.

_____. A stimulus-expectancy need-cathexis Psychology. *Science*, v.101, p.161-6, 1945.

_____. Cognitive maps in rats and men. *Psychological Review*, v.55, p.85-112, 1948.

_____. Operational behaviorism and current trends in Psychology. In: MARX, M. H. (Org.). *Psychological theory*: contemporary readings. New York: McMillan, 1951. p.87-102.

_____. Principles of purposive behavior. In: KOCH, S. (Org.). *Psychology*: a study of a science. New York: McGraw-Hill, 1959. v.2, p.92-157.

TOURINHO, E. Z. Sobre o surgimento do behaviorismo radical de Skinner. *Psicologia*, v.13, p.1-11, 1987.

TOURINHO, E. Z. *O autoconhecimento na Psicologia comportamental de B. F. Skinner*. Belém: Editora Universitária da UFPA, 1995. 105p.

TRIVIÑOS, A. N. S. *Introdução à pesquisa em ciências sociais*: a pesquisa qualitativa em Educação. São Paulo: Atlas, 1987.

TURKAT, D. I., FEUERSTEIN, M. Behavior modification and the public misconception. *American Psychologist*, v.33, p.194, 1978.

ULLMANN, L. P., KRASNER, L. (Ed.). *Case studies in behavior modification*. New York: Holt, Rinehart & Winston, 1965.

ULMAN, J. D. Toward a synthesis of Marx and Skinner. *Behavior and Social Issues*, v. 1(1), p.57-69, 1991.

ULRICH, R. E. Behavior control and public concern. *Psychological Record*, v.17, p.229-34, 1967.

_____. Algunas repercusiones morales y éticas de la modificación conductual: una perspectiva desde dentro. *Revista Mexicana de Análisis de la Conducta*, v.1, p.137-44, 1975.

VARGAS, E. A. Rights: a behavioristic analysis. *Behaviorism*, v.3, p.178-90, 1975.

VARGAS, J. S. B. F. Skinner – The last few days. *Journal of Applied Behavior Analysis*, v.23, p.409, 1990.

VIGOTSKII, L. S., LURIA, A. R., LEONTIEV, A. N. *Linguagem, desenvolvimento e aprendizagem*. 5.ed. São Paulo: Ícone, 1994.

VORSTEG, R. H. Operant reinforcement theory and determinism. *Behaviorism*, v.2, p.108-19, 1974.

WALLER, B. Purposes, conditioning, and Skinner's moral theory: comments on Mill's observations. *Journal of Theory and Social Behavior*, v.14, p.355-62, 1984.

WALLERSTEIN, I. *Utopística ou As decisões históricas do século vinte e um*. Petrópolis: Vozes, 2003.

WALTON, D. Control. *Behaviorism*, v.2, p.162-71, 1974.

WANN, T. W. (Ed.) *Behaviorism and phenomenology*: contrasting bases for modern Psychology. Chicago: The University of Chicago Press, 1964.

WASSERMAN, E. A. Is Cognitive Psychology behavioral? *Psychological Record*, v.33, p.6-11, 1983.

WATSON, J. B. A point of view in Comparative Psychology (abstract). *Psychological Bulletin*, v.6, p.57-8, 1909, apud BURNHAM, J. C. On the origins of behaviorism. *Journal of History of Behavioral Sciences*, v.4, p.143-52, 1968.

_____. Psychology as the behaviorist views it. *Psychological Record*, v.20, p.158-77, 1913a.

WATSON, J. B. Image and affection in behavior. *Journal of Philosophy and Psychology*, v.10, p.421-8, 1913b.

_____. *Behavior, an introduction to Comparative Psychology*. New York: Holt, 1914.

_____. *Psychology from the standpoint of a behaviorist*. Philadelphia: Lippincott, 1919.

_____. *Behaviorism*. New York: People's, 1925.

_____. *The ways of behaviorism*. New York: Harper, 1928a.

_____. *Psychological care of the infant and child*. New York: Norton, 1928b.

WATSON, J. B., MC DOUGALL, W. *The battle of behaviorism*. New York: Norton, 1929.

WEBER, L. N. D. Burrhus Frederic Skinner: um homem além do seu tempo. *Documenta CRP-80*, v.2, p.45-64, 1992.

WEISS, A. P. Relation between structural and behavior Psychology. *Psychological Review*, v.34, p.301-17, 1917.

WESSELLS, M. G. A critique of Skinner's views on the explanatory inadequacy of cognitive theories. *Behaviorism*, v.9, p.153-70, 1981.

_____. A critique of Skinner's views on the obstructive character of cognitive theories. *Behaviorism*, v.10, p.65-84, 1982.

WEXLER, D. B. Token and taboo: behavior modification, token economies, and the law. *California Law Review*, v.61, p.81-109, 1973.

WHEELER, H. (Ed.). *Beyond the punitive society*: operant conditioning – social and political aspects. San Francisco: Freeman, 1973.

WHITE, G. H., MC CARTHY, D., FANTINO, E. Cognition and Behavior Analysis. *Journal of the Experimental Analysis of Behavior*, v.52, p.197-8, 1989.

WHITE, L. A. The symbol: the origin and basis of human behavior. In: _____. *The science of culture*. New York: Grove Press, 1949. cap.3, p.22-39 (trad./rev. R. Mautner e G. Mussolini).

WILLIAMS, B. A. On the role of theory in Behavior Analysis. *Behaviorism*, v.14, p.111-24, 1986.

WILLIAMS, K. A. Five behaviorisms. *American Journal of Psychology*, v.43, p.337-60, 1931.

WINNETT, R. A., WINKLER, R.C. Current behavior modification in the classroom: be still, be quiet, be docile. *Journal of Applied Behavior Analysis*, v.5, p.499-504, 1972.

WINSTON, A. S., BAKER, J. E. Behavior analytic studies of creativity – a critical review. *Behavior Analyst*, v.8, p.191-205, 1985.

WITTGENSTEIN, L. *Philosophical investigations*. Oxford: Basil Blackwell, 1953. [Ed. bras.: *Investigações filosóficas*. Trad. M. Montagnoli. Petrópolis: Vozes, 1994.]

WOLLNER, C. E. Behaviorism and humanism: B. F. Skinner and the western intellectual tradition. *Rev. Existentialist Psychology and Psychiatry*, v.14, p.146-68, 1975.

WOODWORTH, R. S. Experimental Psychology: quantitative instructor's manual, 1899. s.n.t. (citado pelo autor) In: _____. *Four varieties of Behaviorism*. *Psychological Review*, v.31, p.257-64, 1924.

WYATT, W. J., HAWKINS, R. P., DAVIS, P. Behaviorism: are reports of it death exaggerated? *Behavior Analyst*, v.9, p. 101-6, 1986.

YATES, A. J. Symptoms and symptom substitution. *Psychological Review*, v.65, p.371-4, 1958.

ZURIFF, G. E. Ten inner causes. *Behaviorism*, v.7, p.1-8, 1979.

_____. Radical behaviorist epistemology. *Psychological Bulletin*, v.87, p.337-50, 1980.

_____. Précis of behaviorism: a conceptual reconstruction. *Behavioral and Brain Sciences*, v.9, p.687-724, 1986.

SOBRE O LIVRO

Formato: 14 x 21 cm
Mancha: 23 x 40 paicas
Tipologia: Iowan Old Style 10/14
Papel: Offset 75 g/m² (miolo)
Cartão Supremo 250 g/m² (capa)
1ª edição: 2005

EQUIPE DE REALIZAÇÃO

Coordenação Geral
Sidnei Simonelli

Produção Gráfica
Anderson Nobara

Edição de Texto
Túlio Kawata (Preparação de Original)
Sandra Regina de Souza e
Márcio Guimarães de Araújo (Revisão)
Oitava Rima Prod. Editorial (Atualização Ortográfica)

Editoração Eletrônica
Oitava Rima Prod. Editorial

Impressão e acabamento